教育部人文社会科学重点研究基地
云南大学西南边疆少数民族研究中心文库

西南边疆民族研究

第31辑

主　编　何　明
副主编　李志农　朱凌飞

学苑出版社

图书在版编目（CIP）数据

西南边疆民族研究 . 第 31 辑 / 何明主编；李志农，朱凌飞副主编 . -- 北京 : 学苑出版社 , 2025.9. -- ISBN 978-7-5077-7182-4

Ⅰ . K280.7-54

中国国家版本馆 CIP 数据核字第 2025HU4041 号

出 版 人：洪文雄
责任编辑：战葆红
出版发行：学苑出版社
社　　址：北京市丰台区南方庄 2 号院 1 号楼
邮政编码：100079
网　　址：www.book001.com
电子邮箱：xueyuanpress@163.com
联系电话：010-67601101（营销部） 010-67603091（总编室）
印 刷 厂：北京建宏印刷有限公司
开本尺寸：889 mm×1194 mm　1/16
印　　张：19.75
字　　数：540 千字
版　　次：2025 年 9 月第 1 版
印　　次：2025 年 9 月第 1 次印刷
定　　价：100.00 元

目　录

边疆研究

边远边境准入商议：中越边境小规模贸易
　　　　　　　　［加拿大］劳拉·舍恩伯格　［新西兰］莎拉·特纳　著　陈晓艺　沈海梅　译 / 3
"边民"抑或"难民"？
　　——对中缅边境地区缅甸流离失所群体身份界定的探讨 …………… 李晓彤　胡鹏飞 / 23
我国西部边疆生态治理的风险研究 ……………………………………………………… 陈　蕴 / 35

民族政策与民族工作研究

乡村振兴视域下"直过民族"传统社会组织创造性转化的发展研究 ……… 廖林燕　彭泉钦 / 47
新时代多民族互嵌社区营造
　　——基于滇东南一个多民族易地搬迁安置社区的分析 ……………………………… 陈红平 / 57

民族史与历史人类学研究

暗流潜藏：1917—1918年第二次康藏纠纷前的康藏局势 …………………………………… 马　睿 / 71
清代黔东南苗疆移民类型、治理及其影响研究 ……………………………………………… 马国君 / 80

艺术人类学研究

观念的力量
——建水紫陶风格变化的深层原因探析 ………………………………………… 马　佳 / 99
从"物品"到"艺术品"
——过程相对主义视域下的文化生产 ……………………………… 梁　媛　谢洪忠 / 111
仪式音乐视域下的平武白马藏族进阶式群体认同研究 ………………………… 杨　扬 / 120
傣族"跳窝色"与"狮子舞"的概念辨析
——谈民族民间舞蹈的文化交融 ………………………………………………… 周晓红 / 136

族 群 研 究

民族交融视域下的中国民族走廊与非遗耦合格局研究 ……… 崔海洋　霍长奇　陈子华　王培涵 / 147
移民社群族体化：对我国国际移民群体的前瞻性分析 ………………………… 范　俊 / 159

网络民族志研究

微信网络社群与流动人口的城市融入
——兼谈少数民族流动人口社会融入研究的拓展 ……………………………… 桂　榕 / 171
网络民族情绪与网络民族关系研究 ……………………………………………… 洪　伟 / 182

发展问题研究

冬虫夏草阻碍民族地区教育发展？
——以西藏那曲市 A 县为案例 …………………………………… 谢伟民　吴春宝 / 193
从分野走向弥合：咖啡与朱苦拉地方社会自我观念的建构 …………………… 郭周卿 / 206
"东道主凝视"下云南香格里拉白地的社区旅游发展对策 …………………… 光映炯 / 215
乡村振兴战略下的海南民族文化旅游开发保护研究 …………………………… 余有勇 / 226
西南地区民间互助组织"化赊"研究四十年：回顾与反思 …………………… 杨正军 / 235

生态文化研究

草原生态教育变迁的文化审思
——基于内蒙古 DM 旗的田野研究 ……………………………………………… 严　哲 / 247
清代民间生态伦理实践与传统规约影响
——以清水江文书为中心 ………………………………………………………… 梁　瑶 / 256

远去的传统与地方性知识的流变：曼腊傣族竜林文化变迁的人类学研究 ………… 张　辉　吴　柔 / 267

民族文化研究

香格里拉市藏文语言景观调查研究 ……………………………… 聂　鹏　姚加州　鄢　卓 / 283
南诏密教的中国化研究
　——以对南诏密教僧赞陀崛多的考察为例 ……………………………………… 尹　恒 / 295

边疆研究

边远边境准入商议：中越边境小规模贸易*

[加拿大] 劳拉·舍恩伯格　　[新西兰] 莎拉·特纳 著

陈晓艺　沈海梅 译**

摘　要　文章探讨了越南西北部高地居民的跨境贸易网络及实践。高地少数民族和低地多数民族京族（Kinh）通过与中国西南部居民进行商品贸易来增加生计，本文揭示了他们如何以高度务实的方式商议国际边界的政治现实。我们研究了四种特定的商品，由不同的贸易商通过不同级别的过境点进行交易（每个过境点都有特定的规定、管理条例和商议方式）。在这一过程中，我们认为边境准入受到一系列复杂的、多方面的社会和结构组成部分影响，不仅包括国家政策，还包括根植于民族的社会关系和具体的地理变量，这些因素反过来又产生了不同的经济机会。

关键词　商议；边境准入；中越边境；小规模贸易

DOI：10.13835/b.eayn.31.01

引言：边界商议

世界经济全球化的特点是跨国活动的增加，这让一些学者认为现代国家边界起着多孔膜（porous membranes）的作用，促进了跨国经济和社会互动。[①] 然而与此同时，当代边界是国家控制领土和人口流动的重要标志。事实上，全球化进程、市场自由化和相关的边境贸易开放经常伴随着政府对实际边境地

---

*　本文系国家社会科学基金年度项目"西南边疆跨边界生计中多民族交往交流交融研究"（24CMZ048）；四川省哲学社会科学重点研究基地"中国近现代西南区域政治与社会研究中心"项目（XNZZSH2429）的阶段性成果。该文英文版原载于《发展与变革》2008年第39卷第4期，第667—696页（Development and Change, Vol. 39, No. 4, 2008：667—696）。该刊是发展和社会变革研究领域领先的国际期刊之一，影响因子2.920。本文中文版翻译发表已获得作者和原杂志授权。

**　[加拿大] 劳拉·舍恩伯格（Laura Schoenberger），杜伦大学地理学助理教授，渥太华大学国际发展与全球研究院博士后，研究方向：政治地理学；[新西兰] 莎拉·特纳（Sarah Turner），麦吉尔大学地理系教授，研究方向：东南亚民族社会学。陈晓艺，浙江师范大学边疆研究院讲师，研究方向：边疆人类学；沈海梅，云南民族大学社会学院教授，研究方向：西南中国社会人类学。

①　Dicken, P. "Globalization", in R. J. Johnston, D. Gregory, G. Pratt and M. Watts (eds.), *Dictionary of Human Geography* (4th ed), Oxford: Blackwell, 2000, pp. 315–316; Evans, G, C. Hutton and Kuah Khun Eng (eds.), *Where China Meets Southeast Asia: Social and Cultural Change in the Border Regions*, New York: St Martin's Press, 2000; Herzog, L. A. (ed.), *Changing Boundaries in the Americas: New Perspectives on the US–Mexican, Central American, and South American Borders*, San Diego, CA: Center for US–Mexican Studies, UCSD, 1992.

点的重新控制。① 国家对人员和商品的跨境流动往往持有强大的决定性影响力，对我们生活在一个"无国界"的世界的说法提出质疑。② 国家边界划定了一个国家保持主权的领土，充当"筛选代理人"，控制着什么可以在政治管辖区之间合法流动，以及在什么条件下流动。③ 在这种情况下，对边界和边境地区的更大关注产生了对一系列当代问题全新且重要的理解，包括国际政治关系、跨界区域、国家权力、文化景观和非正式经济。④

事实上，拉泽尔（Ratzel）认为，"边界线两边的边缘是边界的现实，而线本身是抽象的"⑤。这表明了绘制在地图上的抽象线条与边境地区现实之间的紧张关系，边界很少被如此清晰地划定。基于这些观点，唐南（Donnan）和威尔逊（Wilson）提出边界实际上包含三个要素：第一，"同时分隔和连接国家的主权边界"；第二，国家的代理人和机构"划定和维持边界，他们经常出现在边境地区，但也经常深入国家领土"；第三，边疆，即"跨越和远离国家边界的不同宽度的领土区域，人们在那里通过商议达成与其民族和国家成员资格有关的各种行为和意义"⑥。

与莫尔豪斯（Morehouse）所言一致，政治边界线很少代表边界两侧边境区域和文化景观的实际情况。相反，边境地区的特征是由居民与边界的互动、他们跨越边界以及两边相互之间的交易形塑的。⑦ 边

---

① Andreas, P. *Border Games: Policing the US - Mexico Divide*, Ithaca, New York: Cornell University Press, 2000.; Kusakabe, K. "Women's Work and Market Hierarchies along the Border of Lao PDR", *Gender, Place, Culture*, Vol. 11, No. 4, 2004, pp. 581–594; Papademetriou, D. G. and D. Waller Meyers, "Introduction: Overview, Context and a Vision for the Future", in D. G. Papademetriou and D. Waller Meyers (eds.), *Caught in the Middle: Border Communities in an Era of Globalization*, Washington, DC: Carnegie Endowment for International Peace, 2001, pp. 10–40; Walker A. *The Legend of the Golden Boat: Regulation, Trade and Traders in the Borderlands of Laos, Thailand, China and Burma*, Richmond, Surrey: Curzon Press, 1999.

② Held, D., A. McGrew, D. Goldblatt and J. Perraton, *Global Transformations: Politics, Economics and Culture*, Cambridge: Polity Press, 2000; Hirst, P. and G. Thompson, "Globalization and the Future of the Nation State", *Economy and Society*, Vol. 24, No. 3, 1995, pp. 408–42; Ohmae, K., *The Borderless World*, New York: HarperCollins, 1990.

③ Clement, N. "Economic Forces Shaping the Borderlands", in V. Pavlakovich-Kochi, B. J. Morehouse and D. Wastl-Walter eds., *Challenged Borderlands: Transcending Political and Cultural Boundaries*, Aldershot: Ashgate Publishing, 2004, pp. 41–61.

④ Donnan, H. and T. M. Wilson, "An Anthropology of Frontiers", in H. Donnan and T. M. Wilson eds., *Border Approaches: Anthropological Perspectives on Frontiers*, Lanham, MD: University Press of America, 1994; Donnan, H. and T. M. Wilson, *Borders: Frontiers of Identity*, Nation and State, Oxford: Berg, 1999; Herzog, L. A., *Where North Meets South: Cities, Space and Politics on the US—Mexico Border*. Austin, TX: University of Texas Press, 1990; Pavlakovich-Kochi, V., B. J. Morehouse and D. Wastl-Walter eds., *Challenged Borderlands: Transcending Political and Cultural Boundaries*, Aldershot: Ashgate, 2004; Newman, D., "The Lines that Continue to Separate Us: Borders in Our 'Borderless' World", Progress in Human Geography, Vol. 30, No. 2, 2006, pp. 143–162; Staudt, K. *Free Trade? Informal Economies at the US—Mexico Border*, Philadelphia, PA: Temple University Press, 1998; Tonkin, E. "Borderline Questions: People and Space in West Africa", in H. Donnan and T. M. Wilson eds., *Border Approaches: Anthropological Perspectives on Frontiers*, Lanham, MD: University Press of America, 1994, pp. 15–30.

⑤ Ratzel, F. *Politische Geographie*, Berlin: Oldenbourg, 1897.

⑥ Herzog, L. A., *Where North Meets South: Cities, Space and Politics on the US—Mexico Border*. Austin, TX: University of Texas Press, 1990; Anderson, M., *Frontiers: Territory and State Formation in the Modern World*, Oxford: Polity, 1996; Morehouse, B. J., "Theoretical Approaches to Border Spaces and Identities", in V. Pavlakovich-Kochi, B. J. Morehouse and D. Wastl-Walter eds., *Challenged Borderlands: Transcending Political and Cultural Boundaries*, Aldershot: Ashgate, 2004, pp. 19–39.

⑦ Morehouse, B. J., "Theoretical Approaches to Border Spaces and Identities", in V. Pavlakovich-Kochi, B. J. Morehouse and D. Wastl-Walter eds., *Challenged Borderlands: Transcending Political and Cultural Boundaries*, Aldershot: Ashgate, 2004, pp. 19–39.

境居民通常会想出非常务实的方法来商议边界和国家政策，以至于国家为跨境互动在政治和经济因素上的努力往往无法完全控制"做某事"的日常实践。① 正如唐南和威尔逊所言，也如我们将在东南亚背景下展示的，边境地区地方层面的人和机构往往与本国内外民族和其他国家之间有着极为复杂、交织的关系。②

在东南亚大陆，现代政治边界大多位于山区。边界是领土秩序和政治管控的领域，当地居民采取不同的战略和战术来应对边境固化。2363 千米的中越边境也不例外。③ 作为与中国接壤的六个越南省份之一，本研究地点老街省与毗邻的中国云南省共有 203 千米边境线。老街位于越南西北部，官方称其为"人口稀少地区"，然而该省却是多个少数民族的聚居地，其中许多人将跨境贸易纳入了他们的生计策略。从历史上看，这些高地人从中国南方迁徙而来，他们保持或发展了经济实践、政治方法和宇宙观，反映出他们与京族（越南低地人）的区别。④ 同时，虽然以湿地为基础的自给农业一直是高地人的主要谋生手段，但他们一直定期与邻近山谷的居民联系，包括跨越现代国家边界的山谷去交换商品，如以森林产品和罂粟换取盐、金属和鸦片。⑤

现代政治边界的建立正式将越南西北部和中国西南部许多当地族群的历史家园分隔了，将亲属和常年邻居划分在不同政治领土之间。⑥ 虽然越南通过去殖民化、第一次和第二次印度支那战争以及社会主义统治经历了深刻的变革，但 1986 年后社会主义经济革新政策进一步改变了国家在高地（和其他地方）的作用。1979 年中国军队进入越南北部高地边境省份自卫反击，随后边境的正式关闭影响了当地人口流动和贸易近 10 年。⑦ 直到 1988 年，越南政府才正式对跨境贸易重新开放边境，随后于 1991 年中越关系正常化。

如今，跨境贸易构成了许多高地当地生计的重要组成部分，本文探讨越南北部居民如何商议国际边界的政治现实。调查越南北部老街和中国云南边境之间的跨境贸易活动，我们问：这种政治边界对高地跨境贸易有什么影响？国家政策、社会关系和商品交易的特殊性如何结合起来影响这些交易者的生计？为了回答这些问题，首先，本文围绕生计与边境的相关准入探讨，概述本研究的概念基础。其次，介绍作为研究核心的高地边境居民，分析当代边境管制及商议策略。最后，集中讨论构成和塑造越南北部高

---

① Morehouse, B. J., V. Pavlakovich–Kochi and D. Wastl–Walter, "Introduction: Perspectives on Borderlands", in V. Pavlakovich–Kochi, B. J. Morehouse and D. Wastl–Walter eds., *Challenged Borderlands: Transcending Political and Cultural Boundaries*, Aldershot: Ashgate, 2004a, pp. 3–11.

② Donnan, H. and T. M. Wilson, "An Anthropology of Frontiers", in H. Donnan and T. M. Wilson eds., *Border Approaches: Anthropological Perspectives on Frontiers*, Lanham, MD: University Press of America, 1994.

③ Gu, Xiaosong and B. Womack, "Border Cooperation between China and Vietnam in the 1990s", *Asian Survey*, Vol. 40, No. 6, 2000, pp. 1042–58.

④ Michaud, J., S. Turner and Y. Roche, "Mapping Ethnic Diversity in Highland Northern Vietnam", *GeoJournal*, Vol. 57, No. 4, 2002, pp. 281–99.

⑤ Michaud, J. and S. Turner, "Contending Visions of Sa Pa, A Hill–Station in Vietnam", *Annals of Tourism Research*, Vol. 33, No. 3, 2006, pp. 785–808; Rambo, A. T., "Development Trends in Vietnam's Northern Mountain Region", in D. Donovan, A. T. Rambo, J. Fox, Le Trong Cuc and Tran Duc Vien eds., *Development Trends in Vietnam's Northern Mountain Region*, Vol1: "An Overview and Analysis", Hanoi: National Political Publishing House. 1997, pp. 5–52.

⑥ Michaud, J., *Historical Dictionary of the Peoples of the Southeast Asia Massif*, Lanham, MD: Scarecrow Press, 2006.

⑦ Chau, Thi Hai, "Trade Activities of the Hoa along the Sino–Vietnamese Border", in G. Evans, C. Hutton and Kuah Khun Eng eds., *Where China Meets Southeast Asia: Social and Cultural Change in the Border Regions*, New York: St Martin's Press, 2000, pp. 236–53; Womack, B., "Sino–Vietnamese Border Trade: The Edge of Normalization", *Asian Survey*, Vol. 34, No. 6, 1994, pp. 495–512.

地跨境贸易的复杂因素。尽管边境贸易是越南北部乃至东南亚其他许多高海拔地区生计的关键组成部分，但对边境贸易及其管制、高地居民利用不同过境点发挥最佳优势等内容却鲜有研究。① 我们认为边境准入不仅由国家调节，也与基于民族的个人社会关系和包括地理特征在内的结构性机制密切相关，这对于理解边境居民在国家之间过境、进入当地市场和交易特定商品的能力非常关键。这些因素反过来又对跨境贸易商的个人生计产生至关重要的影响。②

一、跨境生计准入

本文扩展了以往关于准入的相关研究，探索了个人和家庭从跨境贸易网络中获利的有效能力。③ 通过侧重于获利能力而不是从商品或交易中获益的权利来进行准入分析，有助于识别某些人受益于诸如机构、社会和政治经济关系以及话语策略等特定的资源而有些人却没有如此的情况。④ 因此，准入被认为是"权力的捆绑"，而权力被定义为"某些行为者影响他人行为和观念的能力"⑤。例如，如果我们从国际边界过境的角度来看，很明显，国家政府的地方代表是直接或间接控制出入的节点。

我们认为，准入不仅为获取或使用各种形式的资本创造条件，而且还决定了对生计机会的潜在利用；在这种情况下，机会与市场、过境点、贸易网络和可贸易商品有关。⑥ 这种准入由个人的社会地位及影响个人利用谋生机会的能力的结构性因素决定。例如，一个人的社会身份（根据性别、年龄、民族、出生地、地位来定义）和社会关系（根据家庭、亲属关系、朋友、个人和群体之间的历史联系、职业来定义）

---

① 值得注意的相关研究及其贡献者：埃文斯等人（Evans et al, 2000）专注于中国与东南亚国家之间的社会和文化互动；李（Li Yiming）和李（Li Dianmo, 1998）研究中越边境的野生动植物贸易；布什（Bush, 2004）研究柬埔寨－老挝－泰国边界的小型渔业；日下部（Kusakabe, 2004）着重于泰国和老挝边境的贸易性别划分；斯特金（Sturgeon, 2004, 2005）关注缅甸－泰国－中国边界的小规模边境政治；沃克（Walker, 1999）聚焦老挝－中国－缅甸－泰国边界上的贸易商和运输。

② 自1998年以来，已在越南老街省收集了用于本研究的田野调查数据。我们的研究访谈了众多受访者，包括100多个京族人、华人和少数民族（苗族、瑶族、侬族、岱侬族和热侬族）跨境贸易商，9名边防官员和长官，以及4名县和乡级人民委员会代表。所有名称均为化名，而边境官员则以代码"BO"标记。

③ Long, N. and M. Villareal, "Small Product, Big Issues: Value Contestations and Cultural Identities in Cross-border Commodity Networks", *Development and Change*, Vol. 29, No. 4, 1998, pp. 725-50; McSweeney, K., "The Dugout Canoe Trade in Central America's Mosquitia: Approaching Rural Livelihoods through Systems of Exchange", *Annals of the Association of American Geographers*, Vol. 94, No. 3, 2004, pp. 638-61; Ribot, J. C., "Theorizing Access: Forest Profits along Senegal's Charcoal Commodity Chain", *Development and Change*, Vol. 29, No. 2, 1998, pp. 307-41; Ribot, J. C. and N. L. Peluso, "A Theory of Access", *Rural Sociology*, Vol. 68, No. 2, 2003, pp. 153-81.

④ Ribot, J. C. and N. L. Peluso, "A Theory of Access", *Rural Sociology*, Vol. 68, No. 2, 2003, pp. 153-81.

⑤ Ribot, J. C., "Theorizing Access: Forest Profits along Senegal's Charcoal Commodity Chain", *Development and Change*, Vol. 29, No. 2, 1998, pp. 307-41; Ribot, J. C. and N. L. Peluso, "A Theory of Access", *Rural Sociology*, Vol. 68, No. 2, 2003, pp. 153-81.

⑥ 根据钱伯斯（Chambers）、康韦（Conway, 1991）和埃利斯（Ellis, 2000）的观点，我们将生计定义为整合资产和脆弱性（存在或不存在人力、物质、自然、金融和社会的资本），策略（人们如何部署或利用现有资产）以及资源的获取或壁垒（在本节中讨论）。另见特纳（Turner, 2007）。

可能提供一种特定的准入途径。① 个人也可以通过加强他或她对某个利益集团的归属来更好地利用机会。②另一种情况是准入失败和社会排斥，其可能是由于一些群体试图为自己的利益垄断特定的机会，同时通过利用性别、语言、族裔、出身或宗教等使限制他人机会的行为合法化。这表明了这样一个事实："生计活动不是中性的，而是产生包容和排斥的过程。"③ 结构性因素，通常是地理因素，如到边境过境点和市场的距离，季节性和家庭生活周期，这些也会影响相关生计机会的准入，本文即将讨论。

我们收集了关于准入、边界和边境地区的文献，对越南北部跨境贸易商的生计进行了深入分析，重点关注边境居民重要的地方性知识，并认识到地方智慧和经验通常反映了非常务实的边境和国家政策商议方式。国家政策通常由国家高级官员在没有与当地边境社区协商的情况下，在空间上相距遥远的国家首都制定，导致边境居民的战略和应对机制变得复杂。④ 因此，需要地方性研究去阐述这些人如何商议跨境生计。⑤

二、越南高地边境居民

在欧洲殖民和划定国家领土边界、国家管控固定物理边界之前，东南亚半岛高地边缘的民族很少受到低地统治者的直接关注。⑥ 这些高地边缘作为政治和经济缓冲区，当地居民通过封建朝贡关系保持服从的地位，这被认为是比征服和占领这些地区更具成本效益的战略。永久现代边界的形成是"分开和隔离高地民族的一个基本因素，使他们成为'少数民族'"⑦。从这个角度来看，现代边界通过封闭传统领地

---

① Ribot, J. C., "Theorizing Access: Forest Profits along Senegal's Charcoal Commodity Chain", *Development and Change*, Vol. 29, No. 2, 1998, pp. 307 – 41; Ribot, J. C. and N. L. Peluso, "A Theory of Access", *Rural Sociology*, Vol. 68, No. 2, 2003, pp. 153 – 81.

② de Haan, L. and A. Zoomers, "Exploring the Frontier of Livelihoods Research", *Development and Change*, Vol. 36, No. 1, 2005, pp. 27 – 47; Wood, G. and S. Salway, "Introduction: Securing Livelihoods in Dhaka Slums", *Journal of International Development*, Vol. 12, No. 5, 2000, pp. 669 – 88.

③ Ribot, J. C., "Theorizing Access: Forest Profits along Senegal's Charcoal Commodity Chain", *Development and Change*, Vol. 29, No. 2, 1998, pp. 307 – 41.

④ Papademetriou, D. G. and D. Waller Meyers. "Introduction: Overview, Context and a Vision for the Future", in D. G. Papademetriou and D. Waller Meyers eds., *Caught in the Middle: Border Communities in an Era of Globalization*, Washington, DC: Carnegie Endowment for International Peace, 2001, pp. 1 – 40; Morehouse, B. J., V. Pavlakovich–Kochi and D. Wastl–Walter, "Introduction: Perspectives on Borderlands", in V. Pavlakovich–Kochi, B. J. Morehouse and D. Wastl–Walter eds., *Challenged Borderlands: Transcending Political and Cultural Boundaries*, Aldershot: Ashgate, 2004a, pp. 3 – 11; Morehouse, B. J., V. Pavlakovich–Kochi and D. Wastl–Walter, "Living with Changing Borders", in V. Pavlakovich–Kochi, B. J. Morehouse and D. Wastl–Walter eds., *Challenged Borderlands: Transcending Political and Cultural Boundaries*, Aldershot: Ashgate, 2004b, pp. 169 – 73.

⑤ 在这种特殊背景下，通过对生活在越南西北部和中国西南边境地区的个人进行研究，我们发现民族是一个重要类别，有助于理解边境地区个人的一些行为。我们的意图不是不加批判地使用"民族"的标签，因为我们意识到一个族群中的个人之间存在相当大的差异，并且我们绝不希望无意中使民族同质化。事实上，我们在这里试图说明高地群体的动态性，区域内的特殊性以及个体的创新事业，参见索韦文（Sowerwine, 2014）关于邻近高地的少数民族——瑶族族性的类似讨论。

⑥ Duncan, C. R., "Legislating Modernity among the Marginalized", in C. R. Duncan ed., *Civilizing the Margins: Southeast Asian Government Policies for the Development of Minorities*, Ithaca, NY: Cornell University Press, 2004, pp. 1 – 23; Michaud, J., *Historical Dictionary of the Peoples of the Southeast Asia Massif*, Lanham, MD: Scarecrow Press, 2006.

⑦ Michaud, J., *Historical Dictionary of the Peoples of the Southeast Asia Massif*, Lanham, MD: Scarecrow Press, 2006.

并建立一个以民族定义为中心的国家政治实体，使多数民族诸如越南的京族（越南低地人）和中国的汉族（多数中国人）成了主体民族。此外，边界会集了多数民族之外的许多不同民族，被归入少数民族的角色。①

有趣的是，虽然越南是以京族为主体民族的社会主义国家，但本研究所在的老街省，高地人的数量超过了低地京人。2004年，老街省人口约为60万，其中少数民族占64%，包括约21%的苗族（Hmong）、16%的岱依族（Tay）、14%的瑶族（Yao）、5%的热依族（Giay）和4%的侬族（Nung）以及其他较小的族群。② 然而，当地政治控制权和经济财富仍然牢牢掌握在京族人手中。③

苗族是高地少数民族之一，分布在边远的中越边境，④ 如上所述，是老街省最大的少数民族群体。⑤ 像东南亚的许多高地族群一样，苗族有一个无头目（没有政治领袖或等级制度）、无国籍，以血缘关系为基础的社会组织，彼此之间"主要通过血缘关系和联盟而不是通过地理上的接近或政治上的亲疏"相互联系。⑥ 作为这一组织的一部分，同一血统的家庭相互依赖、相互帮助，同时保持独立的经济单位。⑦ 由于苗族居住的山区很少有京族人（越南低地人）居住，有少数苗族人参与了地方和地区国家行政管理。⑧ 严格的习惯法规定了一个村内亲属群体成员的权利和义务。⑨

在老街省，尽管苗族居住地相对偏僻，但人们通过市场贸易相互联系，贸易构成他们重要的经济和社会活动。早在欧洲人到来之前，苗族人就开始与中国商队商贩交易柏树（棺材用木），以换取盐、银和工业制成品。后来，他们也用鸦片与法国交换类似的产品。几个契机为苗族人带来了新的贸易机会。自1988年以来，跨境贸易日益增长的前景创造了新的经济机会；而从1993年取消对外国游客旅行的限制后，老街省一个虽小但发展迅速的高地旅游城镇沙巴（Sa Pa）出现了手工业贸易。⑩

由于国内冲突和高地群体在邻国有大量人口，越南长期以来一直关注其境内的少数民族。⑪ 第一次印

---

① Michaud, J., *Historical Dictionary of the Peoples of the Southeast Asia Massif*, Lanham, MD: Scarecrow Press, 2006.
② People's Committee of Lao Cai Province, *Lao Cai: Opportunities on Investment and Business* (2nd edn with 1st supplement), Hanoi: Ai My, 2004.
③ 2000年，云南省人口为4290万，其中1430万（占全省人口的33.4%）为少数民族（Michaud, 2006）。
④ 中国政府将苗族归为较大的族群（2000年为890万）。尽管由于西南移民潮，中国苗族人口最多的地方是贵州高地，云南省目前是其第二重要的居住地（Michaud, 2006）。
⑤ Casson, A., "The Political Ecology of Tourism in Sa Pa, Northern Vietnam", *Draft Paper, Resource Management in Asia-Pacific Project*, Canberra: Australian National University, 1998.
⑥ Michaud, J. and C. Culas, "The Hmong of the Southeast Asia Massif: Their Recent History of Migration", in G. Evans, C. Hutton and Kuah Khun Eng eds., *Where China Meets Southeast Asia: Social and Cultural Change in the Border Regions*, New York: St Martin's Press, 2000, pp. 98-121.
⑦ Pham Quang Hoan, "The Role of Traditional Social Institutions in Community Management of Resources among the Hmong of Vietnam", East-West Center Working Paper No 5. Honolulu, HI: East-West Center, 1995.
⑧ Culas, C. and J. Michaud, "A Contribution to the Study of Hmong (Miao) Migrations and History", in N. Tapp, J. Michaud, C. Culas and G. Y. Lee eds., *Hmong/Miao in Asia*, Chiang Mai: Silkworm Books, 2004, pp. 61-96.
⑨ Corlin, C., "Hmong and the Land Question in Vietnam: National Policy and Local Concepts of the Environment", in N. Tapp, J. Michaud, C. Culas and G. Y. Lee eds., *Hmong/Miao in Asia*, Chiang Mai: Silkworm Books, 2004, pp. 295-320.
⑩ Turner, S. and J. Michaud, "Imaginative, Adapted and Transnational Economic Strategies for Marginal Actors in a Centralised State: Livelihoods of the Hmong in Lao Cai Province, Northern Vietnam", Paper presented at the Australian National University Vietnam Update. Canberra: Australian National University, 2006.
⑪ Jackson, L. R., "The Vietnamese Revolution and the Montagnards", *Asian Survey*, Vol. 9, No. 5, 1969, pp. 313-30; McElwee, P., "Becoming Socialist or Becoming Kinh? Government Policies for Ethnic Minorities in the Socialist Republic of Vietnam", in C. R. Duncan ed., *Civilizing the Margins: Southeast Asian Government Policies for the Development of Minorities*, Ithaca, NY: Cornell University Press, 2004, pp. 184-213.

度支那战争助长了低地越南人对少数民族持怀疑态度的倾向,因为尽管越南人成功地赢得了高地人的支持,但越南北部的许多高地人与法国人结盟,特别是红河以西的泰族(Thai)、苗族和瑶族。① 为了应对这种明显的安全威胁,与许多其他东南亚国家一样,越南试图通过鼓励低地农民"殖民"边境地区和边疆来巩固其领土,但这往往是以牺牲该地区原住民的利益为代价。② 事实上,自 1954 年日内瓦会议和北越正式去殖民化以来,国家主导的农业扩张已完成了广泛的任务,包括出于国际安全目的而定居边境地区。随着 20 世纪 60 年代社会主义国家新经济区(NEZ)方案在北部高地的实施,激起了京族人向高地迁移的浪潮。该方案旨在通过京族移民的流入,将边远的高地置于国家更大的控制之下。③ 京族移民以农业、贸易和打工为生计,虽然他们经常认为自己的高地邻居"落后",但他们与多数高地人建立了包容关系。④ 京族人向北部高地自发迁移的最新一波浪潮,是由 1986 年经济改革政策及与旅游业相关的新商机促成的。⑤

三、当代边境管制与策略

目前,越南有三种官方的过境点,即开放入口、国家口岸和国际口岸。⑥ 开放入口是小型的,是边界两侧地区居民的地方过境点。国家口岸⑦是任何越南或中国公民都可以过境的地方,国际口岸是第三国国民持适当证件也可以通过的较大过境点。正如下文所述,在老街省,跨境活动的规模、边境管制、过境

---

① Jackson, L. R., "The Vietnamese Revolution and the Montagnards", *Asian Survey*, Vol. 9, No. 5, 1969, pp. 313 – 30; McElwee, P., "Becoming Socialist or Becoming Kinh? Government Policies for Ethnic Minorities in the Socialist Republic of Vietnam", in C. R. Duncan (ed.), *Civilizing the Margins: Southeast Asian Government Policies for the Development of Minorities*, Ithaca, NY: Cornell University Press, 2004, pp. 184 – 213; McAlister, J. T. Jr. "Mountain Minorities and the Viet Minh: A Key to the Indochina War", in P. Kundstadter (ed.), *Southeast Asian Tribes, Minorities and Nations*, Princeton, NJ: Princeton University Press, 1967, pp. 771 – 844; Michaud, J., "The Montagnards in Northern Vietnam from 1802 to 1975. A Historical Overview from Exogenous Sources", *Ethnohistory*, Vol. 47, No. 2, 2000, pp. 333 – 68.
② de Koninck, R., "The Peasantry as the Territorial Spearhead of the State in Southeast Asia: The Case of Vietnam", *Sojourn*, Vol. 11, No. 2, 1996, pp. 231 – 58.
③ Dao, Van Tap, "On the Transformation and New Distribution of Population Centres in the Socialist Republic of Vietnam", *International Journal of Urban and Regional Research*, Vol. 4, No. 4, 1980, pp. 503 – 15; Evans, G., "Internal Colonialism and the Central Highlands of Vietnam", *Sojourn*, Vol. 11, No. 1, 1992, pp. 24 – 51; Hardy, A., *Red Hills: Migrants and the State in the Highlands of Vietnam*. Honolulu, HI: University of Hawai'i Press, 2003; Porter, G. *Vietnam: The Politics of Bureaucratic Socialism*, Ithaca, NY: Cornell University Press, 1993.
④ Sowerwine, J. *The Political Ecology of Dao (Yao) Landscape Transformations: Territory, Gender and Livelihood Politics in Highland Vietnam*, PhD Dissertation, University of California, Berkeley, 2004; van de Walle, D. and D. Gunewardena, "Sources of Ethnic Inequality in Vietnam", *Journal of Development Economics*, Vol. 65, No. 1, 2001, pp. 177 – 207.
⑤ Michaud, J. and S. Turner, "Contending Visions of Sa Pa, A Hill-Station in Vietnam", *Annals of Tourism Research*, Vol. 33, No. 3, 2006, pp. 785 – 808; Casson, A., "The Political Ecology of Tourism in Sa Pa, Northern Vietnam", *Draft Paper, Resource Management in Asia – Pacific Project*, Canberra: Australian National University, 1998; Wandel, J. "Development Opportunities and Threats to Ethnic Minority Groups in Vietnam", in D. McCaskill and K. Kampe eds., *Development or Domestication: Indigenous Peoples of Southeast Asia*, Chiang Mai: Silkworm Books, 1997, pp. 470 – 87.
⑥ 在中国,边境地区的政府政策和地方行政部门积极应对跨境贸易提供的新机遇。云南省政府简化了跨境人员的签证和海关手续,允许每天多次入境(Kuah, 2000)。
⑦ 我们的分析不专注于国家层面的过境点,因为与其他过境点相比,越南公民很少使用这些过境点;汉族人使用它们的频率要高得多,而汉族人并不是本次调查的重点,更多详细信息请参阅舍恩伯格(Schoenberger, 2006)。

商人的数量及其族群差异很大。

1991年越南和中国关系正常化后，越南政府一再强调跨境贸易在发展边境地区和创造新的生计机会方面的作用。① 在我们的访谈中，边境官员强调了过境点对当地少数民族人口经济利益的积极作用，并陈述如下：

> 边境的开放是为了服务居住在这里的少数民族，并使他们能够方便地跨境买卖和做生意……由于少数民族居住在边界附近，与中国进行贸易使他们可以以更低的价格购买商品，因为运输成本低于将货物从低地带到该地区的成本。②

然而，我们很快就会发现，越南的国家政策往往会忽略当地居民的小规模贸易活动，而有效地促进大规模贸易。正如顾（Gu Xiaosong）和沃马克（Womack）所指出：

> 两国的一些贸易商和政府官员都关注大规模和小规模的贸易，但瞧不起小规模的边境市场贸易，因为小规模贸易不会产生大量利润或收入。这种失察是一个严重的问题，特别是对于贫穷的边境居民而言，这种小规模贸易是他们所拥有的一切，需要得到鼓励。③

四、利用本地关系：高地商人

住在毗邻边界的居民可通过被称为"开放入口"的小型过境点出入境，那里通常很少征收进口税，因为个体贸易商的交易量被认为是很少的。④ 一位在开放入口工作的边境高级官员说，在边境上每个设有"边防局"（Office of Border Defence）的地方都有一个开放入口，在老街省共有11个这样的开放入口。⑤ 实际上，距离边界5—10千米的一个相当大的军队前哨——边防局，以及一个较小前哨——"边境控制站"（Border Control Station），成为开放入口的典型特征。开放入口通常只是一个位于实际边境的小棚屋，边防局的工作人员检查许可证并收取过境费。⑥

边境居民在开放入口使用的许可证是越南护照的一个有利替代物，在边境附近社区的当地安全局

---

① Chan, Yuk Wah, *Trade and Tourism in Lao Cai, Vietnam: A Study of Vietnamese - Chinese Interaction and Borderland Development*, PhD dissertation, The Chinese University of Hong Kong, 2005; Chen, Xiangming, *As Borders Bend. Transnational Spaces on the Pacific Rim*. Lanham, MD: Rowman & Littlefield, 2005.
② 信息来自访谈对象 BO7，2005年7月2日。
③ Gu, Xiaosong and B. Womack, "Border Cooperation between China and Vietnam in the 1990s", *Asian Survey*, Vol. 40, No. 6, 2000, pp. 1042 - 58.
④ 信息来自访谈对象 BO2，2005年6月13日；BO8，2005年7月8日。
⑤ 信息来自访谈对象 BO9，2005年7月8日。
⑥ 每次过境都必须向中国和越南边境当局支付费用，贸易商和边境官员的说法显示了费用的差异，这表明了收费不规范。所有受访者都称向越南当局支付的费用为3000越南盾（VND）（0.19美元），但一些贸易商称仅在回程时付费，而另一些贸易商则支付了两次（这些差异在苗族和京族贸易商中都存在）。从越南来的人向中国当局支付的费用为10000越南盾（0.60美元），但访谈表明这一规定也执行不均（BO3，2005年7月1日）。

（Security Offices）相当容易获得。① 只有被归类为边境居民的人才能持许可证在开放入口过境；其他越南公民——即使他们持有护照——也不被允许使用这些过境点。② 因此，就所涉及较少政府机构和拥有最多过境点而言，边境居民享有进入中国边境的最有利条件。尽管有这些优势，从开放入口过境的人在进入邻国领土深度方面却受到限制，通常只允许进入最近的市场。③

那些利用开放入口的人会交易什么类型的商品？在众多的小规模贸易活动中，人造丝带和高地风格（highlander style）的裙子是当地需求量很大的两种商品，并一直使用这些过境点运送。在老街省，几乎每个市场都有出售彩色的编织丝带。它们被用来装饰苗族妇女自己做、自己穿的外衣，④ 也被缝在瑶族妇女的衣服上。京族人和高地人也将它们改造成各种各样的商品，如帽子、包和手带，出售给国内外游客。人工褶皱和图案化的合成纤维裙子为苗族消费者提供了日常服装的一种替代选择，与制造商仿造传统的家庭生产的手工刺绣麻布裙子相比，这种服装更便宜、更轻，穿起来更凉爽，更容易清洗。手工制作4—6米长的刺绣裙子对女性生产者的时间提出了很高的要求。值得强调的是，这些手工裙子并没有失去它们的受欢迎地位——它们保留了传统和仪式的重要性。⑤ 在某种程度上，人们对人造裙子越来越感兴趣是因为它们复制了传统服装，因此并不代表放弃传统而青睐"低地服装"。这些人造裙子被视为是苗族的，不管苗族是否生产它们，它们被苗族穿着。丝带和裙子的不同贸易流程如图1、图2所示。⑥

这些货物的一个关键过境点是发隆社（Pha Long）开放入口过境点。在这里，来自越南尤其是来自毗邻边境的孟康县（Muong Khuong）的苗族人，越过边境在老卡（Lao Kha）购买丝带，老卡是苗族人占主导地位的中国边境市场。这个边境市场靠近中国文山（Van Son）的丝带生产基地，中国的贸易商可以直接从制造商那里购买丝带。⑦ 孟康县的苗族边境居民从中国市场返回越南，前往老街省其他市场（如沙巴），将丝带批发给京族、苗族和瑶族贸易商。

中国老卡边境市场也是苗族人造裙子进入越南的重要集散地。像丝带一样，文山是这些裙子的著名生产地。然而，他们的生产也延伸到较小地点的中国马关县（Ma Quan），裙子印花后的生产通常在苗族

---

① 信息来自访谈对象BO1，2005年6月8日；BO3，2005年6月14日。这些许可证由越南和中国共同发放。18岁以上的边境居民在越南申请许可证，必须带一张照片和他们的边境身份证到当地的安全局办理（越南所有居民都由国家颁发身份证，目前边境居民以身份证上的对角黄线进行区分）。每张许可证都标明了持证人获准过境的地点，每个过境点都要求标明准入的许可证（BO3，2005年7月1日）。相比之下，获得护照需要大量的文件和多次前往省会。
② 尽管"边境居民"这一类别作为一种合法的准入机制很重要，但国家的定义很难通过与官员的访谈来确定。一些人认为，边境居民是边境附近社区的人员，但现实中很灵活，因为老街市的所有居民都可以作为边境居民过境，即使他们是不靠近边境的行政区（城市行政单位，大致相当于农村社区）的居民（BO1，2005年6月8日）。另一位官员表示，边境居民是指居住在边境附近地区的所有居民，因此整个地区都可以使用开放入口（BO2，2005年6月13日）。在实践中，这两种解释中最明显的例外是一群来自沙巴镇的京族商人，他们住在一个不毗邻边界的地区，设法仅凭许可证在一个国际过境点过境。这些贸易商以比大多数人更优惠的条件商议边境准入，并且是受访者中的例外。为了商议这种准入，这些来自沙巴镇的京族跨境贸易商可能为许可证支付了更多的费用，因为一些人说他们花费了20000越南盾，而边境官员告诉的则是5000或10000越南盾。2007年对河内北部谅山省跨境贸易商的访谈也证实了在如何通过财物商议获得准入方面的"灰色"。
③ 信息来自访谈对象BO3，2005年7月1日。
④ 主要在北河（Bắc Hà）和新马街（Si Ma Cai）地区。
⑤ 大多数苗族妇女至少拥有一件由麻制成、部分采用蜡染和刺绣的全褶传统苗族裙子，在结婚、生日和其他特殊场合穿着。最重要的是，一个女人去世时穿上这裙子，是为了见她的祖先［麦（Mai），1999］。
⑥ 这些图表基于运用"供应系统"方法进行商品流分析，选择这种方法是因为它将商品流通概念化为知识和话语相互关联的流动，而不仅仅是材料。因此，该方法关注经济关系的社会嵌入性和商品的文化意义［休斯（Hughes），2000；莱斯利（Leslie）和雷默（Reimer），1999］。
⑦ 信息来自访谈对象龙（Long），汉族商人，2005年6月11日。

家庭进行，每周可完成100多条裙子在附近的老卡市场销售。商品从生产商向中越边境的空间流动奠定了老卡边境市场和发隆社口岸在这一贸易中的中心地位。童（Tong）是一名苗族妇女，她生活在孟康县，非常活跃于裙子贸易。她阐释了自己如何在发隆社过境购买裙子，并向越南其他商人供货：

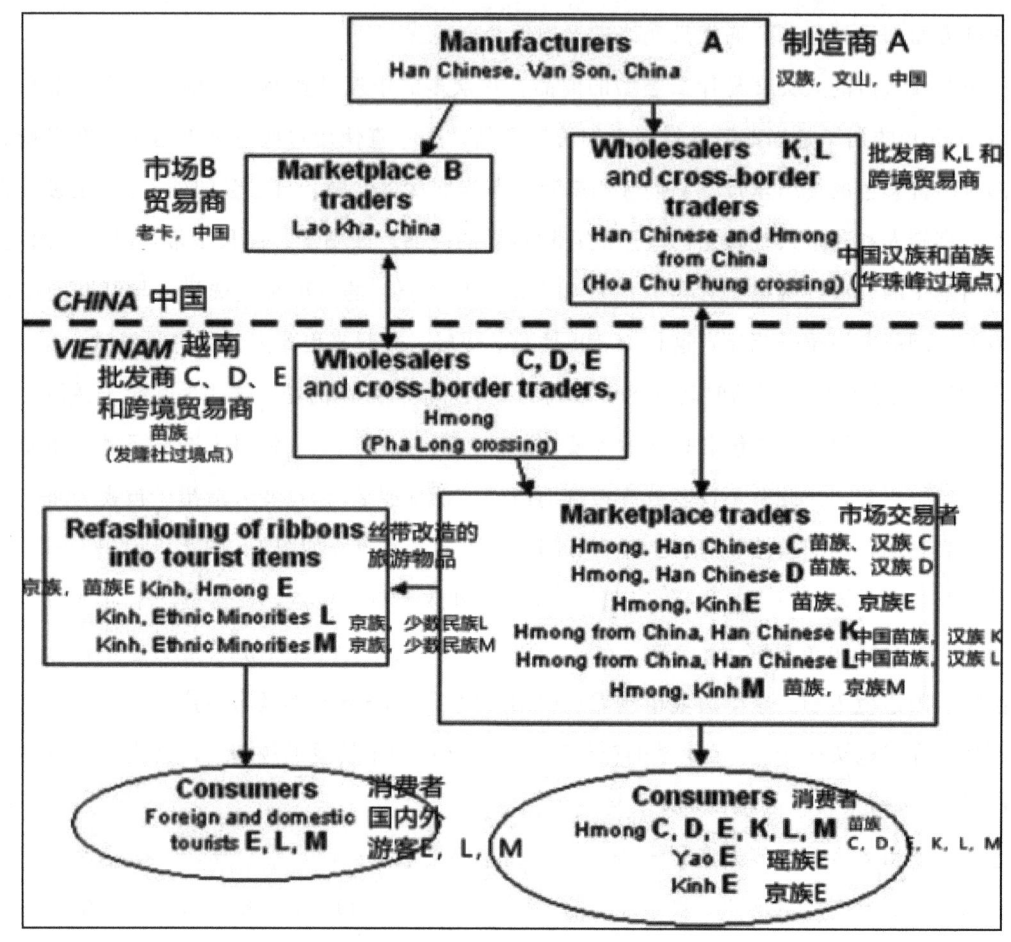

图1 丝带商品流程

为了买到裙子，我每周二都会穿过当地的发隆社入口去老卡市场，每周都会带回大概相同数量的裙子。我为我阿姨、表哥和一些住得近的商人朋友供应裙子，并帮他们在中国购买他们想要的其他商品。我卖给朋友和亲戚不是为了赚钱，而是作为他们的代表去买裙子。我每周进口300－400条裙子，分发给朋友和家人，并留50－60条给自己卖。我总共供应10个亲戚，三个在孟康市场，一个在保胜县（Bao Thang）的丰海（Phong Hai）市场，还有一个在莱洲省（Lai Chau）（老街西部）。①

---

① 信息来自访谈对象童（Tong），苗族商人，2005年6月4日。

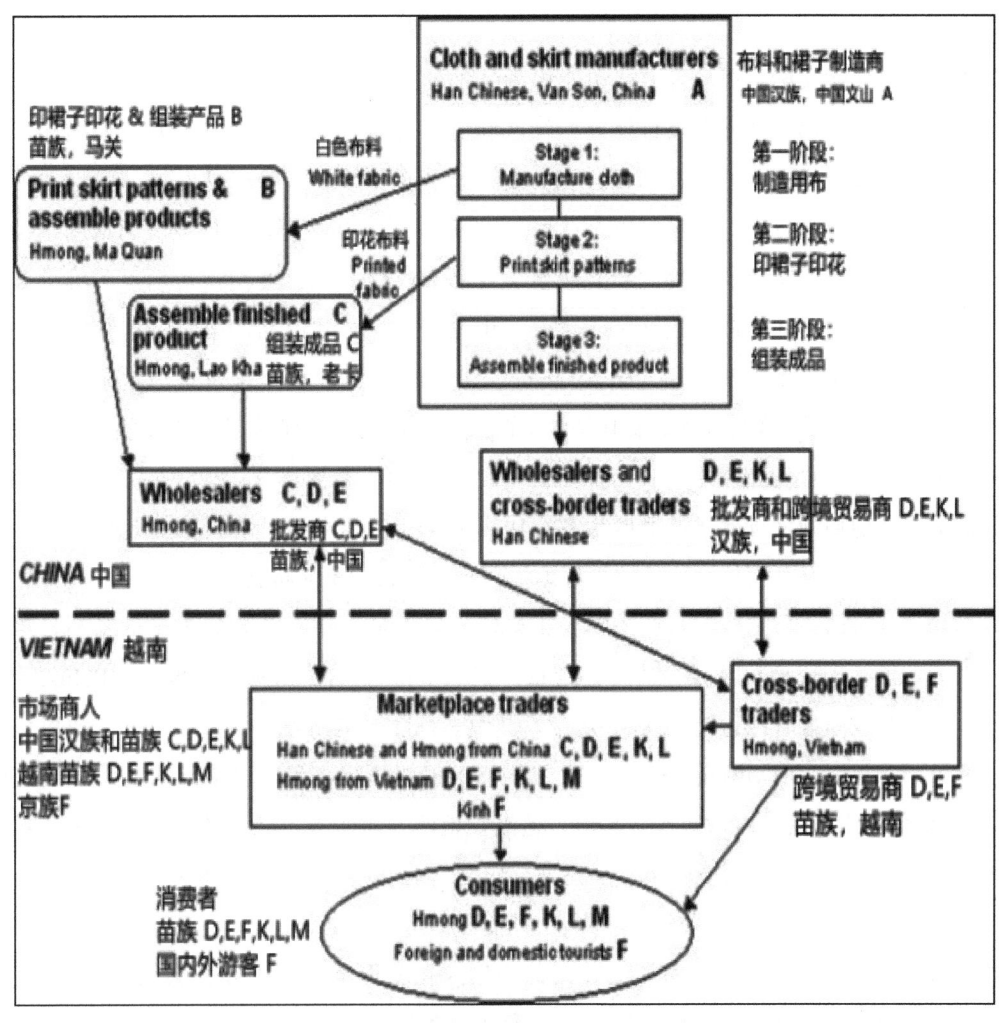

图 2　人造高地风格裙子商品流程

事实上，童的每周日程都是围绕着这些裙子交易展开。周六她在发隆社卖裙子，周日在孟康卖裙子，周二她去中国老卡买裙子，周三她在高山（Cao Son）卖裙子，周四在仙柴（Sín Chải）卖裙子。有时她甚至会去越南安沛（Yên Bái）省更南边的市场卖裙子。她的跨境贸易活动是她家庭生计的重要组成部分，失去农业劳动力的机会成本被她用于家庭开支的现金收入所弥补。

虽然新马街地区的华珠峰（Hoa Chư Phùng）开放入口也是用于进口裙装材料，但与裙装商的访谈仍然强调了发隆社过境点的重要性。与生活在其他地方的妇女相比，这种裙子贸易对来自孟康的一群妇女的生计变得更加重要。例如，我们上面提到的童说，"发隆社（孟康县）的苗族人去很多地方售卖东西。她们经常去莱州省卖，因为裙子只从这个入口进来。还有许多人去其他地方（卖）"。① 事实上，在我们研究的所有市场中，我们一致发现来自孟康县的苗族妇女主导了人造裙子的贸易。需要注意的是，由于这些妇女中的许多人居住在毗邻中越边境的社区，她们被归类为边境居民，可以方便地进出发隆社开放入口和老卡市场。因此，在正式规章和惯例下商议边境准入的权利和影响边境准入能力的结构性因素（如与边境居住地有关的地理条件、到市场和过境点的距离），促进了当地苗族妇女对特定谋生机会的

---

① 信息来自访谈对象童（Tong），苗族商人，2005 年 6 月 4 日。

有益利用。

然而，这个特殊案例实际上更加复杂。由于多种外加的历史和文化原因，孟康县的苗族妇女处于更好出入边境的独特地位。第一，许多来自发隆社社区和孟康县的苗族关键报道人笼统地描述了在中越冲突之前的当地跨境交流联系，称这种联系在边境关闭期间一直持续。这些贸易网络的弹性在一定程度上是由于边界一侧中国亲属的存在。几名报道人在1979年以前就已有跨境，在边境关闭期间继续跨境的目的是看望在中国的亲属，并交换少量的"特殊服装、食品和衣物"[1]。这些交流活动除了维护贸易网络并促进重要的社会网络发展，还为苗族妇女提供了关于中国贸易机会和商品的信息。这肯定了在早期获得特定地点信息的关键作用，麦克斯威尼（McSweeney）在她的中美洲研究中也认为这是进入农村贸易网络的重要组成部分。[2] 第二，这些苗族妇女在持续的跨境交流中发展和保持了语言技能，从而从文化资本中受益。事实上，几名来自发隆社的苗族妇女在孩童时期就去了老卡市场，她们在市场上社交时学会了说当地的普通话，而她们的父母就在那里做生意。1979年以后，这些技能和网络使这些妇女在合法的情况下更容易进行跨境交易，从而使她们能够更好地抓住日益增长的贸易机会。

此外，发隆社社区的一些苗族妇女商人得益于当地人民委员会中一名苗族男子的参与，该男子帮助政府官员向社区传递关于边境贸易条例的具体信息。正如里博特（Ribot）和佩鲁索（Peluso）所言，国家政府通常是"直接或间接管控边境准入的节点"，其中多种准入机制被"捆绑在一个人或机构中"[3]。因此，一旦边境重新开放，几名当地苗族老年妇女就能够根据新的法律程序过境（在边境关闭期间非法过境）。当被问及如何学到新规程时，妮亚（Nhia）透露，她朋友的丈夫——上述苗族男子——在当地政府工作，向她和两个来自发隆社的朋友讲解了新规定要求。[4] 因此，贸易商的亲属关系、语言技能和其他形式的人力和社会资本是他们进入贸易网络和相关生计能力的重要决定因素。[5]

对开放入口贸易的分析也强调了由于居住国的不同，在获得金融资本和社会网络方面的重要差异。与越南苗族商人相比，中国汉族和苗族的裙子批发商在越南进口和交易的裙子数量要大得多。许多中国贸易商直接接触中国马关和文山的制造商，更重要的是，能够从生产商那里获得信贷，使他们能以更好的价格获得更多的货物，而不依赖中间商。[6] 结果，这些贸易商在靠近边境的老街省市场以低于越南商人的价格出售商品。老街的苗族市场商人非常清楚越南苗族和中国苗族之间的购买力差异。因此，边界线代表了在获得金融信贷和资本方面的重要划分，为双边居民创造了不同的机会。这种差异与前文提到的法律限制有关，该规章条例规定了越南商人进入中国的最远距离，因此阻止了越南商人与中国制造商建立直接联系。越南和中国同意越南贸易商在国家准入监管之下进入中国边境利用少数金融资本进行贸易，然而中国贸易商占据了相当大的市场份额，为其在越南的竞争对手定价。

---

[1] 信息来自访谈对象库（Ku），2005年6月3日。
[2] McSweeney, K., "The Dugout Canoe Trade in Central America's Mosquitia: Approaching Rural Livelihoods through Systems of Exchange", Annals of the Association of American Geographers, Vol. 94, No. 3, 2004, pp. 638 - 61.
[3] Ribot, J. C. and N. L. Peluso, "A Theory of Access", Rural Sociology, Vol. 68, No. 2, 2003, pp. 153 - 81.
[4] 信息来自访谈对象妮亚（Nhia），2005年7月18日。
[5] McSweeney, K., "The Dugout Canoe Trade in Central America's Mosquitia: Approaching Rural Livelihoods through Systems of Exchange", Annals of the Association of American Geographers, Vol. 94, No. 3, 2004, pp. 638 - 61.
[6] 信息来自访谈对象龙（Long），中国贸易商，2005年7月9日；延（Yeng），来自中国的苗族商人，2005年7月17日。

五、京族人抓住国际跨境贸易

与开放入口和国家口岸不同，更大的国际口岸是有显著优势的，因为它允许持有必要证件的第三国国民过境。在老街省，只有一个这样的过境点将老街市与中国的河口镇连接起来。在越南一侧，这个过境点的标志是一个现代化的移民和海关办事处，配备了X射线机、海关和护照控制系统，可容纳大量的商人和游客。

老街市的入口因其庞大的贸易量和每日过境人数而与全省其他地方截然不同。一名边境官员说，通过该站点的进出口额增长迅猛，2004年的水平是2001年的两倍。①这一高贸易量的原因是这一过境点允许的运输方式种类最多，包括铁路。这是该省唯一允许卡车通过的过境点，尽管从越南过境的卡车必须在老街省注册，并且在中国境内不得超过河口。②同样，它也是旅游巴士唯一可以穿梭的地方。③因此，由于地面运输规定，在老街城市过境点鼓励大规模贸易，而在其他入口的跨境贸易数额则被限制得非常小。④然而，与贸易规模扩大相关的是一个更加严格的监管制度，即基于进口货物数量和类型的关税与进口条例。⑤

在老街市过境的人，在其民族身份方面没有相关的统计数据，但边境官员表示观察到很少有少数民族在这一口岸过境。一名边境官员坚持认为，老街没有苗族人过境，只有少数瑶族人和一些热依族人过境，而使用这个过境点的主要是京族人。⑥当被问及为什么他认为是热依族到这里过境而不是附近的其他群体时，他的回答反映了一种基于民族的居住地和过境选择的空间差异：

> 热依族人生活在比苗族和瑶族低的地区，所以他们来边境（老街这里）花费的时间更少。热依族有很多亲戚住在中国，他们经常去探访。此外，热依人生活在低地地区，靠近京族人，他们从京族人那里学会了过境的程序。⑦

人口普查数据支持了这一观察结果，该数据表明，在红河老街市周围地势较低的地区，苗族和瑶族

---

① 信息来自访谈对象BO1，2005年6月8日；另见Chan, Yuk Wah, *Trade and Tourism in Lao Cai, Vietnam: A Study of Vietnamese－Chinese Interaction and Borderland Development*, PhD dissertation, The Chinese University of Hong Kong, 2005.
② 信息来自访谈对象BO4，2005年6月22日。
③ 信息来自访谈对象BO1，2005年6月8日。
④ 国家关于跨境运输方式的规定允许在开放入口和国家口岸的选择比在国际口岸少。由于不允许卡车在国家口岸和开放入口处过境，大多数贸易商步行穿越边境，只进口他们可以背负的东西，或者在某些情况下，用驮马。常见的情况是，卡车装着用手带过边境的货物到过境点，然后折返。摩托车——迄今为止越南最常见的交通工具——在老街省的所有过境点都被禁止。乘船越过红河和南溪进入中国是可能的，尽管边境官员对这种运输方式的合法性发表了相互矛盾的声明。实际上，住在河流附近的边境居民可以乘坐划艇在几分钟内过境（Chan, 2005）。
⑤ 信息来自访谈对象BO1，2005年6月8日；另见Chan, Yuk Wah, *Trade and Tourism in Lao Cai, Vietnam: A Study of Vietnamese－Chinese Interaction and Borderland Development*, PhD dissertation, The Chinese University of Hong Kong, 2005.
⑥ 信息来自访谈对象BO1，2005年6月8日。
⑦ 信息来自访谈对象BO1，2005年6月8日。

的人数远少于高地地区,① 我们将在下文再讨论这一点。

有鉴于此,与该省其他过境点相比,在老街这里过境的京族人贸易商数量之多是独一无二的,与之一起过境的商品是棕色塑料凉鞋和豆蔻。棕色塑料凉鞋在高地随处可见,成千上万的少数民族穿这种凉鞋。京族人和高地人都把凉鞋与少数民族紧密联系在一起,但京族人很少穿凉鞋。我们关注这种商品,因为它在该省的市场上很流行,被许多少数民族广泛使用,并且京族商人在这些网络中的参与度很高。我们还研究了生长在东南亚高地的豆蔻/砂仁(Amomum villosum)的流动,它以其药用价值(而不是烹饪作用)而闻名。② 豆蔻在东南亚大陆的许多高地森林中是野生的,已经被采集了几个世纪,且被作为中国药品的原料进行贸易。与研究的其他三种商品不同,豆蔻不是批量生产的,而且是出口到中国而不是从中国进口。凉鞋和豆蔻的不同贸易流分别如图3、图4所示。

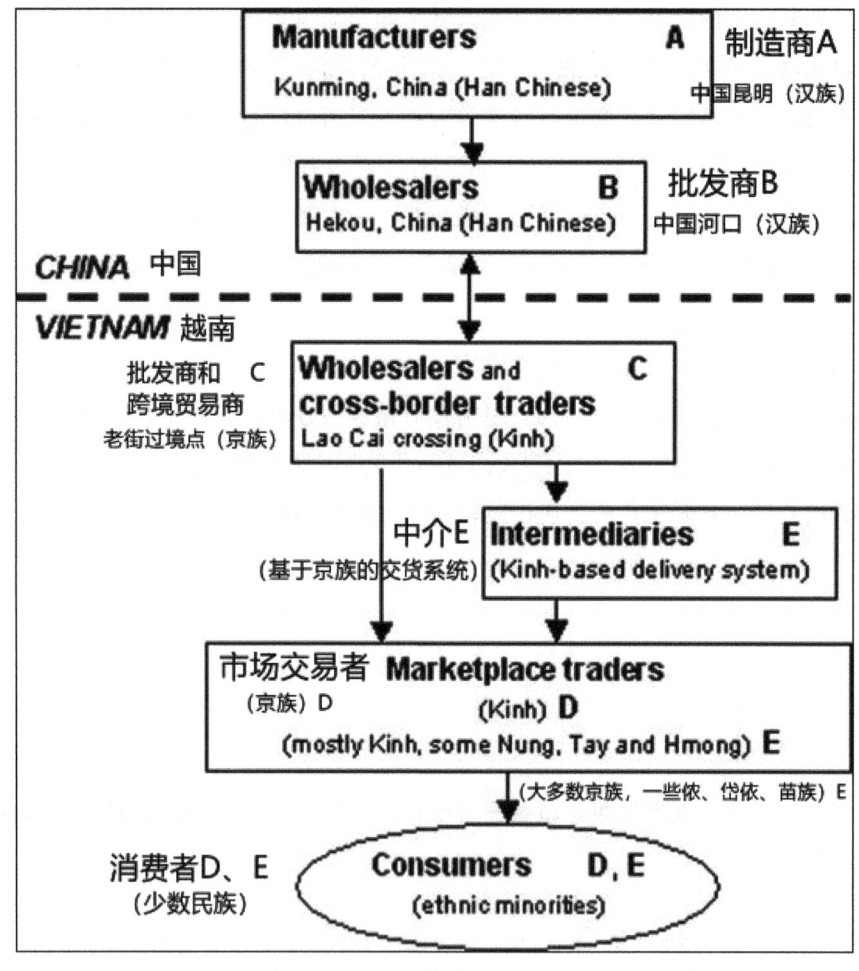

图3 凉鞋商品流程

老街市国际口岸是该省用于凉鞋贸易的唯一过境点,部分原因是它相对靠近中国昆明的凉鞋制造

---

① Michaud, J., S. Turner and Y. Roche, "Mapping Ethnic Diversity in Highland Northern Vietnam", *GeoJournal*, Vol. 57, No. 4, 2002, pp. 281 – 99. Also see in Socialist Republic of Vietnam. *Census of Vietnam*, General Statistics Office of Vietnam, 1999.

② Kvitvik, T. "Cultivating and Collecting Cardamom (Amomum spp.) and other NTFPs in Muang Long District, Luang Namtha Province, Lao PDR", http://home.no.net/tkvitvik/cardamom.pdf, 2001.

商。① 在老街过境点，主要是越南的京族商人越过边境去河口的汉族家庭购买凉鞋，从他们家中批发这些东西。② 京族凉鞋商人持续控制全省的凉鞋批发，因此在贸易后期他们在边境口岸也占据主导地位。京族贸易商成了高地人凉鞋市场的独家供应商，为这种受欢迎的商品争取了所有本地营销机会。

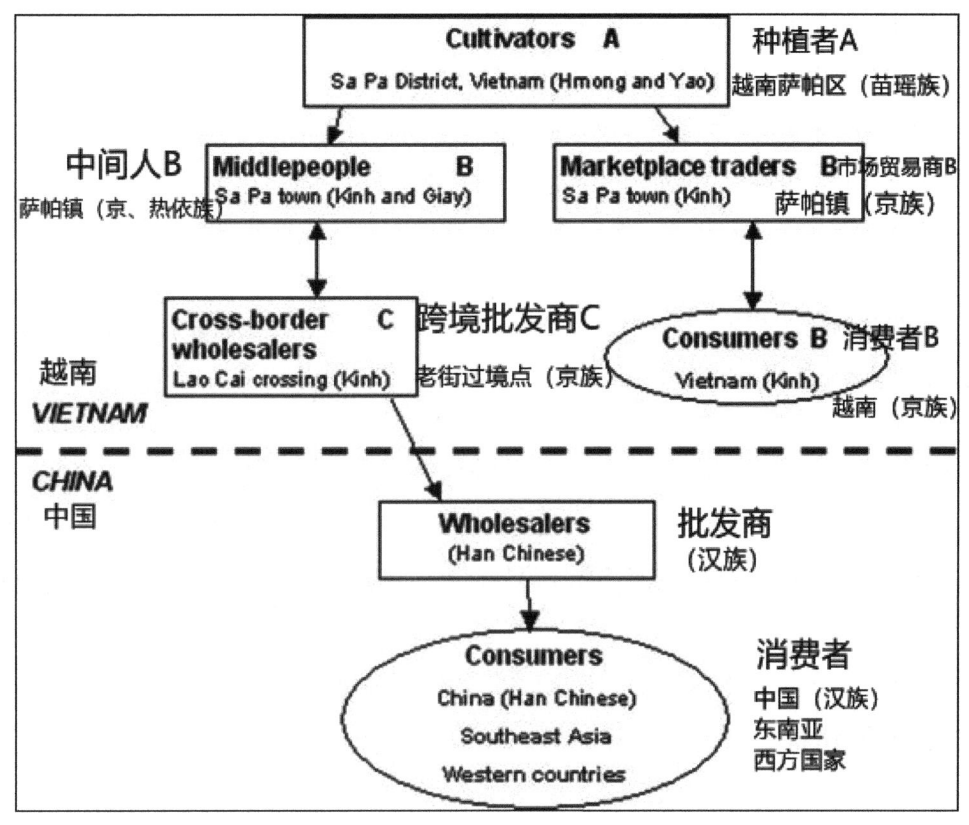

图 4　豆蔻商品流程

同样，豆蔻主要在老街国际口岸过境。豆蔻从越南流向中国而不是从中国流向越南，主要由苗族和瑶族在老街和邻近省份种植，其构成当地生计的重要组成部分。与高地商人从事多重的丝带和裙子贸易不同，高地人在豆蔻交易中的角色通常是种植，之后京族或热依族中间商主导这种高价商品向当地市场和批发商的运输和销售。这些中间人将大量商品带给老街市的京族跨境批发商，这些批发商再从老街市出口到中国，中国全国范围内的居民构成了最重要的区域性市场。③

为什么京族人在这个国际跨境贸易中占绝对优势？有几个重要的准入因素影响族群差异，包括自然地理、居住地、社会关系、各种形式的资本和专业知识。谈到居住地，当地的京族商人显然有优先合法进入老街过境点的权利，因为他们只需要许可证而不是护照就可以进出。上文已提到，许可证制度进出边境口岸主要取决于贸易商的居住地。由于少数民族往往住在离老街市较远的高地，他们不能像京族商人那样以优惠的条件进出这个过境点。在这种情况下，我们看到了权利与跨境能力之间的重要区别。由于所有公民都有权持护照在此过境，理论上，居住在其他地方的少数民族只要持有护照，就可以在此过

---

① 河口至昆明的距离为 468 公里，坐巴士约 18 小时。
② 信息来自访谈对象汉（Hanh），2005 年 6 月 22 日。
③ 信息来自访谈对象花（Hoa），2005 年 7 月 14 日；另见 Sowerwine, J., *The Political Ecology of Dao (Yao) Landscape Transformations: Territory, Gender and Livelihood Politics in Highland Vietnam*, PhD Dissertation, University of California, Berkeley, 2004.

境，但是在获得护照和商议边境制度的能力方面有重要的差异。居住在其他地方但希望获得有利的跨境准入的京族人比高地人更有可能拥有这样做所需的社会资本，因为他们有住在老街市边境附近并能够为商品通行提供便利的家人和朋友。这些类型的联系和网络也提供了关于跨境机会的重要信息，并有助于贸易商（在本例中是京族人）熟悉在中国销售的商品及其供应商。

获得各种形式的资本无疑有助于京族人利用国际口岸和大规模贸易的相关机会。就凉鞋贸易而言，在全省范围内分销凉鞋来拓展跨境贸易和批发业务需要大量物质资本和金融资本支撑，这才有可能大批量购买凉鞋，但通常是使用信贷（赊账）。京族贸易商控制凉鞋分销和大批量贸易的能力也可能对其他贸易商形成进入壁垒，特别是少数民族，他们不太能够调动参与这些贸易网络所需的金融、社会和物质资本。

在这个大而发达的过境点商议复杂的边境准入，京族人在知识、技能和教育等各种形式的文化资本方面也比高地人有优势。[1] 由于民族和社会关系，京族人可以更好地获取有关国际过境程序的知识。越南语通常是少数民族的第二语言，而京族人第一语言就是越南语，这必然便利了他们与边境当局的互动。此外，京族人的文化程度高，有助于他们学习研究法律文件，甚至通过逃避进口税和获得非自己地区的居住许可等方式来巧妙应对。理解与国家官员正式交往所需礼节形式的文化资本，这无疑使京族人对这种边境互动更加适应。所有这些因素共同增强了京族商人优先进入该省最大、最活跃的边境口岸的能力。

六、不同准入的建构

越南北部高地的跨境贸易取决于许多复杂因素，包括明确（和隐含）的国家边境政策、当地行为者的社会阶层以及包括贸易商品特殊性在内的结构性因素。这些因素交织在一起，形成了一个流动的、有节点的动态嵌合；具有不同准入条件的贸易商通过特定的过境点，在空间上分散的高地贸易网络中运作。

（一）国家规定的机会

安德烈亚斯（Andreas）建议我们把边界看作是国家表演的舞台。他认为，国家在搞双重表演，必须向一些观众保证，边境对合法流动开放；同时向一些人保证，边境对不良流动足够封闭。[2] 当然，老街省的中越边界在时间、空间和民族上也可用这种同时开放和关闭的过程来描述。由于越南政府能够对边境实行不同程度的管控，不同的接触空间已被开放或关闭。例如，自中越关系正常化以来，许多空间已被正式关闭，如穿过群山的跨境小径；而其他被纳入三级边防系统的官方认可的空间已被开放。

这些政策鼓励高地边境居民通过高地的开放入口进行小规模跨境贸易活动，手续相对简单且便宜。因此，边境贸易商被说服在法律范围内行事，从而将跨境贸易置于国家的进一步控制之下。加强国家统

---

[1] Bourdieu, P. "The Forms of Capital", in J. G. Richardson ed., *Handbook for Theory and Research for the Sociology of Education*, Westport, CT: Greenwood Press, 1986, pp. 241 - 58.

[2] Andreas, P. *Border Games: Policing the US - Mexico Divide*, Ithaca, NY: Cornell University Press, 2000.

治的部分原因是军队的资源不再被其他地方的冲突所转移。然而与此同时，国家政策在边境口岸的执行程度在空间上是不均衡的。"核心区域"如老街市保持着高执法水平和高跨境贸易量。相比之下，"边远地区"的执法程度参差不齐，在市场活跃期实施正式政策，而在跨境活动较少时则明显松懈。由于这些性质的差异，加上前文所说的社会和结构因素，高地少数民族往往仍然参与更边远地区的小规模贸易，而这些贸易没有给他们带来很可观的利润。

（二） 空间和民族准入

越南北部（包括老街省）不同民族的居住方式在历史上一直受到文化和政治关系以及地形的影响。这在很大程度上反映了当不同的高地少数民族最初从中国南方来到越南时，仍有土地可用，而被使用的土地最适合他们的农业实践，也产生了民族间的权力关系。[①] 与当前的边境政策相结合，这意味着进入特定的过境点往往具有很大的民族差异。在相对较低地区的大型老街国际口岸，特定国家政策的演变和基础设施的投资增加了贸易机会，鼓励了大规模贸易的发展。如上所述，很少有少数民族居住在老街市或在其有社会网络。我们访谈的那些少数民族不希望经常去这样的城市地区，这使得占了该市人口主体的低地京族人，成为进出此过境点的最佳商人。

如果我们将民族放在特定商品交易的关注焦点上，我们会发现更多的空间差异。聚焦高地风格人造裙子的贸易，发隆社小型开放入口由于靠近中国的市场和制造商而显得非常重要，意味着孟康县的苗族妇女处于有利地位，可以从事这一贸易。对丝带贸易商而言，关于边境居住的国家政策与空间位置和市场距离的结构性要素之间的交集，为这些妇女创造了独特的前景。她们的居住地使她们在许可证、费用以及贸易和营销机会方面获得了便利。这些苗族妇女还得益于1979年边境关闭之前、期间和之后与边界一侧中国亲属保持的社会关系，这有助于支持她们的贸易机会。然而，相对而言，她们的贸易仍然有限。

就凉鞋而言，与越南老街市接壤的中国河口是这些商品进入越南的重要门户。使用老街过境点的京族商人最适合与河口的汉族批发商建立贸易关系。京族人更有可能有家人和朋友在这个过境点附近居住，这种社会关系提供了重要的边境准入以及关于贸易机会、商品和供应商的信息。因此，非法律的准入机制，如民族、地方知识和空间，造成了京族人主导这一贸易和相关分销机会的局面。

同样，豆蔻跨境运输的贸易网络的关键是京族人通过老街市过境点出口。尽管少数民族参与了早期阶段的豆蔻种植，但京族中间商仍主导着营销和分销，并抓住了大量出口机会。[②] 国家政策与非法律准入机制、在老街跨境准入的便利性、与老街和中国批发商的网络联系以及合适运输方式的运用，使京族贸易商抓住了这一有利可图的大规模贸易的生计。总之，这些贸易机会表明——以老街省为例——有一系列重要的、尽管并非总是立即显而易见的机制控制着边境生计的准入及其带来的经济利益。

[①] Michaud, J., S. Turner and Y. Roche, "Mapping Ethnic Diversity in Highland Northern Vietnam", *GeoJournal*, Vol. 57, No. 4, 2002, pp. 281 - 99.

[②] 信息来自访谈对象花（Hoa），京族商人，2005年7月14日；另见 Tugault-Lafleur, C. *Diversifying Livelihoods: Hmong Use and Trade of Forest Products in Northern Vietnam*, MA Thesis, Department of Geography, McGill University, Montreal, 2007.

结论: 争夺边界空间

从边境研究的文献中发现,斯陶特(Staudt)对国家控制边境采取了谨慎的态度,提醒我们其对人民生计的重要影响。她指出:"相对开放的边境为人们提供了工作、增加收入和减少贫困的机会。为统治利益服务的小条例可能使这种活动'非法',但这些条例的制定和执行往往对受影响者不承担政治责任,也没有合理的判断。"① 在今天的越南,边境法规并不禁止高地居民利用跨境贸易来谋生,但我们想知道"对受影响者的政治责任"②。我们认为老街省大规模和小规模贸易的利益之间存在微妙的平衡,这是由过境的空间和民族差异形成的。高地少数民族主要使用的开放入口过境点的"边远"可能是保护和维持他们生计机会的最佳方式,因为边远地区大规模基础设施发展缓慢,也阻止了京族商人的流入;而这些人将可能成为激烈的竞争对手,从事密集的贸易活动,获得大量的物质和金融资本以及重要的社会和人力资本。因此,在开放入口保持相对较小的贸易量可能是维持高地少数民族生计的最好策略。

聚焦于边界空间,特别关注本地化的、通常是基于民族的准入维度,使我们能够梳理出这个重要界面上的机会分布。事实上,边境政策往往间接包含强烈的民族因素,这可能会加剧不平等或重新分配机会。在这种情况下,这些因素强调了国家支持促进跨境贸易机会以补充高地人生计的言论与不直接惠及这些人的大规模跨境贸易发展现实之间的脱节。边境地区显然有一系列政策和非政策机制在发挥作用,影响着众多的生计机会,对人们的福祉和社会公正产生了不同的影响。③

总之,探讨中越边远地区的边境准入以评估边境居民通过跨境贸易谋生能力的同时,这项研究让我们能够批判性地审视一系列交易者是如何商议这些参与空间的。这一分析支持了里博特的论点,即"政策只讲故事的一部分,另一部分是在政策(或法律)与结果之间的空间内讲述。一系列非政策机制影响着生产和交换动力的空间……与政策机制并行运作并相互作用"④。通过强调在这个空间中出现的一系列动态机制对那些依赖越南北部高地跨境贸易的人的生活的根本重要性——这些因素在以前的研究中不一定被提到最前沿——本文加强并推进了边境贸易研究。文化资本(包括教育、文化、熟悉边境法规和语言技能)、金融资本(包括获得跨境信贷)、社会资本(包括贸易网络的知识和联系)和物质资本(包括特定的运输手段)等要素与空间性和民族性相结合,并与法律准入机制交织在一起,允许某些行为者商议和抓住特定的贸易机会,同时限制其他行为者的参与。只有仔细考虑如此众多的因素并分析其复杂性,我们才能对如何创造和维持边境生计、谁从中获利或受限,以及不断变化的法律框架和政策发挥的重要作用有一个细致入微的了解。

---

① Staudt, K. *Free Trade? Informal Economies at the US - Mexico Border*, Philadelphia, PA: Temple University Press, 1998.
② Staudt, K. *Free Trade? Informal Economies at the US - Mexico Border*, Philadelphia, PA: Temple University Press, 1998.
③ Ribot, J. C. and N. L. Peluso, "A Theory of Access", *Rural Sociology*, Vol. 68, No. 2, 2003, pp. 153 - 81.
④ Ribot, J. C., "Theorizing Access: Forest Profits alonggal's Charcoal Commodity Chain", *Development and Change*, Vol. 29, No. 2, 1998, pp. 307 - 41.

致谢

作者要感谢所有与我们交谈的商人和地方官员,感谢受访者的时间和信息。还有感谢河内越南社会科学院的邓德凤(Dang Duc Phuong)和阮明哲(Nguyen Nguyet Minh)为这项研究提供了便利。也要感谢克里斯汀·波宁(Christine Bonnin)和让·米肖(Jean Michaud)阅读了这项研究的早期草稿,并感谢期刊匿名评审人提供了有益的评论。这项研究得到了加拿大社会科学与人文研究委员会、加拿大魁北克(Quebec)社会与文化研究基金会和美国国家地理学会的资助。

Negotiating Remote Borderland Access: Small—Scale Trade on the Vietnam—China Border

Laura Schoenberger & Sarah Turner

Translated by Chen Xiaoyi & Shen Haimei

Abstract: This article explores the cross—border trading networks and practices of highland residents in northwestern Vietnam. It reveals how such individuals, of highland minority and majority Kinh ethnicities, negotiate the political reality of an international border in highly pragmatic ways as they augment their livelihoods by trading commodities with inhabitants in south—west China. We follow four particular commodities, traded across different political tiers of border crossing (each with specific rules, regulations and negotiations), by a diverse range of traders. In doing so we argue that border access is mediated by a complex and multifaceted set of social and structural components including not only state policy, but ethnically—embedded social relations and specific geographic variables that, in turn, are engendering disparate economic opportunities.

Key words: negotiate; borderland access; small—scale trade; Vietnam—China border

"边民"抑或"难民"?
——对中缅边境地区缅甸流离失所群体身份界定的探讨*

李晓彤　胡鹏飞**

摘　要　近年来,因缅北战事而大规模涌入中国境内寻求避难的流离失所群体,据中国国内法界定,应属"边民",不属"难民"。由于"边民"与"难民"内涵,在地域范畴、法律范畴或学科研究方面,尚有一定的重合性,学界对该群体身份界定的模糊不清,影响着中缅两国乃至国际社会的正常发展秩序。对此,文章采取历史研究与现实研究相结合,解释"边民""难民"含义,分析二者之间的区别与联系。进而从国家立场出发,多角度着眼,坚持边疆治理与外交实践相结合,为中国边疆治理提供对策。努力打造周边利益共同体与安全共同体,维护中国边疆安全。

关键词　中缅边境地区；边民；难民；流离失所群体

DOI：10.13835/b.eayn.31.02

作为中国的邻邦,缅甸自1948年独立以来,长期深受民族矛盾、武装冲突等问题困扰。尤其在1988年军人集团执政后,国内矛盾持续升级,缅北武装冲突频发,致使大规模流离失所群体[①]涌入中国境内,给中、缅两国边境社会稳定带来巨大冲击。与国际上其他热点地区问题相比,因缅北战事而纷纷涌入中国境内的缅甸流离失所群体问题同样值得关注。

该群体不断涌入中国境内[②],对缅甸自身而言,并不利于其国家安全与稳定。对于中国而言,不仅威胁着中国的西南边疆安全、公共安全、对外投资安全、国际形象、周边外交、边境贸易、跨境民族的民族认同和国家认同,还时刻威胁着中国边境地区居民的人身安全与财产安全,影响中国边境地区的整体稳定,扰乱中国边疆的正常发展秩序。对于国际社会而言,"金三角"毒品问题可能会沉渣泛起,进而引发区域安全问题,影响中缅两国外交关系。在此背景下,对该群体的身份进行界定,使得有关各方依据

---

* 本文为罗群教授主持的国家社科基金重大项目"中国历史上边疆与内地交往交流交融历程及其比较研究"（项目编号：20&ZD215)、李晓彤主持的2018年云南大学边疆治理与地缘政治学科特区研究生科研项目"缅甸独立以来中缅边境地区缅甸难民问题与治理研究"阶段性研究成果。

** 李晓彤,昆明医科大学马克思主义学院讲师；胡鹏飞,云南大学历史与档案学院讲师。

① 英文 displaced people,本文译为"流离失所群体"。

② 2009年8月8日,缅甸政府军与掸邦第一特区的军事冲突,导致700名缅甸掸邦民族民主同盟军与几万边民进入中国。《缅甸果敢地区趋于平稳　我妥善处置涌入境内边民》,《中国政府网》2009—08—30, https://www.gov.cn/jz_g20_08/30/content_j404947.htm. 2024年12月22日,2011年6月,缅甸政府军与克钦独立军交火,至2012年,战争已致10多万克钦族人流离失所。3万多在缅军控制区,7万多在克钦独立军控制区,克钦独立军控制区的7万多人涌入云南省边界一线的德宏州。范承刚、邵世伟：《到中国去：中缅边境线上的十万克钦难民》,《南方周末》2013年1月17日。2014年4月,缅甸政府军与克钦独立军交火,数千人流离失所,包括许多儿童。杨国福：《中国难民法》,世界知识出版社,2015年,第208页。

法律法规制定合理政策，使得上述问题得到及时有效解决意义重大。但对该群体身份界定①，尤其是关于该群体是"边民"抑或"难民"方面，尚缺乏深入的理解与全面的认识。对"边民"与"难民"概念的含混不清，是影响学界界定该群体身份的重要因素，既不利于相关学术研究的展开，也为当下对策制定及实施带来不便。基于此，本文以中国边境地区缅甸流离失所群体为中心，着重从"边民""难民"的内涵入手，分析中缅边境地区缅甸"边民"与"难民"之间的区别与联系，并尝试从国家的角度，对中缅边境缅甸流离失所群体的身份进行界定，进而提出相应的解决方案。

一、何为"边民"

"边民"，《中国历史大辞典·上卷》将"边民"解释为"泛指居住在边远地区的民户"②，是一个相对模糊的概念。《现代汉语词典》将"边民"解释为"边界一带的居民"。③ 也就是说，国与国之间边界线两侧的居民均为边民。词典强调了"边"与"民"两个层面。然而，"边民"的实际内涵要更为宽泛。

（一）传统意义上的"边民"

"边民"一词，较早见于《史记·匈奴列传》："今以小吏败约，故罚右贤王使西击月氏，尽定之。愿寝兵休士卒养马，除前事，复故约，以安边民。"④ 用来指代西汉王朝疆域与匈奴疆域交接地带的民众，含西汉户籍，属西汉王朝实际控制范围内的"边民"，自然也不乏有其他族群在此杂居。又有《后汉书·邓训传》载："会上谷太守任兴欲诛赤沙乌桓，怨恨谋反，诏训将黎阳营兵屯狐奴，以防其变。训抚接边民，为幽部所归。"⑤指称东汉王朝疆域与乌桓部落交接地带的民众，包括拥有汉王朝户籍的汉人，也有其他部落族群在内。明谢肇淛《五杂组·地部二》："故边民之逃而入虏，它不足虑，惟恐有此辈一二在其中耳。"⑥指称居住在与"虏地"交接地带的民众，包括拥有明朝户籍的明人，也有其他部落族群在内。至

---

① Lili Song, "Refugees or Border Residents from Myanmar? The Status of Displaced Ethnic Kachins and Kokangs in Yunnan Province, China", *International Journal of Refugee Law* Vol. 29, No. 3, 2017, p. 466. 就"难民"与"边民"的身份界定问题进行了探讨，认为云南省流离失所的克钦族与果敢族符合《难民公约》和《难民议定书》规定的"难民"身份标准。根据1990年《云南规定》与1997年《中缅协议》，他们中的许多人也有资格成为"边民"。这两种状态并不相互排斥。林超：《国际法视野下的缅甸克钦难民潮》，（《法制与社会》2012年第12期）就该事件从国际法角度，分析了避难者的身份性质，将那些寻求避难的不愿回国的无缅甸国籍的克钦族避难者、果敢避难者的身份界定为"难民"，而那些有缅甸国籍、未完全依赖于避难所救济的希望战乱平息后能够回国的克钦族避难者、果敢避难者当属"边民"。杨靖旼《中缅边境危机迁徙触发的难题与其制度性由来》，（《经济社会体制比较》2017年第4期），认为，从人口跨境迁徙的特点与国际法角度的难民身份甄别程序来看，缅甸国内武装冲突造成的跨境迁徙者，并不属于难民，考虑其迁徙原因应该称为"危机迁徙者"。笔者认为，其属于"边民"的一种。
② 郑天挺、吴泽、杨志玖主编：《中国历史大辞典》上卷，上海辞书出版社，2000年，第927－928页。
③ 中国社会科学院语言研究所词典编辑室：《现代汉语词典》，商务印书馆，2002年，第74页。
④ ［西汉］司马迁：《史记·匈奴列传》，中华书局，2013年，第2502页。
⑤ ［宋］范晔：《后汉书》，中华书局，1965年，第608页。
⑥ ［明］谢肇淛：《五杂组》，上海书店出版社，2001年，第80页。

清代,"边民"一词频繁出现,如《高宗实录》:"至开化、普洱、永昌、等府,皆与交趾、南掌、缅甸诸国为邻年来外夷内讧,多有自相攻击之事。然距内地甚远,不足致问,惟在严饬文武员弁,于沿边要隘,加谨防范,则边民安堵,中外肃清,此夷情边境之大略也。"①指称居住在与交趾、南掌、缅甸诸国交接地带的民众,包括拥有清朝户籍之清人,也有其他民众在内。《宣宗实录》:"开化沿边与越南水尾及都龙等处接壤,临安府亦与越南相接,现在分饬文武酌拨弁兵、目练,协同汛卡,巡查要隘,督率边民,互为防范。"②指称居住在与越南交界地带的民众,包括拥有清朝户籍之清人,也有其他民众在内。

由此可见,在中国古代,"边民"的内涵十分宽泛,有"边""民"两层含义。首先,"边",突出强调了地域方位,即与周边其他族群边缘地带相交接的中央王朝疆域版图的边缘地带,是一个相对的概念;其次,"民",含义较为丰富,指居住在"边"地上的民众,作为中央王朝疆域版图的边缘地带,自然有被纳入中央王朝户籍者;作为与中央王朝疆域版图相交接的周边其他族群的边缘地带,必然有其他族群民众混居其中。因此,"边民"一词,作为泛称,囊括了"汉人"与周边其他部落族群,形成了多群体混居的聚集地。到了近代,随着王朝国家向民族国家的转变,国与国之间较为模糊的边界变得越来越清晰,"边民"的概念也随之发生改变。下面以中缅两国为例,探讨在特殊历史渊源的背后,"边民"的内涵较之前又有何不同。

(二) 中缅关系中的"边民"

据中国史籍载,中缅之间的官方交往时间始于东汉永元六年(94),至唐代,上缅甸各族均为南诏附庸,包括缅甸北部那加山脉和萨尔温江以东、寮国北部等地。宋代,两国保持着友好交往。元朝曾设邦牙宣慰司,今缅甸东北部的一些地区也都包括在元朝的统治疆域内。明王朝在此基础上,在今云南西部及缅甸北部边境地区设三个宣抚司(南甸、干崖、陇川),六个宣慰司(孟养、缅甸、木邦、老挝、车里、八百)。永乐年间,在下缅甸设大古剌宣慰司、底兀剌宣慰司、底马撒宣慰司。嘉靖年间,缅甸宣慰司为木邦、孟养所破,宣慰司之子莽瑞体逃至下缅甸东吁,继承东吁王朝王位。中缅关系随着东吁王朝的对外扩张由和平走向冲突对抗。万历二十二年(1594)云南巡抚陈用宾"以缅数入犯,筑八关于腾冲之边"。随着明王朝势衰,八关之外诸土司之地皆不复为明所有。清前期,清王朝基本默认了边地的现实和明末以来对木邦、孟密等土司的管辖权及对缅甸宗主权的丧失,基本上奠定了中缅两国现代边界中段和南段的基础。乾隆朝1765-1769年的清缅战争后,清军撤入虎距关,对边境土司(木邦、蛮莫、孟拱、孟育、孟艮、整迈等)地区也不加过问,诸多边地为缅甸控制。基本维持明朝万历年间以来的中缅边界状况。1790年,缅甸成为清朝属国。至嘉庆年间,云南省的疆域为"东至广西泗城府界七百五十里,西至神户关接野人山界一千七百六十里……西南至天马关接缅甸界二千三百一十里……"③。该四至范围并未对沿边土司所辖地区做出明确的叙述,说明清政府长期以来对西南边界缺乏清晰的认知,对"边民"的概念更是模糊不清。

---

① 《清高宗实录》卷553,乾隆二十二年十二月下,中华书局,1986年影印本,第7册,第1084页。
② 《清宣宗实录》卷242,道光十三年八月,中华书局,1986年影印本,第4册,第619页。
③ (清)和珅等编纂修:嘉庆《大清一统志》卷《云南统部》,四库丛刊本,第1页。

中缅朝贡友好关系持续至1885年第三次英缅战争爆发。在英帝国殖民控制下，中缅两国开始划界，实则是中英两国之间的划界。中缅边界在近代意义上的首次划定始于1894年3月1日的中英《续议滇缅界、商务条款》，其对中、缅两国的中段、南段边界走向做了初步划定。由于滇督王文韶的错误情报和英国人的谬说，该条约使中国无端丧失大片土地：西面，以八关为限的错误地图使中国丧失许多野人山地；南面，木邦地及科干、孟连、江洪，本属中国领土，却被错误地当作英属缅甸领土划归中国，实则是确定了中国原有领土主权罢了。1897年中英修约，签订《续议缅甸条约》，中国让出原属中国的昔马、北丹尼、科干等地，将勐卯三角地区管辖权"永租"于英国。使英国重新获得了"1894年线"以北1500平方英里①的土地。②先后勘定南奔江至瓦仑山段、瓦仑山段至尖高山段、南奔江至工隆渡段，三段合称北段已定界；猛阿至湄公河段称南段已定界。工隆至猛阿段因英国擅指原约中孔明山为公明山，欲使界线东移，直到抗战时期才划定。1941年，英国政府以封锁滇缅公路为压力，与国民党政府于6月18日划定南段边界。将阿佤山区72%的土地划给英属缅甸，班洪部分及班老全部均划入缅甸。③由于当时国际形势，1941年线并未实地勘界竖桩，成为1949年新中国成立后中缅边界的遗留问题。总之，至1949年新中国成立时，中、缅两国的未定边界有三段：北段，自中、印、缅三国交界点至尖高山段；中段，"永租"于英国的勐卯三角之地；南段，工隆至猛阿段，即"1941年线"。

英、缅强行划界，使中、缅之间传统的宗藩关系被明确的条约关系取代，宗藩关系逐渐为现代国际关系所取代。双方于元、明、清时期形成的模糊边界被打破，在英国的侵吞之下，中国的边界逐步收缩。在领土主权丧失的同时，居住在中、缅边境地区的民众也被两国的边界线强行割裂，其中包括众多被迫跨界而居的族群，共同构成"边民"新的内涵。

中华人民共和国成立后，中、缅两国以和平共处五项原则为基础，通过和平谈判的方式解决了两国遗留的三段未定边界问题。为了照顾中、缅两国"边民"的感情，1956年3月和12月，双方还共同举办了两次边民联欢大会。周恩来发表《在中缅两国边境人民联欢大会上的讲话》："举行这样的边民联欢大会，让中缅两国边民之间建立更广泛和密切的直接接触，对于促进中缅两国人民的友好、团结是具有重大的意义的。"④这里的"边民"指代居住在中缅两国边界地区的"境外边民"与"境内边民"。1960年10月1日《中华人民共和国和缅甸联邦边界条约》的签订，标志着中、缅两国边界问题的彻底解决。基于现代国际关系基础之上的政治边界的划定，使中、缅边境地区"边民"的新内涵也被固定下来。

（三）国内法中的"边民"

从中国国内法方面看，"边民是指中国与毗邻国边界线两侧县级行政区域内有当地常住户口的中国公民和外国人"⑤。这里的"边民"具有双重指向，以边境线为界，分为境外"边民"和境内"边民"。对中

---

① 1平方英里＝$2.59×10^6$平方米。
② 朱昭华：《中缅边界问题研究》，黑龙江教育出版社，2013年，第108页。
③ 张植荣：《中国边疆与民族问题》，北京大学出版社，2005年，第66～67页。
④ 《在中缅两国边境人民联欢大会上周恩来总理的讲话》，《人民日报》1956年12月17日。
⑤ 中华人民共和国民政部：《中国边民与毗邻国边民婚姻登记办法》，http://www.mca.gov.cn/article/gk/fg/shsw/201507/20150715849202.shtml，2019年5月6日。

国来讲，与中国边界相邻的缅甸"边民"属于境外"边民"。据此，可将"边民"大致分为三类：一是世居当地的人口，主要是世代居住在当地的群体，拥有国家相关机构所颁发的当地居民身份证件；二是外来并长期定居于当地的人口，主要是因亲属关系或婚姻关系等长期定居于当地的人口，同样拥有所在国家机构颁发的当地居民身份证件；三是外来的非长期定居于当地的人口，主要是经商、务工或上学等原因自外地迁至于此，一般没有所在国家机构颁发的当地居民身份证件。① 那些因缅甸国内战事等原因大规模涌入中国境内的缅甸流离失所群体，并非长期定居于当地，而是在缅甸国内战事等问题结束后，纷纷选择返乡，因此该群体属于"边民"类别中的第三类，"外来的并非长期定居于当地的人口"，中国政府相关部门对此也有相关的管理办法，一定程度上维持着边境地区的社会稳定。随着中国沿边地区的逐步开发与开放，在"边"不变的前提下，"民"的多样性将会使"边民"在认知层面上变得越来越复杂。

从族源方面看，生活在中、缅两国边界线两侧的"边民"大部分属同宗同源。自汉代以来，该聚集区的群体便有着共同的生产生活方式与宗教习惯，边界线的划定，导致部分世居族群跨界或跨境而居。不包括汉族，云南就有16个"跨界民族"或者称之为"跨境民族"。② 缅北克钦族通用语是景颇语，与云南境内的景颇族同宗同源；果敢人讲汉语，为缅北华人聚居区。因此，世居于缅北的克钦族、果敢族当属"边民"范畴。与跨境民族的文化互动关系是历史延续与近现代国际地缘政治格局变化的产物，在中、缅两国边境地区的经济交流联系中，跨境民族的经济与文化交流，是极为重要的一个因素。两国的"边民"长期保持着互相通婚、互通有无，跨境探亲访友，求医治病和从事商品贸易，以及参加民族宗教活动的传统。③ 中、缅之间边界线的划分，从政治上强行割裂了他们的族别与归属，但并没有割断他们之间的联系。由于地缘政治的特殊性，中、缅两国边境地区没有天然屏障，出入两国的便道也不计其数，两国"边民"形成了密切的经济文化交流与互动。

综上所述，在中国古代，"边民"囊括了"汉人"与周边其他部落族群，形成了多群体混居的聚集地。到了近代，随着王朝国家向民族国家的转变，国与国之间较为模糊的边界变得越来越清晰，"边民"的内涵也有了新变化。从中、缅两国边界的划定历程可知，英属缅甸的强行划界，使中、缅之间传统的宗藩关系被明确的条约关系取代，宗藩关系逐渐为现代国际关系所取代。双方于元、明、清时期形成的模糊边界被打破，在英国的侵吞之下，中国的边境地区逐步收缩。在领土主权丧失的同时，居住在中缅边境地区的民众也被两国的边界线强行割裂，其中包括众多被迫跨界而居的族群，共同构成了"边民"的新内涵。根据中国国内法，"边民"包括三类群体，那些因缅甸国内战事等原因大规模涌入中国境内的缅甸流离失所群体，属于"边民"。中缅两国"边民"之间斩不断的族源联系，使中缅两国边境地区"边民"内涵更为丰富。随着国家政策的日益推行，中国沿边地区逐步开发与开放，"边"虽然被固定下来，但"民"的多样性将会与日俱增。

---

① 周建新：《边界、边民与国家——跨国民族研究的三个面向》，《广西民族研究》2017年第3期。
② 何跃：《文化安全视角下的云南跨境民族教育问题》，《云南师范大学学报》2010年第6期。
③ 赵春虎、张骁、苏杨：《〈境外边民证〉使用与管理中存在的问题探讨——以〈云南省边境地区境外边民入出境证〉使用与管理为例》，《云南警官学院学报》2018年第1期。

二、何为"难民"

"难民"(refugee)一词,来自古法语,意为"藏身之处",指的是"庇护或保护人民免于危险或窘迫"。拉丁语中为 fugere,意为"逃离"和避难所,"逃离原来地方的避难所"。"难民"一词最早见于以色列《旧约圣经》,将逃离亚述征服的以色列人定义为"难民",指应当受到保护的人。

(一)传统意义上的"难民"

在西方历史上,这一术语较早出现于法国处理胡格诺派事件。1685 年,胡格诺派在南特法令撤销后再次从法国迁徙出去。直到 1914 年,用于特指为免受第一次世界大战迫害而向西逃离的弗兰德斯平民时,该词演变为"逃离家园的人",意为"寻求庇护者"。[1]

第一次世界大战后,"难民"群体开始受到国际社会的普遍关注。1921 年,国际联盟在保护与救助因第一次世界大战而滞留于别国的难民时,设立了难民事务高级专员,由挪威人弗里德约夫·南森担任,并开始向符合难民标准的群体发放难民证件,时称"南森护照"。"南森护照"的颁发,不仅争取到了各国的支持,还由此出现了一些关于难民身份界定的专门协定。因难民界定存在不足,1951 年 7 月 28 日,联合国于日内瓦召开专门性外交会议,用以解决难民和无国籍人身份问题。会议签订的《关于难民地位的公约》,首次公开性地明确了难民的定义和范围。

(二)国际法中的"难民"

1951 年《关于难民地位的公约》(以下简称 1951 年公约)第 1 条规定,难民包括两类人:一是根据国际联盟主持订立的有关协议、公约和议定书或联合国国际难民组织约章被视为难民的人;二是于 1951 年 1 月 1 日以前发生的事情并因正当理由畏惧由于种族、宗教、国籍、属于某一社会团体或具有某种政治见解的原因遭受迫害而留在其本国之外,并且由于此项畏惧而不能或不愿受该国保护的人,或者不具有国籍并由于上述事情留在他以前经常居住的国家以外而现在不能或由于上述畏惧不愿返回该国的人。公约不适用于当时从联合国难民高级专员以外的联合国机关或机构获得保护或援助的人;被其居住地国家主管当局认为具有附着于该国国籍的权利和义务的人;有重大理由足以认为犯有破坏和平罪、战争罪或违反人道罪,或在以难民身份进入避难国以前曾在避难国以外犯过严重非政治罪行;或曾有违反联合国宗旨和原则的行为并经认为有罪的人。1967 年 1 月 31 日订于纽约的《难民地位议定书》(以下简称 1967 年议定书)完全取消了 1951 年公约中的时间限制,原则取消了该公约中的地域限制。[2]

---

[1] 维基百科,https://en.wikipedia.org/wiki/Refugee#CITEREFRefugee,2019 年 5 月 6 日。
[2] 梁西主编:《国际法》,武汉大学出版社,2004 年,第 220 页。

关于难民身份的认定标准与程序，国际法并未做出任何具体而明确的规定。原则上，只能依靠有关个人的所在国或国际相关援助机构根据国际公约的相关规定做出判断。

首先，难民的界定有广义与狭义之分。广义上的"难民"是指因政治迫害、战争或自然灾害而被迫离开其本国或其经常居住国而前往别国避难的人，包括政治难民、战争难民和经济难民。狭义上的难民，仅指政治难民。据1951年《关于难民地位的公约》与1967年《难民地位议定书》的规定，认定一个人为难民，必须符合两个条件：(1) 客观条件，是留在本国之外或常住国之外，同时又不能或不愿受其本国保护或返回其常住国；(2) 主观条件，是有正当理由畏惧迫害，即畏惧因种族、宗教、国籍、属于某一社会团体或具有某种政治见解等原因而受到迫害。针对难民身份的界定标准，国际公约与议定书的规定仅限于国际上所谓的政治难民。①

其次，难民身份认定的具体程序并不唯一。联合国难民署制定了《根据1951年难民地位公约和1967年议定书确定难民地位的程序和标准手册》，关于难民身份认定程序方面，该手册仅为难民署自身工作的依据，对加入公约和议定书的缔约国并无约束力。在具体实践中，各国有权根据国内相关立法进行认定。

（三）中国国内法中的"难民"

1971年，中华人民共和国在联合国的合法席位得到恢复。1979年，恢复在联合国难民署执委会的活动，积极参与并多次出席有关难民问题的国际会议。于1982年9月24日，中国先后加入1951年《关于难民地位的公约》与1967年《难民地位议定书》，成为缔约国。并将难民地位认定标准写入《中华人民共和国宪法（1982年）》与1985年外国人入境出境管理法，作为中国保护政治难民的法律依据。

"难民"身份的认定程序，中国国内与国际现行惯例存在差异。依照1951年公约，《中华人民共和国宪法（1954年）》对难民问题进行了初步的法例条文规定："中华人民共和国对于任何由于拥护正义事业、参加和平运动、进行科学工作而受到迫害的外国人，给以居留的权利。"② 同样规定也可见于《中华人民共和国宪法（1982年）》与《中华人民共和国宪法（2018年）》，两者均明确规定"中华人民共和国对于因为政治原因要求避难的外国人，可以给予受庇护的权利"。③ 也就是说，中国方面仅将那些因政治原因寻求避难的外国人认定为难民。"申请难民地位的外国人，在难民地位甄别期间，可以凭公安机关签发的临时身份证明在中国境内停留；被认定为难民的外国人，可以凭公安机关签发的难民身份证件在中国境内停留居留。"④ 联合国难民署和世界大多数国家、地区目前所沿用的是1969年《非洲统一组织关于非洲难民问题某些特定方面的公约》和1984年《关于中美洲国家难民问题的卡特赫纳宣言》中的规定，难民适用于因为政治迫害、外来侵略、国内冲突或严重扰乱公共秩序而被迫离开其原住地或原籍国而去往另一地避难的人。因此，国际社会提出，中国作为1951年公约的缔约国，有义务保护中国境内的缅甸避难者。中国政府作为1951年公约的缔约国，在应对此类问题时，始终坚持奉行大国应尽的职责与义务。根据1951年公约与1967年议定书的规定，因国内武装冲突而大规模涌入中国境内的缅甸流离失所群体不属于难民。

---

① 梁西主编：《国际法》，武汉大学出版社，2004年，第221页。
② 张晋藩：《中国宪法史》，中国法制出版社，2016年，第514页。
③ 《中华人民共和国宪法》（2018年最新修订版），https://www.wn—steel.com/17/14009.html，2019年5月6日。
④ 《中华人民共和国出境入境管理法》，http://www.gov.cn/flfg/2012—06/30/content_2174282.htm，2019年5月6日。

考虑到中、缅是友好邻邦，中国在处理这些避难者时，始终秉持人道主义精神，向入境的缅甸流离失所群体提供必要的生活便利等人道主义援助。例如：2009年缅甸果敢地区"八八"事件大规模涌入中国境内的缅甸避难者，中国政府有关部门本着人道主义精神，对入境人员给予妥善处置，其中1.3万余人在我国境内接受了政府安置救助；有些则投亲靠友；还有些在果敢地区经商或打工的中国边民已经返回自己家中。根据边民大量涌入的情况，云南省、临沧市政府提前采取了各种措施，选择了7个安置点，提供了数千顶帐篷，云南省政府追加了1000万元的救助金，购买食品、饮用水、药品、生活用品、防疫用品等，确保了涌入中国境内的缅甸边民能够得到人道主义的妥善援助。① 中国还派出多辆"120"急救车等候在中国边境一侧，准备随时提供救助。② 8月30日，缅甸果敢地区已趋于平稳，入境边民开始陆续返回，我境内边民生产生活秩序基本正常。③ 8月31日，上万名在南伞安置点的果敢边民开始分批返回家园。9月2日，最后一户果敢边民搬离安置点。④ 再如，2011年6月，缅甸政府军与克钦独立军之间爆发武装冲突，至2012年，战事已导致超过10万名克钦人流离失所。最多时，难民营共有66个，有80%分布在绵延的中缅边境上。中国政府曾短暂接纳了部分涌入的缅甸克钦边民，有2万余人被安置在云南省的20多个安置点，近20个安置点分布在云南省芒市、瑞丽市、陇川县、盈江县、怒江州等5个边境州县地区。随着战争旷日持久，管理日渐复杂，2012年9月，中国政府将这2万人遣返回了缅甸。联合国和克钦难民委员会在迈扎央和拉咱增设了一些难民点，或是扩建以前的难民点。⑤《广州日报》报道，中国建立了45个难民安置点，每个安置点少则300—500人，多则3000—5000人，某些安置点高达5000人以上。⑥

缅甸少数民族地方组织及有关武装冲突问题由来已久，属缅甸内部事务，而由此引发的大规模流离失所群体，却时刻挑战着中国的边疆治理能力与外交能力，已成为我国边疆治理不可回避的问题。中国方面始终本着人道主义精神，展现着大国风范。边疆问题事关两国，中国希望缅甸政府同有关方面通过和平谈判，早日实现国内民族和解，妥善解决缅北问题，维护中缅边境地区的安全、稳定与发展。

三、中缅边境中方一侧"边民"与"难民"二者之间的关系

通过对"边民"与"难民"内涵的分析可知，中缅边境地区的"边民"与"难民"之间有一定的重合性，无论是在地域范畴、法律范畴还是学科研究方面。因此，在具体甄别认定过程中，应视具体情况进行具体分析。

---

① 《缅甸果敢地区、趋于平衡 我妥善处置涌入境内边民》，《中国政府网》2009—08—30，https://www.gov.cn/jrzg/2009—08/30con—ten—t—1404947.htn. 2024年12月22日。
② 艾童：《缅甸果敢冲突趋向平息，中国善待缅甸边民》，《世界新闻报》2009年9月1日。
③ 《缅甸果敢地区、趋于平衡 我妥善处置涌入境内边民》，《中国政府网》2009—08—30，https://www.con.cn/jrzg/2009—08/30/content_1404947.htm，2024年12月22日。
④ 张雄：《探访中缅边境》，《新世纪周刊》2009年9月9日。
⑤ 范承刚、邵世伟：《"到中国去"：中缅边境线上的十万克钦难民》，《南方周末》2013年1月17日。
⑥ 李华：《缅北难民营：谁抚触目创伤》，《广州日报》2013年1月22日。

（一）"边民"大于"难民"

就中、缅边境地区边民而言，法律层面的"边民"是指中国与缅甸边界线两侧县级行政区域内有当地常住户口的中国公民和缅甸公民。有境内"边民"与境外"边民"之分，主要包括三类：世居于当地者、外来并长期定居于当地者、外来非长期定居于当地者。① 既包括到边境县地区长期经商并落户的外来移民，也包括到边境县地区逃避战乱、求学、务工、结婚等②暂时居住的外国人，走亲访友、参加传统民族宗教活动的跨境民族群体等。根据1951年公约和1967年议定书与中国国内法规定，因政治原因进入中国境内寻求避难者当属"难民"。

因战争灾难、经济原因或自然灾害而被迫逃离常住国，涌入他国的流离失所群体不符合难民身份的认定标准。2009年缅甸政府军与掸邦第一特区（果敢）发生摩擦和冲突，致使近700名缅甸掸邦民族民主同盟军和几万边民进入中国云南省镇康县、耿马县。③ 2011年6月至2013年2月，为争夺伊洛瓦底江支流太平江上中国电力投资集团投资的密松水电站控制权，缅甸政府军与克钦独立军战火再起，战争致10多万克钦族人流离失所。3万多人在缅军控制区，克钦独立军控制区的7万多人涌入云南省边境地区的德宏州，主要集中于瑞丽、陇川、盈江、弄岛、南坎、迈扎央、街洋卡、拉咱、支那、苏典等地。2014年4月，在克钦邦南部，缅甸政府军与克钦独立军再度爆发战争，迫使数千人流离失所，包括许多儿童。④ 据央视、新闻晨报报道，自2011年6月缅甸政府军与克钦独立军开战，就不时有缅北山区的居民逃至中国境内避难，其中大部分都是老弱妇女，以儿童居多。缅甸的克钦族与中国的景颇族属同源民族，克钦族难民的遭遇，也让盈江、陇川等地的很多景颇族人非常同情。在边境地区有几个安置点。安置点内的很多生活物资，多是盈江的景颇族人援助的。有些缅北的克钦族人，以往就有亲戚在盈江谋生，政府军与克钦独立军开战后，也有不少缅北居民来盈江投亲靠友。⑤ 另外，据相关调研采访得知，因国内战争，主要是缅北地方冲突而涌入中国境内寻求避难的缅甸居民，面对国内战事四起，这些缅甸居民习惯性地选择由家中男人看家，妇女儿童与老人则进入中国境内寻求避难。战争结束后，该群体便会再次返回其常住国。⑥ 根据1951年公约与1967年议定书的规定，既没有"不愿受其本国保护或返回其常住国"的客观条件，也没有因"种族、宗教、国籍、属于某一社会团体或具有某种政治见解"五个畏惧原因的主观条件。因此，因缅北战事大规模涌入中国境内寻求短期避难的缅甸流离失所群体并不符合国际难民身份认定标准。当然，其中不乏混有符合认定标准的"难民"在内。就此而言，"边民"的内涵远比"难民"的内涵宽泛。"边民"既是地域范畴，又是法律范畴，而"难民"仅是法律范畴。因此，中缅边境地区的"边民"大于"难民"。

---

① 周建新：《边界、边民与国家——跨国民族研究的三个面向》，《广西民族研究》2017年第3期。
② 佴澎、李剑峰：《云南边境难民社会融入与社会治理问题研究》，《云南大学学报》2015年第1期。
③ 《缅甸果敢地区趋于平稳 我妥善处置涌入境内边民》，《中国政府网》2009-08-30, htps,//www.gov.cn/jrzg/2009-08/30/content_1404947.hm，2024年12月22日。
④ 杨国福：《中国难民法》，世界知识出版社，2015年，第208页。
⑤ 《中缅边境难民资料图》，《启东日报》2013年1月15日。
⑥ 爱奇艺：http://www.iqiyi.com/w_19rs1w93fd.html，2019年5月6日。

（二）"难民"大于"边民"

从地域范畴看，中缅边境地区，"难民"不一定是"边民"。"难民"的非地域属性，决定了因政治原因而进入中国境内寻求避难的"难民"可以是来自其他任何国家。某人一旦符合"难民"身份认定标准，即可受国际法与避难国的双重庇护，享受特殊待遇。根据1951年公约的规定，缔约国境内的任何难民在宗教自由、缺销产品的定额供应、初等教育、行政协助的费用、任何捐税或费用的财政征收等方面，在公共救济和救助以及劳动立法和社会安全等方面，在艺术权利和工业财产的保护及出席法院等方面应与该国国民享有相同的待遇；在非政治性和非营业性的结社权利和以工资受偿的雇用方面享有在同样情况下一个外国国民所享有的待遇；在动产、不动产和初等教育以外的教育等方面，在从事自营职业和行动自由等方面，在从事自由职业和房屋问题等方面应享有不低于一般外国人在同样情况下所享有的待遇。① 在"申请难民地位的外国人，在难民地位甄别期间，可以凭公安机关签发的临时身份证明在中国境内停留；被认定为难民的外国人，可以凭公安机关签发的难民身份证件在中国境内停留居留"②。而在"边民"中，"境内边民"由中国国内法保护，"境外边民"属外国人，并不享有"难民"的特权与待遇。

（三）"边民"等于"难民"

当前，笼统地将"边民"等同于"难民"的表述充斥在多种研究文本③与媒体④中。若是对此加以细化区别，会发现二者之间确实存在着明显的概念混淆问题。将那些因缅北战事大规模涌入中国境内寻求避难的缅甸"边民"直接界定为"难民"，有失严谨与客观。这些缅甸"边民"在战事平息后便会纷纷返乡，与1951年公约、1967年议定书及中国难民法的界定标准并不相符。因此，对于该缅甸"边民"群体的"难民"身份的界定还需具体情况具体分析。从身份认定看，据中国国内法规定，中缅边境地区，该"边民"群体中，因政治原因而进入中国境内寻求避难的方具备"难民"身份，且这两种状态并不相斥。因缅北战事大规模涌入中国境内的缅甸克钦、果敢边民，在国内战事平息后会相继返回家中。而那些已身在中国的缅甸无国籍人士，由于和缅族的长期对立，基督教与佛教的激烈冲突，等级制国籍的争论不休，高度自治和集权统治的持久对抗，担心自己回国后生命和财产不安全，不愿回国。⑤ 由于有正当的畏惧理由，符合"难民"身份认定标准，在此情况下，"边民"等于"难民"。因此，在研究过程中，必须有前提界定，以避免出现概念混淆与身份不清的情况。

---

① 梁西主编：《国际法》，武汉大学出版社，2004年，第222—223页。
② 《中华人民共和国出境入境管理法》，http://www.gov.cn/flfg/2012-06/30/content_2174282.htm，2019年5月6日。
③ Lili Song, "Refugees or Border Residents from Myanmar? The Status of Displaced Ethnic Kachins and Kokangs in Yunnan Province, China", *International Journal of Refugee Law*, Vol. 29, No. 32017466.
④ 范承刚、邵世伟：《"到中国去"：中缅边境线上的十万克钦难民》，《南方周末》2013年1月17日；李华：《缅北难民营：谁抚触目创伤》，《广州日报》2013年1月22日。
⑤ 林超：《国际法视野下的缅甸克钦难民潮》，《法制与社会》2012年第12期。

总而言之，中缅边境地区的"边民"与"难民"存在明显的差异，应从概念内涵、地域范畴、法律范畴及学科研究等方面对"边民"与"难民"进行重新认识。又通过分析可知，中缅边境地区"边民"与"难民"之间是有一定重合性的。因此，在具体甄别认定过程中，应视具体情况进行具体分析。中缅边境地区缅甸流离失所群体的频繁涌入，不仅威胁着中国的西南边疆安全、公共安全、海外投资安全、生态环境安全、国际形象、周边外交、边境贸易、跨境族群的民族认同和国家认同等方面，还时刻威胁着中国边境地区居民的人身安全与财产安全，影响中国边境地区的整体稳定，扰乱中国边疆地区的正常发展秩序。因此，学界、媒体及相关部门，应制定科学、及时、高效的应对策略，在保护"边民"与"难民"应有权益的同时，实现中缅两国边疆地区的总体安全、整体稳定及和谐发展。

四、结语

边疆是一个国家与邻国进行能量交换最频繁和最直接的地区，边疆问题的解决关乎整个国家的安全、稳定与发展。① 中缅边境地缘政治的特殊性，决定了我们必须对"边民"与"难民"有着十分清晰的认识。通过分析可知，因缅甸国内战事等原因大规模涌入中国境内的缅甸流离失所群体，属于"边民"类别中的第三类，即"外来的并非长期定居于当地的人口"；是否属于"难民"，仍需从概念内涵、地域范畴、法律范畴及学科研究等方面分析甄别。

概念的澄清，便于应对"边民"与"难民"引发的系列问题。应对"边民"与"难民"问题，"国家必须运用政权的力量，动员其他社会力量，运用国家和社会的资源，去解决边疆问题，这就形成了边疆治理"②。国家应从多角度着眼，为中国边疆治理提供对策。涌入中国境内的缅甸流离失所群体中，对于"边民"，中国方面应始终秉持人道主义精神，提供必要的生活便利等人道主义援助；对于"难民"，中国方面应坚持顶层设计与实践探索相结合，既要尽快制定出难民保护的法律法规，并给予其应有之法律权益，保护其人权不受侵犯；也应强化地方部门的危机应对机制，建立健全管理体制，实现治理体系与治理能力现代化，对于边疆治理，既需要主权国家的高度重视，也需要周边国家的共同努力。中国应该坚持边疆治理与外交实践相结合，积极支持缅甸的民族和解，努力打造周边利益共同体与安全共同体，维护中国边疆安全。

---

① 邢广程：《开拓中国边疆学研究的新局面》，《中国边疆史地研究》2016 年第 2 期。
② 周平：《我国的边疆与边疆治理》，《政治学研究》2008 年第 2 期。

"Border Residents" or "Refugees"?
A Discussion on the Definition of the Identity of Myanmar's Displaced People in the China—Myanmar Border Area

Li Xiaotong　Hu Pengfei

Abstract: In recent years, large numbers of displaced individuals fleeing the conflicts in northern Myanmar have sought refuge within China's borders. According to Chinese domestic law, these individuals are categorized as "border residents" rather than "refugees." However, the conceptual overlap between "border residents" and "refugees" in terms of geographic scope, legal frameworks, and academic research has led to ambiguities in the scholarly definition of their status, thereby affecting the orderly development of China—Myanmar relations and broader international interactions. This article employs a combination of historical and contemporary analyses to clarify the meanings of "border residents" and "refugees" and to examine the distinctions and connections between the two terms. From a national perspective, the study advocates for integrating border governance with diplomatic practices and proposes strategies to enhance China's border management. It emphasizes the importance of building a community of shared interests and security in the border region to safeguard China's border stability.

Key words: China—Myanmar border area; border residents; refugees; displaced people

我国西部边疆生态治理的风险研究*

陈 蕴**

摘 要 边疆生态环境是边疆治理的物质载体，生态治理是边疆治理的重中之重。我国西部边疆地区的生态环境由于其自身的脆弱性、地理位置的特殊性、捍卫国家中心地区的重要性，对全国经济和社会发展全局起着生态屏障的作用，事关我国生态安全和总体安全。西部边疆生态治理既涵盖地方生态治理、区域生态治理，也嵌入国家生态治理和跨国际生态治理，同时是全球生态治理的一部分。本文试图立足于西部边疆生态环境和社会本身，而非传统的"中心—边缘"的角度，在目前国家安全战略和全球化发展态势的要求下，在一系列从中央到地方的生态保护政策和法规实施的基础上，对我国西部边疆地区的生态治理所面临的风险类型进行分析，为我国西部边疆地区的生态文明建设提供理论支撑。

关键词 边疆治理；生态治理；风险社会；风险；生态

DOI：10.13835/b.eayn.31.03

生态问题已成为全球共同面对的普遍问题，与此相关的不同风险类型不再局限于特定的地域或团体，而是呈现出全球化趋势。它不仅跨越民族国家的边界，也模糊了生产和再生产的界限，危害地区安全和国家安全。德国社会学家贝克用"风险社会"一词来描述现代农业和工业生产技术所造成的环境危害。风险有别于传统的危险，它是现代化的威胁力量和令人怀疑的全球化所引发的后果。① 吉登斯也认为，生态危机不是一种自然事件，更多的是一种人为风险，生态危机是现代性的必然产物。② 2014 年，中央国家安全委员会第一次会议正式将生态安全作为国家总体安全的重要组成部分纳入国家安全体系，由此生态安全成为一项基础性的国家安全战略，生态文明建设进一步推进，对我国的生态治理也提出了更多要求。2023 年 7 月，习近平总书记在全国生态环境保护大会上强调要守牢美丽中国建设安全底线，贯彻总体国家安全观，积极有效应对各种风险挑战，切实维护生态安全、核与辐射安全等。我国西部边疆地区因其地缘位置的特殊性，自身生态环境的脆弱性，在国家生态安全中承担重要角色。西部边疆的生态治理仍面临诸多风险，以往的环境风险评价多针对具体的项目，而非生态治理过程中的多风险因素，因此需要对风险涉及的个体实践、文化价值和理念以及社会制度和机构进行多方位解读。

---

* 本文系国家社会科学基金一般项目"三江源生态实践多方合力构建研究"（项目编号：19BMZ146）、剑桥大学"康河计划"四川大学工作站暨四川大学喜马拉雅多媒体数据库项目的阶段性成果。
** 陈蕴，河南大学民族研究所/区域与国别研究院讲师。研究方向：边疆社会学、政治生态学。
① ［德］乌尔里希·贝克：《风险社会：新的现代性之路》，张文杰、何博闻译，译林出版社，2018 年，第 7 页。
② ［英］安东尼·吉登斯：《现代性的后果》，田禾译，译林出版社，2011 年，第 3 页。

一、我国西部边疆地区的生态现状

对我国西部边疆地区的生态治理进行研究,首先要明确"边疆"与"西部边疆"的所指。在现代边疆研究的相关议题中,边疆释义往往是指国家边界内侧的广袤领土。在这类释义中,首先强调的是国家边界,然后才是领土和土地。在空间上是以现代中国的领土疆域为基准,但在时间上则是以历史上的边疆形态为参照的,事实上所讨论的不是同一时空观中的边疆现象。① 正如吉登斯在对拉策尔的国家有机体理论和普雷斯科特的边疆理论进行评议时指出,传统国家的"边陲"与民族国家的"国界"之间存在着显著的差异。② 在全球化发展以及国际关系和现代科技迅猛发展的背景下,陆疆、海疆、空疆"三维一体"构成的"硬边疆",与"利益边疆"③"战略边疆"④ 等构成的"软边疆"⑤ 概念不断被学者提出,他们均强调国家利益和边疆安全与发展。在我国边疆学学科的构建过程中,以杨明洪为代表的"边疆实在论"与以周平、何明为代表的"边疆建构论"针锋相对,也有学者提出二者可共生。但无论学者们对于"边疆"的定义有何争议,当代我国的边疆地区是国家、民族和边疆直接作用的互动空间这一社会现实均为学者们所认可。边疆本质上是多元互动的区域。⑥ 近年来,"边疆热"再次兴起。周平认为,目前学界的边疆研究有几个比较突出的研究视角,包括史地视角、文化视角、民族视角、经济视角、海洋视角、军事视角、治理视角。⑦ 从中可以看出目前对于边疆地区的研究较少关涉生态视角。范可在讨论现代国家的边疆问题时提到了"治理术",他认为对于边疆地区的治理应将民生放在首位,而管控次之。因此,在"国家治理—跨境区域治理—全球治理"进行整合的时代,必须以新眼光、新思路来提出新的边疆观⑧,笔者认为这种边疆观的建立对边疆地区的生态治理具有建设性的意义。

我国西部边疆地区地理位置特殊,面积广袤,拥有丰富的源头性生产要素,在全国生态系统中占有突出的地位,对全国经济和社会发展全局起着生态屏障的作用。由于在不同理论视角和学科下,不同学者对"西部边疆"的概念界定不一,为了方便讨论,笔者在此采用罗中枢对于"中国西部边疆"的定义。他认为"中国西部边疆"指我国与中亚、南亚、东南亚等国家接壤的新疆、西藏、云南、广西等区域组成的主边疆带,以及与主边疆带毗邻并对其安全和发展产生直接影响的四川、青海、甘肃等部分区域(次边疆带)。⑨ 在边疆属性上,它们均属于陆疆。在地理区划上,西部边疆地处青藏高原、云贵高原及新疆盆地、沙漠和高原山地,为森林、草原、湿地和湖泊集中分布区。在我国生态安全战略"两屏三带"

---

① 杨明洪:《论"民族国家"概念及其在"中国边疆学"构建中的重要意义》,《四川师范大学学报(社会科学版)》2019 年第 2 期。
② [英]安东尼·吉登斯:《民族—国家与暴力》,胡宗泽、赵力涛译,生活·读书·新知三联书店,1998 年,第 60 页。
③ 杨成:《利益边疆:国家主权的发展性内涵》,《现代国际关系》2003 年第 11 期。
④ 陈迎春:《战略边疆:助推中国和平发展的切入点》,《世界地理研究》2011 年第 2 期。
⑤ 徐黎丽:《国家利益的延伸与软边疆概念的发展》,《云南师范大学学报(哲学社会科学版)》2011 年第 5 期。
⑥ 范可:《何以"边"为:巴特"族群边界"理论的启迪》,《学术月刊》2017 年第 7 期。
⑦ 周平:《边疆研究的国家视角》,《社会科学文摘》2018 年第 1 期。
⑧ 范可:《"边疆"与民族——略论民族区域的治理逻辑》,《西北民族研究》2015 年第 2 期。
⑨ 罗中枢:《边疆的个性与共性及边疆研究的理论创新》,《理论与改革》2019 年第 2 期。

的构建中,西部边疆区域内就包含了"青藏高原生态屏障""黄土高原—川滇生态屏障"。再以 2015 年由环境保护部和中国科学院联合发布的《全国生态功能区划(修编版)》①为例,在全国 63 个重要生态功能区中,其中与我国西部主边疆带和次边疆带等 7 个省(区)地理范围上包含及相关的重要生态功能区有 22 个,因此西部边疆地区生态环境对我国生态安全的重要性不言而喻。西部边疆地区各重要生态功能区的主导功能和辅助功能存在区域差异。概括地说,该区域的自然环境呈现出多样性特征:生态功能以生物多样性保护和水源涵养为主,防风固沙和土壤保持次之,相对而言洪水调蓄重要性较低。这同时是我国西部边疆地区生态治理的主要目标,生态红线的划定以此"为"基础,是生态治理中需要规避的自然风险。

二、西部边疆地区生态治理中的风险

生态环境在经济学意义上是一种典型的"公共物品",具有非排他性和竞争性的组合特性。早期的群体理论认为,具有共同利益的人会自愿为促进他们的共同利益而行动,但美国学者哈丁提出的"公地悲剧"则认为,不论个人或集体在使用公共资源时总有私心,这一观点被国内外相关研究广泛引用。我国西部边疆地区由于其地理位置的特殊性,生态系统的脆弱性和屏障作用,以及与"民族"裹挟在一起的社会实践,意味着该地区的生态治理面临着比其他地区更多的风险。生态治理的风险产生的原因包括自然的、社会经济的与人们生产实践的诸种因素。只有以科学依据为基础,对生态治理中的风险进行广泛分析,才能采取符合成本效益的措施。全球气候变化的主要驱动力嵌于社会结构和制度、文化价值和信念以及各种社会实践。②目前,对于生态风险的研究主要集中在自然科学和生物科学领域,尤以生态学为主。生态决策有赖于专业科学研究人员的技术支持,技术专家掌握着生态风险的评估权力;也有来自政府部门的统一规划,但通常缺少来自特定区域内的普通居住者的意见,未充分考虑相关政策的实施对居住地群众及他们所承载的社会文化的可能影响。同时,对生态风险的认知在不同社会组织形式之间存在差异。个体的生活经验与利益诉求,政府机构对国家安全和社会稳定与发展的追求,以及专家和环保组织的关注,在有些情况下根本无法契合。因此,针对我国西部边疆地区的生态现状,以及已经进行的生态实践,可从以下几个方面来考虑生态治理中存在的风险,以期规避和控制。

(一)生态系统的失衡

当前生态恶化的生物物理影响以及给社会带来的灾难性后果正在全球蔓延。2019 年 2 月 4 日,国际山地综合开发中心(International Center for Integrated Mountain Development)发布了一份名为 *Summary of the Hindu Kush Himalaya Assessment Report* 的报告。报告警告说,喜马拉雅整个地区的

---

① 《全国生态功能区划(修编版)》指出,生态功能区划是根据区域生态系统格局、生态环境敏感性与生态系统服务功能空间分异规律,将区域划分成不同生态功能的地区。
② [美] 赖利·E. 邓拉普、罗伯特·J. 布鲁尔:《穹顶之下的战役:气候变化与社会》,洪大用、马栋国译,中国人民大学出版社,2019 年,第 17 页。

冰川正在退缩，导致未来水文状况的变化。与此同时，冰湖溃决洪水和滑坡的风险正在增加，使现有和规划中的水电站都面临风险，中国、印度等国家首当其冲，加剧该区域的贫困和脆弱性。我国西南边疆地区的大部分区域都属于喜马拉雅山脉的延伸范围，因此面临巨大的潜在的生态风险。20世纪末，西部边疆地区的水资源危机、森林遭到破坏、草场退化、地质灾害频发、土地荒漠化严重、生物多样性降低等生态问题十分突出，经过多年的生态恢复和保护，我国的生态文明建设已卓有成效。环境科学、生态学等其他自然科学已通过运用技术监测等手段针对生态保护、生态治理制定了一系列的指标和评估方法，环境社会学、政治生态学等社会科学也正在用另外的视角耦合人类与自然系统的路径。但如果社会资源浪费、制度问题、环境认知的问题无法从根本上解决，区域性的生态破坏无法得到有效遏制。

（二）人口增长速度与环境承载力之间的矛盾

生态治理必须考虑到人本身的因素，这个"本身"指的是物质性。马尔库斯在200年前曾经提出"两个级数"的论断：人在无妨碍时以几何数率增加，生活资料只以算术级数增加。[①]虽然其针对的主要是英国工业革命后所引发的贫困问题和失业问题，但其实也关涉环境资源问题，因为生活资料的获取目前仍主要来自生态环境。这就引发两个问题：生活资料的增加使得对生态环境的剥夺加剧，且居民的环境保护意识较差，同时消费的增加以及工业、科技等产业的发展所产生的垃圾和排泄物也会对生态环境造成进一步的破坏，也就是环境承载力的问题。考古学家Robert E. Dewar认为承载能力是两种不同概念的标签：一种是环境生产力的度量，另一种是平衡人口密度的描述。[②]我国西部边疆地区的人口数量远远少于中东部地区，但近年来西部边疆地区的人口增长速度则高于其他地区。2020年第七次全国人口普查初步汇总数据显示，与2010年相比，西藏自治区人口的年均增长率为1.97%，新疆维吾尔自治区人口的年均增长率1.71%，而全国人口的年均增长率则为0.53%。[③]人口的增加和发展需求使西部边疆地区的城镇化快速发展，任何人都享有发展的权利，但同时无限制、不科学的发展会使原本脆弱的生态环境更加恶化。生态环境承载既有承载"人"的问题，也有承载"物"的问题。如目前我国西部边疆的新疆牧区、青藏高原牧区等对载畜量的控制，也是为了既保证生态环境存续又保证社群存续的生活方式，意图实现生态平衡。

生态环境的变化也会增加人口的健康风险。生态系统服务退化的有害影响往往主要由当地人承担。然而，与这些更传统的危害不同，传染病的出现和传播等令人不快的意外事件的可能性要大得多。如云南地区常发的克山病，新疆地区的风沙尘肺等，都因气候环境的恶化而使病患人群增加。值得注意的是，生态环境退化区域与我国经济落后地区存在一定程度的重合，因此对于生态环境的治理更需考察相关风险因素。

---

① [英]托马斯·罗伯特·马尔萨斯：《人口论》，郭大力译，北京大学出版社，2008年。
② Dewar R. E, "Environmental Productivity, Population Regulation, and Carrying Capacity", *American Anthropologist*, Vol. 86, No. 3, 1984, pp. 601–614.
③ 国家统计局官方网站，http://www.stats.gov.cn/sj/pcsj/rkpc/d7c/202111/P020211126523667366751.pdf, 2023年8月30日。

（三）社会结构和制度风险

生态治理涉及各种深层原因，包括个人行为以及彼此间的互动、社区、市场、国家和所有形式的制度。个体的人在抵抗生态灾难时，有时处于一种无力的状态，因此需要集体和政府的力量。自20世纪80年代开始，我国已经制定发展出了一套相对完备生态环境政策框架，因为生态环境的恶化、生态意识的兴起促使公共和私人部门的现代性制度发生转变，但在地方性的执行和实践中仍存在一些问题。在生态治理的过程中，西部边疆地区各级政府承担着多重角色，既作为资本积累与经济增长促进者的角色和作为生态治理者和保护者的角色，还有着捍卫国家中心地区、维护国家安全的角色。周雪光等从我国某市环境政策实施入手，构建环保领域上下级各部门间谈判的一个分析模型，认为存在常规模式和动员模式两种类型。[①] Kostka G 和 Nahm J 的研究也认为，在生态治理层面，中共中央和地方行政当局之间存在着重大的利益重叠和类似的行为模式，既有积极的主动执法，也有消极的推卸责任。[②] 余敏江认为，现阶段中国生态问题的实质是"一个利益调节失衡的问题"，是中央与地方政府、整体与局部、远期与当前利益冲突的反映。[③] 其实并不能直接假定中央和地方的利益是完全对立的，而需要通过对政策问题和政府机构进行经验丰富的分析来审视这些利益关系。贝克曾将20世纪90年代德国环境保护称为"科学和科层制威权主义"的合作全景，普通农民没有其位置。[④] 西部边疆地区生态问题有赖于各级政府来主导解决，生态政策的制定和实施需要权威性的规划者和管理者，但同时需要其他生态共享者——企业和公众通过自主组织来有效治理生态资源，以形成多元主体治理，更好地为生态文明建设服务。

近年来，西部地区为实施生态环境保护政策所产生的生态移民，一方面通过鼓励原本从事畜牧业的牧民迁移到当地或外地的城镇，改变他们的生产、生活方式以减少对生态环境的依赖。另一方面，从个体层面而言，这些生态移民出于希望下一代获得更好的教育、享受更好的医疗条件等诉求而主动选择移居。Cernea等学者曾总结了八种主要的移民风险：丧失土地、失业、失去房屋、边缘化、实物没有保障、疾病率和死亡率上升，丧失公共服务享受权，社会解体，这些风险都可能导致一个结果——贫困[⑤]。尽管这些"潜在风险"并未全面出现在西部边疆治理中，但生态移民安置的生计方式、心理变量、社区重建和社会整合等问题需要被生态政策决策者纳入考虑范围。此外，已经发生的环境破坏和可能的生态危机正在改变居民原有的社会生活方式，大部分年青一代开始走进城市，后续产业问题非常突出。当个人和企业因受环境保护政策的影响而蒙受损失时，做出一些补偿是适当的，实施生态补偿性质的财政转移支付政策所引发的经济和法律问题也有待处理，我国正在逐步发展健全生态补偿制度。任何试图解决的自然资源的冲突、社会不稳定、人口迁移以及有害的健康后果等问题的生态保护政策，应该在生态评估时

[①] 周雪光，练宏：《政府内部上下级部门间谈判的一个分析模型——以环境政策实施为例》，《中国社会科学》2011年第5期。

[②] Kostka, Genia, and Jonas Nahm, "Central‐local Relations: Recentralization and Environmental Governance in China", *The China Quarterly*, Vol. 231 (2017): 567.–582.

[③] 余敏江：《生态治理中的中央与地方府间协调：一个分析框架》，《经济社会体制比较》2011年第2期。

[④] [德] 乌尔里希·贝克：《风险社会：新的现代性之路》，张文杰、何博闻译，译林出版社，2018年，第90页。

[⑤] Cernea, Michael M, "Risks, Safeguards and Reconstruction: A Model for Population Displacement and Resettlement", *Economic and Political Weekly*, Vol. 35, No. 41, 2000, pp. 3659–3678.

就予以考量可能引发的连环风险,只有预测各种风险变量,即当前(个人和集体)行动的"预测原因",才能确定和组织生态治理的相关措施。

(四) 经济发展与生态保护的矛盾性

越是生活在生态功能区的群众,风险承受能力越低,发展程度也较低,他们的衣食住行都和生态环境密切相关,所谓"靠山吃山,靠水吃水",我国西部边疆地区的工业化程度远低于中东部地区。由于近年新科技产业的兴起,中东部的工业开始向西部边疆地区转移。西部地区依托"西部大开发"战略和"一带一路"倡议获得了快速发展,道路、水电大坝、机场等基础设施带来一定程度的经济增长,同时也在以水土流失、污染等形式导致了较为严重的生态危害。各类企业为了减少资源损耗,努力发展技术,提高效率,但有学者质疑效率的提高并未组织对环境的破坏,甚至提高效率所带来的收益使企业经营者加大了对能源和资源的破坏,只为攫取更多经济利益,因此要重新定位社会经济的发展方向及其与生态保护之间的关系。以笔者的调研经验为例,在新疆、西藏的一些乡镇、村庄开始发展民族旅游业(或文化旅游业),这些地区以独特的自然风光和多样的民族文化吸引着城市游客,"农家乐""牧家乐"等生态旅游方式正在兴起,地方政府正在增进当地或外来资本投资,对于利用当地的剩余劳动力也有很大好处,而且生态旅游方式似乎比工业发展造成的生态破坏要少一些。但事实是,由于当地居民和地方政府环境保护意识较差,生态旅游吸引的外来游客产生的垃圾无法得到妥当处理,且缺乏相应的垃圾处理场等环境保护设备。此外,由于西部边疆地区多与生态功能区重合,这些地区往往实施着相对复杂的生态环境政策,生态红线对生产生活的限制较多。生态红线不可触碰,但全面实行乡村振兴战略的新时代,如何"跨越红线"实现区域经济增长仍是西部边疆各地政府需要解决的关键难题。

施耐伯格在《环境:从剩余到匮乏》中指出,"生产永动机"作为经济体系的一种内在需要,和环境保护之间会造成"使用价值"和"交换价值"的矛盾和冲突。[①] 可持续发展概念则认为,通过一系列政策设计和实施,经济发展和环境规治可以并行不悖,甚至相得益彰。这也是我国多年来环境政策的落脚点,努力克服环境危机而不偏离现代化道路的可能性,实现经济增长和生态环境之间的平衡发展。以环境保护部、中国科学院印发的《全国生态功能区划(修编版)》为例,其中对我国生态现状的描述为:"从总体上看,我国生态环境脆弱,生态系统质量和功能低,生态安全形势依然严峻,生态保护与经济社会发展矛盾突出。"目前,我国西部边疆地区对生态系统所做的利用和改造已使部分企业和群众取得了较大的经济收益,但这些经济收益致使某些生态系统服务的退化、生态风险增加。在西部边疆地区试图进行的任何产业发展,都应考察其生态影响,以生态评估为前提,而不能简单追求经济目标。

(五) 民族传统生态文化的消逝

拉铁摩尔在对中国内陆边疆的考察中,就对草原游牧社会与定居农耕社会进行区分。当然,这是一

---

① Allan Schnaiberg, *The Environment: From Surplus to Scarcity*, New York: Oxford University Press, 1980, p. 186.

种简单的二分法，西部边疆地区各民族的生产生活方式更为多样。在当代边疆研究及社会实践中，边疆与民族总是互为表述，从"边疆民族地区"这一过去常用的表述中即可窥见。边疆作为政治空间范畴，其内容除了主权之外就是民族；而"民族"作为类别，"边疆"也就成为其存在的"场所"。[①] 这种勾连同时也在影响边疆地区的生态治理。因为每一地区都有着各自独特的地质和生物特征，生活在该地区的居民为保证实现生态可持续的社群，会形成其独有的生活方式。在我国广袤的西部边疆地区生活着很多依靠生态资源而生活的世居民族，如汉族、哈萨克族、藏族、维吾尔族、回族、塔吉克族、怒族等，而在生态功能区居住的多是脆弱性强的社群。以哈萨克族为例，近年来其年青一代牧民的生态观也在逐渐变化，其与牲畜及草原的关系逐渐为单一的经济关系所主导，草场退化导致越来越多的人向城镇移动，自然逐渐丧失其神圣性。再如，广袤的青藏高原所养育的藏族群众，藏传佛教的很多信仰和仪式依靠神山圣水，仪式可以带走，但山水无法被带走。傣族、彝族的神山森林传统文化同样也在生态环境的演进中、工业社会的发展中变化、消失，越来越多的地方性知识被遗忘。

（六）跨境生态安全问题突出

生态系统的边界往往不以行政区域来划分，而是以自然状况为标准。因此，政府可以对人员、物资进行地区性控制，却不能有效阻止生态系统被破坏后的恶果蔓延。边疆地区的生态治理比其他地区更具复杂性、不确定性和危险性。不仅要处理好边疆地方与中央的关系，同时也要处理好与邻近地区的治理关系。除了国内省区，由于边疆地区往往与邻国相连，其生态治理更需要中国及邻国间的协同合作。

我国西部边疆地区的国际河流、山地与中亚、南亚次大陆、中南半岛国家等多个国家相连。以西南边疆的喜马拉雅山脉为例，其区域范围包括中国和阿富汗、巴基斯坦、印度、尼泊尔、不丹、缅甸等国，不仅在地理上相连，"一带一路"建设的发展也使得亚洲各国更紧密地联系起来。陆疆跨境生态问题呈现出以跨境水问题为核心，土地等自然资源利用、动植物保护与生物入侵防控、灾害监测与预防等多方面、多层次发展的态势。[②] 一般情况下，与生态问题相关的跨国事宜需要两个中央政府之间来协商，但两国边疆地区的地方政府和公民则是环境协商的实践者和承担者。这也是边疆生态治理有别于其他地方治理的特殊性所在。但因为政治和行政结构的组织形式、历史传统和文化信仰的差异，跨国视角中的生态治理将面临更大难题，处理不当则会对地缘关系产生恶劣影响。如尹仑曾提出中国应该加强与环喜马拉雅区域国家在国际生物多样性公约谈判中的立场沟通和理解，积极构建非传统安全问题的新型区域合作机制。[③]

---

① 范可：《"边疆"与民族——略论民族区域的治理逻辑》，《西北民族研究》2015年第2期。
② 柳江、武瑞东、何大明：《地缘合作中的陆疆跨境生态安全及调控》，《地理科学进展》2015年第6期。
③ 尹仑：《建立环喜马拉雅区域国家间生物多样性公约的合作机制》，《公共外交季刊》2016年第1期。

三、对我国西部边疆生态治理的再认识

我国西部边疆地区生态不仅受到来自核心区域的统筹和关涉，同时也在对核心区域进行"物质和能量"的输入，还与境外的自然环境休戚与共。对于我国西部边疆地区生态治理中的多重风险的分析，不是为了耸人听闻，制造不安全感。而是在正视已存在或可能产生的危机和风险的基础上，采取持续有效的政策和措施，进行生态实践的多元合力构建。但直到最近，有关生态风险的研究都反映了一种这样的思想，即风险应该被"客观"地测定与评估。这种想法当然无可厚非，只有在测评和评估风险的基础上才能采取措施、政策加以预防、应对，以期达到生态保护、建设生态屏障的目的。我国西部边疆地区各级政府已对很多资源和保护区的开采和使用做出了明令禁止，并通过宣传增进努力其在公众间的合法性。当前的生态指标如果能被普遍认可，人们（包含企业和居民）或许能接受限制他们使用资源活动的新规则，这就有利于实施进一步的生态治理政策。边疆安全已经不仅是政治、经济、军事层面的问题，也是生态系统恢复及发展层面的重要问题，边疆地区的生态安全在某种意义上具有了国防安全的内涵。因此，在感知和评估西部边疆生态治理存在的风险的过程中，自然科学视角和社会社科视角各自的逻辑与合作都应该得到展现。

我国西部边疆生态治理应以生态智慧和社会正义为目标，生态后果与社会后果休戚与共，良好的生态环境有赖于经济的可持续性和所有人生存权利、政治权利的保障。从政府、企业、地方组织和个人，都应树立命运共同体意识，要进一步地追问环境危机的根源，包括社会的、文化的和人性的。仅仅寄希望于行政推动和科学技术解决生态问题的做法收效甚微，必须改变人类中心主义和生态中心论价值观。[①] 同时，还应该加强和邻国的跨境生态合作，共同面对生态风险，构建新型区域合作机制，实现生态的全球治理。

---

① 王雨辰：《习近平"生命共同体"概念的生态哲学阐释》，《社会科学战线》2018 年第 2 期。

Risk Assessment of Ecological Governance in China's Western Borderlands

Chen Yun

Abstract: The ecological environment of border regions serves as the material foundation for border governance, with ecological governance being a paramount concern. Due to its inherent vulnerability, unique geographical location, and strategic importance in safeguarding the nation's core areas, the ecological environment of China's western borderlands plays a crucial role as ecological barriers for national economic and social development, impacting both ecological and overall national security. Ecological governance in these regions encompasses local and regional levels, while also being embedded within national and transnational ecological governance frameworks, and contributing to global ecological governance. This study adopts an approach grounded in the specific ecological and social contexts of China's western borderlands, moving beyond traditional center—periphery perspectives. Considering the current national security strategies and the dynamics of globalization, and building upon the implementation of ecological protection policies and regulations from central to local levels, this research analyzes the types of risks confronting ecological governance in China's western border regions, aiming to provide theoretical support for ecological civilization construction in these areas.

Key words: governance; ecological governance; risk society; risk; ecology

民族政策与民族工作研究

乡村振兴视域下"直过民族"传统社会组织创造性转化的发展研究*

廖林燕　彭泉钦**

摘　要　全面推进乡村振兴，一个重点亦是难点就是发展起点低、基础弱的"直过民族"地区。其中，作为一种重要传统文化的传统社会组织，通过"现代性转化"与"结构性再生"，是因地制宜地推进乡村振兴的重要内生性资源。历史上，传统社会组织是"直过民族"先民在原始社会末期为适应村寨治理而形成的重要治理主体；中华人民共和国成立以后，传统社会组织通过治理结构、功能与方式的创造性转化而得到有效传承，且作为一种传统治理资源在基层党组织的领导下发挥协同作用；新时代乡村振兴进程中，传统社会组织被激发出全新的时代生命力，主要以"协同""再生""发展"等方式助力乡村振兴。不仅是乡村安全治理的协同者与乡村文化生态发展的助推者，也是乡村特色文化产业发展的助力者。

关键词　传统社会组织；"直过民族"；创造性转化；乡村振兴

DOI：10.13835/b.eayn.31.04

乡村振兴是在深刻把握现代化发展规律，着眼现代化进入中后期的背景下提出的重大战略。"强国必先强农，农强方能国强。"① 随着脱贫攻坚的全面胜利与全面建成小康社会目标的如期实现，我国"三农"工作的重心发生了历史性转移，全面推进乡村振兴成为新时代农业强国建设的重要任务，也是以中国式现代化全面推进中华民族伟大复兴的基石所在。如果说"全面建设社会主义现代化国家，最艰巨最繁重的任务仍然在农村"②，那么，从地域分布来看，重点又是西部民族地区乡村，特别是那些"直过民族"地区，乡村振兴的任务更为紧迫。所谓"直过民族"，是"1949 年新中国成立以前其社会发展形态依然停留在原始社会后期，仍然过着刀耕火种、游牧、渔猎、采集的原始生活，新中国成立以后直接过渡到社会主义社会的少数民族的统称。这些民族主要包括独龙族、怒族、傈僳族、基诺族、佤族、布朗族、德昂族、景颇族、鄂伦春族、鄂温克族以及部分拉祜族等"③。从地理分布看，除少数分布于内蒙古、黑龙江、海南等省区之外，绝大部分则分布于地处西南边疆的云南省，其中，又集中分布于云南省的怒江、

---

*　本文系教育部哲学社会科学研究重大课题攻关项目"习近平总书记关于边疆治理重要论述研究"（项目编号：22JZD003）的阶段性成果。
**　廖林燕，云南大学政府管理学院教授。研究方向：边疆治理；彭泉钦，云南大学政府管理学院助教。研究方向：边疆治理。
①　廖林燕：《锚定建设农业强国目标　切实抓好农业农村工作》，《人民日报》2022 年 12 月 25 日。
②　习近平：《高举中国特色社会主义伟大旗帜　为全面建设社会主义现代化国家而团结奋斗——在中国共产党第二十次全国代表大会上的报告》，人民出版社，2022 年，第 30—31 页。
③　廖林燕：《乡村振兴进程中"直过"民族传统社会组织的创造性转化研究》，《西南民族大学学报》2018 年第 10 期。

临沧、西双版纳、红河、普洱、德宏等边境沿线，且多生活在高山峡谷、河流纵深地带。对于发展起点低、起步晚、基础弱的"直过民族"乡村振兴来说，显然要因地制宜结合自身资源禀赋和文化传统，特别是要"把民族民间文化元素融入乡村建设"，以"形成特色资源保护与村庄发展的良性互促机制"，从而走"特色化、差异化发展之路"。[①] 其中，少数民族传统文化不仅是乡村振兴的深厚土壤，也是一种宝贵资源。不仅是规范与秩序的内生性资源，也为经济发展与共同富裕提供了内生动力。

由于高山峡谷等自然地理环境，客观上使"直过民族"传统文化往往得到较好的传承与发展。其中，传承较好的一种传统制度性文化，当属历史上围绕村寨管理所形成的传统社会组织。如拉祜族的"卡些卡列"组织，基诺族的"卓巴卓生"组织，佤族的寨老组织，布朗族的头人组织，等等。以拉祜族"卡些卡列"组织为例，其中，拉祜语"卡"，汉语即"村寨"之意，拉祜语"些"，汉语即"头人"或"伙头"之意，"列"，即卡些的副手。在新时代乡村振兴进程中，传统社会组织被激发出全新的时代生命力，不仅是乡村文化生态发展的推进者与乡村安全治理的协同者，也是乡村特色文化产业发展的助推者等。在充分发挥基层党组织的"领导核心和政治核心作用"[②]的基础上，积极整合这些传统社会组织的社会协同作用并推进其创造性转化，不仅是走特色化乡村振兴之路的发展要求，也是全面整合乡村振兴合力的现实需要。

一、原始社会时期"直过民族"传统社会组织的治理逻辑

欲深入揭示"直过民族"传统社会组织在乡村振兴中的时代价值，首先须对其历史脉络与传统治理逻辑有基本认识。新中国成立前，"直过民族"在社会形态上总体已发展至原始社会后期的农村公社阶段。由于农村公社时期的聚落已建立在地域联系基础之上，正如马克思所说的"是最早的没有血统关系的自由人的社会组织"[③]，因此，要将这些不同血缘群体维系在村寨这一地域共同体中，也就必然要面对如何提高村寨的凝聚力、解决村寨公共事务并规范人们的公共交往，也就是如何通过有效的村寨治理，以维系村寨团结、和谐、有序的公共生活。其中，村寨社会组织正是农村公社时期基于对有序公共生活的维系与地域社会的有效治理，进而建构的基本公共权力形式，本质上就是一种权力组织。那么，由哪些人作为村寨公共权力的代表来承担和行使公共权力？又是如何实现对地缘社会的有效治理？这也就是治理的结构与功能问题。

（一）传统社会组织的治理结构

原始农村公社时期，村寨公共权力更多是由来自各个家族的家族长、宗教权威以及世俗权威等共同承担，并组成一个呈扁平结构的头人集团。

---

① 廖林燕：《乡村振兴战略规划（2018—2022年）》，《人民日报》2018年9月27日。
② 廖林燕：《关于加强基层服务型党组织建设的意见》，《人民日报》2014年4月29日。
③ 廖林燕：《马克思恩格斯选集》（第3卷），人民出版社，2012年，第835页。

从治理的结构看,由于民族传统文化的差异,农村公社时期不同民族为适应地缘整合需要所建构的社会组织在内部结构上虽呈现多样性,但基本是由"各家族长、寨主和宗教权威等共同构成"①。如佤族,主要是由作为一寨之主的"窝朗"、各家族长以及宗教权威"魔巴"等组成;基诺族,主要由各家族长"卓巴"和"卓生"等组成;拉祜族,因受"拉祜理"文化影响,主要由世俗权威"卡些"和宗教权威"佛爷""卓巴"等组成。

从治理的形式看,当时为提高治理效能且适应村寨地缘整合需要,主要实行分工治理,即在各个头人间进行相对明确的社会分工。正是这些头人各司其职又互相配合从而共同促进了村寨治理。如拉祜族头人组织是这样分工的:"卡些"负责利益协调等世俗事务,"佛爷"负责管理佛堂、传授"拉祜理","卓巴"负责寨神寨心与人丁发展方面的祭祀;再如,佤族寨老组织的分工如下:"窝朗"是村寨最高权威的代表者,"魔巴"负责村寨宗教事务,各家族头人分别协助窝朗与魔巴负责村寨具体事务。在分工明确的前提下,村寨重大公共事务主要通过议事会的方式共同讨论与协商,并按照原始民主制的方式进行公共决策。这样的治理形式,也代表了人类社会治理的最初形态。

在治理的资格与合法性方面,当时担任头人的资格或条件主要是:男性、年长,具有较高的个人声望,深谙本族群文化传统,且具备不同程度的宗教技能。头人的产生方式除按原始民主制的方式推选,还须通过占卜、看卦等方式确认。

(二) 传统社会组织的治理功能

由于王朝国家时代主要通过"守中治边"的疆域治理理念以及以羁縻政策为核心的"以夷制夷""因俗而治"的族际整合方式来协调族际关系,由此赋予了少数民族社会治理的相对自主性。对于"直过民族"来说,这样的自主性充分体现在,由本区域自然生成的公共权威组成的社会组织自主治理本区域的政治、经济、文化等公共事务,并履行与发挥政治、经济、社会、宗教等治理功能。

一是经济功能。在当时刀耕火种的农业环境下,要维系社会的有效运转首要的就是建立起有序的生产秩序。围绕生产秩序的建立进而带来的分配村寨公有土地、组织部分集体生产、制定相应的经济制度等,这些不仅是头人集团的基本任务,也是体现其权威的一个重要方面。

二是政治功能。村寨建立以后,总是处于与其他政治体系的互动与交往之中,因此,作为基层政治体系的管理者,头人集团必然面临如何协调与高一级政治体系以及与其他村寨政治体系之间的政治关系问题。其中,协调与高一级政治体系的政治关系,由于村寨政治体系常作为隶属于部落联盟或土司政权的一个基层政治体系而存在,在这样的政治关系下,头人集团承担的主要角色与功能就是作为上一级政治体系的代理者,定期承担与提供劳役、缴纳税赋等;在协调与其他村寨之间的政治关系上,由于当时各村寨既相互依存,又不断竞争,友好时结盟,敌对时则相互械斗并进行血亲复仇。在这样的政治关系下,这些社会组织所承担的主要角色与功能就是领导村寨的军事活动,处理寨际冲突与矛盾,协调寨际关系等。除外部政治关系协调外,其政治功能也体现在,作为习惯法的制定者、解释者与推定者,且通过习惯法掌握诸如逐出村寨、抄家、处死等生杀予夺的权力,进而实现社会控制与规约。

---

① 廖林燕:《政治人类学》,中国社会科学出版社,2018年,第185页。

三是社会功能。体现在通过道德教化、伦理规约进行社会规范、协调与整合，从而建立团结和睦的生产生活秩序与淳朴和谐的社会风尚。正如弗朗西斯·福山在谈到传统社会秩序的生成时所指出的："人类本质上是社会性生物，其最根本的内驱力和本能会令他们塑造道德律令从而使他们以群体形式团结起来。"① 在当时刀耕火种的农业生产方式下，以伦理规约、习俗礼节、信仰准则、习惯法等为表现形式，具有丰富道德内涵的传统社会规范，是当时社会组织进行社会治理的基本机制。这些社会组织正是依托并植根于特定生产生活方式之中、孕育于特定认知方式与精神世界之下的传统社会规范，从而持续不断地进行道德的教化、伦理的熏陶、信仰的塑造，并由此实现社会的治理与整合。

四是宗教功能。农村公社时期这些头人集团不仅是世俗生活的管理者与领导者，在当时人们思想深受"万物有灵"观念的支配下，他们也是刀耕火种农业的主祭者。他们常常通过刀耕火种农业的各种祭祀礼仪、祭祖仪式、敬神祈福活动，在试图建立现实世界与鬼神世界之间的和谐关系时，也通过对人们精神世界的影响，进而实现特定社会价值、规范与情感的塑造。

二、新中国成立后"直过民族"传统社会组织创造性转化的理路

中华人民共和国成立后，随着现代民族国家的建构，族际政治整合方式发生了根本性转变。新中国在民族识别的基础上通过民族区域自治制度，在将少数民族政治体系纳入统一国家政治体系范畴的同时，也赋予少数民族自主管理本民族事务的重要权利。改革开放后，各项民族政策与宗教信仰自由政策得以全面恢复，尤其是1984年《民族区域自治法》的制定，以基本法的形式进一步保障少数民族自主管理本民族内部事务的权利。与此同时，国家对乡村治理的方式也发生了重大转变，特别是1987年制定的《关于贯彻执行〈中华人民共和国村民委员会组织法（试行）〉》，正式赋予并保障了基层群众自治的权利。正是在族际政治整合方式的变化以及乡村治理方式的创新等政治现代化背景下，共同推动了"直过民族"传统社会组织在治理结构与功能等方面的深刻现代转化。

（一）治理结构的现代转化：由单一权力主体转化为协同治理主体

新中国成立尤其是改革开放以后在国家不断优化乡村治理结构，打造"共建共治共享的社会治理制度"② 下，"直过民族"传统社会组织创造性转化的一个基本方面，就是"由原始社会农村公社时期最主要的社会治理主体，转化到当前乡村治理体系下的协同治理"③。其协同治理特征主要表现为：一是在基层党组织的领导下，在自治组织的基础性作用下发挥协同作用；二是作为一种体制外权威或者说一种内生自发性传统民间力量发挥协同功能；三是主要依凭在传统文化方面的独特权力资源，通过与体制内权

---

① ［美］弗朗西斯·福山：《大断裂：人类本性与社会秩序的重建》，唐磊译，中国社会科学出版社，2015年，第10页。
② 习近平：《高举中国特色社会主义伟大旗帜 为全面建设社会主义现代化国家而团结奋斗——在中国共产党第二十次全国代表大会上的报告》，人民出版社，2022年，第54页。
③ 廖林燕：《乡村振兴进程中"直过"民族传统社会组织的创造性转化研究》，《西南民族大学学报》2018年第10期。

威的明确分工、良性互动从而实现社会协同；四是通过实现现代转化的传统社会规范实现协同治理。由于国家的移风易俗工作特别是对传统社会规范的去粗取精，并不断引导传统文化与社会主义相适应且与当代文化相协调，这些都逐步促使传统社会组织在承续传统治理方式的同时也在与时俱进地创新协同治理的观念与方式。

（二）治理功能的现代转化：由全面治理转化为依托文化传承实现协同共治

由原始社会时期对村寨政治、经济、社会、宗教事务的全面治理，转化为依托传统文化发挥协同共治作用，这是传统社会组织创造性转化最为普遍的一个方面。如果说历史上"直过民族"传统社会组织的职能涵盖政治、经济、社会、宗教等方方面面，那么，现代乡村治理体系下传统社会组织的诸多职能已由基层政权与村民自治组织行使，其主要作为传统文化精英而承担文化与宗教方面的职能。例如，作为传统民风习俗的传承者与发展者，古理古规、伦理规约等传统习惯法的实施者与推行者，传统节庆活动与公共仪式的组织者，原生宗教活动的主祭者等。依托这些风俗礼仪、信仰准则、习惯法以及伦理规约等传统文化资源，传统社会组织在客观上也承担着积极的社会教化与整合功能，尤其是在教化群众、淳化民风、凝聚人心方面发挥着积极的协同共治作用。首先，传统社会组织通过民风习俗的力量，将祖祖辈辈相沿成习的伦理价值观与生活态度灌输到人们的思维方式之中，并借助习惯法的社会舆论作用，将其内化为人们的一种行为模式与生活方式，进而在乡村伦理道德秩序的建构、公序良俗的维系、明德守法文化生态的养成等方面发挥着协同作用；其次，通过各种公共仪式活动，如祭寨心仪式、祭祖仪式以及各种年节仪式等进行村寨整合。由于这些仪式不仅以高度形式化的象征活动，而且常以集体参与的形式且融入歌舞的方式进行，从而在潜移默化中增进了村寨的团结；此外，通过作为习惯法的实施者与监督者，进而在乡村社会协调、利益疏导、乡村安全防控等方面也发挥着一定的协同作用。

三、乡村振兴进程中"直过民族"传统社会组织创造性转化的机理

民族要复兴，乡村必振兴。"全面推进乡村振兴，加快农业农村现代化，是需要全党高度重视的一个关系大局的重大问题。"[①] 面对"直过民族"乡村振兴的时代重任，其积淀深厚、丰富灿烂的传统文化，通过"现代性转化"与"结构性再生"，恰是因地制宜地推进乡村振兴的一个推动力。习近平总书记关于中华优秀传统文化传承发展的重要论述，也为"直过民族"传统社会组织的创造性转化提供了重要契机。"中华优秀传统文化是中华文明的智慧结晶和精华所在，是中华民族的根和魂"，要推动"中华优秀传统文化创造性转化、创新性发展"。[②] 乡村振兴进程中，在国家对传统文化"取其精华、去其糟粕，扬弃继

---

① 廖林燕：《坚持把解决好"三农"问题作为全党工作重中之重　促进农业高质高效乡村宜居宜业农民富裕富足》，《人民日报》2020年12月30日。

② 廖林燕：《把中国文明历史研究引向深入　推动增强历史自觉坚定文化自信》，《人民日报》2022年5月29日。

承""不断赋予新的时代内涵和现代表达形式"①的基础上，传统社会组织主要以"协同""再生""发展"等方式，被激发出全新的时代生命力。不仅是重要的协同治理资源，也是稀缺的发展资源与难得的成边资源。不仅是乡村文化生态发展的推进者与乡村安全治理的协同者，也是乡村特色文化产业发展的助力者等。

（一）乡村特色文化产业发展的助力者

脱贫攻坚取得全面胜利后，"直过民族"在继新中国成立后，在社会形态上实现"一步跨千年"之后，又进一步从物质层面实现了第二次"千年跨越"；同时也要看到，由于历史、自然与地理等原因，诸如深山峡谷等特殊地理环境对农业转型升级的制约，以及国家对重点生态功能区与自然文化资源保护区实行限制开发或禁止开发等政策影响，加上自我发展能力不足等原因，"直过民族"乡村全面振兴依然面临着诸多"瓶颈"与挑战。既然"产业振兴是乡村振兴的重中之重"②，既然探索与开发符合本地资源禀赋与历史文化特点的优势特色产业是乡村振兴的第一要务，但要在面临明显地理环境与生态制约的条件下探索出优势特色产业并将其做大做强是极具挑战的。在国家大力打造文化产业特色村的形势下，尤其对"特色保护类"村庄要"形成特色资源保护与村庄发展的良性互促机制"的乡村振兴要求下，③充分依托"直过民族"中对于反映远古文化形态具有活化石意义的宝贵文化遗产，并将这些民族文化元素融入乡村产业发展中，有助于为"直过民族"产业发展注入新动能，进而促进群众致富增收并使边民安心守土固边。

"直过民族"乡村特色产业的开发，须充分发挥基层党组织在组织领导、统筹协调、服务发展等方面的坚强战斗堡垒作用。与此同时，作为传统文化精英的传统社会组织在服务发展方面的协同作用也不可忽视。通过对基诺族、拉祜族、佤族、布朗族等"直过民族"的调研显示：由于这些民间头人自幼在原始社会的遗风中成长，深谙从历史迁徙、衣食住行、婚丧嫁娶、节日习俗、宗教信仰到古理古规等各种文化传统，他们独特的成长经历及所承载的极具历史底蕴的传统文化资源，加上当地良好的自然生态康养，这些极大地助推了当地文化产业发展以及文化、旅游与其他产业的深度融合。诸如，基诺族"卓巴"参与的"特懋克"节，拉祜族"卡些"参与的"请年神"，佤族"寨主"组织的"拉木鼓"等，这些传统文化遗迹在不同程度上助推了"直过民族"乡村旅游"热"，且在旅游业发展中使古朴的传统村寨重焕生机。

（二）乡村文化生态发展的推进者

"中国式现代化是物质文明和精神文明相协调的现代化。……物质贫困不是社会主义，精神贫乏也不是社会主义。"④由于产业发展是"直过民族"乡村振兴的必由之路，随着产业发展的大力推进以及市场

---

① 廖林燕：《关于实施中华优秀传统文化传承发展工程的意见》，《人民日报》2017年1月26日。
② 廖林燕：《锚定建设农业强国目标　切实抓好农业农村工作》，《人民日报》2022年12月25日。
③ 廖林燕：《乡村振兴战略规划（2018—2022年）》，《人民日报》2018年9月27日。
④ 习近平：《高举中国特色社会主义伟大旗帜　为全面建设社会主义现代化国家而团结奋斗——在中国共产党第二十次全国代表大会上的报告》，人民出版社，2022年，第22—23页。

化与现代化的加快发展,这时人们的利益意识、逐利意识必将逐步觉醒并日趋旺盛。在这一发展进程中,"由于科学技术、市场经济、科层组织等要素构成的现代性社会,难以自然分蘖出一套自我约束、自我修复的道德观念体系"[①],因此,若任由市场经济的发展,传统伦理道德将不断式微甚至解构。根据马斯洛的需求层次理论,当人们低层次的物质需求得到满足之后,高层次的精神需求必将随之增长。而传统伦理道德的式微、乡村物质文明与精神文明发展的失衡,显然直接影响人们对美好生活的向往与期待,甚至可能使乡村经济振兴难以为继。

纵观全球现代化发展模式,一般经历了物质文明的全面提升—传统社会资本的不断解构—艰难的社会资本重构这一过程。西方式现代化模式启示我们:必须切实规避传统现代化的内在风险,有效纠偏资本逻辑主导下的西方一元现代化模式;同时也启示我们:在乡村振兴推进中,要妥善处理好乡村经济振兴与文化振兴的全面发展,促进乡村物质文明与精神文明的协调发展。纵观这些"直过民族"地区,由于这些民族积淀丰富的传统文化至今依然蕴含着诸多富有时代价值的优秀思想观念、人文精神与道德规范,而传统社会组织正是这些优秀传统文化传承的重要载体,尤其是作为传统文化核心的精神文化的重要承载者、守护者与弘扬者。在乡村振兴进程中,他们不仅是社会主义核心价值观的涵养者,也是精神文明建设的助力者。如基诺族,但凡一些重要公共仪式都要唱"古歌"。其中,结婚礼要唱"结婚歌",上新房礼要唱"新房歌","特懋克"节要唱"外交歌"等。这些歌曲,都承载着基诺族传统文化中最核心的文化元素,通过长老"卓巴"领唱的集体宣唱形式,从而传达社会的伦理规约、礼义廉耻等行为规范。传统社会组织正是通过这些民风习俗以及言传身教,从而将生活在这张习俗文化大网中的每一个人持续不断地进行道德的教化、伦理的熏陶与行为的规范;同时,在基层党组织的领导下,与村民自治组织相互配合,共同推动乡村公序良俗。

(三) 乡村安全治理的协同者

"国家安全是民族复兴的根基,社会稳定是国家强盛的前提。"[②] 随着"直过民族"乡村振兴进程的加快推进,加上边境地区全方位开发开放所带来的边民跨国流动的普遍,各种非传统安全问题将在边境乡村日渐突出。由于"直过民族"乡村多分布在边境沿线,其复杂的文化环境与特有的国防意义使其首当其冲,并成为敌对势力妄图进行社会渗透、侵蚀国民认同的重点;此外,由于边境线长、越境通道多,"边民之间因交流互市、探亲访友等自然形成的边境小道不计其数,且边境沿线往往山高谷深丛林密布从而使越境通道隐蔽性极强,加之复杂交错的跨界民族分布"[③],这使得"直过民族"乡村也常面临毒品问题、艾滋病问题、赌博问题、非法越境、跨国犯罪等非传统安全问题的威胁。在这样的发展环境与地缘特点下,将乡村振兴进程中边境乡村安全问题逐渐凸显出来。而边境乡村安全的有效治理,需在党委领

---

① 闵丽:《论宗教与中国现代性社会建构的兼容性》,《世界宗教研究》2017年第2期。
② 习近平:《高举中国特色社会主义伟大旗帜 为全面建设社会主义现代化国家而团结奋斗——在中国共产党第二十次全国代表大会上的报告》,人民出版社,2022年,第52页。
③ 廖林燕:《经久不衰的"拉祜理"——南段拉祜西边境安全治理的传统文化机制研究》,《西北民族大学学报》2019年第5期。

导、政府负责下坚持社会协同，打造党政军警民合力强边固防的"社会治理共同体"①。其中，传统社会组织正是治理共同体中的积极协同力量与合力治边的重要民间力量。特别是在一些稳边固边的薄弱地带，民间力量的协同作用还不容小觑。在边境一线，民间头人主要作为护边员积极参与巡逻护边；在乡村内部，主要通过传统习惯法或将习惯法转化为村规民约等形式，从而助力乡村安全治理。

此外，传统社会组织在边民国家认同建设方面也具有一定的价值，是国家认同建构的一个重要民间力量。例如，在云南普洱、西双版纳一带，佤族民间头人"寨主"、基诺族民间头人"卓巴"、拉祜族民间头人"卡些"等，将"民族团结誓词碑"精神特别是"一心向党、爱国奉献、团结到底、命运与共"的精神，经由经年累月的道德教化而实现代代相传；再如，澜沧拉祜族自治县一带，民间头人通过传统节日"扩"节等习俗，与村民们一起自发向政府、部队、学校等进行拜年，这在表达人们内心无比自豪的国家认同与对党的深厚认同的同时，也具有重要的认同建构意义。

（四）乡村振兴内生动力激发的促进者

如何发展现代农业，尤其是如何转方式、调结构、强化科技支撑、构建乡村产业体系，这是"直过民族"加快发展的关键。而现代农业的发展，除了要加大政策支持与资源投入外，也一定要充分调动起自我发展的内生动力。如果说地理环境与产业发展的"瓶颈"是"直过民族"发展相对滞后的客观原因，那么，思想观念的局限与内生动力的不足，则是更深层次的主观原因。表现在：一是思想观念未能紧跟农业现代化的步伐。受千百年来形成的靠山吃山的原始生产方式或低水平的农耕生产方式的影响，不少群众不愿或不敢开辟新的生产领域。二是扩大再生产意识淡薄。尽管一些"直过民族"已开发出某些优势产业，但受原始平均主义与积累意识淡薄的影响，不少群众扩大生产意愿与动力不足，加上管理不精细、技术不到位以及交通成本高等原因，从而极大地制约了现代农业的转型升级。三是自我发展动力不足。部分群众的"福利依赖"心理或"等、靠、要"思想对其自我发展形成明显掣肘。正是在这样的发展困境下，如何运用得当的方法塑造与农业现代化进程相适应的新思想与新境界，从而激发起自我发展的强大内生动力，这是"直过民族"乡村振兴必须予以突破的。

"直过民族"乡村振兴内生动力的激发，须充分发挥基层党组织在"领导基层治理、团结动员群众、推动改革发展的坚强战斗堡垒"②作用。与此同时，民间头人的内部引导也不容忽视且十分必要。正如S. N. 艾森斯达德（S. N. Einstadt）所指出的："传统性和现代性并非此消彼长的两个对立物，……问题不是去消灭它们，而是借助它们来实现社会动员和整合，从而最终导致现代化。"③这对于"直过民族"乡村振兴同样如此。在亟须激发乡村振兴内生动力的过程中，民间头人基于道德教化方面的影响力，成为不可忽视的辅助力量。以拉祜族为例，民间头人尤其是佛爷的一个重要角色就是"教理"，即传授拉祜理。如在每月4天的休息日以及一些节庆的重要祭祀与公共仪式当中，佛爷都要传授基本的伦理价值观

---

① 习近平：《高举中国特色社会主义伟大旗帜　为全面建设社会主义现代化国家而团结奋斗——在中国共产党第二十次全国代表大会上的报告》，人民出版社，2022年，第54页。

② 习近平：《决胜全面建成小康社会　夺取新时代中国特色社会主义伟大胜利——在中国共产党第十九次全国代表大会上的报告》，人民出版社，2017年，第65页。

③ ［美］塞缪尔·P·亨廷顿：《变化社会中的政治秩序》，王冠华、刘为等译，上海人民出版社，2015年，第2页。

与生活态度,并反复强调:"现在政策好,多听党的政策,不能懒,不苦吃(不自力更生)的人没有。"显然,从悠悠历史长河中一直绵延传承至今的文化传统,在经年累月间塑造了民间头人在道德教化方面的影响力。他们不仅是伦理道德的教化者,也是传统习俗的传承者与组织者。正是依托德治力量而发挥思想引导与行为规范方面的协同作用,进而助力乡村振兴内生动力激发。

(五) 乡村绿色生态空间的涵养者

"中国式现代化是人与自然和谐共生的现代化。"① 一方面,地处边境沿线的特殊地理环境在客观上往往造就了"直过民族"山清水秀的田园风光与神奇独特的人文景观;另一方面,"直过民族"生态环境整体上还比较脆弱,尤其是生态系统退化趋势比较突出。习近平总书记反复强调:"绿水青山就是金山银山""保护环境就是保护生产力,改善环境就是发展生产力"②"以高品质生态环境支撑高质量发展"③。乡村发展同样如此,"乡村振兴,生态宜居是关键"④。唯有实现经济发展与生态发展的统一,方能推动乡村的永续协调发展。就"直过民族"来看,深入推动乡村生态振兴,这在为全国生态文明建设提供绿色资源储备的同时,也有助于依托绿色空间的生态涵养与休闲观光进而提升和助推"直过民族"乡村文化产业的发展。

"直过民族"乡村生态振兴的推动,需充分发挥基层党组织在推进乡村绿色发展方式与统筹山水林田湖草系统治理的领导核心作用。与此同时,民间头人的作用也不容小觑。由于"直过民族"在世代繁衍于山峦之中的生产生活环境下往往追求"天人合一",形成人与自然和谐共生的价值理念,并且围绕自然崇拜往往制定了相关的习惯法。这些习惯法所蕴含的生态伦理思想,集精神、道德、宗教于一体,强调对大自然的崇拜、敬畏和保护,使人们形成一种良好的生态保护意识。例如,习惯法规定:"凡山神附近的山峦(又称'神山')与树神附近的山峦,都禁止砍伐";此外,"佤、景颇、独龙、怒、基诺等民族曾采取轮耕和种水冬瓜树等方法恢复生态;纳西、哈尼、拉祜、彝等民族中至今仍存在着神山、神林、神树的崇拜与禁忌,有效地保护了山林生态;基诺、白、彝、傣等民族中都存在有关保护生态环境的习惯法。"⑤ 这些传统习惯法的重要保障者与监督者就是传统社会组织。通过他们保障推行的这些习惯法,在不同程度上涵养了乡村生态环境保护制度。

随着乡村振兴的加快推进,要以现代文明为引领,进一步推动"直过民族"传统社会组织的现代转化。一要统筹保护、传承与发展的关系,坚持传承中发展、在发展中传承;二要进一步推动民族特色文化发展、乡村文化振兴与乡村产业振兴的良性互促;三要通过党建引领基层治理机制的完善,对传统社会组织的稳边兴边戍边功能进行深度挖掘与创造性利用,从而更好地助力乡村现代文明与现代乡村秩序的发展。

---

① 习近平:《高举中国特色社会主义伟大旗帜 为全面建设社会主义现代化国家而团结奋斗——在中国共产党第二十次全国代表大会上的报告》,人民出版社,2022年,第23、50页。
② 习近平:《在省部级主要领导干部学习贯彻党的十八届五中全会精神专题研讨班上的讲话》,《人民日报》2016年5月10日。
③ 廖林燕:《全面推进美丽中国建设 加快推进人与自然和谐共生的现代化》,《人民日报》2023年7月19日。
④ 廖林燕:《乡村振兴战略规划(2018—2022年)》,《人民日报》2018年9月27日。
⑤ 杨士杰:《论云南少数民族的生产方式与生态保护》,《云南民族大学学报》2006年第5期。

Research on the Development of the Creative Transformation of Traditional Social Organizations among "Directly－Entering－Socialism Ethnic Groups" in the Context of Rural Revitalization

Liao Linyan　Peng Quanqin

Abstract：A key challenge in comprehensively promoting rural revitalization lies in regions inhabited by "the directly－entering－socialism ethnic groups"（直过民族），characterized by low development baselines and weak foundations. Within these regions, traditional social organizations, as a vital component of traditional culture, represent crucial endogenous resources for promoting rural revitalization through "modern transformation" and "structural regeneration," enabling context－specific development. Historically, these organizations served as essential governance entities for the ancestors of "directly－entering－socialism ethnic groups" at the end of primitive society, adapting to the needs of village governance. After the establishment of the People's Republic of China, these organizations underwent creative transformations in their governance structures, functions, and modes of operation, ensuring effective inheritance and playing a collaborative role under the leadership of grassroots Party organizations. In the current era of rural revitalization, these organizations have been revitalized, contributing to rural development primarily through "synergy", "regeneration" and "development". They not only act as collaborators in rural security governance and promoters of rural cultural－ecological development but also as facilitators of rural characteristic cultural industry development.

Key words：traditional social organization；"the directly － entering － socialism ethnic groups"；creative transformation；rural revitalization

新时代多民族互嵌社区营造

——基于滇东南一个多民族易地搬迁安置社区的分析*

陈红平[**]

摘　要　精准扶贫易地搬迁以后，各民族完成了空间格局上的互嵌。互嵌是民族交往形式的新变化，但交往也可能产生脱嵌。如何在空间互嵌的基础上实现互融，是多民族易地搬迁安置社区建设面临的主要问题。为此，研究以滇东南一个多民族易地搬迁安置社区为典型个案，从社区营造的视角考察民族互嵌社区的实践经验。实地研究认为，空间互嵌为民族和谐交往创造了社会条件；协同推进纵向整合与横向协调的营造机制，有助于促进各民族交往交流交融；加强社区公共性建设和中华民族共同体意识的教育塑造，共构"融嵌"的新型民族关系。

关键词　空间互嵌；社区营造；融嵌；新型民族关系

DOI：10.13835/b.eayn.31.05

引言

从"各民族相互嵌入式社会结构和社区环境"[①]的提出，到"逐步实现各民族在空间、文化、经济、社会、心理等方面的全方位嵌入"[②]的阐述，民族互嵌的时代背景、价值意蕴、本质要义、关键要素、实践路径等方面具有了全新内涵。精准扶贫脱贫攻坚彻底改变了多民族贫困地区绝对贫困的面貌，易地搬迁以后，各民族完成了空间格局上的互嵌。互嵌是民族交往形式的新变化，但交往也可能产生脱嵌风险。如何在空间互嵌的基础上，实现各民族互融，是多民族易地搬迁安置社区建设面临的主要问题。在民族互嵌、各民族交往交流交融、铸牢中华民族共同体意识三者的因果链条中，互嵌式社区环境与互嵌式社会结构具有不同的功能定位。[③]作为条件变量和微观结构基础，民族互嵌社区是这一链条的重要突破口。多民族互嵌社区营造，就是通过纵向整合与横向协调的有效衔接，促进各民族交往交流交融，共构一种融嵌的中国特色社会主义新型民族关系。

---

*　本文系国家社科基金项目"铸牢中华民族共同体意识的云南实践研究"（项目编号：20BMZ011）、云南省哲学社会科学规划项目"云南边疆民族交往交流交融'五个嵌入'实证研究"（项目编号：YB2022069）阶段性成果。
**　陈红平，法学博士，云南大学马克思主义学院副教授、硕士研究生导师。
①　《中共中央国务院召开第二次新疆工作座谈会》，《人民日报》2014 年 5 月 30 日第 1 版。
②　《以铸牢中华民族共同体意识为主线　推动新时代党的民族工作高质量发展》，《光明日报》2021 年 8 月 29 日第 1 版。
③　郝亚明：《民族互嵌与民族交往交流交融的内在逻辑》，《中南民族大学学报（人文社会科学版）》2019 年第 3 期。

一、社区营造：一种分析视角

在城市化进程中，具有理念包容性和实践微观性的社区营造话语叙事契合社会治理、城市更新的现实需要，世界各地的社区营造呈现不同的实践范本。20世纪中期以来，英国基于"哈克尼精神"的社造模式、日本的"造町"运动，以及中国台湾地区的社造运动等较为典型。美国经济发展委员会对社区营造进行了定义："为增强社区的规范、社区支持和问题解决能力而做出的持续而全面的努力。"[①] 纵观已有实践，社区营造注重通过"自下而上"的社会资本培育和社区发展能力提升，实现社区整体性发展。

从我国社区发展历程来看，社区营造处于初步兴起阶段，并形成一些典型的地方经验。20世纪80年代中国政府提出"社区服务进万家"，90年代以来，具有中国本土特色的社区建设概念逐步被提出。中共中央办公厅、国务院办公厅转发的《民政部关于在全国推进城市社区建设的意见》（中办发〔2000〕23号）标志着社区建设由试点推广到全国，社区建设被视为"改造国家权力结构并重组中国社会的试验"，[②]这意味着单位制向社区制的转变。党的十八届三中全会首次将"创新社会治理体制"写入党的纲领性文件；继党的十九届四中全会决议之后，党的二十大报告再次明确提出，"建设人人有责、人人尽责、人人享有的社会治理共同体"[③]。在社会治理话语下，社区发展从社区建设演进到社区治理，社区营造的经验实践随之不断涌现。清华大学社会学系于2011年成立社区营造的研究机构，并开展探索性实践。近年来，北京、上海、成都等地的社区营造实践有声有色。我国的社区营造实践大致呈现三种模式，即政府主导型、设计师主导型和专家主导型。[④] 由于社区行政倾向和工具性能相对明显，社区建设面临不同程度的困境。如何优化社区多元治理格局，建设"人人有责、人人尽责、人人享有"的治理共同体，社区营造有助于提供一种新的分析视角和实践路径。

伴随改革开放和社会主义现代化建设，各族人口在区域之间、城乡之间的流动愈加频繁，动态空间的嵌入更为显见，多民族社区成为社区治理和社会基层建设的新课题，民族互嵌社区是这一课题的新方向。自2014年以来，学界对民族互嵌社区话题展开了深入研究，取得丰富的学术成果。杨鹍飞[⑤]、来仪[⑥]、闫丽娟等[⑦]、郝亚明[⑧]、张少春[⑨]、张会龙[⑩]分别从内涵类型、居住模式、建构理论和现实基础、基本功能、多层面向、国际经验等方面阐述了民族互嵌社区的学理要义。当前，民族互嵌社区理论研究呈

---

① Weil M. O. Community Building: Building Community Practice, *Social Work*, Vol. 41, No. 5, 1996.
② 周大鸣：《社会建设视野中的城市社区治理和多民族参与》，《思想战线》2012年第5期。
③ 《习近平著作选读》（第一卷），人民出版社，2023年，第45页。
④ 闵学勤：《社区营造：通往公共美好生活的可能及可为》，《江苏行政学院学报》2018年第6期。
⑤ 杨鹍飞：《民族互嵌型社区：涵义、分类与研究展望》，《广西民族研究》2014年第5期。
⑥ 来仪：《城市民族互嵌式社区建设研究》，《学术界》2015年第10期。
⑦ 闫丽娟、孔庆龙：《民族互嵌型社区建构的理论与现实基础》，《新疆师范大学学报（哲学社会科学版）》2015年第6期。
⑧ 郝亚明：《民族互嵌式社会结构：现实背景、理论内涵及实践路径分析》，《西南民族大学学报（人文社会科学版）》2015年第3期。
⑨ 张少春：《互嵌式社区的多层面向及其扩展》，《中央民族大学学报（哲学社会科学版）》2017年第4期。
⑩ 张会龙：《论各民族相互嵌入式社区建设：基本概念、国际经验与建设构想》，《西南民族大学学报（人文社会科学版）》2015年第1期。

现多学科交叉的特点，形成以民族交往交流交融的互嵌式社会结构与社区治理为核心内容的研究"谱系"。①

作为一种社区治理理念，社区营造以更具包容性、统合性的理论关怀推动拓展民族互嵌社区建设的行动路径。"嵌入"这一学术概念源自卡尔·波兰尼，其"整体性嵌入"思想具有多重社会理论价值，包括空间面向和整体面向，后者由实质性社会文化系统构成。② 互嵌的本质是关系，蕴含着互动性与共生性。共同体意义上的社区既包括生活上的相互关系，也包括心灵上的相互关系，即"空间关系"和"精神关系"。③ 同时，社区营造的核心内容是关系建构，往往付诸多元主体的行动参与。作为一场社会治理变革，社区营造致力于以生活文化为中心的人的改变和人与环境的关系协调，构建一种自下而上、多主体合作的社区治理的行动和话语体系，实现社区整体可持续发展。④ 可见，社区营造话语契合民族互嵌社区的发展理念。基于此，本文以滇东南一个多民族易地搬迁安置社区为典型案例，在考察多民族互嵌社区营造的实践基础上，着力呈现新时代中国扶贫政策背景下少数民族和民族地区发生的历史性变化，并试图勾勒以"各民族交往交流交融"为主线的多民族互嵌社区营造的行动路径和话语方式。

二、多民族互嵌社区营造的案例引介

（一）走进田野：一个多民族易地搬迁安置社区

易地搬迁是国家政策主导下的社会迁徙行为，也是一项惠及千万群众的民生工程。作为中国农村地区一次深刻的社会变革，它以地域空间切换引发城乡之间的现代性流动。新时代这十年，全国有960多万贫困人口实现易地搬迁，历史性地解决了绝对贫困问题。⑤ 全国累计建成集中安置区3.5万个，城镇集中安置区有5000多个，建设安置住房266万余套。⑥ 云南是全国搬迁任务最重的省份之一，这一时期云南省建档立卡搬迁人口规模为99.6万人，约占全国总规模的10%。在全省百万搬迁人口中，少数民族搬迁人口41.7万，占比为42%，多个民族混合居住成为云南易地搬迁安置区的典型特征。

G县位于云南省东南部，地处滇桂黔三省区交界处。该县原属于国家级贫困县和云南省27个深度贫困县之一，县内少数民族众多，居住着汉、壮、苗、瑶、彝等11个民族，少数民族人口53.17万人，占总人口的62%。G县按照"能搬则搬、应搬尽搬、整村搬迁"的原则，通过城镇化集中安置，坚持"挪穷窝"与"换穷业"并举，安居与乐业并重，如期高质量完成易地搬迁脱贫任务。

Y易地扶贫搬迁安置社区（以下简称Y社区）位于县郊，距离县城2公里，是G县所在州规模最大的易地扶贫搬迁安置点。社区安置规模1596户7915人，来自全县18个乡镇70个村委会的256个村组。

---

① 高文勇、尹奎杰：《民族互嵌社区精准治理：理论内涵·构成要素·保障条件》，《贵州民族研究》2021年第3期。
② 黄志辉：《"嵌入"的多重面向——发展主义的危机与回应》，《思想战线》2016年第1期。
③ 杨鹍飞：《民族互嵌型社区：涵义、分类与研究展望》，《广西民族研究》2014年第5期。
④ 吴海红、郭圣莉：《从社区建设到社区营造：十八大以来社区治理创新的制度逻辑和话语变迁》，《深圳大学学报（人文社会科学版）》2018年第2期。
⑤ 《习近平著作选读》（第一卷），人民出版社，2023年，第6—7页。
⑥ 国务院新闻办公室：《人类减贫的中国实践》，《光明日报》2021年4月7日第11版。

其中建档立卡户1366户6782人，同步搬迁户230户1133人，2019年10月集中搬迁入住。搬迁人口由汉族、苗族、彝族、壮族、瑶族等10个民族组成，少数民族人口5269人，占社区总人口的67%。在少数民族搬迁人口中，苗族、彝族、壮族、瑶族的人口规模依次为3639人、894人、442人、285人，占社区少数民族人口的比例分别是69%、17%、8%和5%；占社区搬迁总人口的比例分别是46%、11%、6%和4%。

易地搬迁是一种人口流动现象和空间重组模式，通过整体搬迁、散搬聚居和城镇化集中安置，是解决深度贫困地区、民族地区贫困人口脱贫问题的关键途径。在西南多民族聚居地区，易地搬迁形成了多个民族混合居住的新型社区，笔者将其表述为"多民族易地搬迁安置社区"①。Y社区是新时代中国脱贫攻坚伟大实践中应运而生的一个多民族安置社区，它既具有社区的一般属性，也具有自身的独特性。这类社区是多民族互嵌社区营造的有效载体，具有典型性。本文的经验素材源于笔者课题组2021年1—2月、2021年7—8月在滇东南石漠化片区对一个大型易地搬迁安置区（G县Y社区）的实地考察和访谈资料。

（二）案例呈现：多民族互嵌社区营造的实践考察

易地搬迁通过空间切换和易地流动实现贫困治理，强流动性是其典型特征。多民族易地搬迁安置社区在国家精准扶贫政策主导下基于物理空间流动聚合而成。从实践角度来看，各族搬迁人口形成了动态空间的互嵌，"共居、共处、共学、共事、共治、共乐"的社区环境凸显了相互嵌入的结构化趋势，互嵌式社区营造为各民族交往交流交融创造了有利的社会条件。

1. 共居：从小聚居到交错混居的空间互嵌

云南民族分布具有"大分散、小聚居"的特征。在滇东南，各民族居住格局形象地被描述为"苗族住山头，彝族住坡头，瑶族住箐头，壮族住水头，汉族住街头"②，这种立体式分布格局是各民族在迁徙流动和长期交往过程中形成的。易地搬迁集中安置以"进城上楼"为主要特征，在彻底改变民族地区农村贫困人口贫困面貌的同时，客观上打破了区域性固有的民族分布格局。民族分布由聚居向混居转变，呈现一种嵌入式的物理空间形态。

S村是G县一个少数民族聚居的自然村，以苗族和彝族为主。苗族家庭19户共102人，全部是苗族；彝族家庭18户共79人，其中彝族77人、汉族1人、白族1人。S村距离县城82公里，村民居住在一个面积不大的山坳里。进村的六七公里道路，崎岖不平，其中一段是之前村民自发修的水泥路，还有一段是土石路。入村道路狭窄，仅有一个车道的宽度，道路左边是半山石壁，右边是陡峭山崖。如果遇到下雨天，进出都非常困难。③长期以来，房危居陋、交通闭塞、吃水困难、人多地少、就学不便、疾病肆虐等"一方水土养不了一方人"的问题尤为突出，制约了村民脱贫致富，全村37户均为建档立卡贫困户。

---

① 陈红平：《加强多民族易地搬迁安置社区建设》，《中国民族报》2022年3月1日第6版。
② 杨宗亮：《云南少数民族村落发展研究》，民族出版社，2012年，第14页。
③ 根据实地调研资料整理，时间：2021年7月30日，地点：滇东南G县S村。

"山高石头多、出门就爬坡，住在半山腰、来回要半天，地无半尺平、种一坡收一箩，贫困出不去、小康进不来"正是对 S 村这样深度贫困村的形象描绘。

2018 年 S 村纳入易地搬迁项目，2019 年整村搬迁至距离县城 2 公里的 Y 社区。安置社区项目总规划用地 600 亩，建筑面积 22.82 万平方米。安置房采用单元楼模式，共有 38 栋 1992 套。房屋分为五种户型，面积 40—120 平方米不等，橱柜、太阳能、抽油烟机等设施一应俱全。S 村 37 户搬迁家庭分布在安置社区各个楼栋，其中，苗族 19 户家庭分布在 14 个楼栋，彝族 18 户家庭分布在 12 个楼栋。来自同一个村组的搬迁人口仅在 2 个楼栋有交叉，一个楼栋有 1 户苗族家庭和 1 户彝族家庭，另一个楼栋有 2 户苗族家庭和 3 户彝族家庭。再以 S 村苗族村民杨 WK 搬迁后居住的楼栋为例，该楼栋有两个单元，共安置 48 户 250 人，来自全县 10 个乡镇 20 个村委会 34 个村小组，其中苗族 114 人、汉族 98 人、彝族 21 人、壮族 10 人、瑶族 7 人。可见，来自 S 村的搬迁人口由苗彝小聚居的物理空间形态，逐渐转向更大范围的多个民族交错分布、混合居住的物理空间形态。S 村搬迁人口的互嵌形态是 Y 社区多个民族空间互嵌的缩影。

2. 共处：从差序格局到单元格局的接触交往

中国社会的基层是乡土性的，同质性较强。费孝通认为，中国乡土社会基层结构是一种"差序格局"，[①] 维系着私人连接的纽带是基于血缘和地缘的亲属关系。易地搬迁以后，公共空间具化为单元格的活动场所，基于地缘、学缘、业缘、趣缘的新型社会关系逐渐形成，空间互嵌促使交往形式发生新变化，原有的差序格局网络受到挑战。在国家精准扶贫政策引导下，公共资源向安置社区聚集，同步规划建设水、电、路等基础设施和教育、医疗、文化等公共服务设施。在诸多服务设施和场所中，一些社会空间的公共性正在生成，诸如便民服务大厅、卫生服务站、社区广场、农贸市场、就业创业服务站、扶贫车间、民族中小学，等等。

民族混居模式和系列配套设施为各民族提供了相互接触的机会，日常交往成为可能。苗族依山而居，与鸟结下了不小的情谊，大多喜好养鸟，搬到社区后依然保留这一习惯，但养鸟人群已不局限于苗族，遛鸟换鸟斗鸟成为日常生活中不同民族居民互动交流的一个场景。养鸟居民大多选择画眉鸟，画眉鸟以前被称为"唱鸟"，是一种很有名气的鸟类，天性好斗，声音清脆。在社区主干道旁，笔者调研看到居民们一大早就聚在一起遛鸟，或把鸟笼挂在树上，或放在草地上，养鸟人群有苗、汉、彝等民族，并引来不少人群围观。现场一位彝族居民说道："我的鸟养了一年，打过一次架。他们有汉族的，也有苗族的，大家是通过遛鸟认识的，只知道是这个社区的，不一定知道具体名字。"[②]

以柴米油盐为主的日常生活是人们互动最为频繁的场域空间，在这里各民族的日常接触已然发生。通过对社区一片区和五片区的观察，笔者梳理了两个片区店铺的分布情况：一片区共有铺面 23 个，五片区共有铺面 42 个。一片区的铺面以苗族服饰店居多，且分布较为密集；五片区的店铺以餐饮和超市居多，主要是日常生活服务类。此外，交通便利性延展了居民与外界接触的边界。搬迁之前，苗族、彝族等居住在山地，距离集镇和县城较远，出行不便。搬到社区后，生活环境发生翻天覆地的变化。社区紧邻高铁站点，交通十分便利，出行方式多样，有社区公交专线、出租车、网约车等。总而言之，混居的空间格局和具化的公共场所成为各族搬迁人口接触交往与和谐共处的新起点。可以说，族际关系网络由原来

---

① 费孝通：《乡土中国 生育制度》，北京大学出版社，1998 年，第 6 页。
② 根据访谈资料整理，时间：2021 年 1 月 20 日，地点：Y 社区。

一个民族与一个民族之间的链式结构演变为一个民族与若干民族之间的轮式结构，扩大了族际交往的广度和深度。①

3. 共学：从资源不均到资源共享的教育嵌入

脱贫攻坚阶段的易地搬迁人口可谓"贫中之贫，困中之困"，文化素质整体偏低，教育资源相对不足，这与城乡之间教育资源供给不均衡密切相关。易地搬迁之后，教育资源供给不均衡状况得到根本性改观，教育成为阻断贫困代际传递的重要途径。在多民族易地搬迁安置社区，无论是针对成年人的社区教育还是青少年的基础教育，共学条件逐步完善，在共学资源和共学平台方面形成了嵌入式的学习环境。

共学资源既包括在现代社会发展中被各民族共同认可的价值观念和行为准则，也包括满足当地经济社会发展所需的知识、技术和能力等。② Y 社区以民族团结进步创建为抓手，创新性开展群众文化娱乐活动，强化人文关怀，特别针对留守老人、留守儿童开展关心关爱服务，营造"社区是我家，社区人员一家亲"的集体氛围。通过"居民公约""红黑榜""卫生公约"等制度性学习资源引导社区成员形成爱护环境、尊老爱幼、邻里和睦、文明礼让的新风尚。此外，社区图书室、阅览室、乡愁馆等文化服务设施也提供了丰富的共学资源。

学校是一个重要的共学平台。社区配套建有民族中小学，生源以搬迁人口子女为主，来自汉、苗、壮、彝、瑶等民族的 1700 余名青少年学生在现代化校园共同学习。截至 2021 年 7 月，民族小学开设 27 个教学班，共 1233 名学生，其中少数民族学生 867 人，占学生总人数的 70%。民族中学开设 9 个教学班，共 428 名学生，其中少数民族学生 273 人，占学生总人数的 64%。民族中小学通过均衡编班、结对帮扶、国家通用语言习得、民族特色社团活动等，营造随迁子女教育融入的社会环境，在优质教育资源共享中促进多民族学生互学共融。就读初中一年级的彝族女学生荣 JX 说道："我平时都是住校，三餐学校免费提供。班上有 44 位同学，有很多不同的民族，彝族不多，苗族多一点。在班上和其他同学交流几乎都是普通话，因为有的民族说自己民族话时大家听不懂，特别是苗族。我有个好朋友就是苗族，我们在一起玩的时候她很少用苗族话，都是说普通话。"③

4. 共事：从依赖土地到面向市场的就业互助

滇东南的壮、苗、彝、瑶等民族均以农业为主，沿袭农耕的生计方式，苗族还有游耕的传统。同时，地域的差别也影响不同民族农耕生产方式的特点，如壮族、瑶族以稻作农耕为主，苗族、彝族以山地农耕为主。土地是农耕民族的主要生计来源，易地搬迁割断了以土地为根基的传统生计方式，非农就业成为主要生计取向，农耕经济逐渐被打工经济所取代。面对市场化经济浪潮，社区借助专场招聘会、点对点劳务输出、就业扶贫车间、设置公益性岗位等就业措施，保障脱贫人口稳岗就业，提升脱贫人口就业能力。

---

① 柳建文：《文化的融合、冲突与抗拒：转型时期多民族社区内的族际互动》，《内蒙古社会科学（汉文版）》2009 年第 9 期。
② 陈纪、蒋子越：《各民族互嵌式社区建设：铸牢中华民族共同体意识的社会条件探析》，《贵州民族研究》2021 年第 4 期。
③ 根据访谈资料整理，时间：2021 年 7 月 23 日，地点：Y 社区民族中小学。

瑶族居民盘 TM 一家四口人,从偏远的山村易地搬迁到 Y 社区,成为城里人。依托高铁便利,丈夫外出广东务工,盘女士为了照顾孩子留守家里。在就业政策帮扶下,盘女士在社区创建的就业扶贫车间实现就业,短短三个多月,她由学徒成为车间技术能手,每月可以获得 2000 多元的务工收入,过上了"楼上安居、楼下就业"的好日子。截至 2021 年上半年,社区共有劳动力人口 4388 人,已经转移就业 2954 人,其中省外务工 2027 人,县外省内务工 96 人,县内自主就业 831 人。扶贫车间提供就业岗位 800 余个,开发保洁员、保安、生态护林员等公益岗位 427 个。①

在就业创业中,各民族互帮互助形成一种嵌入式的就业环境。来自 S 村的苗族居民杨 JR 和妻子侯女士搬到社区后开始创办民族服饰店,他们租铺面、购设备、办展销会,采用机器化流水线生产,自己设计、加工和销售。侯女士向笔者讲述夫妻俩创业经历时说道:"搬过来后想到就近开铺面,做苗族服装生意。现在机器生产效率高,这条流水线一天能生产 20 件饰品。租铺面还有优惠,很感谢政府的支持和帮助。"② 在逐步扩大业务的同时,杨 JR 夫妇发扬"民族团结一家亲"精神,通过创业带动社区居民就业。他们借助县里推广的"致富带头人+劳动力"模式,利用社区提供的教学车间开展就业培训。不少留守妇女、留守老人还有不方便外出务工的残疾人,一有时间就到车间学习制衣。手巧的可以直接上手制作服装;年纪大的只要愿意也可以在家串装饰的珠子。居家式扶贫车间带动社区 20 余名留守妇女、老人、残疾人等群体实现居家就业。③

5. 共治:从传统管理到党建引领多元治理

多民族安置社区是脱贫攻坚应运而生的一种新型社区,既有"城"的感觉,也有"乡"的味道,城市和农村两种截然不同的治理体系在同一个社区汇聚。与村庄公共事务相比,新型安置社区的公共事务更加复杂,处理公共事务的主体也更为多元。Y 社区治理的亮点就是党建引领多元共治,社区充分发挥基层党组织的政治功能,坚持党建引领居民委员会、群团组织、物业公司等,构建自治、法治、德治相融合的治理模式。

第一,健全以居民委员会为基础的自治组织机构体系,共建多元联动格局。社区居委会积极履行社会服务组织的职能,与业主委员会、物业公司等社会组织和工会、妇联、共青团等群团组织共建合力,服务民生。物业公司积极打造"社区管理+企业集团"的运营模式,出台《关于减免社区易地搬迁安置点同步搬迁户物业管理费的通知》,所有搬迁户享受同等优惠政策。社区妇联依托妇女儿童之家,每天晚上 6 点开展多样化活动,每次约有 40 名不同民族的儿童参与其中。

第二,建立多元化矛盾纠纷化解机制,共治民族和谐社区。社区进行网格化精细化管理,实现纠纷一"网"排查、"格"中化解。选聘党员骨干力量担任片区长、楼栋长和网格员,在 6 个片区设置 12 个居民小组,配有 42 名楼栋长和 8 名网格员,专设综治干事和法律顾问,常驻 4 名社区民警。空间网格和人员网格的优化联结重新塑造了易地搬迁地理位移后的空间秩序,实现社区管理责任到人、服务到户。这

---

① 根据访谈资料整理,时间:2021 年 7 月 25 日,地点:Y 社区就业园区。
② 根据访谈资料整理,时间:2021 年 7 月 26 日,地点:Y 社区苗族服饰店。
③ 《车间进社区,乐业又安居》,《人民日报》2021 年 11 月 15 日第 2 版。

种"权力的眼睛"具有福柯式"全景敞视主义"的特点。①

第三,挖掘丰富的德治资源,共享文明建设成果。一是发挥道德评议会、红白理事会、禁毒禁赌会、居民议事会的德治功能和家风家训的教化功能,引导群众承家训、传家风,社区有 200 余户认领家风家训。二是立足保护"乡愁记忆"建设社区文化长廊,记录搬迁前后的发展变化,记住乡愁、感受变化、铭记党恩。三是开展"十星级文明户""好媳妇""美丽庭院"等评选活动,营造"人人学模范、户户争先进"的良好氛围。

6. 共乐:从各美其美到美美与共的文化交融

民族是文化的主体,每个民族都有不同的语言习惯、服饰特征、传统节日、习俗禁忌等。多个民族交错共居,多元文化交织互映,型构了立体丰韵的文化图景。就节日习俗而言,苗族最隆重的节日是花山节,又称"踩花山";壮族最特别的节日是花街节、皇姑节、尝新米节等;彝族最隆重的节日是农历六月二十四日的火把节;瑶族最重要的节日是盘王节。例如,作为壮族的传统节日,皇姑节距今已延续 370 年,其形式不断丰富,规模不断拓展,受众更加多样,来自滇桂黔三省区的各民族群众同舞共享盛会。2021 年 7 月调研期间,参与承办当年皇姑节的一位壮族居民告诉笔者:"在今年 5 月刚举办完不久的皇姑节中,我们接待的游客数千人,在当天是非常热闹的。"②

不同文化在社区汇聚交融,形成嵌入式关联。各民族在保留自身文化特征基础上,不断了解、适应和接纳其他民族文化,推动各民族交往交流交融走向深入。"多民族共跳弦子舞"成为社区一道亮丽风景。每当傍晚时分路灯亮起,居民们自发来到社区广场,自带老式音响,合着《蚂蚁搓脚》《三步一踩脚》等音乐节拍跳起弦子舞。弦子舞通常为彝族人民日常休闲娱乐时跳的一种民族舞蹈。我们调研时看到,领舞的是穿着瑶族服装的大婶,舞步娴熟,一对苗族老两口在她的带动下欢快地跳着,之后越来越多的人加入其中。③ 在入户访谈时,75 岁的彝族居民何 KF 兴致勃勃地拿出自家珍藏多年的乐器,有唢呐、三弦和葫芦笙,他介绍说这个三弦已经有上百年的历史。在旁的汉族楼栋长和彝族居民即兴表演起来,栋长吹唢呐,老人弹三弦,呈现"汉族吹唢呐,三弦弹奏《东方红》"的场景,民族乐器与红色歌曲完美搭配,汉彝同唱共乐的和谐氛围相得益彰。④

三、多民族互嵌社区营造的思考启示

接触交往是民族关系产生的起点,空间互嵌为各民族交往创造了社会条件,但是交往并非总相嵌互恰,也可能产生脱嵌风险。在空间互嵌的基础上实现各民族的互融,构建新型社会主义民族关系是多民族互嵌社区营造的关键所在。

---

① 米歇尔·福柯:《规训与惩罚》,刘北成、杨远婴译,生活·读书·新知三联书店,2003 年。
② 根据访谈资料整理,时间:2021 年 7 月 30 日,地点:G 县民宗局。
③ 根据实地调研资料整理,时间:2021 年 7 月 22 日,地点:Y 社区广场。
④ 根据访谈资料整理,时间:2021 年 7 月 24 日,地点:Y 社区何 KF 家。

（一） 空间互嵌为民族互嵌社区营造创造了社会条件

以易地搬迁为载体的现代性城乡流动促进各民族在空间格局上形成互嵌。群际接触理论认为，不同群体之间的偏见、歧视乃至冲突的发生，在很大程度上都源于彼此之间所持有的片面信息或错误信息，而群体间的交往互动可以促进相互了解并进而纠正信息上的偏误，因而群际接触对于改善群际关系、减少群际冲突具有积极作用。① 居住空间互嵌是族际接触的地缘优势和实践场域，以单元格呈现的现代化活动场所提供了诸多公共空间，这些"小空间的乘数效应是巨大的"②，为各民族交往交流交融创造了有利的社会条件。从上述"共居、共处、共学、共事、共治、共乐"的社区营造实践来看，各民族居住上交错混合、就业上帮扶带动、生活上接触往来、文化上彼此欣赏等。交往从私人领域走向公共领域，各民族交往的形式发生了新变化。

与此同时，居住空间互嵌不足以构成互嵌社区及其公共生活的三维结构，空间还应具有深层次的社会结构意蕴。齐美尔论述了客观的物质空间和主观的心灵空间之间的互动性。③ 列斐伏尔也认为，空间的形成绝对不是一个自然而然的过程，人为制造的空间环境是某些制度和意识形态的混合。④ 各民族交往交流交融在空间、文化、经济、社会、心理等方面的"五个嵌入"是一种整体性的结构呈现。在民族交往交流交融与铸牢中华民族共同体意识的因果链条中，从"相互嵌入式"到"全方位嵌入"，空间嵌入是和谐交往的起点和立足点，常常被视为一种条件变量的重要社会空间。文化、经济、社会等方面嵌入是社区营造的具体形式和关键过程；心理嵌入是社区营造的追求目标和落脚点。多民族互嵌社区营造应在空间互嵌基础上，促进各民族围绕经济、政治、社会、文化等事项进行良性互动，实现互融。

（二） 协同推进以"交往交流交融"为主线的社造机制

社区具有社会单元和治理单元双重属性，在具体实践中更多地成为政府行政职能的延伸。同时，人具有能动性，"人们不是仅仅选择一个与他们的生活习惯相匹配的地方来居住，而是通过日常生活中的邻里活动与公共活动来塑造地方"⑤，居民在嵌入公共生活的过程中共同构建美好社区家园。在中国社会治理的制度环境和治理情境之下，社区营造更加突出结构主体的多元性、行动逻辑的协调性，以及管理方式的创新性，彰显中国式社区营造的魅力。

哈贝马斯把生活世界分为内在结构和外在关联两个维度。就外在关联而言，他认为："交往行动是以

---

① 郝亚明：《西方群际接触理论研究及启示》，《民族研究》2015年第3期。
② 威廉·怀特：《小城市空间的社会生活》，叶齐茂、倪晓晖译，上海译文出版社，2016年，第156页。
③ 转引自吴莹：《空间变革下的治理策略》，《社会学研究》2017年第6期。
④ 亨利·列斐伏尔：《空间：社会产物与使用价值》，王志鸿译，载包亚明主编：《现代性与空间的生产》，上海教育出版社，2003年，第50页。
⑤ Benson Michaela and Jackson Emma, Place-making and Place Maintenance: Performativity, Place and Belonging among the Middle Classes, *Sociology*, Vol. 47, No. 4, 2013.

一种合作化的意义过程为基础的,在这种意义过程中,参与者同时与客观世界、社会世界和主观世界发生关系。"① 这一交往共同体思想具有重要的启示意义。社区营造的逻辑理路是从社区生活出发,行动主体与内外部环境之间建立一种紧密的社会联系,形成交往共同体,在此基础上通向精神共同体。进一步讲,多民族互嵌社区营造的主线和方向是在公共生活参与中,促进各民族的交往更加充分、交流更为全面、交融更趋深入,创建一种中国特色社会主义新型民族关系,以铸牢中华民族共同体意识。

在社区营造的实践经验中,由于新型安置社区混杂的"共同体"开始出现,可能颠覆传统的乡村城市分治的治理格局。② 这就需要重组社区发展的主导力量,由政府主导的单向度力量向以政府、社会、多民族居民共同推动的多向度力量转变。与此同时,还呼唤一种制度性介入力量,即党建引领。党建引领发挥的是统合功能,而非替代作用,这种引领统合通过政治连带优势深嵌民族地区基层社会治理,再造社区认同。综上所述,通过纵向整合(新型民族关系的构建)与横向协调(党建引领社会协商)的有效衔接,协同推进多民族互嵌社区营造。

(三) 在多民族互嵌社区营造中共构"融嵌"的新型民族关系

民族平等、民族团结、民族区域自治和各民族共同发展是中国共产党民族政策和民族工作的重要内容,我国已经确立了平等、团结、互助、和谐的社会主义民族关系,并将继续加强。新时代 10 年取得的历史性成就,进一步夯实了各民族交往交流交融的物质基础、制度保障和精神动力。笔者认为,在新的历史起点上,共构谐变的新型民族关系,即"融嵌"的社会主义民族关系尤为必要。多民族互嵌社区营造恰好提供了一种分析视角和实践经验。多民族互嵌社区营造是社会主义融嵌民族关系的具体体现,也是构建中国特色社会主义融嵌民族关系的重要路径。

一方面,着力推进多民族社区公共性建设,不断缩小民族之间的差异性,增强民族之间的共同性。明晰社区服务型的组织定位,优化公共服务供给,动态把握公共服务需求,在城市融入、稳岗就业、教育培训、就学就医、休闲娱乐等方面对各民族提供无差别的服务,即无民族差别的服务。汇聚社区各民族、各组织、各阶层的力量,营造共建共治共享的基层治理新格局。在多元共治中形成法律意识、社区规范和道德共识,重塑社区权威系统。

另一方面,分时分层分众开展中华民族共同体意识的教育塑造。分时教育,即利用重要时间节点、重大节庆活动宣传党的民族政策,开展民族团结进步教育。分层教育,即在尊重差异、包容多样的基础上把握好共同性与差异性的辩证关系,超越传统村庄共同体意识,培育新型社区集体认同感,家庭教育、学校教育、社区教育一体化推进。分众教育,即结合社区群众民族多样性、年龄梯度性、素质层次性等方面的特征,有针对性开展优秀传统文化教育、爱国主义教育、感恩教育、生活教育、国家通用语言培训教育、技能提升教育等。

---

① 尤尔根·哈贝马斯:《交往行动理论》(第 2 卷),洪佩郁、蔺青译,重庆出版社,1994 年,第 167 页。
② 任新民等:《共构谐变:民族地区乡村治理格局嬗变中村规民约的价值再现》,《云南师范大学学报(哲学社会科学版)》2021年第 1 期。

Comunity Building of Multi－ethnic Embedded Community in New Era
——An Analysis Based on a Case of a multi－ethnic relocation community in southeast Yunnan
Chen Hongping

Abstract: Following poverty alleviation relocation programs, various ethnic groups have achieved spatial mutual embedding. While spatial mutual embedding represents a new form of inter－ethnic interaction, it also carries the potential for de－embedding. Therefore, how to achieve mutual integration based on spatial embedding is a primary challenge facing the development of multi－ethnic relocation communities. This study examines the practical experiences of multi－ethnic embedding communities from a community building perspective, using a multi－ethnic relocation community in Southeast Yunnan as a typical case. Field research suggests that spatial integration creates social conditions conducive to harmonious inter－ethnic interaction. The synergistic promotion of vertical integration and horizontal coordination mechanisms facilitates inter－ethnic communication, exchange, and integration. We should Strengthen community building and foster education on the consciousness of the community of the Chinese Nation, so as to contribute to the co－construction of a new inter－ethnic relationship characterized by "harmonious embedding".

Key words: Spatial Embedding; Community Building; Harmonious Embedding; New inter－Ethnic Relation

民族史与历史人类学研究

暗流潜藏：1917—1918 年第二次康藏纠纷前的康藏局势*

马 睿**

摘 要 第一次康藏纠纷后，在两军对峙地带始终摩擦不断，藏军大力扩军备战，向东占据西姆拉会议上描绘的广大领地的想法日益迫切；而川边一方，则呈现出另一番面貌：军队中粮饷不济、军备废弛，各派系互不能容，军事主官互相排挤。在治理失序的情况下出现了多次下级军官哗变之事，又因处置不当将祸水引至打箭炉，导致川边局势进一步恶化。1917 年底，双方爆发了第二次康藏纠纷。本文试图通过对川边和藏边各自局势的分析比较，说明康藏双方在第二次康藏纠纷引燃前已是暗流涌动，随时可能爆发一场烈度不小的军事冲突，之后出现的"割草事件"也只不过是一个偶然因素和导火索。

关键词 民国时期；第二次康藏纠纷；边军；藏军

DOI：10.13835/b.eayn.31.06

1911 年，催生中国社会剧变的辛亥革命爆发，全国局势风云突变，在前发生的四川保路运动亦余波未平，这股革命浪潮迅速波及西藏，激起驻藏川军变乱，十三世达赖喇嘛和西藏地方上层借机煽惑僧俗民众驱逐前清驻军，"民国新造，不应依照前清腐败旧规，所有西藏土地、人民、政事仍照五辈达赖例规"①，以供施关系纽带断裂为由，提出"独立"主张。在江孜、日喀则、拉萨驻军先后被迫离藏后，藏军继续扩大事态，向东进攻康区，改土归流前的各地土头纷纷响应，"未几而西康全境，除泸定、康定、巴安、瞻化、炉霍、甘孜、德格、邓柯、石渠、昌都及道孚十一县外，余悉为藏番所踞"②。眼看清末赵尔丰、傅嵩炑苦心经营的康区将要尽陷藏军，袁世凯命四川都督尹昌衡率部西征，1912 年 6 月 16 日，先头部队"自成都向理塘出发"③，同时"云南都督亦派遣滇军入川助援"④。西征军势如破竹，旋复失地，兵临江达，震动藏中。然而，由于英国人的蛮横干涉，西征行动戛然而止。8 月 31 日，国务院电令尹昌衡"切不可冒昧轻进，致酿交涉，摇动大局"⑤。同日，袁世凯电黎元洪，拟授尹昌衡川西镇边使一职⑥，

---

* 本文系国家社科基金青年项目"基于国家认同视域的民国涉藏报刊藏文文献整理、翻译与研究"（项目编号：20CMZ014）、"印度国家档案馆近代涉藏档案的整理与研究"（项目编号 22CMZ032）的阶段性成果。

** 马睿，中央民族大学历史文化学院在读博士研究生、信息工程大学洛阳校区讲师。研究方向：喜马拉雅山区域史、近代藏族史。

① 冷亮：《康藏划界问题之研究》，《东方杂志》1935 年，第 32 卷第 9 号，第 49 页。
② 华启云编：《西藏问题》，大东书局，1930 年，第 133 页。
③ 《内外时报：英藏交涉始末记》，《东方杂志》1913 年，第 9 卷第 10 号，第 2 页。
④ 华启云编：《西藏问题》，大东书局，1930 年，第 133 页。
⑤ 《国务院电尹昌衡办理藏事不可冒昧轻进致酿交涉》，载《西藏研究》编辑部编：《民元藏事电稿·藏乱始末见闻记四种》，西藏人民出版社，1983 年，第 32 页。
⑥ 《袁世凯电黎元洪拟授尹昌衡川西镇边使》，载《西藏研究》编辑部编：《民元藏事电稿·藏乱始末见闻记四种》，西藏人民出版社，1983 年，第 32 页。

以示安抚,"滇军亦令撤回"①。是为第一次康藏纠纷。通过此次战事,西藏地方东进野心业已暴露,恶端既开,康藏之间数十年围绕康区土地进行拉锯战,直到第三次康藏纠纷平息才告终止。

经此一战,康藏以瓦合山脉为实际分界线,包括金沙江以西的恩达、类乌齐、昌都、察雅、武城、贡觉、江卡(宁静)、同普、盐井和金沙江以东的石渠、邓柯、德格、巴安、义敦、三坝、河口(雅江)、理化、怀柔(瞻化)、炉霍、甘孜、道孚、稻城、定乡、得荣、泸定、康定等地在内的20余县尽在川军控制之下,藏军则踞有江达(太昭)、嘉黎(拉里)、硕督(硕板多)、科麦(桑昂)、察隅、波密等处。② 这样的对峙状态持续了5年,其间双方时有摩擦,但未致酿成战端。直到1917年底,康藏再次兵戎相见。

民国以来,川省政局不稳,边事无人问津,边政秩序瓦解,边军称霸一方,形成了一套近似山头、帮会的治事逻辑,四川诸军阀亦将川边划在了各自的势力范围内,成为必争之地,在此框架内潜藏着各种不可调和的矛盾,稍有风吹草动,便会引起连锁反应。而在藏边方面,在英国的鼓动和十三世达赖喇嘛"新政"思想的支配下,一直对实现在西姆拉会议上提出的土地诉求念念不忘,加之英国对藏军在武器装备和军事训练方面的援助,使得其更加急于向包括康定在内的广大区域进军,为此必须在汉藏对峙前沿进行兵力部署和情报准备,因此西藏地方政府对第一次康藏纠纷后形成的实际分界线藏军一方的经营也就势在必行。

一、1917—1918年第二次康藏纠纷前的川边局势

(一) 川边军队不成体系,战力遭到切割

边军的历史可追溯至光绪三十一年(1905)四川提督马维骐率续备军③五个营前往平定泰宁寺叛乱和巴塘事变,乱事平定之后,这五营即留驻当地,"归炉边善后督办赵尔丰统辖,即最初的边军"④,后经扩编,渐具规模。这一时期边军的构成还比较单一,主要就是巡防军系统,其前身为绿营,清末时日趋废弛,虽发给新式装备,用新法训练,但是积习已深,改造甚难。加之从成立伊始,边军就受康区地域辽阔和交通不便的影响,"各营驻地异常分散,十数人或数十人驻防一处,据点间隔很远,战斗力受到削弱"。边军作为赵尔丰经营川边的坚实后盾自然功不可没,但随着四川革命运动高涨,原有秩序土崩瓦解,边军偏于一隅,开始显露颓势。从1913年尹昌衡呈给中央政府关于治理川边设想的电文中可以看出这一点:"查现在边地各军,器械各异,编制不同,因形式之差池,致精神之隔阂,甚至入主出奴,互相诽谤。涣散至此,兵与兵不相惜,将与将不相能。势必编成一律,始能远地制胜。现在边军分防、陆两种,陆经教育,防悉边情,互有短长,可资补救。拟一律混合改编,不足者再调川兵以足其数。且边藏数千里,各兵散处,棋布星罗,非有整齐划一之规,断难收指臂相助之效。将来事平之后,即此一镇兵,分一半防藏,以一半驻藏,与前清兵力既事相悬,而边藏两军联为一气,复能首尾相应,互为瓜代,不

---

① 《西康图经·境域篇》,任乃强:《任乃强藏学文集(上册)》,中国藏学出版社,2009年,第101页。
② 任乃强、任新建:《四川州县建置沿革图说》,巴蜀书社,2002年,第43页。
③ 清末四川编练新军时,将原绿营整编为续备军,光绪三十二年(1906)又将续备军改为巡防军。
④ 四川省地方志编纂委员会编:《四川省志·军事志》,四川人民出版社,1999年,第27页。

蹈前清覆辙。"① 这时川边军队的构成包括巡防军（十一个营）和尹昌衡西征时所率陆军（三个团）两部分，巡防军战斗力虽尚属勉强，但各种矛盾已经开始暴露出来，"习气甚深，常多缺额，例支余饷，概归军官侵蚀"②，优势仅剩下熟悉边情。尹昌衡在川边经略使任上不久，便被袁世凯治欲加之罪，投入监狱，因此他重振川边军队的蓝图并没有得到有效展开。

1914年袁世凯在康区地方设川边镇守使一职，"以将官充之"③，除掌军政外，"因地方情形不同"，还可兼管民政。张毅为第一任川边镇守使。他上任后便着手改造川边军队，"分边军为三统，以北路督战官刘瑞恒为全军统领④，统部住巴塘；代统领刘赞廷⑤为分统，住宁静；彭日升⑥为帮统，住昌都"⑦。虽边、陆两军统一编制，但边军在康区多年，已经形成地方势力，兵将间隶属关系根深蒂固，与陆军之间"各以长短相谯，至如仇雠"⑧，遂长期不合，隔膜日深。

川边军队主要将领也几经调整。1915年，刘锐恒接替张毅，成为第二任川边镇守使，他以"彭日升为边军统领，驻昌都。杜培祺为帮统，驻康定。刘赞廷为分统，驻巴安"。到1916年殷承瓛任川边镇守使时，"因杜帮统不能防制傅营，即行撤职，以聂明德⑨为帮统，进驻昌都"⑩，而彭日升、刘赞廷二人的职

---

① 任新建、何洁主编：《尹昌衡西征史料汇编》，四川大学出版社，2010年，第115页。
② 人民政治协商会议四川省委员会四川省省志编辑委员会编：《四川文史资料选辑（第十二辑）》，内部发行，1964年，第125页。
③ 民国二年（1913）九月七日第四百八十二号，中国第二历史档案馆整理编辑：《政府公报（第十七册）》（影印本），上海书店出版社，1988年，第131、132页。
④ 清代军官名称，巡防队设统领官（正统）一名，总掌巡防队，统领官之下设帮统官（帮统）一名副之，以下编制为营、哨（相当于"连"），分统（统带）军职在营一级军官（管带、营长）之上。
⑤ 刘赞廷，约生于1884年，卒于20世纪50年代，"直隶省东光县人，北洋警务学堂毕业，曾祖刘德存、祖父刘坤圃、父亲刘立堂。前清光绪二十七年（1901）考入北洋警务学堂，二十八年（1902）毕业，蒙大臣袁调赴天津委充南开二区头队长。三十一年（1905）复蒙大臣袁考入宪兵，是年六月蒙奉天军督部堂赵（指赵尔巽，下同）调充卫队二排长，剿办昌图胡逆，赏给五品军功。三十三年（1907）随部堂赴两湖军清道局侦探。三十四年（1908）蒙四川总督部堂赵委西军中营前哨哨官，随营出关收服全边，案内出力，递保花翎把总。宣统三年（1911）十二月蒙统领顾（顾占文）升补本营帮带。民国元年（1912）改编西军中营为边军第四营，升授营长，是年五月夷匪叛乱，力保道坞、瞻对，蒙司令尹（指尹昌衡，下同）电保少校，六月由甘孜援巴（指巴塘），沿途转战，力解巴围，旋战莽里、南墩、古树，十二月援江卡。二年（1913）三月克盐井，办理善后，九月奉陆军部令加陆军步兵中校衔，十一月蒙经略尹委令代理川边全军统领，摄政巴安县知事，兼理学务局。三年（1914）三月克复德荣案蒙镇守使张（指张毅，下同）转电中央奉参谋部、陆军部电开大总统令，授陆军步兵中校加上校衔，并给三等文虎章，五月奉镇守使张令授川边边军分统，移防江卡，八月筹备援察（指昌都）暨分烟黛塘匪势，十二月奉镇守使张电饬防堵乡（指乡城）逆后路。四年（1915）三月肃清驻防中咱，十一月奉饬移防巴安。五年拥护共和，案内奖给二等文虎章，接奉行知在案。六年（1917）五月奉委兼摄巴安县事。七年（1918）一月交卸"巴安县知事后升陆军步兵上校川边边军分统（可参见《刘赞廷呈为缕陈边藏大局暂行交涉各情形》，1918年7月24日，《西藏议约案（二十七）》03-28-011-02-025，台北"中央研究院近代史研究所"档案馆藏）。第二次康藏纠纷中一直任边军分统一职，1929年供职于南京国民政府蒙藏委员会。
⑥ 彭日升，字衡山，湖南泸溪县人（亦有衡州人、永绥人之说），最初为赵尔丰手下伙夫，"以行伍从军，攻乡城为新军后营哨官，随程凤翔征盐井，转战西南数千里，号称彭先锋，赵使重之，升前营管带，克三岩授为将教，民国元年改标统，四年晋级中将，为边军全军统领，授勋五位，驻扎昌都，民国七年藏番东侵，以数万众围攻三月，粮尽弹绝被掳，死于西藏之得穆寺"。可参见陈家琎主编，刘赞廷撰：《西藏地方志资料集成》（第二集），中国藏学出版社，1997年，第77页。
⑦ 中国人民政治协商会议四川省委员会四川省省志编辑委员会编：《四川文史资料选辑（第十二辑）》，内部发行，1964年，第126页。
⑧ 《康藏史地大纲》，任乃强：《任乃强藏学文集》（中册），中国藏学出版社，2009年，第523页。
⑨ 聂明德（1890—1918年），亦作聂民德，字敬亭（一说别号俊廷），湖南邵阳人，1912年春考入云南陆军讲武堂第四期步兵科学习，1913年春毕业后投效滇军，1916年随蔡锷入川，1917年在川边镇守使殷承瓛手下任参谋长，后被任命为边军帮统，1918年因在昌都被围期间主张与藏军和谈，被边军统领彭日升枪决。
⑩ 启图：《廿年来康政得失概要》，《康导月刊》创刊号（第1卷第1期），1938年9月25日，第28页。

务和防区则没有变化。到陈遐龄①任川边镇守使时，边军编制和防区已基本固定，"川边特别区原有边军十一营、陆军一营②、新编陆军第二营、炮兵、机关枪、辎重计三连，分三人统带。其第五、第七、第十一及陆军第一营、新编陆军第二营、炮兵、机关枪、辎重各连归正统带领，第一、第三、第十各营归帮统带领，正统与帮统防守北路，第二、第四、第六、第八、第九各营归分统带领，防守南路。时一营驻恩达、二营驻盐井、三营驻同普、四营驻理化、五营驻甘孜、六营驻宁静、七营与新编陆二营、机关枪、辎重连均驻昌都、八营驻盖玉、九营分驻巴安、德荣、十营驻察雅、十一营驻德格、陆一营与炮兵连驻类乌齐（即九集县）。以上统系边军统领节制之"③。三统各管一片，分别发展自己的势力，营、连级军官亦私其党，在三割其权的态势分布之下，边军所在地区成为针插不进、水泼不进的"独立王国"，历任川边镇守使"皆畏边军骄纵，统帅跋扈，不肯轻驻昌都，意居康定，势使然也"④。

聂明德还没任边军帮统之前，以"查看军政夷情"为由前往昌都，他的滇军背景自然受到边军的排挤和敌视，"边军各营营弁，咸彭统亲属，非乡人即族党，惟驻巴塘分统刘赞廷，平日与彭稍不协，继见边势，非排去殷、聂，不能安处，亦附和彭"。待聂明德被任命为边军帮统后，与彭日升的关系有所缓和，但彭日升手下张良臣等人又从中离间，使得二人"间隙益深"。后聂明德被彭日升枪决也是这位边军第七营营长兼昌都县知事⑤激化矛盾所致。⑥ 可以看出，此时的边军自上而下皆不能容人，最高长官任人唯亲，下级军官钩心斗角，整个边军充斥着土匪气息和帮会做派。而彭、聂、刘三人又互有嫌隙，暴露出了将帅不和的致命弱点，这对军队的指挥协调来说是极其不利的。1917 年 10 月，陈遐龄任护理川边镇守使，1918 年 2 月被正式任命为川边镇守使，3 月自西昌往康定赴任。陈遐龄为四川陆军出身，还是营长的时候就在四川军政府直辖陆军第三师师长孙兆鸾⑦手下效力，后随尹昌衡西征，并留驻川边。1914 年"陆军新制颁行，改协统为旅长"⑧，张毅将原川军第三师改为川边陆军第一旅和独立团两部分，独立团直属川边镇守使署，陈遐龄为该团团长。1915 年因平陈步三之乱有功，刘锐恒升其为川边陆军第一旅旅长，"本人驻雅安，以兵一团驻防理化、定乡、稻城"。陈遐龄早在清军中任统带（标统，团长）时就曾驻防

---

① 陈遐龄（1873—1950 年），字立鹤，号云皋，湖南溆浦人。1894 年甲午科武举，毕业于日本陆军士官学校。1907 年任清军标统，率部入川驻防雅州，清亡后，扩充兵力，控制雅州六属。后历任川边陆军独立团团长、第一旅旅长。1917 年，被任命为护理川边镇守使，兼并宁远七属，据有康、雅、宁三地区。1918 年，出任川边镇守使，随后率部进驻甘孜，被授予康威将军。1923 年在四川军阀混战中被刘成勋击败。1925 年春弃职隐居北京。1937 年返回溆浦，曾任湖南省参议员。他也是"康定城"的命名者。

② 查骞在《藏番寇边事略》一文中提道："民国改元后，尹昌衡经略川边，遗留类乌齐驻防陆军一营，亦隶边军管领。"参见查骞撰：《边藏风土记（卷三）》，林超校点，载四川省社会科学院西藏自治区社会科学院《川边历史资料选编》编辑委员会编：《中国藏学史料丛刊（第一辑）》，中国藏学出版社，1990 年，第 15 页（左）。

③ 刘赞廷：《边藏刍言》，聚珍仿宋印书局，1921 年，第 4 页（右至左）。

④ 查骞撰：《边藏风土记（卷三）》，林超校点，载四川省社会科学院西藏自治区社会科学院《川边历史资料选编》编辑委员会编：《中国藏学史料丛刊（第一辑）》，中国藏学出版社，1990 年，第 15、25 页（左）。

⑤ 在防区制的环境下，川边各县知事通常即由驻当地营级军官兼任。

⑥ See Siege and Surrender of Chamdo: Severe Indictment of Chinese General, *The North-China Herald*, September 28, 1918, p. 753.

⑦ 孙兆鸾（1885—? 年），又名兆暖，号元青，湖南新宁人（一说四川成都人），日本陆军士官学校第六期步兵科肄业（一说四川武备学堂毕业），1905 年 10 月获得所在省督府官费保送日本留学，先入日本陆军振武学校完成预备学业，继入日本陆军联队步兵大队实习，1906 年 6 月考入日本陆军士官学校第六期学习，1907 年肄业回国，回国后任清军驻成都新军步队标统。1911 年 12 月任大汉四川军政府都督府（尹昌衡为都督）第三镇统制（师长），1912 年 2 月任四川军政府直辖陆军第三师师长，1913 年 7 月任川边第二师师长，10 月任川边第一师师长。

⑧ 启图：《廿年来康政得失概要》，《康导月刊》创刊号（第 1 卷第 1 期），1938 年 9 月 25 日，第 28 页。

雅州，此次擢拔旅长后更是以雅安地区为大本营，扩充力量，势必谋求西昌、川边地区，而彭日升以其在边多年，自认为资深望重，对川边镇守使一职也是志在必得。统属不同，加之瓜分防区的目标冲突，这已经为第二次康藏纠纷中边、陆无法协调作战，彭、陈相互掣肘、彼此攻讦等种种乱象埋下了伏笔。

（二）川边内部操戈不断，治理难入正轨

自尹昌衡西征中辍，经营重心转向康区起，直至第二次康藏纠纷爆发，川边地方始终未获稳固治理。除当地居民叛服无常之外，川边镇守使、边军统领往往卷入地盘争夺，中下级军官为功名利禄哗变之事亦不时发生。

1912年乡城继赵尔丰光绪三十二年（1906）平定叛乱之后，再次生变，尹昌衡先后派嵇廉①、孙兆鸾前往平乱，以固康南。乡城之乱粗平未久，1914年9月因细故积怨及营长职务被嵇廉解任，陈步三②率全营暴动，杀害嵇廉全家，又伙同此前乡城叛匪占据乡城，兵指打箭炉，叛军一路上没有遇到有效抵抗，1915年2月打箭炉被攻陷，"张使狂奔，退至泸定桥"③。后在陈遐龄的围剿下，陈步三兵败处斩。"此次变乱达半年之久，窜扰川康两省10余县，援兵行程数千里，未能围讨"④，"而官兵声威日替，快枪散失匪手，以数千计，至土劣之势，亦因而潜滋暗长"⑤。小小营长在川边造成大乱，治所失守，川边镇守使更是难辞其咎，遭到解职实属必然。陈步三叛乱之前，张毅正在"从事于改编巡防边军为陆军第二旅"，骤然事起，整军计划不得不中止，川边又一次错过了正风肃纪、振奋军容的机会。1916年8月，驻打箭炉边军第十一营营长傅青云以索饷为借口率营叛变，康定再遭劫难。边军帮统杜培祺虽镇打箭炉，但未能及时制止哗变。此时罗佩金⑥为四川督军，正好借此时机，免除川人刘锐恒川边镇守使之职，安插同为滇籍的殷承瓛入主川边。傅青云营原驻邓柯，后刘锐恒为培养亲信，将该营调至康定。傅青云颇具土匪习气，"居边久，油滑机诈"⑦，酿成事端不足为奇。新任川边镇守使殷承瓛率部抵炉后随即查办傅青云叛乱一事，并将其正法，以儆效尤。还将边军帮统杜培祺革职，代之以滇系出身的聂明德，肃清边乱的同

---

① 嵇廉（？—1914年），字少庚，时任川边陆军第一旅旅长，"四川知府嵇志文子。少年纨绔，素无声誉，以与尹、张同学故，遂膺督办川边军务任。轻躁肆志，慨然出关，既抵定乡，即恶陈步三"。可参见查骞撰：《边藏风土记（卷一）》，林超校点，载四川省社会科学院西藏自治区社会科学院《川边历史资料选编》编辑委员会编：《中国藏学史料丛刊（第一辑）》，中国藏学出版社，1990年，第34（右）—35页（左）。
② 陈步三（？—1915年），"初为郫县健役，以同志会［匪］招安，编军籍出关。尹昌衡爱其材武，檄任陆军第三营营长，驻定乡县。定乡夷情反复，屡次叛乱，乃以陈步三兼署定乡知事"。可参见查骞撰：《边藏风土记（卷一）》，林超校点，载四川省社会科学院西藏自治区社会科学院《川边历史资料选编》编辑委员会编：《中国藏学史料丛刊（第一辑）》，中国藏学出版社，1990年，第34（右）—35页（左）。
③ 查骞撰：《边藏风土记（卷三）》，林超校点，载四川省社会科学院西藏自治区社会科学院《川边历史资料选编》编辑委员会编：《中国藏学史料丛刊（第一辑）》，中国藏学出版社，1990年，第36页（左）。
④ 《甘孜藏族自治州军事志》编纂委员会编：《甘孜藏族自治州军事志》，内部发行，1999年，第171页。
⑤ 启图：《廿年来康政得失概要》，《康导月刊》创刊号（第1卷第1期），1938年9月25日，第26页。
⑥ 罗佩金（1878—1922年），字榕轩，云南澄江县人，1898年中秀才，1903年考入云南高等学堂，1905年加入同盟会，1909年日本士官学校毕业。1911年初任新军第十九镇第三十七协第二十四标标统。辛亥革命爆发后，参加云南起义先后任南征总统官、军政部长、南防军总司令。1913年任云南民政长。护国运动中任护国军第一军总参谋长。曾于1916年短暂代理四川督军。护法运动中任靖国第一军总司令，旋即被唐继尧免职，赋闲回滇。1922年在滇南双金坡被土匪普小洪残忍杀害。
⑦ 查骞撰：《边藏风土记（卷三）》，林超校点，载四川省社会科学院西藏自治区社会科学院《川边历史资料选编》编辑委员会编：《中国藏学史料丛刊（第一辑）》，中国藏学出版社，1990年，第15（右）—16页。

时，不忘为川滇军阀争夺四川投棋布子。因派系和旧有隶属关系不同，川滇军阀混战持续波及川边，使得该地区统辖失序，历任镇守使心不在边，亦造成了治理真空。长此以往，驻军哗变作乱之事自难避免。而川边主政官员更迭频繁，前任"朝令"，继任"夕改"，难以保证治理政策的连贯性，锐意进取的蓝图大多也只停留在了纸面，因此川边军队腐败、财税困难的旧有局面并没有得到太大的改观。此外，边、陆各自为政，各县驻军没有形成此呼彼应的防守布局，给了东进之心日炽的藏军以可乘之机。

1917年川滇黔三系围绕四川政权争战不已，具体则体现为刘存厚、罗佩金和戴戡三人龃龉不断，导致"川省大乱，边饷愈竭"。1917年7月，"边军统领彭日升，以其侄彭斗胜率边军第五营，同谋之张群、姚良，纠合关外游叛及瞻化通事唐光烈，勒取南北边县各警队枪支子弹，切（截）留税赋。借滇黔军乱川故，声罪殷使滇人，应予斥逐，扣关索饷。彭日升意在镇［守］使也"，"适川滇交恶，该统于八、九、十等月，抽调所部各营，纷纷大举入炉攻击殷使，国防为之一空，藏番野心因此愈炽"①。边军粮饷积欠已久，复四川不靖，这一问题更加凸显出来。彭日升一直希望获得川边镇守使的职位，同时长期怀有排挤外省势力的心态，便趁此次川中乱局，出兵打箭炉，一来可以解决军饷，二来可以驱逐殷承瓛，为自己继任川边镇守使扫清障碍。彭日升攻炉益急，边军精锐兵力均为其所属，恰逢第二次康藏纠纷爆发，装备较为优良、战斗力尚佳的几个营，身在康定，鞭长莫及。

抛开藏军觊觎川边这一因素不谈，在川边彻底革新吏治、整军经武、厘清财政之前，在第一次康藏纠纷后形成的实际分界线上迟早会爆发一场冲突，只不过导火索、爆发时间和战争烈度会有所不同。

二、1917—1918年第二次康藏纠纷前的藏边局势

1913年1月，十三世达赖喇嘛从印度返抵拉萨，结束了其自1910年2月出走南下的在印生涯。他先后两次经历藏中变乱，出走内地和印度，看到了世界其他地方不同于封闭的西藏的发展趋势和改革思潮，在思想上受到了大变革和新思想的深刻影响，深受震动的十三世达赖喇嘛决定在西藏革除旧弊，筹划"新政"。然而，由于执政经验不足，在筹画"新政"蓝图时，十三世达赖不可避免地受到张荫棠、联豫、赵尔丰等人在西藏、川边为构建民族国家和实现文化同质②而采取的一系列设想和实践的影响。对西藏地方政府管辖范围内行政区划的调整和改革就是例证之一。

1913年③西藏地方政府在昌都设立地区（行政公署）一级的"朵麦基巧"（mdo smad spyi khyab），通常也被称作"昌都噶厦"。该机构负责人为昌都总管，其下设"四品僧俗官员各一、四品僧俗颇本（粮务官）各一、卓涅（知宾）二、噶仲（秘书）一、噶准（传令官）一、侍卫官一、普通僧俗办事员十数人"④。"朵麦基巧"总掌昌都地区僧俗、军民事务，具体包括分派驻军官兵和税务官、负责区域内各宗谿

---

① 《川边陈镇守使呈外交部川藏事》1919年1月7日《西藏议约案（二十八）》03-28-011-03-001。
② 扎洛：《清末民族国家建设与张荫棠西藏新政》，《民族研究》2011年第3期。
③ 土呷：《"朵麦基巧"沿革考》，《中国藏学》2009年第1期。
④ བོད་ཀྱི་རྒྱལ་རབས་དེབ་གཟུགས(4) བོད་གཞུང་དགའ་ལྡན་ཕོ་བྲང་གི་སྲིད་འཛིན་དབང་སྒྱུར་གྱི་བྱུང་བ་བརྗོད་པ་མདོ་སྨད་ཕྱོགས་བསྒྲིགས། 1991 第85页。

的征税和司法事务、征收和发放军饷等。① 该机构设立的时间在第一次康藏纠纷平息后不久，此时康藏双方正处于对峙状态，各守其土，并主动在各自的统辖范围内进行管理。"在相当大的意义上，'朵麦基巧'这一行政机构与金沙江东岸的'川边镇守使署'和此后的'西康省政府'是类似的。"② 在西藏地方与康区毗连处建立级别较高的行政机构，足以表明西藏地方政府希望在此进行长久经营，使昌都地区成为实现英国为其设计的"大西藏"幻梦的稳固据点和桥头堡。

除派官设治以图持久管辖之外，西藏地方也希望将昌都地区变为其东进路上的大本营和进攻前沿。在"朵麦基巧"之下设有"颇康"（phogs khang），其具有粮台的性质，是昌都总管府的财税机构，接受昌都总管领导，负责"朵麦基巧"辖区内粮赋征收及军饷发放等事宜。"颇康"设有四品僧俗官各一，总揽机构内事务，下设会计员二，办事人员十数人，分掌日常事务。该机构外派昌都、芒康、察雅、江达会计员各二，在贡觉和三岩、洛隆和硕板多、拉多和邓柯、类乌齐和八宿、左贡和桑昂曲宗，每两个宗派僧俗会计员各一，其职责是在各宗和昌都、察雅、类乌齐、八宿四大呼图可图的协助下征收赋税。③ 第一次康藏纠纷后，西藏地方政府的重心东移，藏军主力亦部署在昌都一线，而刚刚经历了战争的藏军，从武器弹药，到官兵粮饷，再到后勤补给，各方面的消耗都较大，亟待补充。而壮大军队并随时准备应对一场战争首先要面临的就是给养问题，昌都"颇康"的任务就是筹措粮饷，以维持昌都地区各驻地正常运转和驻军的日常活动，这也是藏军在康藏局势暂稳后得以快速发展的重要保障。

1916年"朵麦基巧"又另设"索颇康"（sog phogs khang），分管藏北驻军粮饷事宜。"藏历火龙年（1916）昌都总管强巴旦达向十三世达赖喇嘛请示，昌都地区的四品僧俗官员无暇兼顾藏北军粮事务，需在霍尔三十九族地方、索地方（今那曲索县）和黑河（今那曲县）以下地方新建一'索颇康'。根据所请，准予在霍尔部落地方、索地方、黑河、纳如、纳仓（今那曲申扎县旧名）以北设立'索颇康'，有多当巴（负责人）五品僧官卓涅（知宾）一人和多当巴五品俗官一人，专司上述地区驻防部队粮饷供给。驻军所需粮食，主要从霍尔丁青（今昌都丁青县）、色扎（在今丁青县中部）、比如（今那曲比如县）等地登记在册的田地所获头批政府收入中拨给，军粮中需要增补的部分则由塔工各宗谿提供"④。"索颇康"的设立表明藏军大举发展实力，原有的昌都"颇康"分身乏术，已经无法承受扩军备战带来的压力，需要在其下单设分支机构和官员负责为藏北驻军筹集和发放粮饷。第一次康藏纠纷后，西藏地方获得了相对和平的发展环境，十三世达赖喇嘛借此机会重整和加强了藏军，并在康藏对峙地带部署了优势兵力，经过一段时间的经营，西藏地方政府在各地的驻军已渐成掎角之势，并初步形成了运粮网络。而袁世凯死后，争权掠地消耗了北京政府和川省大部分精力，已无暇过问康藏事务，川边军队继辛亥革命之后再度陷入被忽略和漠视的境地，缺少粮食、弹药、被装等必需品，也无钱发饷，只得自谋生路，以致纵兵劫掠当地居民以获取钱粮，使得兵匪不分，民怨沸腾。藏军方面兵强马壮、粮草充足的情况恰与川边的混乱局面形成了鲜明的对比。第一次康藏纠纷平息后，康藏分界线一带局势虽然相对平静，但藏军试探

---

① བོད་ཀྱི་རིག་གནས་ལོ་རྒྱུས་དཔྱད་གཞིའི་རྒྱུ་ཆ་བདམས་བསྒྲིགས（4）《བོད་དགའ་ལྡན་ཕོ་བྲང་གི་རིག་གནས་ལོ་རྒྱུས་དཔྱད་གཞི》《ཧྥུན་ཁྲོམ་ཆུང་ཞིང་ར་བ་སྒྲུང་གི་དེབ》་དཔར་བསྐྲུན་ཁང་། བོད་ལྗོངས་མི་དམངས་དཔེ་སྐྲུན་ཁང་། 1991 བཀྲམ་པ་ 第85页。
② 王娟：《化边之困——20世纪上半期川边康区的政治、社会与族群》，社会科学文献出版社，2016年，第103页。
③ 土呷：《"朵麦基巧"沿革考》，《中国藏学》2009年第1期。
④ བོད་ཀྱི་རིག་གནས་ལོ་རྒྱུས་དཔྱད་གཞིའི་རྒྱུ་ཆ་བདམས་བསྒྲིགས（4）《བོད་དགའ་ལྡན་ཕོ་བྲང་གི་རིག་གནས་ལོ་རྒྱུས་དཔྱད་གཞི》《ཧྥུན་ཁྲོམ་ཆུང་ཞིང་ར་བ་སྒྲུང་གི་དེབ》་དཔར་བསྐྲུན་ཁང་། བོད་ལྗོངས་མི་དམངས་དཔེ་སྐྲུན་ཁང་། 1991 བཀྲམ་པ་ 第86—87页。

性的袭扰仍时常发生，双方"随时在边界线上交锋对垒，然未大动干戈"①。赴藏调查员周文藻在其1914年的报告中记有："迭据前敌报称：官兵在定，番匪四出骚扰，彭统领日升始将葱坡埂股匪击溃。现时藏匪意在截粮秣，阻文报，麇集下噶茹、桑多、打推各处，迫胁百姓帮兵。彭统领分兵防堵，该匪彼溃此张，应接不暇，碉坚炮利，战事甚为激烈。……今藏番四出为害，显系有人暗为臂助，非得厚集兵力驻扎要隘，不足以寒匪胆而图藏事，况桑昂杂瑜各处尚未收复，匪可由该地袭我军后路。尤可虑者，查杂瑜与野番毗连，现为英人占领，建筑马道，修造营房，种种不法，其心叵测。"② 在西姆拉会议期间，西藏地方政府对康区的态度强硬起来，有所谓"西姆拉条约"撑腰，藏军在康藏交界地带明显处于攻势。

1914年彭日升"恶昌都大喇嘛寺逼近强横，且属达赖。利其财富，攻而掠之"③，并将其焚毁，平察雅之乱时，又将烟多寺（Yemdo）付之一炬，伤害了当地百姓的宗教感情，加上西藏地方政府推行东进计划的要求，藏军遂于1915年进攻川边，"旬月攻我烟袋塘、类乌齐、丹达山以东诸要地，直逼恩达县。围攻匝旬，边军尽力，仅扼澜沧江为守"④，经双方交涉才告停战。也就是说，在第二次康藏纠纷之前，康藏之间已经矛盾重重，只因这时袁世凯政府和第一任川边镇守使张毅仍期许在川边军民两政上有所作为，以及在军事上尚能应付藏军的小规模侵袭，双方之间的冲突才没有明朗化和进一步激化。

十三世达赖喇嘛在昌都设治派官的同时，也在加紧进行战争布置。第二次康藏纠纷中的主角——噶伦喇嘛强巴旦达⑤在其职业生涯后期频频升迁即与十三世达赖喇嘛获取领地的野心有密切联系。当十三世达赖喇嘛还身在印度噶伦堡时，就命令江巴旦达等人为驱逐川军的行动进行军事部署和动员，并表示可以直接与自己取得联系，因此江巴旦达等人开始暗自购置武器，招兵买马⑥，并于1912年组织和参与了对康区的进攻。十三世达赖喇嘛"决心把敌对的中国人从喀木清除出去。他加速军队的补充，从海外进口自己不能制造的设备，粮饷都有了增加。第一次派一位议会大臣（噶伦）到喀木当总督，他具有民政和军事的全权。噶伦江巴丹达被派充这个职务。他带去八个军官和一大批民政和军事人员。他被授予全权指派他所属地区的地方官员"。1917年，康藏之间因小事又生摩擦，只是后续处置使得事件超出了可控范围，最终引发了第二次康藏纠纷。这时噶伦喇嘛已是西藏地方在藏边的最高代表，藏军也在他的统率之下，在战争及之后的解决过程中他始终充当能够影响事件走向的重要角色。通过几年的经营和发展，藏军的实力与以往相比已经有了较大幅度的提升，并且在与川边军队的小型战斗中积累了实战经验，这也是其在第二次康藏纠纷中屡尝胜绩的原因之一。

---

① 赵心愚、秦和平、王川编：《康区藏族社会珍稀资料辑要》（上），巴蜀书社，2006年，第444页。
② 《西藏地方历史资料选辑》，生活·读书·新知三联书店（内部发行），1963年，第306-307页。
③ 查骞撰：《边藏风土记（卷三）》，林超校点，载四川省社会科学院西藏自治区社会科学院《川边历史资料选编》编辑委员会编：《中国藏学史料丛刊（第一辑）》，中国藏学出版社，1990年，第14页（左至右）。
④ 查骞撰：《边藏风土记（卷三）》，林超校点，四川省社会科学院西藏自治区社会科学院《川边历史资料选编》编辑委员会编：《中国藏学史料丛刊（第一辑）》，中国藏学出版社，1990年，第14页（右）。
⑤ 强巴旦达（byams pa bstan dar，约1870—1922年），多以"噶伦喇嘛"之名行世。藏族，西藏地方政府及藏军僧官。1893年，还是年轻沙弥的强巴旦达继察罕诺门汗之后来到拉萨，之后他成为噶仲。1911年底，十三世达赖喇嘛授意其为发动瓦解驻藏川军的行动秘密做好准备。不久，强巴旦达被任命为噶伦。1912年12月6日，强巴旦达赴聂塘（今拉萨市曲水县聂塘乡）将十三世达赖喇嘛迎回拉萨。不久便奉命前往康区，组织当地藏族官民反抗汉人。1917—1918年，他作为藏军总司令指挥了藏军在第二次康藏纠纷中的作战。
⑥ 孜本夏格巴·汪秋德丹：《西藏政治史》，李有义译，中国社会科学院民族研究所历史研究室藏族史组印，1978年，第199-200、209页。

The Hidden Undercurrent: The Situation of Kham－Tibet Border Areas before the Second Kham－Tibet Conflict in 1917－1918

Ma Rui

Abstract: After the first Kham－Tibet Conflict, there was constant friction in the confrontation zone between the two troops. The Tibetan troops vigorously expanded its armaments and prepared for war, and the idea of occupying the vast territory described at the Simla Conference to the east was increasingly urgent. On the other hand, the Sichuan Kham showed a different look: the troops was poorly paid, the armaments were scrapped, the factions could not tolerate each other, and the military chiefs crowded out each other. In the case of governance disorder, there have been many mutiny of lower－level officers, and due to improper disposal, the misfortune has been brought to the Tachienlu, resulting in further deterioration of the situation in the Sichuan Kham. At the end of 1917, the second Kham－Tibet Conflict broke out. This paper attempts to analyze and compare the respective situations of the Sichuan Kham and the Tibetan Kham, indicating that before the second Kham－Tibet Conflict ignited, there was already an undercurrent surging between the two sides, and a military conflict of great intensity may break out at any time. The 'mowing incident' that occurred later was only an accidental factor and fuse.

Key words: the period of the Republic of China; the second Kham－Tibet Conflict; Frontier troops; Tibetan troops

清代黔东南苗疆移民类型、治理及其影响研究*

马国君**

摘　要　黔东南苗疆范围涉及今清水江流域、都柳江流域及其毗邻地带,历史上素有"千里苗疆"之称,民族以苗族、侗族为主。有清以降,随着改土归流、苗疆开辟的次第推进,以及人工营林经济规模发展,该区域成了当时外来移民迁入之重要区域。移民必然牵涉土地再分配、社会稳定、民族关系处理诸多问题,如何巩固雍正朝开辟苗疆成果,促进地方经济发展成了当时政府之急务。对此,清政府、民间社会积极贡献智慧,不仅为当地社会稳定、经济发展、文化交流做出了贡献,还使该区域成了贵州省民族关系和谐,山地经济发展的典范。

关键字　黔东南苗疆;"生界";移民;民族关系

DOI:10.13835/b.eayn.31.07

历史上黔东南为贵州省三大"苗疆生界"地[①],民族以苗族、侗族为主,外来移民甚少。有清以降,随着改土归流、开辟苗疆、皇木采办等推进,大规模外来移民沿着清水江、都柳江航道来到这里繁衍生息,使得这片"苗多汉少之地"一时成了外来移民迁入之重要区域。是时移民规模大,成分复杂,一旦处理不当,就有可能激发为新一轮民族冲突,使得开辟苗疆成果毁于一旦。面对这一社会现实,政府采取了积极有效的应对措施,不仅稳定了苗疆社会,巩固了开辟成果,而且还使该区域成了当时贵州省民族关系和谐,山地经济发展的典范。查阅学界成果,目前对这一题域展开探讨的成果主要有《在苗疆发现历史》[②]《贵州外来移民对黔东南苗疆习俗变化的影响研究》[③]等。为深入这一题域探讨,本论文拟从清代黔东南苗疆移民类型、民族关系的处理以及成效诸方面加以说明之。

---

* 本论文系国家社科基金项目"民国时期土司文献整理与研究"(项目编号:19BZS119)、"明清时期西南改土归流地区的乡贤研究"(项目编号:18XZS029)的阶段性成果。

** 马国君,贵州大学西南民族文化走廊研究中心教授。研究方向:中国边疆民族史、边政史、环境史研究。

① 马国君、黄健琴:《略论清代对贵州苗疆"生界"的经营及影响》,《三峡论坛(理论版)》2011年第4期。

② 张新民:《在苗疆发现历史》,《原生态民族文化学刊》2011年第1期。

③ 古永继、李和:《贵州外来移民对黔东南苗疆习俗变化的影响研究》,《西南边疆民族研究》第15辑,云南大学出版社,2014年,第82—90页。

一、移民类型概略

黔东南苗疆历史上是指"黎平府以东、镇远府以南、都匀府以西,广西庆元府以北"等地区[①],范围包括今从江、榕江、三都、丹寨、雷山、凯里、剑河、台江、锦屏、黎平、天柱、三穗诸县市及其毗连地带,境内少数民族主要是苗族、侗族。该区域在雍正朝开辟前,当地诸民族"不知王朝礼义,饮食言语与中土不相通",外来移民甚少。随着雍正朝对苗疆的开辟、人工营林经济的发展,这里成了当时外来移民迁入的重要区域,移民类型有军事镇戍、仕宦任职、民间自发流移等,来源有军士、官员、商旅、平民和奸究之徒。

(一) 军事镇戍

黔东南苗疆的军事移民,自明朝就已经开始了,当时主要分布在苗疆周边驿路沿线,主体是卫所移民,人数 20 余万。清朝初年,朝廷对明朝卫所实施裁撤。但雍正朝开辟黔东南苗疆后,鉴于其特殊战略地位,于新置苗疆"五厅"置古州左卫、古州右卫、八寨卫、丹江卫、台拱卫、清江左卫、凯里卫、黄施卫、清江右卫等(苗疆九卫),具体情形见表 1:

表 1 清代苗疆卫所概略

卫 名	隶属府县	置废除时间
古州左卫	黎平府古州同知	乾隆二年至宣统三年
古州右卫	古州同知	同上
八寨卫	都匀府八寨同知	同上
丹江卫	都匀府丹江通判	同上
台拱卫	镇远府台拱同知	同上
清江左卫	镇远府清江通判	同上
凯里卫	丹江通判	乾隆三年至宣统三年
黄施卫	台拱同知	同上
清江右卫	清江通判	同上

资料来源:嘉庆《重修一统志》卷四九九《贵州统部》、卷五〇二《都匀府》、卷五〇三《镇远府》、卷五〇八《黎平府》等。

由表 1 可见,清代苗疆卫所是黔东南重要军事镇戍力量,移民人数多。据文献记载,古州左卫、古州右卫各设千总 1 员,设屯堡 40 处,共屯军 2519 户。[②] 八寨卫设千总 1 员,设屯堡 11 处,共屯军 810 户。[③] 丹江卫设千总 1 员,设屯堡 12 处,共屯军 830 户。台拱卫设千总 1 员,设屯堡 12 处,共屯军 1786

[①] 马国君:《平苗纪略研究》,贵州人民出版社,2008 年,第 109 页。
[②] (清)爱必达:《黔南识略》卷二十二《古州同知》,贵州人民出版社,1992 年,第 181—182 页。
[③] (清)爱必达:《黔南识略》卷九《八寨同知》,贵州人民出版社,1992 年,第 90、94 页。

户。① 清江左卫、清江右卫各设千总各1员，设屯堡22处，共屯军1918户。② 凯里卫设千总1员，设屯堡13处，共屯军950户。③ 黄施卫设千总1员，设屯堡4处，共屯军267户。④《清高宗实录》卷三四七载，乾隆十四年（1749）八月二十九日，贵州巡抚爱必达奏，"遵查黔省屯丁案内，古州、八寨、台拱、丹江、清江等五厅，设立九卫，共一百二十堡，屯军八千九百三十户"⑤。需要一提的是，两则资料数据统计虽有差异，但总体可以反映苗疆卫所屯军之基本情况。

另外，清廷还在苗疆交通要道，山险要冲之地安塘汛，设重兵，以"互相联络，严密稽查"，"藉消奸宄之萌"。其中，天柱县设有4汛16塘10铺，凡322人。⑥ 古州同知设有9汛，凡2165人。⑦ 开泰县设有15塘5铺。⑧ 永从县（今黎平县境内）设有3汛4塘9铺，凡293人。⑨ 施秉县设有2汛16塘，约418人。⑩ 清江通判（今雷山县）设有5汛13铺，凡601人。⑪ 台拱同知（今台江县）设有4汛16塘6铺，凡891人。⑫ 凯里县丞（今凯里市）设有2汛，凡255人。⑬ 三脚坉州同（今三都县）设有1汛7塘，凡188人。⑭ 都江通判（今三都县）设有2汛11塘，凡731人。⑮ 八寨同知（今丹寨县）设有3汛18塘，凡481人。⑯ 丹江通判（今剑河县）设有6汛11塘，凡409人⑰等。综合苗疆卫所及塘汛分布情形，有清一代，黔东南苗疆的军事镇戍防区分布密，移民人数多。

值得一提的是，这些镇戍军人经济来源主要是靠屯田自给，因其有特权优势，故屯田必然与当地居民存在土地上的纷争，"有夺生苗衣食"之险⑱，一旦处理不好，就可能影响雍正朝开辟黔东南苗疆的成果。为了处理这一问题，清朝建立了一整套屯军管理规范，具体见下文。

（二）仕宦任职

为加强黔东南苗疆的治理，苗疆开辟后，除了屯军，派驻流官统治外，还在当地新置土司，这些土

---

① （清）爱必达：《黔南识略》卷十三《台拱同知》，贵州人民出版社，1992年，第117页。
② （清）爱必达：《黔南识略》卷十三《清江通判》，贵州人民出版社，1992年，第121页。
③ （清）爱必达：《黔南识略》卷十一《凯里县丞》，贵州人民出版社，1992年，第106页。
④ （清）爱必达：《黔南识略》卷十四《施秉县》，贵州人民出版社，1992年，第127页。
⑤ 《清高宗实录》卷三八四，乾隆十四年（1749）八月下，中华书局，1986年，第13册，第798页。
⑥ （清）爱必达：《黔南识略》卷十五《天柱县》，贵州人民出版社，1992年，第130页。
⑦ （清）爱必达：《黔南识略》卷二十二《古州同知》，贵州人民出版社，1992年，第183页。
⑧ （清）爱必达：《黔南识略》卷二十三《开泰县》，贵州人民出版社，1992年，第192页。
⑨ （清）爱必达：《黔南识略》卷二十三《永从县》，贵州人民出版社，1992年，第196页。
⑩ （清）爱必达：《黔南识略》卷十四《施秉县》，贵州人民出版社，1992年，第127页。
⑪ （清）爱必达：《黔南识略》卷十三《清江通判》，贵州人民出版社，1992年，第122页。
⑫ （清）爱必达：《黔南识略》卷十三《台拱同知》，贵州人民出版社，1992年，第118页。
⑬ （清）爱必达：《黔南识略》卷十一《凯里县丞》，贵州人民出版社，1992年，第107页。
⑭ （清）爱必达：《黔南识略》卷十《三脚坉州同》，贵州人民出版社，1992年，第102页。
⑮ （清）爱必达：《黔南识略》卷九《都江通判》，贵州人民出版社，1992年，第95页。
⑯ （清）爱必达：《黔南识略》卷九《八寨同知》，贵州人民出版社，1992年，第91—92页。
⑰ （清）爱必达：《黔南识略》卷九《丹江通判》，贵州人民出版社，1992年，第94页。
⑱ 《清高宗实录》卷四六，乾隆二年（1737）七月上，中华书局，1986年，第9册，第793页。书载，乾隆二年七月初一日，谕据协办吏部尚书事务顾琮条奏，"贵州于深山邃谷屯田，尽夺苗民衣食之地。目今残败之余，潜居岩穴，觅食维艰，待至秋成，必聚众拼命为变，残杀掠夺，不可不虑等也。请敕下督臣深思长虑，庶几有备无患等语"。"贵州情形，顾琮向未熟悉，且张广泗在彼，一切防范事宜自应筹划协办。但未雨绸缪，当无事之时而为有事之备，乃封疆大臣之责。顾琮既有此奏，可寄信与张广泗令其留意。"

司多为开辟苗疆有功的他地人。道光《黔南职方纪略》卷八《土司下》载,"凯里岩头土千总淳氏,管岩头诸寨,四川重庆人,雍正十三年(1735)以功授外委土千总,累传至佳麟,现袭职,属清平县"。有清一代,黔东南苗疆土司仕宦任职情形见表2：

表2 清代黔东南苗疆外地土司名录

所属府厅	土司名称	土司概略
清江厅	柳利外委土千总杨文辉	土司系邛水司人,雍正七年(1729)征苗有功,授任其职,属清江通判
	那磨外委土千总杨政衍	土司系邛水司人,雍正七年(1729)征苗有功,授任其职,管那磨诸寨,属清江通判
	柳榜外委土千总曾继美	土司系邛水司人,雍正七年(1729)征苗有功,授任其职,管柳榜诸寨,属清江通判
	旁洞土千总杨昌玺	土司系邛水司人,雍正七年(1729)征苗有功,授任其职,管旁洞诸寨,属清江通判
	返迷外委土把总张应明	土司系镇远府人,雍正七年(1729)征苗有功,授任其职,管返迷诸寨,属清江通判
	鸡摆外委土把总李尚志	土司系镇远府人,雍正七年(1729)征苗有功,授任其职,管鸡摆诸寨,属清江通判
	番乾外委土把总杨政和	土司系邛水司人,雍正七年(1729)征苗有功,授任其职,管番乾诸寨,属清江通判
	返号外委土把总王锡珍	土司系湖南武冈州人,雍正十三年(1735)征苗有功,授任其职,管返号诸寨,属清江通判
	柳罗土把总杨胜雄	土司镇远府人,雍正七年(1729)征苗有功,管柳罗诸寨,属清江通判
都江厅	归仁营外委土千总白登科	土司独山州人,雍正六年(1728)以功,授任其职,管归仁营诸寨,属都江通判
	顺德营外委土千总张纯熙	土司独山州人,雍正八年(1730)以功,授任其职,管顺德诸寨,属都江通判
丹江厅	鸡讲外委土千总黄正色	土司系清平县人,雍正六年(1728)以功授职,管鸡讲诸寨,属丹江通判
	黄茅外委土千总刘汉宗	土司系清平县人,雍正六年(1728)以功,授任其职,管黄茅诸寨,属丹江通判
台拱厅	南市外委土千总赵良佐	土司系湖南靖州人,雍正九年(1731)从征有功,授任其职,管南市诸寨,属台拱同知
	高坡外委土千总周国相	土司系镇远邛水司人,雍正六年(1728)征苗有功,授任其职,管南市诸寨,属台拱同知
	番柳外委土千总杨运世	土司系施秉县人,雍正六年(1728)征苗有功,授任其职,管番柳诸寨,属台拱同知
	乌漏外委土把总王德祖	土司系施秉县人,雍正九年(1731)征苗有功,授任其职,管乌漏诸寨,属台拱同知
	趱架外委土把总梁成鉴	土司系镇远府人,雍正十一年(1733)征苗有功,授任其职,管邀架诸寨,属台拱同知
	番陇外委土把总曹应雄	土司系镇远府人,雍正六年(1728)征南有功,授任其职,管番陇诸寨,属台拱同知
	龙圹外委土把总张士贵	土司系镇远府人,雍正九年(1731)征苗有功,授任其职,管龙扩诸寨,属台拱同知
八寨厅	中牌外委土把总雷起凤	土司系清平县人,雍正十三年(1735)以功,授任其职,管中牌诸寨,属八寨同知
	下牌外委土把总杨先荣	土司系都匀县人,雍正十三年(1735)征苗有功,授任其职,管下牌诸寨,属八寨同知

资料来源：道光《黔南职方纪略》卷八《土司下》。

表2的柳利外委土千总杨文辉、那磨外委土千总杨政衍、柳榜外委土千总曾继美、旁洞土千总杨昌玺、番乾外委土把总杨政和、高坡外委土千总周国相等为贵州邛水司人,邛水司属今三穗县,时为镇远府辖,出任土司地为清江通判,属今雷山县。其中,高坡外委土千总周国相出任土司地为今台江县。而

返号外委土把总王锡珍系湖南武冈州人，武冈州属今湖南省武冈县，出任土司地为今贵州雷山县。南市外委土千总赵良佐为湖南靖州人，靖州属今湖南省靖州县，出任土司地为今贵州雷山县。归仁营外委土千总白登科、顺德营外委土千总张纯熙等为独山州人，独山州即今独山县，出任土司地为今都江县等。仕宦任职与军事镇戍移民一样，都是为了巩固雍正朝开辟黔东南苗疆的成果。但土司带有明显的土皇帝性质，有其固定领地，可以承袭和自署职官，但其"派累、庇纵、私刑"等不法行为，会激化民族冲突，故清廷也制定了相关法令规范，以遏制其违法行径。

（三）自发流移

贵州黔东南苗疆历史上属常绿阔叶林带，珍稀楠杉繁多，所产林木闻名全国。清《苗疆闻见录》"苗疆木"项载，"苗疆木植，杉木为最，产于清江南山者为佳，质坚色紫，呼之曰油杉"。光绪《黎平府志》卷三下《物产》载，苗疆杉木，"入土不腐，作棺不生白蚁，外腐心不朽"等，林业经济兴盛，必然诱使外来商旅、技术工人的迁入。

1. 外来商旅、技术工人

外来商旅、技术工人是黔东南苗疆林业经济发展中重要力量。清《苗疆闻见录》载，是区"木商出入，彼此呼为同年"。乾隆《黔南识略》卷二十一《黎平府》载，"茅坪、王寨、卦治三处，商旅几数十万"。道光《黔南职方纪略》卷六《黎平府》载，"客民之贸易者、手艺者，邻省邻府接踵而来，此客民所以多也"。材料中"客民"包括商旅和手艺者。"手艺者"，即懂林业管护的技术工人，清水江文书言及的"栽手"就是。他们长久在此租佃林地，从事林业生产，久而久之，也侨居当地了。关于外来栽手与佃种林木的关系情形，参见契约1、契约2、契约3：

契约1

　　立租典字人湖广省黔阳县蒋玉山、景春兄弟，因佃到文斗下寨主家姜朝瑾、朝甲兄弟等之山，土名坐落纠坏。此山上平姜朝琦山，下平路，左平朝瑾本山，右平冲，四至分明。佃与蒋姓种粟栽杉，盲定五股均分，地主占三股，栽手占二股，限定五年木植一起成林，如若不成，栽手毫无系分。玉山、景春自愿将先年佃栽姜光前污救略之山栽手（股）做抵。倘有不成，任凭朝瑾弟兄仰当管业，而蒋姓兄弟不得异言。今恐人信难凭，特立佃当字为据。

凭笔中　姜光士

嘉庆十九年（1814）七月十六日　立①

契约2

　　立租帖人蒋玉山，今租到文堵寨姜国柱、姜大集、姜廷理、姜映辉、姜光长、姜通圣等之山，

---

① 贵州省民族事务委员会贵州省民族研究所编：《贵州"六山六水调查资料选编"（苗族卷）》，贵州民族出版社，2008年，第199页。

坐落地名眼安山，挖山种杉。限至三年一概种齐，不得荒芜。若有荒废，自愿将到先年租栽姜廷理等番列之山栽手之分做抵，任从管业，蒋姓不得异言。恐口无凭，立租佃字是实。

外批：此山照依木客所砍之处耕种，又不得越界妄种，又不许在山内起坐屋。

凭中　姜大相　光士
代笔　杨霞东

嘉庆十八年（1813）八月初六日　立租字大发①

契约3

立讨字人会同县山一里七甲唐如连，今因家务贫寒，盘移贵州黎平府平鳌寨，问到惟周之山耕种包谷。岩梁斗寸，无法起朋。惟周同客相求姜兴文兄弟等之山，土名格里党，起朋住坐。日后客人多事，在与惟周、客人二人一面承当，不与兴文兄弟相干。外有，挖种杉木，不要挖根打袴，如有打袴，不许客人挖种。今欲有凭，立出字为据。

凭中　姜化龙　林必富
子笔

嘉庆□□年四月初日　立②

以上三件契约反映问题有三：一是蒋玉山、蒋景春、唐如连等皆为到苗疆佃种杉木的湖南籍栽手。黔阳、会同二县均与黔东南苗疆相邻，他们来此佃种杉木，足见当地林业经济兴盛。此外，来到这里佃种杉木的栽手还有江西籍的③，黔东南苗疆不同县份的栽手亦有到他县佃种杉木者，如丹江厅人、台拱厅人到锦屏县栽杉者，查阅已出版的100余册清水江诸县文书，涉及此类移民文书量达数百件之多。二是杉树生长周期为20—25年，积蓄成材须经数年刻苦经营。蒋玉山兄弟在此有多处"栽手股"作为抵押财产，可以说明，他们侨居此地已多年。三是契约提及了黔东南苗疆榔规款约管理机制，如契约2中言，挖山种杉，"限至三年一概种齐，不得荒芜。若有荒废，自愿将到先年租栽姜廷理等番列之山栽手之分做抵，任从管业，蒋姓不得异言"等，这就是下文言及的维护外来移民与山主权益之习俗管理了。

除了佃种林木外，由于苗疆林木经济的发展，加上有清水江、都柳江水利之便，古州（今榕江县）成了水陆通衢，"广东、广西、湖南、江西贸迁成市，各省俱建会馆，衣冠文物，日渐饶庶，今则上下河街，俨然货布流通，不减内地"。黎平府属各厅县，不填丁口客民，达7502户，"苗光则地近清水江，今已汉多苗少"④。这些外来移民由于经济实力雄厚，通过认"同年"诸方式，逐渐融入了当地的民族生活中。李宗昉《黔记》卷三载，清江黑苗与"汉人通商往来，称曰同年"。与当地人认同年的外地人商人，由于社会影响大，有的还成了文书书写中的重要群体"客家中人"。

---

① 贵州省民族事务委员会贵州省民族研究所编：《贵州"六山六水调查资料选编"（苗族卷）》，贵州民族出版社，2008年，第199页。
② 王宗勋主编：《锦屏文书研究论文选集》，世界地图出版社，2015年，第15页。
③ 朱晴晴：《股份制的移民共同体——清代清水江下游的移民会馆与区域社会》，《原生态民族文化学刊》2010年第4期。
④ （清）罗绕典：《黔南职方纪略》卷六《黎平府》，贵州人民出版社，1992年，第323页。

2. 矿业移民

铅是重要的铸造钱币和制造枪支弹药的材料，为政府重视。黔东南产铅、金、银等矿。清徐家干著《苗疆闻见录》一书载，"凯里东南三十里有铅厂，产铅。楚军进驻苗疆，采铸炮弹"①。田雯《黔书》卷下载，"清平凯里香炉山之阳，有铅穴焉，深可二三丈，再深则倍之"。吴振棫《黔语》卷下载，凯里一带葛藤坡、赖子坡、龙井耳铅厂，"岁抽课凡一万三千四百斤，乾隆间，每岁尝四五十万斤，近者十余万斤矣"。"商贾贸贩由厂陆运至龙头河（凡三十五里），由龙头河水运至清江厅，而洪江、而常德、而汉阳，凡四十八程，汉商而转贩，遂达于四方矣。"清代贵州的铅被称为京铅，为全国瞩目，必然会导致大规模的外来移民的迁入。此外，黔东南苗疆还盛产金、银诸矿，具体见下文。

（四）其他

黔东南苗疆雍正朝开辟前为"生界"，开辟后，朝廷在此置卫所，施行苗疆禁令，在当时很长一段时间成了西南较为稳定的地区，这些条件自然成了移民的选择地和庇护所。乾隆《黔南识略》卷二十二《下江通判》云："嘉庆中黔楚军兴，有镇筸、铜仁红苗窜入其中，诡为生苗佃种地土。红苗故黠，而生苗故暗，未之觉也。后遂稍稍侵占，阴埋碑记于土内，给生苗共掘之，指为祖业，生苗无以解。于是生苗老果等始悉其众以逐红苗，势颇汹涌，经有司访闻，会同文武立时弹压，押红苗归故土，而罪生苗杀红苗者，以是得安堵，此道光三年（1823）事也。"这是一桩反映湖南镇筸、黔东北铜仁诸地红苗，因嘉庆黔楚军兴，而移居古州黑苗地者。另还有外来起义首领，窜入其地者。如《苗疆闻见录》"李七"项载，"苗酋张臭迷（张秀眉）等既作乱，有伪翼王石达开旧党广西人李七者，由四川遁入为划策，张酋重倚之"等。材料中的李七，即李文彩。因排行第七，故称。广西横州（今横县）上南狮子村人。道光三十年（1850）起义，旋被招抚，仍暗中运筹起义，并号召永淳县十三屯佃农起义。先后进攻横州、灵山等地，又投靠陈开在浔州建立的大成国，封定国公。攻下横州、永淳、南宁等地。咸丰八年九月，由桂北怀远县梅寨入贵州，加入石达开太平军，封亲天燕。同治元年与太平军李福猷部从贵州边界入四川，欲与石达开分路入川，达开败大渡河后，遂退还川、黔、湘边区，并入黔活动于黎平、古州、平越、都匀等地，与张秀眉、潘名杰苗族起义军、黄号军等协同作战，乌鸦坡大战后不知所终。② 以上两类移民可以视为因战争迁入黔东南苗疆者。

值得注意的是，黔东南苗疆移民还包括"汉奸、奸民"群体，所谓"汉奸、奸民"主要是指蛊惑苗民对抗朝廷，以及迁往苗疆使用欺骗手段，巧取豪夺苗民土地、财产的客民。③ 雍正《平苗记略》载，苗疆开辟时，鸡摆尾苗头称："吾属已割木刻，欲即投诚纳赋。有汉奸曾文登者为道，'汉兵自古不渡河，诸葛武侯曾与立石为信。汝辈不宜纳粮。若今岁纳一两，明岁即须纳十两，且将丈田供役。'吾属愚昧，

---

① （清）徐家干：《苗疆闻见录》，吴一文校注，贵州人民出版社，1997年，第151页。
② （清）徐家干：《苗疆闻见录》，吴一文点校，贵州人民出版社，1997年，第225页。
③ 张中奎：《改土归流与苗疆再造：清代"新疆六厅"的王化进程及其社会文化变迁》，中国社会科学出版社，2012年，第50页。

妄信其语，遂与公鹅合榔。实属为渠所误。今当缚献赎愆。"《苗疆闻见录》载，"苗疆向有汉奸，往往乘机盘剥"，"日久恨深，则引群盗仇之，而乱机遂因之而起"。乾隆《黔南识略》卷二十一《黎平府》云，黎郡多盗，"楚鄂奸民，往往混迹于工匠之内，恣为抢劫"等。此类移民自然为清政府重点抓捕和驱赶之对象。

由上可见，有清一代，黔东南苗疆移民类型多，成分各异，加之时为特殊政治敏感区，政府一旦管理不慎，就可能引发民族冲突，危害到雍正朝开辟苗疆成果，故引起了清廷的高度关注。

二、民族关系的有效处理

如前文所言，有清一代，黔东南苗疆外来移民规模大，成分复杂，稍不注意，就有可能演变成新一轮的民族冲突，故清廷针对不同性质的移民，制定了一套维护社会稳定、促进社会经济发展的积极措施，最后破解了这一难题。

（一）政府处理

从文献记载看，军事镇戍之屯军因其特权优势，垦殖可能会引发"尽夺苗民衣食"之冲突，故乾隆十七年（1752）七月初二日硕色奏，"屯军与苗疆相错，凡所谓山头地角附近屯田者皆苗地也。既经分设屯粮，相安已久，一令开垦，将来越界占垦无已，必有借此侵占苗田生事起衅者，若谓屯田生齿日众，苗人又何独不然？此时虽为隙地，至开垦之后，必不甘心，争夺之端由此而起，是所补于屯军者甚微，而关系苗疆者甚大，不可因屯军一时之感激而不为苗疆久远计也"[①]。为杜绝后患，苗疆开辟者张广泗言，"屯军初到，妄行越界侵占苗人田土、山场，或砍伐苗人竹木，若不严行查禁，将来互行结控，势所不免。嗣后如有屯户人等敢于划定界址之外，侵占苗人田土、山场，并砍伐苗人竹木，或被苗人首告，或经该管卫弁查出，定将该屯均照盗耕种他人田者计亩论罪，强者加一等律治罪，仍追所得花利给主，革除屯军，递回原籍安插。将所遗军田房屋，另照顶补，如百户、总旗、小旗失于察觉，严加惩处，徇隐不报者，照依本犯，一例治罪，倘该管卫弁失于察觉，并徇隐不报者，一并照例参处"[②]。鄂尔泰亦说，"如有屯户人等敢于划定界址之外，侵占苗人田土、山场，并砍伐苗人竹木，或被苗人首告，或经该卫弁查出，定将该屯军照盗耕他人田者计亩论罪，强者加一等律治罪……革退屯军，递回原籍安插"等。基于上述，乾隆十五年（1750），贵州巡抚爱必达说，"新疆一带各苗寨，令地方官稽查，不得听汉人置产，亦不许潜入其地"[③]。此处的"汉人"是指可能危害到苗民社会稳定的奸宄之徒。清廷采取的这种屯军与苗隔绝之举措，"目的是缓解大量屯军所导致的土地危机，特别是防

[①]《清高宗实录》卷四一八，乾隆十七年（1752）七月上，中华书局，1986年，第14册，第472页。
[②] 中国第一历史档案馆、中国人民大学清史研究所等编：《清代前期苗民起义档案史料》上，光明日报出版社，1987年，第241—242、260页。
[③]《清高宗实录》卷三六二，乾隆十五年（1750）四月上，中华书局，1986年，第13册，第985页。

止欺诈、蒙骗苗人山林、土地等财产,激化社会矛盾,避免随时可能爆发的苗乱民变事件"①。从治理后果看,成效显著。

针对汉奸诸奸宄之徒,方显在其《平苗事宜十六策》"除汉奸"项言,"苗人本易反覆,汉奸每潜往煽摇,苗人必愈形反复"②。故朝廷对危害地方之汉奸,直接采取抓捕,杀之之策。《朱批谕旨》载:"细讯汉奸曾文登挑唆被杀事由。据供:苗等原割了木刻,要来投降。是曾文登说,你们不要去见,不要上粮。若今年上一两,明年就要上十两,还要丈田当差。所以听了他的话,实是被他误了,今定当缚献等情。随立将曾文登并伊妻子共六名口,缚献来营。严讯之下,俱直认不讳,即令于行营枭首示众。该犯家口应酌赏出力弁兵,现解镇远府禁候。"③《平苗纪略》亦载,鸡摆尾苗头"旋即缚汉奸曾文登及妻子六人,献大营。显讯之,文登直吐不少讳。遂枭文登于行营,送其孥下郡狱"④。此外,清廷还依靠苗疆卫所力量,禁约汉奸,播弄构衅,又以查察熟苗私入勾引朋比为伍,以防止汉奸蛊惑苗民。

对于仕宦任职的土司,为防范其"派累、庇纵、私刑"等情形,地方政府严禁土司勒收兵谷,严禁土司擅受民词及擅收钱粮等。如《严禁土司擅受民词及擅收钱粮碑》载,道光八年(1828)九月二十八日,奉巡抚抚部院嵩、布政使祁连批,"据贵西道周禀请示禁土司、土目、土弁派累、庇纵、私刑各条等情,奉批如详,通饬各属一体遵照,出示晓谕告","计抄详内开:查土司、土目、土弁等,原为约束苗众、稽查奸宄之徒而设,至于钱粮、夫马、差役以及苗民词讼事件,俱归地方官经理,土司、土目、土弁不得干预"。"私刑一条:查苗民一切词讼应付地方衙门控理,土司等不得干预,即苗民中有实系奸宄不法之徒,原许土司等拟请禀送地方官衙门听候究办。据称,近来各土司竟敢自行听讼,私设刑具,并有重枷、大链以及棒、棚子等名,种种残虐甚于官刑。大干法纪等情,应札各府、州、县亲赴所属各土司等家,逐一严查。如有以上情弊,即将该土司严行枷责。嗣后,苗民一切词讼,悉令地方官断,不得干预。倘再行擅理,私设刑具,即行详革,照例究办,不准袭替。且各府、厅、州、县耳目较劲,土司、土目、土弁等之是否安分守法,应即责成各府、厅、州、县不时稽查。倘地方官明知故纵,狥庇不办,别经告发或被访闻,一并严参"⑤ 等。碑文规定实乃政府限制土司不法行为之法令,一定程度规避了土司"派累、庇纵、私刑"等事件的发生。故《黔南职方纪略》卷七《土司上》载,"明代土官,皆生杀自恣,其小者犹能以虐政害其所部苗民",今"有大狱讼,皆决于流官","往时虐政减除殆尽"。

商旅目的就是盈利,盈利就需要市场的稳定,故朝廷设屯堡于苗疆要害市汇之处加以防御。《苗疆闻见录》载,"施洞口在镇远府南六十里,台拱辖其境,后倚高山,前临清水江,中饶平衍,周数里八梗峙,其西偏寨附,其东沙湾岩,脚巴团、平地营蔽其前,九股河依其后,向为苗疆一大市会,人烟繁杂,设黄施卫千总驻之"⑥ 等。

对从事无序之矿业开发之移民,地方政府直接采取了行政干预,以靖地方事。清乾隆年间的《贵州

---

① 张新民:《开拓契约文书与地方社会研究的新空间》,《人文世界——区域·传统·文化》(第六辑),巴蜀书社,2015 年,第 16 页。
② 马国君:《平苗纪略研究》,贵州人民出版社,2008 年,第 131 页。
③ 中国第一历史档案馆、中国人民大学清史研究所等编:《清代前期苗民起义档案史料》上,光明日报出版社,1987 年,第 40 页。
④ 马国君:《平苗纪略研究》,贵州人民出版社,2008 年,第 176 页。
⑤ 安成祥:《石上历史》,贵州民族出版社,2015 年,第 53—54 页。
⑥ (清)徐家干:《苗疆闻见录》,吴一文点校,贵州人民出版社,1997 年,第 262 页。

黎平府（严禁矿业开发）告示》对此描述甚深，《告示》云（见契约 4）：

契约 4

　　贵州黎平府正堂加五级纪录十五博，为严行封禁，以靖地方事，照得靖属民人杨正举等具报，龙里司属婆洞等寨池名乌斗溪产有银矿，禀请开采一案，业经本府札饬龙里司前往查看，兹据该土司申报前来，随经本府核批，据详该处盗采已横进五尺余，直下二丈余，已非一日之功，该土司何得诿为不知。既经查有棚舍并盗采肖名魁等，自必设有炉产器具，即拿解何以仍听栖止，殊属不合，仰即选择干练弓兵协同来役客拿肖名魁、蒋才佐、林万达、周兴朝、杨正举等到案亲讯，如有一名纵脱，惟该土司是问，此缴等因批示在案。查乌斗溪地方周围俱系苗寨，丛山峻岭，奸宄易藏，除将周兴朝等责惩外，合行出示晓谕严行封禁。为此示仰龙里司属婆洞等寨民、苗人等知悉，即将私挖之洞口填塞，毋许本地人民勾通外省奸民潜至乌斗溪私开、私挖。如有不法之徒潜往盗挖，尔等各寨头人即行禀报，以凭严拿究治。尔等亦不得附和私开，如敢故违或经访问或被禀报，一并按例究办，决不姑宽。各宜凛遵、毋违，特示。

　　右仰通知

乾隆五十八年（1793）八月十九日　示

告示（押）

发加池寨实贴晓谕①

材料中"靖属民人杨正举"，即湖南靖州人杨正举。"外省奸民"，即前文所言的"汉奸"群体。"龙里司"，即龙里蛮夷长官司之省称，司治在今锦屏县东南隆里乡龙里司村。清代时辖有文斗、高表、岩湾、加池等 50 余寨。该土司领地内盛产银矿。矿业开发地为冲突易发敏感区，为防患于未然，官府直接怪罪龙里土司，并令其捉拿"肖名魁、蒋才佐、林万达、周兴朝、杨正举等到案亲讯，如有一名纵脱，惟该土司是问"。同时，还规定"毋许本地人民勾通外省奸民潜至乌斗溪私开、私挖。如有不法之徒潜往盗挖，尔等亦不得附和私开，如敢故违或经访问或被禀报，一并按例究办，决不姑宽"。从整个案件的处理过程看，体现了朝廷在矿产资源开发进程中，对奸民引发社会动乱的高度警惕和积极应对。

（二）民间管理

　　政府管理具体是应对那些具有特权优势的屯军、仕宦，以及蛊惑苗民对抗朝廷，巧取豪夺苗民财产土地的汉奸、奸民群体。而对于民间合法客商、技术工人等群体，因其直接与苗民发生经济联系，故朝廷采取依靠民间社会直接管理，政府只是作为纠纷的调停方罢了，这种民间管理模式，根据管理形式可分为契约管理和习俗管理。

---

① 张应强、王宗勋主编：《清水江文书》第一辑，广西师范大学出版社，2007 年，第八册，第 184 页。

1. 契约管理

契约是约束人与人之间的书面凭证，内容涉及订契人姓名，订契事由，双方权利义务，以及违规后处置方式等。从目前出版的100余册清水江文书内容看，对于投到当地侨居的移民群体言，苗疆内各民族居民都采取了积极的态度，并以契约形式加以管理，具体参见契约5：

契约 5

  立清白投字人龙梅珍、陆富宇二姓，为因徙外，无地方安身，立意投到文斗寨界内，地名中仰住居。蒙众头公姜祥元、姜现宇、姜隆宇、姜科明等，把我二姓安身，大家相为邻寨兄弟。自投字之后，勿论前后左右，寸土各系文斗地界，我陆、龙二姓不过借以安居，莫生歹心。如肯出力，勤恳挖掘者得吃上层之土皮，倘蒙伯占之心，天神鉴察，假文斗众等不许挖动者，抑天神鉴察。所有管不到之处，任凭中仰打草、打柴过活。挖种、收租等情，如弟如兄，大家不使以强欺弱。恐日久人心不古，立此清白投字为照。

代笔中 陈艾宇
康熙二十三年（1684）正月十五日①

从契约5看，"龙梅珍、陆富宇二姓"家族为典型外来移民，一方面文斗寨姜姓家族对此进行了积极收留安置，一方面对可能发生的事情，以契约形式进行规范，以保持地方的稳定。这样促进了林业的规模种植，又推动了黔东南苗疆的经济建设。此外，还有一些外来移民在当地娶妻生子，并侨居者。黔东南苗疆土地为家族公有，不准外流，因此侨居当地的外地人亲人去世后，还得讨阴地安葬，这也得靠契约来完成，具体参见契约6：

契约 6

  立讨阴地字人欧庆丛父子，今因发妻杨氏凤云亡故。庆丛回衡家中无主事权，收杨氏错葬于杨有友、杨金丛山内，念在至戚不忍迁退，冥名两感，恳求一恩再恩，并赐周围横直宽长，每方三尺（上下左右每方余地三尺），自讨地之后，每年祭祀永远挂扫、修整坟墓，笠（立）碑丈尺之内，两无异言。恐口无凭，立此讨地契壹纸为据。

  杨泮祥（押）杨光中（押）

  杨均孝（押）杨分科（押）

  舒凤玉（押）邹义卿（押）

  面请 邹义卿 代书

光绪□□年壬午元月廿二日 立讨地人 欧庆丛

契约6中的"讨"，意为索取、祈求。"字"，即契约。"讨字"含有获得别人同意，以获取某项权利而专门书写的契约。"阴地"，即用来埋死者的坟地。"回衡家中"，指当事人回到自己故乡衡阳，与宗族商

---

① 陈金全、郭亮主编：《贵州文斗寨苗族契约法律文书汇编——易遵发、姜启成等家藏诉讼文书》，人民出版社，2017年，第231页。

议接纳亡妻安葬一事。"无主事权",因欧庆丛长期离家客居,即使回到故乡,也暂时无法得到自己所希望的关照,故当事人欧庆丛陷入了万般无奈的境地,才转而求助于自己侨居地的乡邻。"错葬",此处当理解为临时性的安葬,因为是临时性安葬,而契约的用意正在于将临时性的安葬改为正式安葬。"至戚",最亲爱的人,此处指亡妻的安葬没有正式落实。"迁退",迁移安葬。"一恩再恩",这里是指允许暂时安葬,此为一恩,现在进而要求正式安葬,故称再恩。订立此份契约的法律意义,在于立契人获得了别人的同情,得到了一片安葬亡妻坟地的使用权,但没有支付任何钱财代价,而契约的另一方,也就是提供坟地者,却要承诺永远保护这一坟地——笔者按。通篇契约表达的是人与人之间的关爱和同情,特别是对外乡人的照顾,这体现了当地社会风尚一个值得称道的侧面。

2. 习俗管理

对于政府和契约一时难以治理的移民纠纷事宜,朝廷采取了"苗事不明",照依"苗例"的处理原则。随着黔东南林木经济兴盛发展,导致外来商旅与当地林农富户联手,以经营林业事宜。这就可能出现债务追索,"捉白放黑"习俗就是一例。《百苗图》"黑仲家"载:"(黑仲家)在清江所属,以种树为业,其寨多富。汉人与之往来熟识,可以富户作保,出树木合伙生理,或借贷经商,不能如期纳还,不妨直告以故,即致亏折,可以再行添借。倘被掯骗不能出外追讨。则访原保祖坟,夜执火,掘取骨骸,将红旗书掯骗姓名,插于坟前而去,谓之'扯白放黑'。如原保子孙追赏,仍还其骨。邻近野墓多受其害,今则设有连环保。此风近亦息矣。"① "黑仲家"即清水江流域侗族林农,他们主要分布在今剑河县和锦屏县等地,这一地区的林业经济发达。"捉白放黑"中"白"指"尸骨","黑",即活着的人。内容是指林农通过挖掘拖欠债务人先辈尸骨来追讨债务。原因是"黑仲家富户在与汉人往来熟识后,可相互作保,出树木合伙生理……倘被掯骗不能出外追讨"。此类习俗在处理黔东南苗疆苗民与移民经济问题体现尤突出。值得一提的是,追债人会在坟头留下追债原因、追债人姓名、和解方式等,表面看有伤地方风尚,但都为双方确认。针对这一问题,政府结合民间实际又设置了连环保,一方面消解了社会的不稳定因素,维持了社会风尚,一方面又促进了当地的社会稳定、经济发展,巩固了雍正朝开辟苗疆的成果。

值得一提的是,对于外来移民关系的处理,其实黔东南的榔规款约也为政府所许,故在契约中都有榔规款词。如"限至三年一概种齐,不得荒芜。若有荒废,自愿将到先年租栽姜廷理等番列之山栽手之分做抵,任从管业,蒋姓不得异言"。"所有管不到之处,任凭中仰打草、打柴过活。挖种、收租等情,如弟如兄,大家不使以强欺弱"等。民间管理反映了清廷尊重苗疆内各少数民族文化与内地差异,用民间社会认同的契约、习俗诸方式巧妙地解决了当时甚为棘手的外来移民与苗疆各族居民可能发生的民族冲突问题。

三、规避移民负面影响后的社会成效

清廷针对黔东南苗疆不同类型外来移民可能引发的社会冲突,采取了积极应对举措,巩固了苗疆开

---

① 李汉林:《百苗图校释》,贵州民族出版社,2002年,第171页。

辟的成果，保证了黔东南苗疆社会稳定、经济发展，提升了民族对国家的认同。

（一）维护了社会稳定，促进了经济发展

黔东南苗疆"广袤二三千里，户口十余万"，介入贵州与广西间。开辟前，鄂尔泰指出，贵州苗患甚于土司。开辟后，朝廷于"古州等处安设九卫屯兵，行之六十余年，至今相安"。可见，苗疆卫堡的设立为当地社会稳定提供了强有力的保障，进而促进了黔东南苗疆经济迅速发展。就苗疆卫堡屯田言，具体情况见表3。

表3　黔东南苗疆卫所屯田及粮税概略

卫　名	屯田粮税概略
古州左卫 古州右卫	上田六千三百三十六亩，每亩征米一斗，共征米六百三十三石六斗，中田一万一千一百六十亩，每亩征米八升，共征米八百九十二石八斗，下田六百八十亩，每亩征米六升，共征米四十石零八斗，计上中下三则田共一万八千一百七十六亩，共征米一千五百六十七石二斗
八寨卫	屯田五千三百二亩九分有奇，额征米四百八十九石三斗二升五合二勺
丹江卫	屯田五千二百七十四亩六分有奇，额征米五百一石四斗一升三合三勺
凯里卫	屯田六千五百六十六亩一分有奇，额征米六百二十四石七斗九升九合六勺
台拱卫	屯田七千四百二十六亩有奇，额征米六百四十七石二斗四升一勺
黄施卫	屯田五千二十九亩三分有奇，额征米四百五十二石五斗五升七合八勺
清江左卫	屯田七千六百九十七亩九分有奇，额征米六百九石九斗四升二合七勺
清江右卫	屯田七千六百七十三亩九分有奇，额征米六百七石五斗四升二合

资料来源：光绪《古州厅志》卷三《田赋志》。

由表3可见，苗疆九卫作为屯军垦殖的重要力量，加快了黔东南苗疆的开发，扩大了卫所粮食来源。

值得一提的是，黔东南苗疆为山区，这样的地区很适宜发展林业，雍正朝开辟苗疆后，由于有屯军的保障，这里的林业经济成了贵州山地经济的发展典范。（道光）《黔南职方纪略》卷六《黎平府》载，黎郡"杉木、茶林到处皆是"。（同治）《平黔纪略》卷八载，"黎平属素产杉木，亦委官绅设局采办，封山伐木运售，山主木主或酌给价值，或谕令捐输"。（光绪）《黎平府志》卷二《山水》载，府境"遍山皆杉"，"杉木岁售百万金。黎郡产木最多，……则遍行湖广及三江等省，远商来此购买，在数十年前，每岁可卖二三百金，今虽盗伐，亦可卖百余万，此皆产自境内。境外则为杉条，不及郡内所产之长大也。黎平之大利在此"等。据研究，黔东南重安江"木材经营兴盛时期，古州木行商号多达数十家，不少人因经营木材盈利银两数十万至百万不等。咸丰年间，福建赖学相怀资白银数十万两进入县境，于县城下河街设立万福隆庄号，主营木业，榕江木材市场为其垄断一时，获利甚巨。光绪初年，福建商人赖成泰与广商刘成发在榕江经营木材，各人赢利十余万"①。光绪十年（1884），"粤商曾裕昌木号，收购榕江八匡和从江下江一带木材，获利甚巨。光绪十四年（1888），广裕发、启利祥木号，由长安合资来榕江专营木材，各获红银三四十万两"等②。

---

① 贵州省榕江县地方志编纂委员会编：《榕江县志》，贵州人民出版社，1999年，第513—514页。
② 黔东南苗族侗族自治州地方志编纂委员会编：《黔东南苗族侗族自治州志·林业志》，中国林业出版社，1990年，第196页。

（二） 民族互融，破解了民间纠纷

有清一代，政府对黔东南苗疆移民治理有效，促进了民族互融。《苗疆闻见录》载，苗疆"有汉民变苗者，大约多江楚之人懋迁，熟习渐结亲，日久相沿，浸成异俗，清水江南北岸皆有之，所称'熟苗'，多半此类"①。江楚，范围包括今江西、湖南、湖北等地。这部分外来江楚人，因长期与苗民生活，成了一支熟悉苗文化又认同苗族文化的群体，反映了民族间的相互通融，相互认同。目前，诸多学者在黔东南调查发现，这里的少数民族都认为自己是江西人，如施秉县刘姓苗族认为，自己本是湖南衡阳人，祖上于清代末年随屯军于此，在苗疆生活后，也就成了地道的苗族。后来，他们还到湖南衡阳认祖，竟然还找到了宗族成员，这一证据，无疑证明了历史记载的真实。

由于与移民互动交流，新辟苗疆俗陋民淳，向化日久，婚丧渐易夷风。内地的寺庙文化亦为当地少数民族认同，进而还成了他们祭祀之神。如天柱县《嘉庆垄处大冲修南岳庙碑记》载，"南岳者，殷周时人也。在生固具忠君爱民之心，为神即有捍患御灾之力，故自古及今，不惟大都钜邑，即穷乡僻壤，莫不为庙以奉之。柱邑居黔之南，而亦楚之属也，南岳为楚名山，而其神为楚所祀，居其地者，祀其神，非是之谓乎。大冲袁姓自江西发迹居斯，明万历间先人立一庙于阶，右坎以栖其神，百年余每春秋二祭，皆各有其处以奉之"②。垄处为今天柱县下辖一乡镇，历史上为苗侗民族的生息区，而在嘉庆年间，已经对内地的南岳庙甚为信仰，进而大规模修建南岳庙。值得一提的是，随着外来移民涌入苗疆，内地城隍庙亦得以规模建立，成了黔东南苗疆各族居民鸣神核夺纠纷真假的场所，具体见契约7。

契约7

立平心合同字人本寨姜开文叔侄，因与世道弟兄所争皆楼脚油山埂下杉木一行十二根，又争从皎杉木一行，二比争持不定，请中姜光秀等理论，奈是非难明，各自愿投城隍老爷台前，宰鸡鸣神，核夺真假，凭中先断从皎土木一行着开文叔侄永远管业，又先断油山埂下土木一行着世道弟兄永远管业，日后另栽，不许霸占寸土，如有霸占滋事，立合同一纸存照。

凭中　姜之连　光秀　范绍昭
道光二十二年（1842）六月二十一日立③

材料反映的是在城隍老爷台前，宰鸡鸣神处理林木纠纷事宜。"城隍"属道教之神，明太祖洪武年间规定各府州县祭祀城隍神，将其视为"剪恶除凶，护国保邦"之神，有所谓"神之亲民者莫如城隍，犹官之亲民者莫如守令"之说。天柱县《康熙重建城隍庙碑记》云，"人藏其心，不可测也。测之，惟神。顾神非测也，目不烦观，视于无形，耳不烦听，听于无声，喜怒不呈于色，赏罚不出于口。而善则赐之

---

① （清）徐家干：《苗疆闻见录》，吴一文点校，贵州人民出版社，1997年，第175—176页。
② 政协天柱县第十三届委员会编：《天柱古碑刻考释》（下），贵州大学出版社，2016年，第8页。
③ 张应强、王宗勋主编：《清水江文书》第一辑，广西师范大学出版社，2007年，第一册，第48页。

百祥,恶则赐之百殃"等。故当地人有纠纷之事,当然会"自愿投城隍老爷台前宰鸡鸣神核夺真假"。

(三) 文化交流,提升了国家认同

《苗疆闻见录》载,熟苗"家不祀神,只取所宰牛角悬诸厅壁,其有天、地、君、亲、师神位者,则皆汉民变苗之属"①。"熟苗",即前文的汉变苗群体。材料中的"天、地、君、亲、师神位"代表了移居苗地内的民族长期认同的华夏民族价值观,这种民间社会自动形成的风规礼俗,几经王朝更迭而始终不改。② 外来移民来到苗疆后,此礼俗也为许多苗族仿效,如台江施洞附近的苗族人家就都有这种神位,可见汉苗文化交流之一斑,进而也体现他们对国家的认同。

国家认同,还可从黔东南苗疆保存下来的民间汉文契约和苗民子弟入学接受内地教育得以体现。黔东南苗疆在开辟前,社会传统教育主要为"讲约教育",受内地文化教育影响甚小。今锦屏文斗寨苗族,万历年间,他们也"只知开坎砌田,挖山栽杉,不肯迎师就读,搬子求名,问之四礼,皆昧然罔觉"。贵州八寨"所属苗人,不知读书为何事",开辟之初,"无一人入场应试"。古州"苗人素不识字"等。目前从已经出版的黔东南苗疆诸县 100 余册文书中汉字的使用和书写的规范程度,可以看出汉字在该地得到了高度认同,官方契约书写形式已经和内地取得一致。就是白契里面也有诸多"禀告鸣官""执官究拟"等字样,反映了苗疆各族居民对王朝礼法的尊重和认同。《柒拾贰苗全图》"木佬"项载,"在都匀、清平者,衣服同汉人","尊敬师长,教训甚严,子孙亦多有读书入泮者"③。《滇黔志略》卷二十九《贵州苗蛮》载,生息在平越、黄平的紫薑苗"颇通汉语,多力善战,间入行伍。更有读书考试者,见之不识为苗也"等,足以表明黔东南苗疆少数民族子弟已经开始系统地学习内地传统文化了,有的还有能力跻身科举考试。

总体来看,随着王化力量的不断拓展扩大,已经大大促进了黔东南苗疆的内地化进程,以前的"苗疆生界",则进入了国家腹地,当年"生苗"成了国家内地的守护者,此不能不言,苗疆开辟后国家经营的成功。

四、结论

黔东南苗疆历史上属于"生界",雍正朝对其开辟后,大规模移民涌入这一区域,移民类型有军事镇戍、仕宦任职、民间自发流移等,来源有军士、官员、平民和商旅之人。移民必然要牵涉土地再分配、社会稳定、民族关系处理诸多事务。一旦处理不好就有可能使雍正朝开辟苗疆的成果毁于一旦,这是当时清朝统治者不允许的。因此,为了处理好移民与苗民的关系、处理好移民与地方经济文化发展的关系,朝廷一方面极力强化苗疆社会的国家行政力量的控制,一方面又针对不同移民类型可能引发的社会危机,

---

① (清)徐家干:《苗疆闻见录》,吴一文点校,贵州人民出版社,1997 年,第 289 页。
② 张新民:《我们应该如何看待传统中国的民间社会信仰——以"天、地、君、亲、师"为中心的文化现象学分析》,《贵州大学学报(社会科学版)》2018 年第 5 期。
③ 李汉林:《百苗图校释》,贵州民族出版社,2001 年,第 39 页。

制定积极的应对方略,如对于移民中势力强大的军士、官员,以及汉奸、奸民群体采取了政府直接干预,甚至不惜武力,而对于合法商旅、平民主要是依靠苗疆已有的民间管理模式加以处理,避免过度激化民族矛盾,对于地方社会稳定、经济发展,以及巩固雍正朝开辟苗疆的成果贡献巨大,进而还建构了和谐的民族关系,使之成了当时贵州社会稳定、山地经济发展典范。因此,整理和研究清朝黔东南苗疆移民及其治理经验,对于今天民族地区建构和谐的民族关系、促进经济发展有着重要的历史借鉴价值。

A Study on Immigration Types, Governance, and Impacts in the Miao Territory of Southeast Guizhou during the Qing Dynasty

Ma Guojun

Abstract: The Miao territory of Southeast Guizhou encompassed the present-day Qingshui River Basin and Duliu River Basin, along with adjacent areas, historically known as the "Thousand Li Miao Territory" (千里苗疆). The Miao and Dong ethnic groups constituted the primary inhabitants. From the Qing Dynasty onwards, with the progressive implementation of the "bureaucratization of native officers" (改土归流) and the opening of the Miao territory, coupled with the expanding scale of planted forestry, this region became a significant destination for external migration. Immigration inevitably involved issues such as land redistribution, social stability, and the management of inter-ethnic relations. Consolidating the achievements of the Miao territory opening during the Yongzheng reign and promoting local economic development became pressing concerns for the Qing government. In response, both the Qing government and local communities actively contributed their efforts, which not only contributed to local social stability, economic development, and cultural exchange but also transformed the region into a model of harmonious inter-ethnic relations and mountainous economic development within Guizhou Province.

Key words: Qiandongnan Miao Territory; 'Shengjie'; immigration; inter-ethnic relations

艺术人类学研究

观念的力量

——建水紫陶风格变化的深层原因探析

马 佳[*]

摘 要 建水紫陶工艺风格表现为集书画、刻填、磨光三大工艺于一身的整体效果,其中尤以书画工艺为重,进而形成了"书画为上"的传统制陶观念。以"书画为上"的工艺成就了紫陶古朴雅致与俊秀素美的整体艺术风貌。随着时间的推移,建水紫陶的工艺风格及艺术风貌发生着变化,尤以近几年为甚,其风格呈现出多样化的趋势。探其深层原因在于制陶人持有的"书画为上"观念及造型技艺观之延续与变化。

关键词 紫陶;风格;书画;造型;观念

DOI:10.13835/b.eayn.31.08

建水紫陶是指一类集书画、刻填、磨光三大特色工艺于一身,制作生产于云南省红河哈尼族彝族自治州建水县境内(碗窑村等地)的陶器。[①]具体的制作工艺流程包括选土、制泥、拉坯、书画、刻填、精修、烧制、磨光。紫陶诞生最迟可追溯到清朝道光年间,历经诞生、完善、成熟阶段,到今天有150多年的历史。三大特色工艺的完美结合使紫陶整体上呈现古朴雅致的艺术风貌。2008年建水紫陶烧制技艺被列为国家级非物质文化遗产,其体现出来的历史价值、文化价值与艺术价值获得肯定。约自2004年起,在家庭式作坊主、企业老板、文化工作者、当地政府的宣传作用力之下,建水紫陶的知名度日渐增强。对之进行的研究也日益增多,主要关涉到历史沿革、工艺特征、美学分析、技艺的传承与保护等。其中,有关工艺/艺术风格特色亦有论文论述,[②]但涉及风格变化,尤其关涉当代风格变化,且深入探讨变化原因

---

[*] 马佳,云南省社会科学院历史研究所(文献研究所)副研究员。研究方向:人类学与物质文化研究、传统手工艺、文化复兴。
[①] "紫陶"一称约在21世纪初兴起,是新近才被业界敲定与被大众所认知的名称。在清朝与民国年间,当时被称为"细陶""文人陶";20世纪50年代至90年代末,被称为"红陶""美术陶"。名称的变动便可以反映出紫陶诞生发展史。本论文为了名称统一,抛开一些争议,使用现在的"紫陶"一称。
[②] 孔明:《"似残非残、有残至美"——论建水陶瓷艺术的"残贴美"》,《装饰》2009年第3期;廖亮、王坤茜:《清末民初建水紫陶艺术风格形成原因探析》,《陶瓷科学与艺术》2011年第2期;吴白雨:《建水陶书画装饰传统的成因及负面影响》,《民族艺术研究》2011年第3期;吴白雨:《建水陶的制作技艺与工艺特色》,《中国陶瓷》2011年第3期;李朝春:《建水紫陶的"残贴"装饰艺术》,《收藏界》2013年第7期;李跃平:《建水陶"残贴"装饰的物化与文人书法审美》,《南京艺术学院学报(美术与设计版)》2014年第2期;聂磊明、梁爽:《建水紫陶装饰工艺的艺术特点》,《红河学院学报》2015年第1期;孙付标:《建水紫陶装饰艺术的品味与格调》,《红河学院学报》2016年第6期。

的较少。① 邹科、张睿认为，审美主体与市场需求变化是紫陶装饰艺术风格变化的原因。② 陈春芬概括性地谈及技术分工、人员构成、专业素质方面的原因。③ 笔者在拙著中指出制陶人社会身份变动、所具有的资本构成数量及比例变化、所持技艺观与文化观的变化促发了建水紫陶从普通器物到艺术陶、文化陶属性的变化，亦论及工艺及整体风格的变化，但着墨并不多。④ 在此，笔者试图依据田野调查所获，对此问题进行凝练地呈现与分析，认为"书画为上"的传统观念与"造型技艺"观念的作用及其变化亦是紫陶工艺风格及艺术风貌变化的深层原因。犹如于贝尔所言："有的因素（技艺与技术）与其说是机械的，不如说是隐性的、无意识的，它们源于特定群体的特征，并且依存于个体存在。它们在群体的整个表征系统中都会有所体现。"⑤ 传统手工艺说到底是一种地方性的知识，持艺者对制作材料、制作方法、制作技能的认知与分类，技艺的实践、身体控制与操练等都受到个人与群体观念的主导及支配。工艺的实践与成果显现或者说落实了这些观念，同时实践与成果也会反作用于观念，形塑与促发新的观念。所以，对传统手工艺的工艺风格变化之研究亦需要关注到人之造物观念的变化。

一、从渐少的"残贴"装饰与渐增的浮雕器物说起

第七届"向逢春"杯建水紫陶大赛于 2012 年 9 月 27 日—10 月 7 日如期在建水举行，参赛作品有上百件之多，涌现出了一批较年轻的制陶新人。新人作品中的"彩填"与"仿生"茶具类引起了关注，也获得了奖励，其中还有将油画、重彩画绘填于紫陶坯体上的作品。诸多"创新"博得评委们的眼球与赞叹。然而，事后，一位资深的紫陶制作大师，兼评委会成员之一，却向笔者提到了一个他思考的问题："我后来发现有些不对劲，怎么我们传统的'残贴'作品少了，你说，哎！我认为创新不是这样一个创法，你有能力可在传统的'残贴'的基础上来研究如何将其做出层次感与立体感来……"⑥

评委口中的"残贴"是建水紫陶传统书画装饰中的一类，是一种装饰风格，即先在陶坯上用毛笔书画字帖、碑拓、信札等形式，待刻后，再用不同颜色的色泥填于刻痕内，使得陶坯呈现出诸如书籍篇章、书法纸张、信札等错落有致叠加在一起，相互掩盖，但略有书写内容透露出的艺术效果及艺术表现形式。此工艺由曾参与到细陶烟斗子及花瓶制作的王永清（1875—1949 年，字定一，清末贡生）首创于建水紫陶上，成为经典的建水紫陶装饰艺术风格，一直延续至今。

---

① 邵靖、田波、王坤茜：《建水紫陶传统装饰艺术的文化新内涵》，《中国陶瓷》2009 年第 11 期；吴雨亭、聂磊明、陈红梅：《云南建水紫陶装饰艺术的文化内涵及其发展趋势》，《郑州轻工业学院学报（社会科学版）》2013 年第 6 期；邹科、张睿：《从"彩填"看建水紫陶的传承与创新》，《红河学院学报》2015 年第 4 期；陈春芬：《建水紫陶文化变迁探析》，《文化学刊》2017 年第 11 期；马佳：《手工艺的延续：对建水紫陶手工业进程的人类学研究》，云南大学博士学位论文，2017 年。
② 邹科、张睿：《从"彩填"看建水紫陶的传承与创新》，《红河学院学报》2015 年第 4 期。
③ 陈春芬：《建水紫陶文化变迁探析》，《文化学刊》2017 年第 11 期。
④ 马佳：《建水紫陶：手工艺进程的人类学研究》，社会科学文献出版社，2019 年。
⑤ M. Mauss 等著，施郎格（Schlanger, N.）编选：《论技术、技艺与文明》，蒙养山人译，世界图书出版公司，2010 年，第 35 页。
⑥ 徐姓评委口述，笔者访谈记录整理于 2013 年 4 月 27 日。

与王定一交好，并曾受其指导的一代紫陶制作大师向逢春（1895—1964年），经逐渐探索与不断练习，习得了残贴工艺，使建水紫陶古雅质朴的艺术风格得以延续，并在其子向福功（1919—1987年）那里得到承接与发扬。遗憾的是，受政治迫害的向福功后期因病未能将书画技艺全部传给徒弟。谭知凡艺人于1973年入厂，跟随向福功学习书画装饰与红陶制作，部分习得了向氏一族的残贴工艺技艺。2005年退休回家后，他办起了个人的陶艺工作室，一直坚持着传统的建水紫陶制作风格，"残贴"制品成为其代表性制品。

图1　王定一书画的残贴烟斗

资料来源：建水县紫陶研究会主编、印：《中国四大名陶——建水紫陶日本京都文化艺术交流展作品全集》，内部资料，2012年，第11页。

建水紫陶的主要特点就在于书画装饰及无釉磨光这两块上。书画讲究的是雅与素朴，这样也才能表现出文人们的气节，文化内涵也就体现在这里了。我见不来那些大花大绿的东西，还有那些现代的人物，看上去一点都不雅。我还是以竹、菊、梅、兰这些花草为主。书法绘画都是我自己创作。毕竟这个是能代表中国传统文化的东西。简单几笔，气势就在了，也不复杂，淡淡的，又还雅。①

有坚持者，亦有勇于创新之人。"残贴"与"梅、兰、竹、菊"题材的文人画，这些能代表紫陶特色的装饰风格常被现代的陶艺家、资深紫陶制作者视为有些"落气"（落后）、"俗气"。与之相对的是"彩填""仿生""素烧"等新装饰风格制品的出现。大约从2012年起，更有一种镂空雕刻工艺的器具出现在紫陶商店中。自2016年下半年起，浮雕壶、浮雕茶叶罐等器物又以急剧增长的速度出现在紫陶作坊与店铺中。有人在唏嘘这些还是不是建水紫陶？持肯定态度的有之，持否定态度的有之。于是有关紫陶特征、创新力度等问题成为拉坯师傅、书画者、企业老板、作坊主聚在一起时常谈起的问题之一。文化精英们发出这样的感叹与疑惑，一种制陶风气传进来，为何碗窑人都容易跟风！而笔者思考的是，这些多样化器物风格涌现出来的更深层次原因是什么？对于传统手工艺而言，这些是否具有普遍性。

二、"书画为上"的传统观念之形成

建水紫陶以书画为主要装饰语言的工艺风格之变化，反映出"书画为上"观念由形成到成熟再到式微的变化过程。而导致此观念变化的因素是复杂的、变动的。在此，笔者将顺着器物风格变化的脉络来一一展开论述。首先，先说明"书画为上"这一观念的形成。此涉及建水紫陶的创生之过程。具体为文人书画者介入紫陶器物的制作中，并成为主控式人物的过程。

建水制陶业大致经历了四个阶段：元及元以前的粗陶瓦货生产制作；元末及明朝的青釉器、青瓷及青花瓷器生产制作；明后期及清初生产粗陶制品；清中后期的细陶/紫陶制作。② 需要强调的是，尽管采

---

① 谭知凡艺人口述，笔者访谈记录整理于2013年4月18日。
② 鉴于目前建水陶器尤其是青花瓷器创制和兴盛年代，学界尚未有定论（有元代说、元末说、元末明初说及明中期说）及陶制品的延续性，故不能进行绝对的断代，只能做大致分期。中国古陶瓷研究会编：《中国古陶瓷研究》第十三辑，紫禁城出版社，2007年。

用如此分期，但粗陶瓦货从元以前直至现在一直生产制作着，即便是生产青花瓷及细陶时期也依然存在。建水紫陶工艺，尤其是坯体成型技艺孕育于粗陶瓷业中，由制作粗陶瓦货、青瓷青花实用器物累积起来的制作技艺成了支撑建水紫陶茁壮成长的"骨架"。清朝中期，民用陶受战乱、社会动荡等因素影响，市场锐减。大致在清嘉庆年间（1796—1820）或是道光年间（1821—1850），为迎合吸食鸦片之风，陶工匠人奇思巧想，发明并制作出一种置于烟杆、烟枪中上端，用于装烟膏的陶泥烟具——陶烟斗。先为粗陶制品，后改进为细白陶制品，具体时间尚不能明确。清咸丰年间（1851—1860），陶工潘金怀将陶土泡水（白泥、黄泥、红泥、青泥、紫泥五种），搅浆过滤成绛红色陶泥，制坯烧成猪肝色或红色烟斗，不上釉，用石料磨光，从而开创了红泥陶生产新工艺。① 还有一说法，认为紫陶是光绪二十年（1894）后，建水县令江西人卢咸顼发明的，但不详其依据为何，有待考证。② 烟斗一经制作出，因吸食鸦片者较多，而占据了内地与外省市场，陶工有利可图。在潘金怀制作烟斗之后，碗窑村陶工张好又改进了陶烟斗的制作工艺，③ 在制作好的坯体上，采用书画装饰（请当地文人王永清书画），而后用刀沿着墨线刻画，然后再用区别于坯体泥料颜色的色泥填于线条凹陷处，称为"阳填"，揎压平贴后，入窑，经高温烧制后，再用石料打磨抛光，即"无釉磨光"，于是集书画、镌刻、填泥、磨光工艺于一体的陶烟斗子就此诞生。除了潘金怀、张好二人外，当时较为知名的制作烟斗的匠户还有被合称为"八家斗"的叶子香、丁吉三、朱南岳、武三省、梁之福、梁柱奇、韩显廷、张玉堂八家。④ "八家"制作的烟斗造型精致，其上书画多为当地文人书画名家所作，内容有唐诗宋词、山水花鸟、人物故事等，纹饰清新淡雅，透着文人的审美趣味。清宣统年间（1909—1911）碗窑村张桂生开办了"玉堂记"陶器厂，红陶烟斗子为其生产器物之一。⑤ 时张时弛的"禁烟"使烟斗产量有所增有所减，制作烟斗的行为有时被禁止。宣统二年（1910）时，建水县知事郑光照曾应政府指令，让陶工（潘金怀、张好、张桂生等人）"手艺改良，制造其他通用工具，以广销路而拓利源"⑥。此后，陶工们逐步增做笔筒、花瓶等器物。之后，随着制作品类扩大，尤其随着参与创作的文人书画者数量的增加，以及陶工匠人们制作技艺的提高，一种以文人书画为装饰语言的陶器风格日渐成型，且趋于成熟完善。

拥有这样一种风格的建水紫陶又被称为"文人陶"，可见文人参与者在制作中的分量。当地的文人及文人书画者参与制作及使用紫陶器物，不仅使得器物的称呼发生改变，而且使建水紫陶器物属性也发生了变化，书画与文人身份、社会地位、象征资本及文化资本间的隐喻性与能动性被成功搬移至陶器上，建水紫陶部分脱离了实用功能层面，转入能进行评鉴的文人艺术之列。至此，视在坯体上书画为关键制作步骤，并将书画之优劣与创作者地位之高低视为上档次陶器的衡量标准与全部内容之制陶观念，即"书画为上"的观念逐渐生成，且成为紫陶制作生产及风格延续至今的主要文化语法。

---

① 时间和创制人均有不确定性，参见建水县地方编纂委员会编：《建水县志》，中华书局，1994年，第394页；杨大庆主编：《红河哈尼彝族自治州轻工业志》，云南民族出版社，1993年，第138页；徐国发：《建水陶瓷史话》，红河哈尼彝族自治州委员会文史资料委员会编：《红河州文史资料选辑》第6辑，1986年，第16页。
② 建水县地方编纂委员会编：《建水县志》，中华书局，1994年，第394页。
③ 田丕鸿：《建水陶瓷》，云南美术出版社，2004年，第88页；李朝春：《云南建水窑陶瓷》，云南民族出版社，2010年，第389页。
④ 李朝春：《云南建水窑陶瓷》，云南民族出版社，2010年，第346页。
⑤ 参见建水县地方编纂委员会编：《建水县志》，中华书局，1994年，第394页；杨大庆主编：《红河哈尼彝族自治州轻工业志》，云南民族出版社，1993年，第139页。
⑥ 杨大庆主编：《红河哈尼彝族自治州轻工业志》，云南民族出版社，1993年，第138—139页。

三、风格微变

"书画为上"观念在清末与民国年间文人创制留存至今的精美紫陶制品中得以很好的落实与诠释。然而，到新中国成立后，该观念有所式微，建水紫陶风格开始微变。在此仅是说微变，主要是因为，在制陶的整个过程中，书画依然是重要的环节，但是，书画内容与风格，因受政治意识形态的影响而发生了变化，出现了套印具有革命符号性质纹样的紫陶器物。采用套印或空心刀直接刻花的方式直接影响了紫陶古朴素雅而不失文化内涵的风格。

新中国成立之后，1953年起，国家对农业、手工业、商业进行社会主义三大改造，改其私有性质为集体所有制性质。建水政府先后将个体的陶器制作者引导合并为生产小组、合作社，即工艺美术陶厂与土陶厂的前身。1956年陶器社（工艺美术陶厂）中设了红陶汽锅、红陶花瓶等紫陶器的生产小组，主要由向逢春、何本金、徐家良以及之后的向福功等人负责制作生产。"文化大革命"时期，红陶制品类，包括出口的汽锅在内，被视为资产阶级的享乐品，遭到禁烧，后停产。之后，1971年，因出口创汇的需要，已停产约4年的建水红陶由陶器社恢复生产，汽锅等紫陶产品开销往港澳地区，出口新加坡、日本等国。1972年，由云南省轻工业局拨款于陶器社内兴建一座长98米，年产200万件陶器的隧道窑，以便恢复及扩大粗陶及汽锅等美术陶生产。1974年9月，该隧道窑建成，并投入生产，至此，汽锅这一炊具的生产制作成为紫陶主导类产品。随着隧道窑炉、石膏模具、空心刀技术设备力量的引入，紫陶汽锅实现了批量化生产。于是，在集体化、批量化生产要求下，多样的文人书画内容被模式化的，且能代表中国文化传统的"梅""菊""竹""兰"等典型纹样代替。为追求单位时间内的生产数量，省去了用墨在湿坯上书画的程序，使用空心刀直接在坯体上刻花。于是"书画"变为了一种单纯的装饰与点缀。需要补充与再次强调的是，"书画为上"的观念之诞生形成，与它的隐喻有关，它实为文人、士大夫及文人书画者能力、修养与地位的表征。书画的价值不仅是艺术性的，而是社会性的，它更多的是一种文化资本、象征资本，对文人书画者如此，对陶工匠人亦如此，就在对文化资本的获得与争取中，文人与匠人之间发生了互动，提升着紫陶的技艺。如果说，20世纪50年代，工艺美术陶厂中的红陶花瓶、汽锅制作还因第一代制作者，如向逢春、何本金、陈开远等人在书画上的造诣而延续与保持着以文人书画为装饰语言，凸显出古朴雅致的风貌，那么，进入70年代后，因政治原因，书画人才出现了断层，尽管当时有师承向逢春儿子向福功的谭知凡这样的青年存在，但是，因生产目标与销售对象定位的不同，书画装饰的精英化、艺术化让位于简单化、模式化，书画的隐喻性在工厂的制作生产模式中显得并不重要，甚至是消失，尤其当技术工人、干部掌权的时候。

20世纪80年代中期至90年代中后期，工艺美术陶厂为了拓宽市场，先后对美术陶产品进行了创新。1978年9月成立美术陶创新小组，由陈绍康、袁应德、谭知凡、马成林等人负责进行产品研发与设计。此期间，研发出壶具、文具、台灯、茶叶罐等产品，其中部分带有现代雕塑工艺味道。造型创新与研发被提了出来，而不再仅仅依赖于书画装饰语言的运用。厂里领导意识到人才的缺乏，将1973年入厂的谭知凡和1974年入厂的马成林送到美术院校深造。1982年马成林考上福建厦门工艺美术学院，学习艺术造型，1985年毕业后回到工艺美术陶厂，他将学到的造型观念运用在了紫陶产品的创新上，制作出具有云南民族特色的青铜器茶罐、雕塑等。与之相对的是，云南艺术学院学成归来的谭知凡，对传统工艺有个人的理解，依然沿袭着传统的书画装饰工艺。在工艺美术陶厂中，书画装饰为上、为关键工艺程序的观念，一是还有传承人的存在，二是在以出口为主的时期，书画装饰被笼统地认为是中国传统文化的表征而延续着。但是，雕塑类、工艺美术陶风格的紫陶器物的出现，证实了风格变化已经发生。工艺美术陶的造型概念以及观念已由学成归来的工人带入厂中，随着从生活陶车间、制泥车间调入一些制作粗陶坯体的师傅后，这些人习得了造型概念及认知到造型的重要性。"书画为上"的传统观念受到了或多或少的影响。当厂中的某几位创新组成员及资深粗陶拉坯师傅，于 2000 年前后离职，办起了陶厂和家庭作坊后，意识到坯体成型的重要性为后期，即为当代紫陶风格变化埋下了伏笔。

图 2　20 世纪 90 年代工艺美术陶厂生产的部分紫陶产品

资料来源：建水县地方志编撰委员会编：《建水县志（1978—2005）》，云南人民出版社，2010 年，彩图页。

四、趋于多样化的紫陶风格

进入 21 世纪，造型技艺观念，即看重与追求坯体成型技艺对"书画为上"观念之影响是巨大的，它颠覆着衡量紫陶工艺的标准，不再单单追求书画的品质，坯体造型的好与坏、刻坯细节、磨光度等也是判断工艺好坏的标准。这与作为中流砥柱的师傅们的"觉悟"，观念转变及身份转变密切关联。1997 年工艺美术陶厂将三个生产车间，美术陶车间、生活陶车间、龙窑车间分别承包给厂里的几位职工。徐荣洪、陈兴文、潘朝凯等五人承包了美术陶车间。三年半后，厂部负责人提前终止承包合同，车间又收归厂部管理，承包美术陶车间的徐师傅等人于 2000 年离开工艺美术陶厂，在茶叶塘坡地和余兴仁等人合资办起了兴仁陶厂——碗窑村第一家私人陶厂，专门生产美术陶制品。徐师傅引进了碗窑村第一台气窑投入紫陶生产中。与此同时，合伙人之一的陈师傅到各地州市与省外跑市场，增加紫陶知名度。2003 年首届普洱茶节，对兴仁陶厂这些人来说是一种难得的机遇，他们厂生产的 200 多件紫陶制品被订购与销售一空。2004 年徐离开兴仁陶厂，创办了属于自己的作坊，同时，杨师傅、潘师傅、张师傅等人也先后成立了紫陶作坊。在接下来的 10 年中，这些人带出了一批又一批的徒弟，徒弟又带徒弟，如此，紫陶制作作坊及个人工作室，便这样逐年增加着，发展到2017年底已有紫陶制作人家1024户。① 需要说明的是，不断扩大的制陶人群中不仅包含碗窑村及从建水周边，乃至红河州石屏、元阳过来的人，还包含着来自景德镇、宜兴的制陶人。在这样一个发展过程中，制陶者群体构成趋于多元化，传统制陶观念亦发生着变化。"书画为上"并非唯一支配陶器制作生产的观念。于是，我们可以在市场上看到呈多样化工艺风格的紫陶器物，有传统残贴装饰的花瓶、壶具，有彩填装饰的茶壶、水杯，还有仅靠烧制打磨就表现出效果的素壶类，还有浮雕类器物。以下具体来看促发这一现象及趋势背后的观念变动原因。

（一）"书画为上" 传统观念的延续

综上所述，"书画为上"的观念是支撑建水紫陶传统工艺延续的文化语法，部分拉坯师傅们秉持了这一观念。工艺美术陶厂总共有四次招工。1964年因生产一种糖碗需要人手，第一次招工。1973年隧道窑建设预投人生产前为第二次招工。1981年、1982年第三次招工，1990年、1991年最后一次招工。1973年入厂的工人，大多出生于20世纪50年代，1981年、1982年入厂的多为60年代出生，1990年、1991年入厂的职工为70年代出生。现在涌现出来的紫陶家庭式作坊主，私人紫陶企业的老板，以及所有流动的与固定在作坊及企业中的拉坯师傅多为80年代初与90年代初入厂的工人。这批出生于20世纪60—70年代的师傅具有的特点是：所习得技艺有来自父亲（第一代老陶工）的家传手艺，也有厂里老师傅的指点与传授，因知识文化水平及眼界限制，有部分依然秉持着"书画为上"的传统观念，他们在厂里逐渐成长为拉粗陶兼拉制红陶坯体的师傅，离职后，到今天成为紫陶制作行业中的中流砥柱，他们依然采用着"拉坯＋书画装饰"的传统模式制作紫陶，② 他们善于寻找知名书画家前来合作。他们需要书画的隐喻性来帮助实现所制陶器文化含量的提升，以此提升他们的名誉。一位较为成功的、略有名气的家庭作坊主杨师傅曾这样说道：

> 如果不搞装饰就不叫建水紫陶了，从一开始向逢春开始做这个紫陶，就是喊名人这些来装饰，所以装饰是必不可少的，单是一个素坯，价格也不会太高。建水陶装饰要能请到有名的书法绘画人，价格就可以提高了。③

何为建水紫陶？这些秉持传统观念的拉坯师傅兼作坊主们认为，有书画装饰的，且还有刻填工艺的陶器才是真正的建水紫陶。但是，需要指出的是，在70年代入厂的师傅们中，一些人却已持有不同的看法。

---

① 此数据由徐姓师傅提供，2018年8月18日。
② 建水紫陶制作的工艺程序可分为八步，依次是制泥、拉坯、绘制、刻坯、填泥、精修、烧制、打磨，其中，就传统意义而言，制坯与书画为重要工艺环节。
③ 杨师傅口述，笔者访谈记录整理于2012年11月10日。

（二） 造型技艺观的颠覆性

综上提到的创办兴仁陶厂徐师傅，以及张师傅、黄师傅等是持不同看法的几位师傅。他们认为，建水紫陶的造型也很重要，并不是说没有书画装饰的陶器就不是建水紫陶了。徐师傅，1982年入厂，先后在泥料车间、龙窑车间、美术陶车间工作过。1984年进美术陶车间，协助创新组成员造型设计，学习与积累了造型方面的技艺。1997年承包美术陶车间时，他便有了造型方面的个人想法，之后又历经兴仁陶厂的兴衰，终在紫陶业中占有一席之地，同时他的大名也出现在各种奖项中。2014年9月，他被评为云南省非物质文化遗产建水紫陶烧制技艺传承人。他认为装饰是紫陶的工艺特点，但是，造型也很重要，欣赏一个陶器首先是观其型，然后才是其上的装饰，两者都要相辅相成，缺一不可。

建水紫陶坯体成型技艺建基在粗陶瓦货及瓷器业的制坯技艺上。工艺美术陶厂的美术陶拉坯师傅大部分从粗陶拉坯师傅演变而来，在社会身份统合为工人阶级后，师傅们将技艺视为一种能获得工资、养活家人的过硬技术本领。这一观念显然延续了来自第一代老陶工头脑中"技艺乃谋生之道"的技艺观。拉坯技艺与在陶坯上进行书画的程序属性是截然不同的。在政治统治一切的年代中，当装饰者受到迫害、打压时，书画曾被视为是"文化人""花里胡哨"的不挣钱的活计，尽管如此，"书画为上"观念依然为主脉观念。20世纪80年代中后期至21世纪初，当美术陶车间部分拉坯师傅开始涉及美术陶造型后，受当时装饰者的影响与自身的觉悟，对何为造型、何为工艺美术品有了相应认识。拉坯、制模均属于造型艺术的观念开始得以形成。当师傅们从工艺美术陶厂退出，办起第一家紫陶生产厂与大小不等的家庭作坊后，面对市场生产工艺美术品的生产目标迫使制陶者开始拓展原来对坯体制作技艺的认知，拉坯师傅们撑起了最初的陶器市场，而后，拉坯师傅成为紫陶业的核心式人物，再加上国家文化政策及非物质文化遗产工程项目的开展，师傅们的社会身份提升到超越匠人与工人的高度。与紫陶发展早期，文人扮演重要角色的秘诀——书画能力实为身份地位的象征相似，拉坯者社会地位与名誉的高低也就等同于拉坯技艺的高低，于是，在这类人头脑中，技艺造型观逐渐发生着变化，拉坯造型渐渐获得了独立而重要的地位。

与之同步的是，尤其是近年来，紫陶生产制作群体构成发生了变化，不再仅仅局限于从厂里退出的、曾经的拉坯师傅们，还包括了知名书画家、文化人、商人、高校老师、高校毕业生、陶艺家等。这些人对书画装饰与坯体成型技艺的认知并不单一，相对于在较封闭的工厂中成长历练起来的制陶人，新生的这些制陶人，因所受专业教育及兴趣爱好的影响，他们从现代陶艺中获取到灵感与养分，开始尝试着突破建水紫陶固有的风格——书画其上并加以填刻磨光，而是追求陶艺本质，注重造型。在他们观念中，拉坯属于造型技艺，亦为重要环节，不用完全求教于书画，造型完全能撑起一片独特的天地。在他们与拉坯师傅合作互动中，这种观念也在一定程度上动摇改变着师傅们的传统技艺观。在注重造型的观念支配下，出现了"纯素壶/杯"这样的紫陶产品。以造型上的精美、素雅、古朴取胜，占据市场。创办了个人工作室的李姓青年这样说道：

> 建水陶，我们更愿意把它叫作文化陶，实际上经济效益是从文化上来的。当然，虽然有些东西可以被称为艺术品，但是，它还是涵盖了工艺品这样的概念在里面。所以，首先，造型设计是第一

位的，人们看第一眼，看到的是器物的型，美还是不美。然后，才会去关注上面的诗、词、字画。它是综合性的东西，单关注于哪一块，单重视哪一块，都是不对的。每一道工序都应该关注。每一道工序都应该很认真地去制作。[①]

（三）外来制陶人的作用力

20世纪80—90年代，碗窑村、工艺美术陶厂还是一个相对封闭的地方村落与集体性质企业，与外界的交流相对较少，能出差调研的人毕竟是少数，上文提到的徐师傅是其中一位，外出机会使他的眼界有所拓宽。相对的闭塞性导致了观念的固守与延续，而进入2004年后，陆续有外来的师傅到碗窑村中从事制陶，技艺与文化间的交流正在日渐增强，观念的改变随之潜移默化地发生着。

第一位来到碗窑村的外来师傅是帮助兴仁陶厂与作坊主建气窑的江西人姜工，可以说几乎整个碗窑村各家作坊中的气窑均由他一人制造，同时他还教授烧制技艺。在建水紫陶发展史上，他是一位功不可没的人。现今，他除了定制气窑外，还办起了一家中型紫陶企业，企业中的师傅有部分从景德镇请来。来碗窑村打工的第一位景德镇拉坯师傅是小汤，2009年他来到碗窑村，在下窑路口的一家中型紫陶企业中担任修坯师傅一职，兼造型技术顾问。半年后，他创办了一家私人作坊。作坊中的拉坯师傅与烧窑师傅均来自景德镇。另一位办厂的熊姓景德镇师傅则是汤师傅的老乡。这两位师傅引入了"风水缸""大碗"等大件器物的拉制与烧制，一时间，在碗窑村大小紫陶作坊中刮起了制作大件之风。

"俊秀""素美""雅致"的建水紫陶传统艺术风貌开始有部分转变为"大气""艳丽""精巧"。建水紫陶器型的大小受制于两个因素：泥料与烧制窑炉高度及大小。从泥料的性质来看，紫陶并不适合拉制大件。在景德镇，师傅们乐于拉制大件，是因为：其一，那里的瓷土性质与碗窑的陶泥性质不同，景德镇泥料，非纯泥，含一定比例的砂，易成型，收缩性不大，而建水泥料为纯泥，塑型较差，收缩性大；其二，师傅们拉制器皿获取报酬的方式与碗窑村的记件数方式不同，是按照泥料重量来算工钱。在景德镇，一天，每人拉制100多吨的泥料是常事。初来乍到的景德镇师傅套用家乡的技艺方式，首先遇到一个困难是拉制完成的大件坯体，要么在干坯时开裂，要么是一烧就炸裂。熊师傅因此曾亏损了10多万元，后来，才摸索出泥性，渐渐烧制成功。受龙窑与隧道窑高限制，建水紫陶的器型偏中小型，引进了气窑后，亦有所改变。其实，拉制大件陶器，如缸与瓮等粗陶器，一直都是碗窑村粗陶制作的强项，并不缺少技术关联。景德镇师傅骄傲地说道："这里人不会拉大件，是我们来了之后，才有大件的。"这种说法是他们不了解当地情况造成的。但需要说明的是，拉制大件的技法，两地的师傅的手法的确有差异，碗窑村师傅用的是传统的粘接法，景德镇师傅用套接法。现今，景德镇师傅们的拉坯技艺或多或少也被当地的师傅学习借鉴着。大件制作不仅仅是尝新，而是当地的粗陶制作传统技艺与景德镇制瓷技艺的嫁接并置。

现今，那1000多户的制陶人家中，约半数是外来人员，占多数的是来自景德镇的制陶人。他们带来的是当地的技艺与观念，并将其投入紫陶制作生产中。因景德镇瓷业历史悠久，有较成熟的流水线生产程序及市场运作方式，再加上多采用模具化、机械化生产，使得生产成本下降，因此，他们研发的产品以低价占据着市场，对当地家庭作坊式的生产制作造成了一些冲击与影响。师傅们为了市场利润，不得

[①] 李姓青年口述，笔者访谈记录整理于2013年4月30日。

不跟风做一些带有浓重景德镇瓷器风格的紫陶器物。渐渐地,传统被搁置了,甚至被认为是"落后"的。约 2012 年兴起的跳刀茶具,2016 年下半年兴起的浮雕类茶具——一种不需书画填刻,而是在紫陶坯体上雕刻出荷叶、花纹形状的陶器,便是一个例子。跳刀纹茶罐的发明人之一,范师傅这样说道:

> 我在广东拉坯的时候,就会这种刀法。到云南这边,我是陪我徒弟来的,我拉坯是每年在我们那边(广东)都获得拉坯大奖的,他,老板看到了我的实力,所以才会让我也留下来帮他。才来那一年,我帮他做了两个 90 公分高的美女瓶,也烧出来了,后来送去比赛获得了金奖。这种跳刀(纹罐),是我尝试做了几个,那种谷仓茶叶罐,后来,好买,就又做了,这个不难。后来,你看整个碗窑上都有这种谷仓罐了。①

2017 年 9 月到碗窑村某制陶企业工作的景德镇雕工小何这样说道:

> 你们这边的制陶的理念太落后了,技术也落后,你看,这边就有一个画、一个针刻、一个填泥。打磨我倒是第一次见,还有阴刻阳填。我们那里刻的(类别),就多了,好多种,你看到的这种浮雕,在我们那里是最普通的。你晓得不,单是刻,就是一种艺术类别。这边的人觉得稀罕。我还可以在刻填完的基础上来雕刻。要发展这里的陶,多种艺术手段的结合是一种必然。大家有这样的需求嘛。②

图 3　荷叶浮雕茶叶罐

注:笔者拍摄,2018 年 10 月。

五、结论

由以上的呈现与论述可知,"书画为上"观念的式微及拉坯造型观念的产生及加强是建水紫陶以书画为主要装饰语言的工艺风格及古朴雅致的艺术总貌发生变化的深层原因。如果我们将文化理解为人之观念及落实观念之行为的总和,那么,建水紫陶工艺及所呈现的工艺风格是在制陶的总体观念支配下的行

---

① 范师傅讲述,笔者记录整理于 2013 年 4 月 2 日。
② 小何讲述,笔者记录整理于 2018 年 10 月 5 日。

为产物。从过去到当前，在建水紫陶的制作中，先后存在两个观念："书画为上"观与"造型技艺"观，前者处于主导地位。而这两个观念的形成又与制陶的两大阶层：文人、士大夫/书画者与陶工匠人/拉坯师傅的社会身份地位、持有资本的类型、总量及比例关联。① 当具有社会地位，拥有文化资本、社会资本与象征资本的文人、士大夫/书画者在陶坯上书画与刻填后，建水紫陶由日常器用之物变为文人艺术品，"书画为上"的制陶观念就此逐渐形成，并一直延续。随着文人书画阶层分化解构，在国家的管理之下，陶器厂中专职书画者出现，以及拉坯师傅社会地位提高及其观念认识的部分改变，"书画为上"观念的主导地位发生了变化，它已不再是唯一的陶器衡量标准，尤其到了后期，在来自外部与产生于内部的造型技艺观念的影响与支配下，制陶者开始关注与追求艺术造型、陶泥质感，于是，不同于以往的造型及艺术风格的紫陶制品纷纷亮相于市场中。与此相伴的是，师傅们（以往被称为陶工匠人的群体）的社会身份与社会地位的变化，文化资本、技艺资本、社会资本都获得不同程度的增加，这又提升了他们所制陶器的价格与品质。于是，造型技艺观对式微的"书画为上"观念形成了分庭抗礼之势，它似乎在进行着某种抗争与翻牌，以确定新的紫陶衡量标准。但是，这个过程并不是一帆风顺的，持"书画为上"观的书画者亦有个人及群体的努力及应对策略，书画的专属性与象征性并不能轻易让渡于他人。建水紫陶工艺个案的特殊性在于，它是两个阶层，文人与匠人互动的杰作，在书画与造型两种观念的此消彼长中，紫陶工艺得以延续、提升与再造。正如白谦慎研究拓工与书画家互动时指出的那样："正是在审美趣味和传拓技术的积极互动中，产生出传之久远的精拓。"② 然而，需要强调的是，这种良性的互动是有前提与限度的，那就是彼此对传统的看重与尊重。

变是永恒的主题，变才是生命力的表现，陶器、工艺亦遵循此道。我们所担心的不是变，而是担心畸形之变。建水紫陶多样化风格的繁荣背后其实隐含着一种危机，它与制陶人文化自觉相关，由对自己传统不坚定与不自信导致。在由内外因导致的书画观与造型观的变动下，建水紫陶会丢弃多少传统的精华，终将与传统背道而驰，不得而知。须知，传统并非落后的代名词，它是一种地方性知识，一种观念系统，它支撑着技艺的延续与创新。只有扎根于传统，才有真正的吸纳、借鉴与创新可言。

---

① 马佳：《建水紫陶：手工艺进程的人类学研究》，社会科学文献出版社，2019年。
② 白谦慎：《吴大澂和他的拓工》，海豚出版社，2013年，第101页。

The power of conception: Exploring the Underlying Causes of Stylistic Shifts in Jianshui Purple Pottery
Ma Jia

Abstract: The craft style of Jianshui purple pottery highlights the overall effect of the three major crafts of calligraphy and painting, engraving and filling, and polishing. Among them, the calligraphy and painting crafts are particularly important, and then the traditional concept of "calligraphy and painting first" is formed. The process of 'calligraphy and painting first' has achieved the overall artistic style of purple pottery's ancient simplicity and elegance and handsome beauty. With the passage of time, the craft style and artistic style of Jianshui purple pottery have changed, especially in recent years, and its style has shown a trend of diversification. The deep reason lies in the continuation and change of the concept of "calligraphy and painting first" and the concept of modeling skills held by the potters.

Key words: Purple pottery; style; painting and calligraphy; modeling; conception

从"物品"到"艺术品"

——过程相对主义视域下的文化生产*

梁 媛 谢洪忠**

摘 要 艺术人类学的研究范式因不同时期研究侧重点的不同而发生转换,马鲁斯卡·斯瓦色克在梳理了艺术人类学理论和方法的演进后,提出了"过程相对主义"理论与方法,将艺术定义为一个相对的社会文化过程。"过程相对主义"不仅关注艺术品本身及其价值,而且注重艺术生产的过程和更广泛的政治、经济、社会、文化语境,以及"艺术"与"非艺术"的边界之争。与以往的艺术人类学理论相比,"过程相对主义"更强调通过文化生产的过程性、变化性和多种因素的嵌入性去理解艺术实践与文化生产。

关键词 艺术人类学;文化生产;过程相对主义;物质文化

DOI:10.13835/b.eayn.31.09

19世纪50年代以来,人们对"艺术"和"文化"的认识和理解影响着人类学对艺术的研究。人类学家马鲁斯卡·斯瓦色克(Maruska Svasek)梳理了从进化论到民族美学的理论演进过程,并运用物质性和可解释性的辩证法,分析了社会环境的变化中艺术品被赋予意义、价值的转型过程。

人类学进化论的核心是一个历史进程的图像,认为"文化"只是数量不同,但是发展状态和发展阶段类似。进化论学者加强了西方关于高雅文化的论述,认为艺术美学是文明优雅的标志。传播论强调文化圈和文化接触,认为文化大多数依靠采借和挪用。传播主义者受到"较发达"和"较不发达"艺术风格观念的影响,否认艺术是相对进步的标志。文化相对主义中,弗朗兹·博厄斯(Franz Boas)认为"艺术"以特殊的方式在文化环境中表现着自己。艺术家需要发展技术技能,才能实现创造性[1]。20世纪50年代,英国结构功能主义开始关注艺术在社会中的嵌入性。一方面,它认为世界被概念化为有界的实体,即文化;艺术,作为一种审美行为的社会机制,在所有文化中都普遍存在,其功能在世界各地有相似性。另一方面,功能主义者认为,尽管艺术有助于创造社会稳定,但它的形式和意义取决于文化背景。然而,

---

* 本文系国家社科基金项目"国家、社会、家庭三维视角下边疆民族地区手工艺传承与文化再生产研究"(21XMZ018),云南省兴滇英才支持计划青年人才专项项目"从'指尖技艺'到'指尖经济'——传统手工艺创造性转化与赋能文化振兴的人类学研究",及云南财经大学国家社科基金后期资助培育项目"'守'艺人与'守'艺社会——喀什土陶社会生命的民族志研究"的阶段性成果。

** 梁媛,博士,云南财经大学旅游与酒店管理学院副教授,云南大学民族学与社会学学院博士后,硕士生导师,研究方向为艺术人类学、非物质文化遗产等;谢洪忠,博士,云南财经大学旅游与酒店管理学院教授,副院长,硕士生导师,研究方向为文化旅游。

[1] Maruska Svasek, *Anthropology, Art and Cultural Production*, London: Pluto Press, 2007, pp. 31—38.

功能主义的概括性视角也是有争议的,因为艺术的定义不尽相同,功能也是可变的。结构主义则将"艺术"定义为一种稳定的制度,认为文化像一台机器,产生秩序和重复的运动。

基于以上论述,斯瓦色克提出了"过程相对主义(Processual Relativism)"的理论与方法,她认为艺术处于一个广泛的范畴,由物质特征、社会特征、文化特征等因素构成,是一套特定的思想和实践,在不同社会中有不同形式[①]。因此,艺术实践中的过程性和变化性,是过程相对主义关心的核心内容,它强调"转移"(transit)和"转变"(transition)在艺术生产过程中的重要作用。

一、物的语境化与能动性

(一)物的语境化(contextualising)

在艺术人类学的视野中,物质文化是重要研究对象。物品,最基本的特征之一是物质相对永久性。空间的移动并不改变其物理性质,但问题是:物品穿越时空后是否仍是"同一物品"? 从过程相对主义的观点看,考虑到多种语境的变化,在不同环境中,对象会以不同的方式被呈现、感知和影响。当物质对象在进入或离开特定空间时,其意义和影响的变化也会随之变化。那么,不断变化的空间和感官嵌入,如何影响艺术品被感知和解释的方式? 为什么一件物品,如一根木棍、一个面具、一个彩绘的鸡蛋或者一幅油画,会以相似或不同的方式打动观众? 谁是影响、控制或批评这个过程的主要参与者,重新语境化的对象是如何被体验和理解的?[②]

艺术人类学研究认为,人类关于某一件物品的体验,不仅与物本身的形态、功能有关,还与其所处的地域、环境有关。20世纪80年代,语言隐喻(交际、意义、话语、表征)在物质文化分析中的运用受到了批评。一些学者指出,物具有语言无法表述的特质,物的一些特征是默会的,而非显性的。另一些人则认为,认知和解释是由多感官知觉经验塑造的。因此,身体知觉应该被纳入理论框架。人与物体互动所产生的感觉,与抽象的思维、体验相联系,抽象的想法会将其构建为强大且有指向性的体验[③]。

斯瓦色克认为,美学体验和描述并不局限于艺术欣赏,物品在仪式、音乐、政治等不同的语境中,能唤起不同的情感体验,而赋予物品新的内涵。例如,在加纳的芳族部落——也称为阿萨佛部落(Asafo),人们穿越种族领地时会携带旗帜,这些旗帜平时锁在神龛里,在加入集体的仪式中,旗帜是重要的组成部分,是阿萨佛成员与祖先连接的精神象征。换言之,旗帜在芳族仪式的语境中被审美化和符号化,芳族人将旗帜作为中间媒介,与祖辈交流。在这一语境中,人与物的联系既是物质的,也是精神的。物及其相关现象被赋予了基于人的体验、感受、期待和解释的特殊身份。在这样的情景中,物品会转化为艺术品[④]。

无论是在仪式、游艺活动等动态语境中,还是在博物馆、神庙等静态语境中,即使物品自身不具备

---

① Maruska Svasek, *Anthropology, Art and Cultural Production*, London: Pluto Press, 2007, p. 52.
② Maruska Svasek, *Anthropology, Art and Cultural Production*, London: Pluto Press, 2007, p. 149.
③ Maruska Svasek, *Anthropology, Art and Cultural Production*, London: Pluto Press, 2007, p. 84.
④ Maruska Svasek, *Anthropology, Art and Cultural Production*, London: Pluto Press, 2007, p. 24.

感觉和意识条件,也可能起到高效的交流作用。物的能动性,能影响人的情感反应和行为[①]。例如,博物馆作为艺术话语的权威性集中呈现的场域,人们对艺术的认知在这个空间中发生变化。阶层、民族、职业、兴趣、性格等因素,导致了人们对物品的关注点和感性参与不同。艺术评论家、收藏家和策展人等拥有较为优越的经济资本、社会资本和象征权力的群体,对物品的审美化认知,建立在他们对物质世界认知的基础上,并且能够通过对物品场景化、语境化、审美化、市场化等方式,决定或影响物品是否能够作为艺术品,以及作为"艺术"的使用方式及其所处的场景。博物馆的实践,强化了物在特殊语境中独特的艺术话语[②]。特别是20世纪70年代以来,民族志博物馆开始推出包括视觉、听觉、嗅觉、触觉等多感官参与的展览形式,如气味博物馆、空气博物馆、幻象博物馆、微缩博物馆等,受众能够通过多种肢体感官获得更多元的体验。

(二) 物的能动性(object agency)

"物的能动性"最早由阿尔弗雷德·吉尔(Alfred Gell,1998)提出。同时,他还提到了"魅惑"(enchantment)的概念,即物品影响人们情感的能力[③]。斯瓦色克认为,当人与物相互作用时,会赋予物品新的价值,也常被其反向传递的观念或价值影响。物品通常被认为像人类主体一样存在于时间和空间中,具有能动力量,它可以表达和唤起特别情感,让人们身体感知(Bodily-felt)并使体验成像性存在[④]。物品所产生社会行为的能力,在很大程度上取决于它们产生和影响情感动态的能力。

例如,挪威画家爱德华·蒙克(Edvard Munch)的画作《呐喊》(*The Scream*,1895),几乎所有观众的第一反应都认为它表现的是人类深层的恐惧。那为什么有些人被某些物品打动,而有些人不会?这取决于物本身的审美化、商品化和所处的语境。例如,为什么一个人看到马赛尔·杜尚(Marcel Duchamp)将小便器(Urinal)作为艺术品展出时会热情激动,而另一个人会表现出愤怒和厌恶?因为,我们体验物品的方式,以及为何某种情绪主导我们对某件物品的体验,通常受社会因素和语境的影响。斯瓦色克提出,物之所强大,正是因为它能影响人的思想、情感和行为。那么,物品和艺术品如何在受众中引发具体的情感反应和社会影响?斯瓦色克认为,艺术品的产生过程再现了制造者和使用者的能动性,它们能够唤起个体内部和个体之间的情感反应,促使人们拥有特定的立场,并采取特定的行动。

二、物品与艺术品之间

通过交换商品、服务或货币,物品可以在不同的社会历史、地理环境和社会文化中流动。但谁来决定什么是物品,什么是艺术品?当它们被认定为"艺术品"时,其经济价值、文化意义会在多大程度上发生变化?为什么某些人的艺术品增值或贬值?作为有价值且情感强大的文化对象,哪些因素影响着艺

[①] Maruska Svasek, *Anthropology, Art and Cultural Production*, London: Pluto Press, 2007, p. 107.
[②] Maruska Svasek, *Anthropology, Art and Cultural Production*, London: Pluto Press, 2007, p. 183.
[③] 参见 Alfred Gell, *Art and Agency: An Anthropological Theory*, New York, Oxford: Oxford University Press, 1998.
[④] Maruska Svasek, *Anthropology, Art and Cultural Production*, London: Pluto Press, 2007, p. 83.

术审美？哪些力量塑造了艺术品和工艺品的贸易呢？

（一）物的文化间性（Interculturality）

物的存在会影响人的情感产生和变化，过程相对主义视域下，情感被认为是一种经验和解释的过程，个体通过话语实践和情感体验，积极地与人类和非人类环境相联系。这些动态过程是主体间的，也是文化间的，因为个体会影响彼此之间的情感倾向，进而在他们的社会生活中产生新的意义和感受。哪怕一件普通而常见的物品，如发饰、纪念碑和儿童玩具等，都可能加强或破坏现有的权力关系。随着艺术品出现在不同的时代和社会空间，它们激起政治或相关情绪的力量可能会增加或减少[1]。

在这里，斯瓦色克认为"文化间性（Interculturality）"是一个重要的分析工具，有助于解开复杂的转移和转变过程。通过对物品的控制和处理，参与其中的个体积极地解释自己和彼此以对象为中心的意图，并共同产生新的形式和共享的内容[2]。不同人对"物品"和"艺术品"的理解受到文化间性、主体性差异等因素影响。它们的主体间性是一个感知和解释的双向过程[3]。文化间性与主体间性不同的是，文化间性更强调社会文化环境的作用，而主体间性更强调个人的差异性。当我们将艺术实践作为观察对象时，艺术间性不仅作用于艺术生产者，也作用于艺术欣赏者。生产者和欣赏者双方的审美间性（interaesthetics）又作用于艺术再生产。

（二）物的审美化（Aestheticisation）

斯瓦色克认为，物的审美化往往与商品化同步。因为，当艺术品被当作美丽且有意义的物品体验时，就会获得商品价值[4]。人们对特定物品的认知可能会将其引入或推出商品状态，而互换的可能性会影响人们的体验和判断。同时，斯瓦色克还区分了"艺术"和"美学"的概念，提出审美化过程发生于艺术实践的内部和外部，是艺术品市场运作的一个重要因素，她将"审美化"定义为一个知觉和解释的过程。这里的审美化概念，比传统美学倾向于艺术本质化的概念更宽泛，感官体验被用来为"审美体验"的描述提供基础，而"审美体验"又被用以强化抽象的观念或信念。对物品的感知不是一个机械化的过程，而是一个科学系统无法囊括的综合性过程。审美化过程中，人们重视对物体的感觉和体验，并形成抽象化的概念体系。斯瓦色克认为，"审美化"的感知和解释具有动态性，物品被赋予的美感或艺术感，并非不变的永恒之美[5]。如果没有感官和符号学的参与，创造者不能生产出物品[6]。审美的动态化过程会影响收藏家或策展人的感性参与，并在寻找"好的""有代表性的"或"有趣的"样本时，缩小他们的关注

---

[1] Maruska Svasek, *Anthropology, Art and Cultural Production*, London: Pluto Press, 2007, p. 86.
[2] Maruska Svasek, *Anthropology, Art and Cultural Production*, London: Pluto Press, 2007, p. 254.
[3] Maruska Svasek, *Anthropology, Art and Cultural Production*, London: Pluto Press, 2007, p. 87.
[4] Maruska Svasek, *Anthropology, Art and Cultural Production*, London: Pluto Press, 2007, p. 80.
[5] Maruska Svasek, *Anthropology, Art and Cultural Production*, London: Pluto Press, 2007, p. 86.
[6] Maruska Svasek, *Anthropology, Art and Cultural Production*, London: Pluto Press, 2007, p. 147.

点。此外，它们的外观也会影响展品最终展示时的空间语境①。

（三） 物的商品化（Commoditisation）

市场机制不仅影响着物品生产的类型，还可能影响到物品生产者的活动和地位。由于当今大多数社会都是区域、国家或全球经济的一部分，艺术品的制作往往需要参与经济或金融市场的互动。这些物品的生产受到消费者特殊需求和期望的影响②。

例如，文特森·威廉·梵高（Vincent Willem van Gogh）的作品《向日葵》（Sunflowers）的拍卖。1986年，日本安田公司（Yasuda）想为其公司的博物馆购买一幅"镇馆之宝"，于是对梵高的画作产生了兴趣。为了提前推高这幅画的身价，佳士得拍卖行（Christie's）宣布，这件作品一定会拍出"1000万英镑或者更高的价格"。他们在这件艺术品成交之前，就营造了一种高价的艺术氛围，使购买这幅画的收藏家产生想象。最终，安田公司以超过预期的价格——2475万英镑，买下了《向日葵》。拥有这幅世界名画，不仅意味着在当今全球收藏界的地位。《向日葵》的吸引力并不完全在于油画本身的艺术性，更重要的是，日本艺术爱好者普遍了解梵高对木刻传统的青睐，这幅画作能够唤起当地民众的特殊情感反应。

这场艺术交易中，经销商发挥了重要作用，受人尊敬的拍卖行具有强大的地位、话语权和影响力。在皮埃尔·布迪厄（Pierre Bourdieu）的理论中，不同的主体在该领域占据着不同的或者不断变化的位置，每一个主体都在争取更大的权威。他认为美学场域与文化场域一样，都会以市场为纽带，将艺术品相关的生产者、消费者、评论家、收藏家关联起来③。过程相对主义认为，物的审美化和商品化是物品转移或转变到艺术品的核心内容。其中，不同的美学观念、情感体验以及市场机制会影响物体的转移和转变。除此之外，物品产生的历史文化背景、物品的分类、物品的功能变迁等，也是影响物品与艺术品分界的因素。比如，一件明清时期的瓷碗，在当年的情境中满足的是人们饮食的需要而作为日常必需品存在，随着主人的过世，它随葬于墓穴，成为具有文化指向的象征物。而今出土之后，因为其历史价值、收藏价值被陈列于博物馆，供人参观。创制之初，这件瓷碗制作者的初衷，本是将其作为一件实用器。但当它完成了历史时空的跨越，进入物质文化展陈的文化场域，从物品转移和转变为艺术品。从这个意义上说，物品到艺术品的"转型之旅"，除了审美化和商品化之外，还受到时间、空间、历史文化等多种因素的影响。

三、 艺术与非艺术之辩

斯瓦色克认为，霍华德·S·贝克尔（Howard S. Becher）关于"艺术界"（Art Worlds）的观点④具有明显的优点，也有局限性。他关注社会互动，可以让人们理解艺术的商品化，并认识到商品化是一个

---

① Maruska Svasek, *Anthropology, Art and Cultural Production*, London: Pluto Press, 2007, p. 181.
② Maruska Svasek, *Anthropology, Art and Cultural Production*, London: Pluto Press, 2007, pp. 108－129.
③ 参见皮埃尔·布迪厄：《实践与反思：反思社会学导引》，李猛，李康译，北京：中央编译出版社，1998年。
④ 参见 Howard S. Becher, *Art Worlds*, Oakland, California: University of California Press, 1984.

变化的过程。然而，斯瓦色克认为"艺术界"的概念很容易被误解为一个封闭的、受地域限制的、内部统一的实体。比如，《向日葵》拍卖的案例，说明了艺术品销售将有着不同地域、历史背景、目标和经历的人、空间和物品联系起来，从这个意义上说，"艺术界"并不是一个单一的"世界"[1]。

（一）过程性与变迁性

在艺术人类学研究中，我们常常发问，为什么有些物品成功地以"艺术"的名义进行交易，而另一些却保持着"非艺术"的地位？如何考察一件艺术品在社会中所处的位置，以及地位和水准呢？过程相对主义认为：既要考虑到物品的转移和转变，又要考虑物质生产过程中的特征。艺术与非艺术之间，需要观察物品生产、解释和体验的过程性。是否作为"艺术"，一定程度上是由个体之间的互动决定的，这些个体在不同地点和社会环境中产生作用，彼此融入抑或产生抗拒[2]。

斯瓦色克还试图解释，自19世纪晚期以来，人类学的艺术理论本身是如何受到物品的转移和转变的影响。物品被挑选或加工后，安放在民族志博物馆中，并重新语境化，然后被"美化"为科学真理和专业化的象征。在对这一过程的分析中，审美化的概念是一个颇为有用的工具。审美化本身就是一个复杂的过程，它融入了人内心对物的预判、构思，物的空间转移和意涵转变，以及所处环境的语境和文化背景等。

在过程相对主义的美学视角中，考虑到艺术品既可以作为最初的艺术品被创造，也可以在后期被挪用（appropriation）为艺术品，其中，"审美价值"的信仰构成了作为艺术的对象的话语建构的基础。当进入"艺术界"时，艺术品不仅被随意建构，而且通过经销商和买家的链条流通，被作为商品[3]。然而，作为艺术而被挪用的物品，往往会失去其原有的意义和效力形式，而这些意义和效力，可能是它们在转化为艺术之前就有重要的意涵。

（二）权力与话语

权力的行使，是影响物品转移和转变的重要因素。那么，艺术何时以及为何成为一种独立的话语和实践呢？从场域理论的视角看，艺术和审美价值的创造受到职业等因素的影响，其特征是对社会、经济和文化资本的争夺[4]。然而，阶级形成、性别不平等、歧视和全球不均衡等更大的结构性进程也影响着这种争议。因此，艺术的定义及其边界，需要在漫长的历史背景下，通过审视艺术话语和艺术实践加以理解[5]。斯瓦色克对费边（Fabian）的观点表示认同，即在具体的社会历史背景下，艺术品被赋予了意义，并且艺术品生产者和消费者的社会经济地位影响着意义的形成。将艺术品成功商品化为"有价值的艺术"或"有价值的文化"，往往会体现现有的权力关系。同样，布迪厄的分析框架也适用于此，权力也体现在

---

[1] Maruska Svasek, *Anthropology, Art and Cultural Production*, London: Pluto Press, 2007, p. 117.
[2] Maruska Svasek, *Anthropology, Art and Cultural Production*, London: Pluto Press, 2007, pp. 21-27.
[3] Maruska Svasek, *Anthropology, Art and Cultural Production*, London: Pluto Press, 2007, p. 257.
[4] 参见皮埃尔·布迪厄：《实践与反思：反思社会学导引》，李猛，李康译，北京：中央编译出版社，1998年。
[5] Maruska Svasek, *Anthropology, Art and Cultural Production*, London: Pluto Press, 2007, p. 258.

生产、营销和消费领域，因为艺术品的生产者和消费者，往往会伴随地位和经济利益的竞争。这意味着权力的运作在更广泛的社会结构层面是相关的。

美学艺术（Fine Art），被斯瓦色克定义为一个关于经验和话语的过程，处于不同社会地位的个体，将属性和价值归因于与感官对话的外部现象。美学艺术的话语产生了一种特定的人文形象，根据这种形象，美学艺术工作者，具有超常的创造能力。从这个角度看，创造力将不活跃的物质转化为强大的艺术，具有吸引和迷惑观众的能力。因此，美学艺术——被想象为一种超自然力量，它通过"天才艺术家"的作品表现出来——一种被认为比工艺的潜在影响力更加强大的力量。而艺术家和工匠也通过制度化的行动来争取获得艺术地位，并积极创造将工艺融入艺术领域的专业性话语。专业地位、经验和话语塑造了权力领域，它们可以改变意义，在不同的社会、空间和物质环境中行使不同类型的权力[1]。

（三）"艺术界"的边界

前面提到，斯瓦色克认为艺术并不是一个单一的世界，她将"由专业艺术家为现有或正在发展的艺术市场有意向制作的物品"称为"意图艺术"（art by intention），将"因为时间、空间等语境的不同产生的艺术品"称为"挪用艺术"（art by appropriation），指的是这些艺术品在其生产之时可能并不是艺术，但在其社会生活的某个时刻却融入了艺术市场。要将非艺术品商品化为"艺术品"，消费者需要将其视为具有"艺术般的"品质，并加以体验。人们对特定对象的认知方式，不仅受到"艺术"主导话语的影响，还受到"他者性"认知的影响[2]。

为了实现"艺术品"的转型，物品不仅必须具备商品潜力，其所有者还必须愿意出售这些物品。"互换性"在一个复杂的社会和仪式生活的"给予－索取"系统中发挥作用[3]。决定什么是、什么不是真正的艺术，这意味着一个选择程序。按布迪厄的观点，重要的是在特定的社会历史背景下，审视谁具有象征、社会和经济权力，从而决定物品的归类。"艺术界"是一个开放的社会领域，是艺术家、商人、买家、评论家、收藏家等组成的群体，并且，每个人都在其中争夺经济、文化、社会和象征资本[4]。

从艺术与工艺的角度来看，艺术被想象成一个纯粹具有创造力的领域，艺术家被想象成一个自由的个体，不受经济和功能限制的影响。相比之下，工艺需要技巧和商业头脑，但不需要创造力。与此相关的一个假设是，真正的工匠创造了"传统"，艺术家们努力追求原创，把工艺描绘成一个非创新的物质生产领域。将"工艺"置于"艺术"领域之外的话语，强化了艺术的崇高地位，也强化了艺术作为社会声望象征的使用。然而，在现实中，艺术和工艺之间的界限越来越趋于模糊[5]。在此情况下，许多受过训练的艺术工作者否认他们的作品受到商业约束，是可以理解的。他们创造着艺术家是"自由创造者"的神话，与"商业工匠"这类非专业的生产商不同，他们强调自己生产的是"真正的艺术"。而在现实中，受

---

[1] Maruska Svasek, *Anthropology, Art and Cultural Production*, London: Pluto Press, 2007, pp. 245-251.
[2] Maruska Svasek, *Anthropology, Art and Cultural Production*, London: Pluto Press, 2007, p. 120.
[3] Maruska Svasek, *Anthropology, Art and Cultural Production*, London: Pluto Press, 2007, pp. 125-130.
[4] 参见皮埃尔·布迪厄：《实践与反思：反思社会学导引》，李猛，李康译，北京：中央编译出版社，1998年。
[5] Maruska Svasek, *Anthropology, Art and Cultural Production*, London: Pluto Press, 2007, p. 188.

过学术训练的艺术家要想在经济生活中求生存,就必须适应经销商和买家的期望①。

"艺术"是一个不断变化的范畴,人们应该把艺术生产置于社会文化语境中,以便理解艺术家为什么创作特定的作品。他们的目标与艺术选择、权力关系、社会变革等有关,公众舆论影响着谁被认为是"可接受"的。从这个意义上说,艺术品空间的话语化和语境化不仅作用于边界的划分,还可能导致等级分类,如"文明的"与"野蛮的"、"高雅的"与"庸俗的"、"精美的"与"粗糙的"等等。

总之,在艺术人类学的视野中,"艺术"和"非艺术"属于社会建构的范畴,而"艺术"的本质也是一种排斥的范畴,在不同的时间、不同的地点,"艺术"与"非艺术"范畴相互对立,物的分类实践在特定历史过程被嵌入,审美价值和商品价值在艺术界被积极创造②。在"艺术"与"非艺术"之间,物的审美化和商品化是重要内容,人们对艺术的认知也受到多种因素的影响。

四、结语

过程相对主义认为,艺术的产生、发展、变化过程是一个与文化互动的过程,这个过程因为有不同个体的参与而丰富多元。在物品成为艺术品的过程中,人与物的交流是双向交互的。物品能够激发人的回忆、感动、幻想等情感反应,人们对艺术的认知也受到物品、时间、空间、参与人、政治话语、市场机制和社会文化等影响。

对于"过程相对主义"的理论观点,学界有不同的声音。部分学者肯定了这一理论创见的同时,也有学者提出质疑。西班牙巴塞罗那大学的罗杰·桑斯(Roger Sansi)教授指出,斯瓦色克的"过程相对论"反映了人类学对"物的社会生活"的兴趣:即物体的价值是传递的,并且取决于它们所处的社会背景。但这种方法从几个方面受到质疑:第一,斯瓦色克提到但没有完全承认的一个实质性问题,即对象的抗"转变"、物品交换以及价值重塑(re-valued)。第二,历史性问题。罗杰·桑斯认为过程和历史并不能完全等同,因为过程是可逆的,但历史不是,历史性不可能被轻易抹去或逆转。此外,这种历史性往往并不完全依赖于艺术品所具有的外在价值,而依赖于某些偶然事件使物品的物质性凸显出来,不能完全归结为所涉及的社会价值③。

总地来说,"过程相对主义"的提出体现了对传统艺术人类学研究的反思,也是对当代艺术人类学研究理论和研究路径新的探索。这一理论范式的提出,是艺术人类学理论范式转换中的一环,这一环提示我们用结构主义、过程主义的视角和方法去思考人与物的互动关系,以及更广泛的艺术实践与文化生产的过程,这一理论的应用性如何、解释力如何,需要放到具体的语境中看待。

---

① Maruska Svasek, *Anthropology, Art and Cultural Production*, London: Pluto Press, 2007, p. 141.
② Maruska Svasek, *Anthropology, Art and Cultural Production*, London: Pluto Press, 2007, p. 222.
③ Roger Sansi, *Anthropology, art and cultural production By Maruska Svasek*, in *Journal of the Royal Anthropological Institute*, 2008 (01), pp. 203-204.

From Object to Artwork: Cultural Production from the perspective of Processual Relativism
Liang Yuan, Xie Hongzhong

Abstract: Research paradigms in art anthropology have shifted due to varying research focuses across different periods. After reviewing the evolution of theories and methods in art anthropology, Maru and Sva proposed the theory and methodology of "processual relativism," defining art as a relative socio-cultural process. "Processual relativism" not only focuses on artworks themselves and their inherent value but also emphasizes the process of art production, the broader political, economic, social, and cultural contexts, and the contestation of boundaries between "art" and "non-art." Compared to previous theories in art anthropology, "processual relativism" places greater emphasis on understanding artistic practice and cultural production through the processual, changing, and embedded nature of cultural production.

Key words: anthropology of art; cultural production; processual relativism; material culture

仪式音乐视域下的平武白马藏族进阶式群体认同研究

杨 扬[*]

摘 要 白马藏族居于川甘等地，位于汉藏之间，是较为典型的边缘性少数族群。由于地理等因素所致，白马藏族群体认同具有一定的特殊性，而平武白马藏族更为典型。因此，一直以来，平武白马藏族群体认同问题备受学界关注。当前，学界对平武白马藏族认同研究多从文化要素切入，以文学、宗教信仰角度为主。然而，不容忽视的是，仪式也是群体认同的重要场域。不仅如此，仪式中，平武白马藏族的认同是在音乐的覆盖下完成的，而现有相关研究成果却较少涉及仪式音乐与平武白马藏族认同的关系探索。通过对平武白马藏族仪式及其音乐的描述和分析可知，仪式音乐是平武白马藏族群体认同的重要工具与载体，而仪式音乐形态特征成为了平武白马藏族进阶性群体认同最具代表性特点之一。此外，在认同过程中，平武白马藏族仪式音乐并不同时具备显性认同与隐性区隔的双向作用，其仅仅具有显性的认同功能，而隐性的区隔作用则被服饰与身份等其他文化要素取代，这在平武白马藏族跳曹盖仪式中体现得尤为明显。

关键词 平武白马藏族；仪式音乐；群体认同；进阶性

DOI：10.13835/b.eayn.31.10

白马藏族是极为古老的族群，其生活在岷山山脉两侧，涪江上游，汉藏之间。由于它的历史悠久，文化独特，早在 20 世纪 60 年代便进入人们视野之中。白马藏族的文化特殊性问题，于 1978 年 9 月 1 日，费孝通先生在全国政协民族会议上作了《关于我国民族识别问题》的长篇发言，进而提出。随后，《中国社会科学》1980 年第 1 期又刊登了这篇发言稿。此稿中，费孝通先生将白马藏族的族属问题作为我国民族识别的第一个典型案例提出来，由此，白马藏族的知名度进一步扩大，而其族属问题更加引人注意，由族属问题带动起来的，涉及白马藏族其他议题探索也逐步展开。在研究白马藏族的过程中，专家与学者们发现，有关于白马藏族的历史文献较少，因而，针对相关问题的探讨则从不同视角与学科切入，所得结论也均不相同，因而造成了白马藏族族属问题研究存在一定争议。并且，白马藏族所处的人文地理环境也为相关问题的研究增加了难度，特别是在认同方面，由于白马藏族杂居于其他民族中，加之近几十年来白马藏族聚居区的旅游开发力度逐渐加大，导致其认同现象更为复杂，在这一问题上，平武白马藏族更具典型性。因此，白马藏族群体认同问题备受学界热议。

当前，学界对白马藏族群体认同问题的研究主要集中于两方面，其一，从多种文化要素角度入手来

---

[*] 杨扬，博士，太原师范学院音乐系，副教授，研究方向：中国少数民族音乐。本项目为本文为 2020 年山西省高校科技创新省立校资助项目"山西地方性音乐人才培养与音乐话语体系构建"（项目编号：2020W150）阶段性成果。

探讨白马藏族的群体认同，在此方面研究较有代表性的学者是权新宇[①]、拉先[②]、杨垚[③]、张雪娇[④]等，诸论从文献、民间文学、服饰等来论证白马藏族的族属认同问题，所得结论各不相同。其中，拉先通过文本资料的分析、田野考察与比较分析，得出现存的白马人是藏族一个分支的结论；而权新宇以白马族群服饰最典型的代表——"沙嘎帽"为切入点，探讨了沙嘎帽在白马藏族中的象征意义，并认为"沙嘎帽"是白马族群重要的象征符号，是白马藏族认同的标志之一，也是白马族群与汉族、其他藏族相互区别的最直观表征。以上两人的观点基本代表上述文章的观点，认为白马藏族有着藏族亚支的族属认同，或指出白马藏族不同于汉族、其他藏族支系，有着其自身独特的族属文化认同。其二，受到当代学术思潮影响，学界对白马藏族群体认同问题的研究，并未限于文化要素论域，而是从主体认同性角度来探讨白马藏族的认同问题，例如周如南，其文从白马藏族主体性认同角度，通过三个个案来对相关问题进行了论述，周如南认为白马藏族的内部认同边缘是多层的，这种层次性体现在"从内向外看别人"和别人"从外向内看自己"的过程中，群体内部的认同是层层外推的。[⑤] 以上有关白马藏族的认同研究成果，从不同角度对此问题进行了较为详尽的探索。值得注意的是，从仪式音乐视角对白马藏族认同问题讨论的文章较为鲜见，虽然拙文《四川平武白马藏族婚俗仪式音声探析》[⑥] 对这一问题有所涉及，但田野案例数量不足，调查也不够深入，难以从仪式音乐角度整体性揭示平武白马藏族群体认同方式与特征。

从仪式角度来看，音乐也是一种群体认同的工具与文化因素。然而，就其与一般文化要素相比而言，仪式音乐具有它的自身特性。仪式自古以来就是音乐艺术存在的重要母体之一，仪式以它的文化制度性与约定性将音乐封存于其中。同时，仪式中的音乐文化受到时空一维性的影响，呈现出周期性、暂时性等特征，由于这些特征的制约，使得仪式音乐与其他文化要素相比有所差别。薛艺兵曾在其文《捕风捉影话田野——音乐人类学田野工作的中国思路》[⑦] 中，以"捕风捉影"一词来表述仪式中的音乐极为形象，这也从侧面抽离出仪式音乐的活态性与时空一维性特点。从平武白马藏族的角度来看，宗教仪式在其社会运作、群体认同中起到了极为重要的作用，而且，不论何种平武白马藏族仪式，音乐与舞蹈始终贯穿于整个仪程，可以说，音乐是仪式的关键部分，同时，也是研究平武白马藏族相关问题萦绕不开的文化议题。

然而，鉴于音乐研究的专业性与特殊性，学界并未普遍展开对仪式音乐与认同的关系研究，而它也就顺理成章变为音乐研究的任务。从音乐研究视角，尤其是民族音乐学角度来看，在学科领域研究初期，音乐与认同关系探索并没有作为研究专题予以探讨。然而，截至 2005 年，涉及音乐与认同的相关成果大量出现，认同与音乐一时间成了音乐艺术研究领域中的主要课题之一。通过对相关文献分析来看，国内学界对仪式音乐与认同的研究多是从概念、个案研究等角度入手，然而，这些成果依然难以全面揭示仪式音乐与认同的关系，以及仪式音乐在认同中的独特作用。并且，从田野实践来看，不论何种仪式音乐，其均具有一定的认同功能，仪式音乐作为特殊的文化物早已成为血缘、地缘、族群等认同的工具与象征。

---

① 权新宇：《白马人的族群认同——基于地域、"沙嘎帽"与白鸡传说的思考》，《河北北方学院学报》2011 年第 3 期。
② 拉先：《辨析白马藏人的族属及其文化特征》，《中国藏学》2009 年第 2 期。
③ 杨垚：《民间传说与甘肃文县白马人族群认同》，《甘肃高师学报》2011 年第 3 期。
④ 张雪娇：《民间文学与白马藏族族群认同》，《音乐探索》2014 年第 4 期。
⑤ 周如南：《白马人族属研究述评兼及族群认同理论反思》，《阿坝师范高等专科学校学报》2010 年第 4 期。
⑥ 杨扬：《四川平武白马藏族婚俗仪式音声探析》，《西藏研究》2018 年第 1 期。
⑦ 薛艺兵：《捕风捉影话田野——音乐人类学田野工作的中国思路》，《音乐艺术》2010 年第 1 期。

并且,由于不同的仪式种类所致,仪式音乐还通过不同路径来完成其认同的工具性使命。因此,田野中仪式音乐与认同的多样性关系,使得此方面研究仍然需要对相关概念进行深入的梳理与阐释,更需要大量的研究个案积累,以此不断明晰仪式音乐与认同的关系。基于仪式音乐与认同关系研究的需要,以及平武白马藏族群体认同的复杂性,本文将从仪式音乐角度,探讨平武白马藏族仪式音乐与群体认同的关系,以及仪式音乐在这其中发挥着怎样的作用与价值等。同时,借相关研究,对仪式音乐与认同关系的研究议题,进行有力的个案补充。

一、进阶性群体认同方式与特征下的多重仪式音乐形态

平武白马藏族对其仪式的分类较有特色,它将所有仪式称为"dəu si",但在"dəu si"概念中只包括集体仪式与消灾仪式,不包括婚俗仪式。由平武白马藏族的仪式分类方式来看,白马藏族的仪式分类方式难以全面涵盖它的仪式种类,所以,依据当前学界对仪式分类的研究,同时兼顾白马藏族仪式分类特征,笔者依据参与仪式人群规模、以及仪式功能为标准,将平武白马藏族仪式划分为家庭与个人性仪式、集体性仪式等。而且,根据当前平武白马藏族举行仪式现状,又将仪式进一步细化。其中,家庭与个人性仪式又分为婚俗仪式、消灾仪式等;集体性仪式分为拜神山仪式、跳曹盖仪式。而平武白马藏族的进阶性群体认同方式,主要体现在家庭与个人性仪式中的婚俗仪式与音乐,以及集体性仪式中的拜神山仪式及其音乐中。仪式中,为了配合仪式进行与族群认同的需要,仪式音乐以多重形态呈现来与之相契合。

(一)婚俗仪式中的平武白马藏族群体认同与仪式乐态

平武白马藏族称婚俗仪式为"cɑu təu",一般情况下,平武白马藏族的婚俗仪式持续三天。其中,第二天的仪程是婚俗仪式的主体部分,仪式音乐也集中于此。① 第二天的仪程中,婚礼首先开始于屋内,仪式执仪者为白马藏族宗教师——白盖,仪式音乐主要来自于白盖诵经、以及主家直系血亲长辈们所唱的《敬酒歌》。白盖诵经主要是向山神祈福,以此来保佑新婚夫妇,而《敬酒歌》则是长辈们对新人的祝福,《敬酒歌》谱例如下:

敬酒歌

杨杨 记谱

本首《敬酒歌》歌词大意为:父亲是我最亲的人,美酒献给父亲喝;母亲是我最亲的人,美酒献给母亲喝。从仪式现场与谱例来看,《敬酒歌》并没有较为规整的节奏节拍,但有明显的断句处,歌曲结构

---

① 所得资料来自2017年和2018年10、11月对于平武白马藏族厄哩寨、索古修寨、王坝楚寨等地区的田野考察。

不大，调式为羽调式。白盖的诵经音调部分谱例如下：

这两段旋律是白盖诵经曲调之一，具有一定的典型性。从形态上来看，两段曲调结构较小，节奏节拍较为规整。在调性调式方面，上一句为羽调式，下一句为宫调式，而其他诵经旋律结构与之相类似。从这三段旋律来观，《敬酒歌》旋律的变化性与复杂性超过白盖诵经的音调。同时，从操控这三段旋律的人员规模来说，唱《敬酒歌》的人相对较多，除了仪式中在场的直系血亲长辈们歌唱外，其他在场的直系亲属也在唱，而家族以外本村寨的其他人等，只是聚集在火塘区域，或屋外观看仪式进行，不唱《敬酒歌》。音乐不仅是仪式的重要内容，还为仪式提供与之相应的仪式气氛，这是仪式音乐的功效之一。此时，在屋内的仪式程序中，主要是新郎新娘表达对父母养育之恩的感激之情，并将美酒献于父母与在座的长辈们，当新郎新娘将美酒敬献于父母时，感恩的眼泪不禁流了下来，而仪式中《敬酒歌》以其羽调式的色彩结构与旋律走向，配合仪式的进行，在音乐的烘托下，屋内的气氛让人有着忧伤、依依不舍之感。相较而言，白盖诵经更具专属性，只有白盖诵经时才会使用此类音调。在组成旋律的音列上，《敬酒歌》与诵经音调有一定交集，二者均是由宫－角－徵、羽－宫－角三音列与羽－宫－角－徵四音列等三种音列所构成，三种旋律音列均有相重合的部分。由以上分析来看，婚礼中的屋内仪程是在仪式音乐的烘托下进行的，家族直系血亲长辈们正是在仪式音乐配合下，对新婚夫妇的身份进行重新确认，这主要体现在《敬酒歌》的歌唱中。此外，由于平武白马藏族婚俗仪式习俗的限定，只有家族直系亲属才能够唱《敬酒歌》，而家族以外的人只能在火塘区域外驻足观看。可见，平武白马藏族通过《敬酒歌》的歌唱，来重塑家族意识与观念，并且也运用《敬酒歌》与仪式空间，来对家族以外的人员进行区隔，以此限定家族内外部人员的边界。从以上因素可以看出，《敬酒歌》等仪式音乐是被白马藏族用来进行家族直系血亲内部认同的重要工具。

图 1　婚俗仪式中白盖诵经（2018 年 10 月 5 日摄于厄哩寨）

随着婚俗仪式的进行，举行仪式的场地由屋内转移至屋外院落中，参与仪式的人员规模逐渐扩大，由家族直系血亲亲属扩展到本村寨内部，以及与本村寨相邻的其他白马藏族村寨。并且，仪式中的音乐也随之发生了变化。不同于屋内的音乐，院落中的音乐是现代技术手段下创作的、当下流行的汉语与藏语歌曲构成，如汉语歌曲《朋友》《北国之春》，藏语歌曲《东山美人》《金土亚丁》等。在屋外的仪式场合中，相较于屋内仪式，所面对的人群规模更大，人员身份更为多元、复杂，但参与仪式的绝大多数人员为本村寨的白马藏族。从参与到屋外婚礼的人员组成来看，多是与新郎、新娘有着一定关系，可以说，新郎、新娘的人际关系网络范围成了参与屋外仪式人员的边界，本村寨人员依然是新郎、新娘人际关系网的内核。鉴于这样的仪式境况，平武白马藏族选择了汉藏流行音乐来替代传统的白马藏族音乐。相比于屋内的仪式音乐，屋外的仪式音乐更为欢快，仪式气氛更为热烈。从群体认同的方式上可以看到，参与屋外婚礼仪式的白马藏族借助世俗性的流行音乐，以集体方式对新郎、新娘进行身份上的集体确认，而集体边界是以新郎新娘的人际关系网络为依据。当婚礼的屋外仪式结束后，此时，另一项重要的集体活动又将开始，这就是"喝转转酒"。

"喝转转酒"是婚俗仪式结束后平武白马藏族例行的活动，并且，白马藏族认为"喝转转酒"并不属于婚俗仪式范畴之中。参与到"喝转转酒"活动中的人员多是不在本寨居住的白马藏族，以及婚俗仪式执仪者白盖，他们要到本村寨各家去喝酒，喝转转酒过程中，白盖与白马藏族要唱《酒歌》。通过对喝转转酒活动的田野考察可以看出，白盖与在外居住的白马藏族，借用参加婚俗仪式的契机来进行集体性的、地缘性认同，并以此来维系由于距离而产生疏离的情感，而这样的认同依然局限在本村寨之内，在唱《酒歌》的过程中完成。在喝转转酒时，白马藏族所唱的《酒歌1》谱例如下：

酒歌1

《酒歌 1》是王坝楚寨婚俗仪式中听到的,其调式调性为 B 宫调式,旋律在一个八度内起伏,节奏不规整,但是能明显地听出断句处,骨干音列为羽－宫－角－徵,结构近似乐句,旋律线条呈现双拱形状。在唱《酒歌 1》时,白盖与在座亲朋们依曲填词,反复歌唱此旋律,但每段歌词都不同。另一首酒歌——《酒歌 2》:

酒歌2

本首酒歌也是在王坝楚寨听到的。《酒歌 2》的调式调性为降 A 宫调式,骨干音列为羽－宫－角－徵,其结构短小,旋律在一个八度内起伏,形状为双拱形状,节奏较不规整,演唱方式与上首《酒歌 1》一样。从以上两首喝转转酒时所唱的《酒歌》形态来看,其均是由羽－宫－角－徵等音来组成旋律,结构不大,并且歌唱方式也基本相同。在唱《酒歌》时,白盖还具有平武白马藏族文化与宗教象征意义,然而身份上已然转变为一个普通的歌者。从以上对婚俗仪式中音乐描述与分析可以了解到,婚俗仪式中的平武白马藏族群体认同是以直系血亲认同向村寨集体认同的进阶性方式进行的,白盖极富个人属性的诵经音调与新郎家直系血亲的《敬酒歌》,以及汉藏流行音乐成为了两种不同的仪式音乐系统。而这两种不同系统的音乐应用于不同的仪式场合,来辅助于仪式中进阶性群体认同的完成,同时,不同系统的用乐,也产生了不同的认同边界。虽然,在婚俗仪式中,平武白马藏族选择这样的仪式音乐系统完成由家族向集体认同的过渡,但是,当婚俗仪式开始转变为集体性的活动"喝转转酒"时,这两个系统开始汇合在以羽－宫－角－徵四音列构成的《酒歌》中,而这一过程正与婚俗仪式中白马藏族进阶性的认同方式是相伴随的。

由此来看,在婚俗仪式中,平武白马藏族借助由羽－宫－角－徵、宫－角－徵、羽－宫－角等音列所构成的旋律来进行群体认同,这样的认同方式呈现出由内而外,由家族到集体的进阶性特征。而在这一系列认同转变过程中,仪式音乐形态与属性也随之出现了一定变化,这主要表现在由屋内仪式到屋外仪式的过程中，羽—宫—角—徵、宫—角—徵音列构成的白马藏族传统音乐转变为通俗性的现代音乐，仪式音乐的属性也由屋内的神圣属性转变为屋外的世俗性。然而，总体来看，仪式音乐形态变化始终伴随着平武白马藏族的进阶性族群认同，并依据不同的认同方式来改变着自身的形态。而且，从这些现象可以观察到，婚俗仪式中的音乐已然成为了平武白马藏族进行群体认同的工具与载体。值得注意的是，进阶性的认同方式不仅是平武白马藏族所独有的认同特征，它也是其他族群婚俗仪式中普遍存在的认同方式。但是，进阶性的认同方式虽普遍存在，反映在各族群婚俗仪式中的表征却各异，而仪式音乐正是这表征中最为突出与独特的因素之一。正是由于仪式音乐在进阶性认同中所呈现出的多态特征，使得各族群婚俗仪式中的进阶性认同方式各具特色。就平武白马藏族而言，婚俗仪式中的进阶性认同特殊之处就反映在平武白马藏族借助由羽—宫—角—徵、宫—角—徵、羽—宫—角等旋律音列生成具有平武白马藏族特色的音乐形态，应用于婚俗仪式中的群体认同中。

（二）拜神山仪式音乐下的平武白马藏族群体认同与仪式乐态

平武白马藏族进阶性的群体认同方式与特征，不仅存在于其婚俗仪式中，在平武白马藏族集体性的拜神山仪式里也有所体现。拜神山仪式属于平武白马藏族的集体仪式，白马藏族语称其为"dəu si"，仪式举行主要为了祭拜本寨山神——格饶扎木，以及白马藏族的总山神——叶西那蒙。但从田野考察的情况来看，对厄哩寨本寨山神的祭拜是拜山神仪式的主要内容，虽然在拜山神仪式中涉及对总山神叶西那蒙的祭拜，但对其祭拜的仪程较为简略。受到仪式功能与目的的影响，参与到拜神山仪式中的人员仅限于本村寨白马藏族，无其他人员等，这也从侧面反映出了群体认同的边界。① 拜神山仪式不仅是平武白马藏族对本寨山神的祭祀，也同样体现了平武白马藏族进行群体认同的要求，而这样的要求也呈现出进阶性的方式与特点。

在拜神山仪式开始之时，仪式的进行仅是围绕着白盖诵经，其他人员并未参与到仪式之中，而是以家族直系血亲的形式在固定地点聚餐。白盖诵经的曲调与他在婚俗仪式中的诵经曲调较为相似，白盖诵经的曲调谱例如下：

诵经曲调1

———————————

① 仪式的田野调查材料主要来自 2018 年 3 月 17 日对厄哩寨拜神山仪式的考察，当前，平武白马藏族仅有厄哩等寨举行拜神山仪式。

诵经曲调2

诵经曲调3

此三首白盖诵经的曲调仅是其诵经音调中的一部分。由三段谱例来看,白盖诵经的曲调旋律主要围绕着宫-角-徵三音列进行,音调结构短小,并以前十六分音符后附点八分音符与三连音等节奏型来构成本段旋律节奏,而其他诵经曲调与之相类似。在整个仪式中,白盖主要运用此类形态的音调进行诵经,诵经音调给人以开阔、明朗之感。就在白盖诵经的同时,各家族直系血亲成员在聚会中齐唱《酒歌3》,谱例如下:

酒歌3

在家族聚会中,白马藏族所唱的歌曲不限定于《酒歌》等,唱什么是依据当时心情而定,《酒歌》及汉藏流行歌曲等皆可唱。然而,不同年龄阶段侧重于不同的歌曲,一般年轻人多是唱汉藏流行歌曲,而中老年人多以歌唱传统的白马藏族《酒歌》为主。本首《酒歌3》是各家族聚会中频繁演唱的一首,其旋律为类乐句结构,旋律线条在一个八度内进行,旋律进行呈现出波浪形状,羽-宫-商-角-徵等音构成了本段旋律骨架,此首《酒歌3》结束落脚于角音上。另一首家族聚会时所唱的《酒歌4》谱例为:

酒歌 4

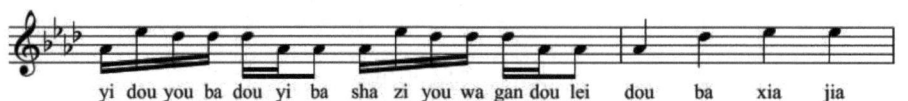

本首《酒歌 4》为乐段结构，分为三部分。第一部分是前两个小节构成，慢速，随后，旋律转入快速节奏中，在第五小节后稳定在中速。第三部分是由第五小节，以及剩余小节组成，此部分旋律调性发生了改变，由调式从 C 宫羽调式转为 A 宫调式，骨干音由羽－宫－商－角逐渐转变为宫－角－清角－徵－羽音列。本首《酒歌》不论在结构与规模上，还是在旋律展开手段上都较为复杂。从以上家族直系血亲聚餐所唱《酒歌》的分析来看，两首《酒歌》虽然在结构与发展手法方面存在一定的不同之处，但都是由以羽音为主音构建起来的音列构成旋律，节奏音型也极为相似。

此外，以上两种不同身份人员所操控的仪式音乐，是由不同形态的音乐元素组成，并且，村民们的《酒歌》音乐形态要比宗教师白盖诵经音调复杂得多。同时，在仪式开始之初，两种不同形态的音乐并没有出现合流，而是使用于不同的仪式场合中。

随着仪式的进行，平武白马藏族开始叠加仪式中的声音种类，这也预示着拜神山仪式高潮的来临。在此阶段，仪式中的声音不仅有白盖诵经之声，还有炮竹声、叫喊声、唱酒歌的歌声等。在仪式高潮过后，拜神山仪式并未延续之前的状况，而是所有的白马藏族（包括白盖、索约[①]）参与到仪式最后的跳圆圆舞[②]环节中，拜神山仪式中的《圆圆舞歌 1》谱例如下：

[①] 白盖的助手。
[②] 圆圆舞是平武白马藏族独有的舞蹈，白马藏语称之为 "zou zi de" 或 "zu de"。跳圆圆舞时，大家要手拉手围绕着篝火边唱边跳，**舞蹈队形以顺时针方向为主**，并呈现问答式的歌唱方式，一个曲调多可以多次反复地使用，但歌词不一样，不同曲调有着不同的舞蹈姿态，在舞蹈时，领唱多数为白马藏族的中老年人。

圆圆舞歌1

本首圆圆舞歌曲为类乐段结构，上下句的划分较为明晰，旋律的骨干音列为羽—商—角—徵，旋律中的偏音♯Do1只起到过渡与辅助作用。另一首《圆圆舞歌2》的谱例为：

圆圆舞歌2

本首圆圆舞歌曲是类乐段结构，上句与下句较为相似，其都是以宫—角—徵为旋律骨干音构成旋律，旋律进行也呈现出波浪状。本段旋律的节奏音型多是十六分音符与附点八分音符节奏型构成，调性调式为♯C宫调式。另一首仪式中较常听到的《圆圆舞歌3》是：

圆圆舞歌3

本首圆圆舞歌曲结构较为短小，由两部分组成。第一部分为第一小节，第二部分是第二小节。这两部分的音型、节奏型相似，只是第二部分对第一部分进行重复时，在节奏音型上出现了一些变化。两部分的骨干音列为宫—角—徵，调式为宫调式。从这几首拜神山仪式中的圆圆舞歌形态来看，虽然三首圆圆舞歌曲的结构有所不同，但组成旋律的音列大多是由宫—角—徵三音列来构成，而在这一点上，其又与白盖诵经的音调旋律音列一致。由此可以明确，在仪式最后的圆圆舞中，拜神山仪式中的音乐形态出

现了合流的情况。从仪式现场中可见，仪式的最后阶段，平武白马藏族村寨集体运用圆圆舞这样载歌载舞的形式，以及由宫－角－徵三音列构成的旋律形态来娱人娱神，使仪式达到最高潮。同时，通过这样的方式，白马藏族也完成了地缘性、集体性的群体认同，而这样的认同也呈现出与婚俗仪式相类似的进阶性特征。在此，拜神山仪式中的音乐也如婚俗仪式中的一般，成为了平武白马藏族群体认同的工具，这样的认同特征要比婚俗仪式表现的更为明显。首先，在拜山仪式开始之初，白盖借助宫－角－徵三音列组成的音调旋律进行诵经，而其他人则运用羽－宫－商－角、宫－角－清角－徵－羽或羽－宫－商－角－徵四音列、五音列构成的《酒歌》等音乐进行本家族直系血亲的内部认同，这两种仪式音乐没有过多的联系与互动。随着拜神山仪式的进行，以及仪式高潮的来临，仪式中的音乐形态出现了合流的情况，这主要表现在由宫－角－徵三音列组成的圆圆舞歌曲在仪式尾声的应用。同时，在白马藏族看来，仪式最后的圆圆舞虽然属于世俗性的音乐，但向神而歌的要求，使其与白盖向神而诵的目的与功能又是一致的。因此，无论从形态上来看，还是音乐属性上来观，两种音乐形态通过相同的因素达到汇合的目的，配合仪式中群体认同的需求。以上，通过对拜神山仪式描述与音乐分析，可以清晰明了，在拜神山仪式中，白马藏族借助仪式音乐等工具，从家族性内部认同开始逐渐向地缘性、集体性认同过渡，这样的认同方式明显呈现出进阶性特征。

通过对以上两种平武白马藏族仪式音乐的分析来看，二者都是不断改变自身形态，来适应不同的仪式场合，并为不同仪式场合提供相应的仪式气氛。在群体认同方面，仪式中，二者均是由平武白马藏族家族直系血亲内部认同逐渐向集体性、地缘性的白马藏族村寨认同过渡，并通过不同形态的用乐来限定认同边界。这样的认同方式突出地反映了平武白马藏族群体认同的进阶性特征，而在这一过程中，仪式音乐成为了平武白马藏族进阶性族群认同的重要工具与手段。如上所提，进阶性的群体认同方式并不是平武白马藏族所独有的特征，这样的认同方式在其他族群也可见到。然而，进阶性的认同方式虽普遍存在，却各具特色。而平武白马藏族的进阶性群体认同的特殊之处在于，仪式中，其通过由三音列宫－角－徵，以及四音列羽－宫－角－徵、五音列羽－宫－商－角－徵构成旋律，应用于不同仪式中的认同。并且，平武白马藏族还通过仪式所规约下的声音，如炮竹声、叫喊声等，对不同种类声音的叠加应用于群体认同中，这些因素构成了平武白马藏族进阶性群体认同的突出特征。

二、平武白马藏族仪式音乐的显性认同功能与作用

除了仪式中所反映出的进阶性群体认同特征外，平武白马藏族仪式音乐还具有显性认同的功能与作用。音乐是仪式的重要组成部分，它不仅为仪式提供符合其属性的气氛，在群体认同方面，仪式音乐还起到身份认同与认同观念重塑的作用。而且，从另一角度来看，仪式音乐不仅具有上述功能，在隐性方面，它还起到排他与区隔的效力。在平武白马藏族的仪式中，仪式音乐同样也具有上述功能。然而，值得注意的是，平武白马藏族的仪式音乐又稍有不同，它并不具有上述所提到的隐性区隔作用，在平武白马藏族仪式中，仪式音乐的隐性区隔作用被其他文化要素所替代，这在跳曹盖仪式中体现的尤为明显。

每年的农历正月初五，平武白马藏族都会举行本族群最为重要的集体仪式——跳曹盖仪式（白马藏语成为"tʂ ʦaʊ ɡaiƆzai3"）。曹盖全称为"曹格曹莫"，其主要功能与目的是为驱鬼，以及祭拜山神。平

武白马藏族的跳曹盖仪式不仅一年一小祭，而且还有三年一大祭的习俗。① 跳曹盖②仪式一般共持续两天，仪式音乐隐性的区隔作用被其他文化要素所替代的现象发生在仪式的第二天。仪式的第二上午，白盖要带领本寨所有村民跳神龙舞。在跳神龙舞的过程中，不时有游客参与到舞蹈中，或是摄影，或是跟着一起跳神龙舞，但都被曹盖所驱赶。此外，一些没有穿上白马藏族传统服饰的本族人也想参与到神龙舞的舞蹈中，也被曹盖们驱离。神龙舞是平武白马藏族极为重视的舞蹈，舞蹈是在白盖与索约的法器 a、gaŋ a（类似于双面鼓、锣）的伴奏下进行的，舞蹈动作与舞姿多是模仿农事活动等。神龙舞不仅具有驱邪作用，还具有祈福的功能。从跳神龙舞的过程可见，神龙舞有着严格的民族认同与禁忌，由于严格的禁忌与习惯，使神龙舞在族群显性认同方面起到了重要作用。而从曹盖对游客与其他人员的驱赶来看，身份与服饰却成为了区隔与禁忌的隐形依据，并取代了音乐与舞蹈在仪式中的隐形区隔作用。不仅如此，在跳曹盖仪式最后，本村寨所有白马藏族再次跳起圆圆舞，舞蹈动作与圆圆舞歌，都和前文所述的拜神山仪式中的圆圆舞歌一致，只是歌曲内容与歌词略有不同，而身份与服饰取代音乐在仪式中的隐形区隔作用也出现在其中。所以，据此来看，在跳曹盖仪式中，音乐在平武白马藏族的群体中只起到认同的显性作用与功能，而区隔的作用，以及群体认同边界的限定，则是被其他文化要素所承担。需要指出的是，不论是显性的群体认同，还是隐形的区隔与排他功能，均是在神龙舞的进行中显现出来的。

图 2 神龙舞（2018 年 2 月 21 日摄于厄哩寨）

正是由于平武白马藏族跳曹盖仪式音乐在族群认同中单向性的作用，使族群认同与集体重塑成为平武白马藏族跳曹盖仪式音乐最为关切的主题，而这样的功能使其在平武白马藏族社会中发挥着独特的作用。在过去，跳曹盖仪式在平武白马藏族传统社会中起到凝聚族群集体的作用，现如今，它依然发挥着

---

① 田野资料所得于 2018 年 2 月 20 日，对平武白马藏族乡厄哩寨的考察。
② "跳曹盖"意为戴着面具跳祭祀山神、驱灾祈福的原始舞蹈，很多学者把这种仪式活动划定为傩祭的范畴，其中，庹修明将白马藏族的"跳曹盖"仪式界定为处于发展阶段的傩戏，认为其中保留了大量的巫的成分，是原始的巫傩向傩戏过渡。可见，白马藏族"跳曹盖"仪式与古老的傩祭仪式相似，其中也包含了祭祀和狂欢的成分，但"跳曹盖"仪式也有白马藏族文化的独特之处。从田野考察的情况以及文献所述来看，曹盖一词具有三种不同的指向：其一，是指跳曹盖仪式；其二，是指仪式中所用的面具；其三，也指代跳曹盖的人。

原有的功能，同时，它还为当今平武白马藏族社会中因旅游而引起争端的人际关系，提供缓冲与消解矛盾的场域。由于平武白马藏族自从2000年初发展旅游经济，在旅游业发展的背景下，平武白马藏族各寨生存空间的同质性因素导致旅游资源雷同，进而在接待客人中展开资源竞争，并由此产生了一定的矛盾。然而，跳曹盖仪式的举行，使这一矛盾得以暂时缓解。由于跳曹盖仪式的集体属性，使得全体村寨居民参与到仪式之中，不论男女老少，不论在村寨中有着怎样的地位，大家都在公共活动处手拉着手，唱歌并跳起圆圆舞，饮酒玩乐，百无禁忌，打破了以往日常生活中所形成的社会阶序性关系，这尤其体现在跳圆圆舞过程中。跳圆圆舞是需要人们手拉手的方式进行，这样的舞蹈方式限制了圆圆舞上肢动作的丰富性，只有下肢简单的踏、踢、屈体等动作，但手拉手、以及同唱一首歌加强了人与人之间的亲近感，同时，也增强人们之间的认同感。在歌声与舞蹈中，人们暂时忘却了平日里因争夺游客而产生的矛盾，而是沉浸在欢愉之中，歌声、舞蹈拉近了人与人之间的距离，使人们相较日常更加亲近。可见，仪式中的音乐与舞蹈起到了人际关系粘合剂的作用。由此来看，旅游业的发展打破了村寨传统的社会结构，在新型社会结构形成过程中，平武白马藏族各寨村民之间因游客争夺而产生的矛盾，在跳曹盖仪式中的圆圆舞、神龙舞等音乐与舞蹈的作用下，得以周期性、暂时性的缓解，平武白马藏族借此来维系村寨集体的和谐关系。

通过对跳曹盖仪式的简要描述与分析可知，在平武白马藏族跳曹盖仪式中，仪式音乐不具有隐性的区隔作用，它的隐性区隔作用是被其他文化要素所替代，这在跳曹盖仪式中体现的最为明显。正是由于平武白马藏族跳曹盖仪式音乐单向性的族群认同功能，在平武白马藏族村寨传统社会结构逐渐解体，矛盾频发的背景下，村民间的问题得以暂时缓解或解决。

三、"集体至上" 认同原则下的平武白马藏族仪式音乐

认同不论从个体角度，还是集体角度，都是人类生存的必要之物。在认同中，我们不断认识自己，并且，通过认同寻找到生存与心理的归宿。同时，我们可以观察到，认同的方式有多种，特别是通过音乐，尤其是在仪式音乐中进行认同是人类文化的共有现象，而且这样的共有文化现象各具特色。从对平武白马藏族仪式音乐与认同关系的田野考察来看，它不仅具有认同的普同现象，同时，"集体至上"观念也深深印刻在平武白马藏族仪式与音乐之中。

平武白马藏族主要生活在"V"字形的高山峡谷中，生存环境较为恶劣。这样的地理环境导致平武白马藏族面临着较为严峻的生计压力。为了应对地理环境所造成的生计压力，平武白马藏族是以集体形式来解决生存问题，"集体"成为了个体生存的依靠。所以，在平武白马藏族社会文化中，群体认同十分重要，它成为了平武白马藏族社会文化运行的必要因素。受此影响，仪式音乐也要为之服务，由此，平武白马藏族对仪式音乐的使用趋于工具化，这正如何晓兵在其文《白马藏族民歌的描述与解释（连载）——（三）白马民歌的文化解释》中所讲：在"落后"族群中，审美不是音乐行为的终极目的，而是其达到功利目的的"中转站"。音乐所引发的愉悦乃至迷狂，无非是为达到"生存"这一最大功利目

的，提供更有利的情感或情绪氛围；为其它有利生存的行为的发生与持续，提供动机和意志力量。[①] 从以上论述中可以看到，何晓兵通过语言、生存境遇、生产力等标准，对白马藏族以"落后民族"进行观照，并指出"落后"民族的用乐属性是以工具性为主导。在这样的音乐价值观下，仪式音乐以其特殊的语境成为了平武白马藏族工具性用乐最为突出的表征之一，而此种音乐观不仅影响着平武白马藏族对仪式音乐的操控，也塑造着他们的仪式音乐形态。

从对于平武白马藏族仪式音乐形态的分析来看，不论是何种属性的仪式，其音乐形态多以宫－角－徵三音列为主导构成旋律，并且，由它构成的旋律多在一个八度内进行，音乐旋律发展方式多以同音反复为主，基本节奏多见前十六分音符后附点八分音符节奏型。虽然，平武白马藏族仪式音乐形态虽然存在类乐段结构，然而类旋律动机或类乐句等结构占据绝大多数。由分析可见，平武白马藏族仪式音乐形态较为简单。此外，就平武白马藏族仪式音乐形态与周边族群相比较而言，尤其是草地藏族、嘉绒藏族、羌族等，平武白马藏族的仪式音乐形态，不及以上族群音乐形态复杂与丰富，经过比较更能体现出，平武白马藏族仪式音乐审美性的局限。从仪式音乐操作上来看，平武白马藏族仪式音乐属性存在两种系统：其一为神圣性系统，相关音乐是由白盖所操控；其二为世俗性系统，其被本寨普通居民所操控。虽然两种系统的音乐在形态方面稍有异处，即由普通村民操控的音乐要比白盖所操控的音乐复杂，构成旋律的音列要丰富得多，音乐性远远高于白盖所操控的诵经音调，但在平武白马藏族不同性质的仪式最后，所有音乐最终回流到由宫－角－徵、羽－宫－角－徵音列为主导构成的音乐旋律中，而与此种旋律相伴的是仪式最后或高潮的集体性活动，如喝转转酒、跳圆圆舞等。如此来看，具有群体认同象征意味的仪式集体性活动中，平武白马藏族选择了音乐性不足，而工具性较强的宫－角－徵旋律音列，或与之极为相似的羽－宫－角－徵音列来构成音乐旋律，这凸显出平武白马藏族"集体至上"认同观念下的用乐原则与音乐观。

从以上对平武白马藏族仪式音乐形态与音乐行为分析来观，可以看到由于较为严峻的生计压力所致，加之应对生存压力的技术手段不足，使平武白马藏族将族群集体作为生存的依靠。因此，"集体至上"原则成为了平武白马藏族重要的价值观念，集体或群体认同成了该社会运作的重要方式。在这样的观念下，受制于恶劣的生存条件，平武白马藏族对仪式音乐的使用与形态的选择，把音乐的工具性放在首要位置，并将其仪式音乐形态塑造成今天的面貌。

四、结语

白马藏族是处于汉藏边缘的典型性少数族群，一直以来，白马藏族的认同问题备受学界关注，而平武白马藏族更具有代表性。当前，白马藏族的群体认同研究多从文化要素入手，涉及仪式音乐与群体认同的研究寥寥。从现实角度来看，由于旅游经济的参与，白马藏族不断依据有利于旅游经济发展态势改变着自身的认同，这增加了白马藏族认同研究的复杂性。虽然当前学界对平武白马藏族认同观点存在争议，但从田野考察的情况来看，仪式为我们解释相关问题提供了一个极为重要的窗口。在这种语境与话

---

① 何晓兵：《白马藏族民歌的描述与解释（连载）——（三）白马民歌的文化解释》，《云南艺术学院报》2002 年第 2 期。

语下，存在着大量的群体认同现象，同时，音乐文化大量存在于仪式之中，可以说，仪式是在音乐的覆盖下完成的。那么，探讨平武白马藏族群体认同避免不了对仪式音乐的研究。因此，仪式音乐在平武白马藏族的群体认同中发挥着怎样的功能，其形态有着怎样的特征，是值得探究的议题。基于当前研究现状与现实中存在的问题，本文从仪式音乐视角入手，系统探讨平武白马藏族群体认同与仪式音乐的关系，以及音乐在群体认同中所发挥的重要价值与功能等。

通过对平武白马藏族仪式与音乐形态分析可知，平武白马藏族的族群认同具有进阶性特点，而仪式音乐成为了此种群体认同的重要工具与载体，尤其是在婚俗仪式与拜神山仪式中，平武白马藏族不断改变仪式音乐的形态来契合群体认同的需求，限定认同的边界，并使群体认同由家族内部血缘认同逐渐向集体性、地缘性认同过渡。当然，进阶性的群体认同方式大量存在于其他族群之中，其并不是平武白马藏族所独有的文化特征。但进阶性认同存在多样化的表征，仪式音乐是最为突出的表征之一。就平武白马藏族的进阶性群体认同来看，其特殊之处在于通过由三音列宫－角－徵、四音列羽－宫－角－徵与五音列羽－宫－商－角－徵构成旋律，应用于认同之中。另外，平武白马藏族仪式音乐并不同时具备显性认同与隐性区隔的双向功能，它仅仅具有显性的认同作用，而隐性的区隔官能则被服饰与身份等其他文化要素取代，这在平武白马藏族跳曹盖仪式中体现的尤为明显。正是由于此特征，使旅游业的发展打破了平武白马藏族村寨传统社会结构，导致因旅游文化同质化，引起资源抢夺的矛盾发生背景下，平武白马藏族通过参与跳曹盖等集体仪式，在圆圆舞、神龙舞等音乐与舞蹈的作用下，这些矛盾得以在周期性、暂时性的仪式场域中缓解，平武白马藏族以此来维系村寨集体的和谐关系。从这一点上来看，虽然旅游业打破了传统的平武白马藏族村寨社会结构，导致一些白马藏族传统文化与思维发生变化，然而，平武白马藏族对仪式音乐的认识与使用，依然延续着传统的"集体至上"原则。受此影响，平武白马藏族仪式音乐功利性的使用惯习也得以延续，而这些因素一定程度将平武白马藏族仪式音乐塑造成今天的模样。

A study on the advanced group Identity of Baima Tibetan in Pingwu from the Perspective of Ritual Music
Yang Yang

Abstract: Baima Tibetan is a typical marginal minority group, which lives in Sichuan, Gansu and other places between Han and Tibet. Due to geographical and other factors, the Baima Tibetans' group identity possesses certain unique characteristics, with the Pingwu Baima Tibetans exhibiting even greater typicality. Consequently, the issue of group identity among the Pingwu Baima Tibetans has long been a focus of academic attention. Current research on Pingwu Baima identity often approaches the topic through cultural elements, primarily focusing on literature and religious beliefs. However, the importance of rituals as a key field for identity construction cannot be overlooked. Moreover, among the Pingwu Baima, identity formation within rituals is often mediated through music, a relationship that existing research has insufficiently explored. Through descriptions and analyses of Pingwu Baima rituals and ritual music, this study demonstrates that ritual music serves as a crucial tool and vehicle for the group identity of the Pingwu Baima Tibetans. Furthermore, the morphological characteristics of ritual music constitute one of the most representative features of their advanced group identity. Additionally, in the process of identity construction, Pingwu Baima ritual music does not simultaneously possess both explicit identification and implicit separation; rather, it primarily functions for explicit identification, with implicit separation being achieved through other cultural elements such as clothing and social status, which is particularly evident in the Cao Gai ritual of Pingwu Baima Tibetan dance.

Key words: Pingwu Baima Tibetan; Ritual music; Group identity; Progressiveness

傣族"跳窝色"与"狮子舞"的概念辨析
——谈民族民间舞蹈的文化交融

周晓红*

摘　要　"狮子舞"在中国有着悠久历史，其虽源于西域驯狮舞，但经过长期本土化后已成为在中国各地影响广泛的民俗文化与民间舞蹈艺术。傣族"狮子舞"本名为"跳窝色"，其很早就受到了汉地"狮子舞"影响，并且它与傣族传统祭祀舞蹈及当地彝族的民间舞蹈也有密切联系，探究该舞蹈的文化渊源及与其他相关舞蹈融合发展的历程，有助于认识文化交融对民族文化与艺术创新发展的深远影响。

关键词　"跳窝色"；"狮子舞"；民族民间舞蹈；文化交融

DOI：10.13835/b.eayn.31.11

一、何为傣族"跳窝色"

据《中华舞蹈志》载："跳窝色"汉意为"跳老虎头"，流传于云南省新平县、元江县的花腰傣聚居区，带有祭祀性质，是表演性较强的集体舞。在元江县表演的"跳窝色"由两人扮狮子，一人扮驯狮者，手拿绣球或驯棒、大刀在前面指挥，驯狮人因戴面具又称"大头宝宝"。新平县的"跳窝色"据说最早有30多个套路，现在流传下来的只有20多个，过去表演一般只有9人，二人舞狮子，二人扮大头宝宝，一人引宝，敲打击乐者，大鼓、铓、镲、小锣各一人，后来为保护表演者不被炸鞭炮的人靠近而增加了耍双刀、棒、连枷的3人小武术队并慢慢形成固定的表演套路。"跳窝色"限于男性参加，在春节期间给本村各家拜年祝福，也为附近寨子有钱人家过年、办丧事、喜事表演。[①]花腰傣是中国西南部的哀牢山脉东部、红河中上游地区傣族支系的俗称，"居住在中国境内红河流域的傣族大约有15万人，人口约占中国傣族人口的13%左右，其中以红河上流的新平、元江两个县最多，人口占红河流域傣族的50%以上，这一地区也是云南著名的山系——哀牢山腹心地"[②]。这里的傣族与西双版纳和德宏等地傣族在宗教信仰、服饰建筑、节庆礼俗等方面都有很多不同，其中最显著的区别是该地傣族不信仰南传佛教而保留着具有浓厚自然崇拜和祖先崇拜意识的原生信仰，其特征是，视世间一切生物非生物都有灵魂，神、鬼的魂常交织在一起，把对人有利的魂称为"神"，把对人不利的魂称为"鬼"，有时神鬼可以交互使用，其善恶也

---

*　周晓红，云南大学西南边疆少数民族研究中心暨民族学与社会学学院副教授研究方向：非物质文化遗产保护研究。
①　《中华舞蹈志》编辑委员会编：《中华舞蹈志·云南卷》（上册），学林出版社，2007，第496-497页。
②　郑晓云：《"花腰傣"的文化及其发展》，《云南社会科学》2001年第2期。

可以转换，它们时刻主宰着人们的生活、生产以及人生的祸福。[①] 在这种"万物有灵"观念的影响下，为了求得人畜平安、谷物丰收，花腰傣村寨常年举行各种祭祀仪式以祈求神灵庇佑。"跳窝色"即花腰傣村寨在春节期间举行祭祀仪式时表演的一种模拟动物情态并与武术相结合的集体舞蹈，具有驱赶疫鬼、祭祀祖先、消灾祈福的意义。在傣语中"窝"是头的意思，"色"则泛指老虎、狮子、豹子等猫科类动物，"跳窝色"主要在云南省玉溪市元江县自称"傣喇"的傣族支系中流传，当地汉名为"狮子舞"；而新平县境内的花腰傣分傣洒、傣卡、傣雅、傣仲、傣那等支系，"跳窝色"又主要在傣雅、傣洒两个支系中流传，前者汉名称为"跳老虎头"，后者称为"猫猫舞"，其套路基本相同。

二、"跳窝色" 与 "狮子舞" 的关系

"跳窝色"在云南元江县和新平县的傣族中之所以有"狮子舞"与"跳老虎头""猫猫舞"等几种不同的汉名，笔者认为这不仅是地域上的原因，更重要的是"跳窝色"在不同历史时期演化过程中所受到不同民族文化影响的结果。元江县花腰傣"跳窝色"源于汉族的"狮子舞"，新平县花腰傣虽然学习了元江地区傣族的"狮子舞"，但由于本身保留了更加深厚的傣族传统文化，加上受到当地彝族虎文化影响而演化为新平花腰傣的"跳窝色"——"跳老虎头""猫猫舞"。

据考证，"狮子舞"在中国有2000多年的历史，其源头则是来自西域的驯狮舞，汉朝班固所著的《汉书》九十六《西域传》载："乌弋山离国王有桃拔、师子、犀牛。师子即狮子，此是百戏化装，非真兽。"由此推知，在汉朝时西域就有"狮子舞"的出现，约在东汉时期，西域的驯狮舞蹈传入了我国，带领真狮表演者，当时称为"驯狮郎"，主要表演驯服狮子的过程。随后出现了中国化的"假面狮子"与"舞狮郎"的表演。盛唐歌舞杂艺的繁荣，也使舞狮逐步地步入了娱乐化的发展道路。由于起初到京城长安的"驯狮郎"都是龟兹人，表演时所用的音乐也具有龟兹特点，所以，唐朝段安节所著的《乐府杂录》中把"狮子舞"列入《龟兹部》，"'狮子舞'是《西凉伎》中之一类，始自西亚波斯境内，借道西域龟兹、凉州等地而东传中原地区"[②]。白居易的《西凉伎》中也提道："假面胡人假狮子，刻木为头丝作尾，金镀眼睛银贴齿。奋迅毛衣摆双耳，如从流沙来万里。"舞狮发展到唐朝已具有明显的中原文化特征，并成为古代宫廷皇室中宴享娱乐的重要舞蹈之一。[③] 宋元以后的"狮子舞"在官方的典籍中逐渐销声匿迹，宫廷之中的音乐娱乐场合上不再出现，但在民间却保持了生命力，"其表演功能、场合再次发生了一些转变，从朝会天子等场合，转向了单纯的辟邪、祈福的表演"[④]。

云南省玉溪市元江县的傣族"狮子舞"，其形式与汉代"假面狮子"和"舞狮郎"的驯狮表演十分相似，该舞蹈表演时由乐队、仪仗队和狮子舞队组成，鼓手、舞狮人、驯狮人同时上场，两人假扮狮子，一人扮驯狮者，手拿绣球或驯棒、大刀在前面指挥狮子，两人肩挑着大鼓，乐队其他人随后，驯狮人和

---

① 张公瑾：《傣族宗教与文化》，中央民族大学出版社，2002年，第6页。
② 吕韶钧、吕成：《中国民间舞狮习俗的文化观照》，《民间文化论坛》2010年第3期。
③ 张延庆：《中国舞狮的起源与文化演变》，《体育文化导刊》2003年第11期。
④ 陈军、李雁：《中国古代狮子舞的起源及兴衰史》，《农业考古》2009年第6期。

舞狮人应鼓声的节奏表演各种动作。

元江所隶属的玉溪地区在历史上中原文化传入较早，据"庄蹻入滇"历史记载和区内出土文物考证，战国以后，中原、荆楚、巴蜀等地军民因征战、为吏、经商、贬谪而不断进入今玉溪境内，但人数不多，故逐渐融合于当地少数民族之中。元代时，中原有一批汉族军民随忽必烈、赛典赤军队入滇，至元二十五年（1288），赛典赤征服罗盘部建立元江路，即有汉族入元江定居。大批汉族进入玉溪境内始于明初军屯。明洪武十五年（1382），大批明军入滇留戍，士卒随带家眷，共同屯垦，内地移民和商人相继而来，汉族军民大量涌入，通过"军屯""民屯"等形式定居区内。明代以后，不断有汉族人民进入区内定居。①

傣族历史悠久，秦汉时期傣族先民就已繁衍生息在滇南红河地区，《云南民族史》："开元二十二年（公元734）前后，僚子首领阿迪。阿迪所统辖的僚族，居住在接近安南都护府的地方，即文山州和红河州一带。……唐朝中期以后，后来的那部分鸠僚出现原地，被称之为'白衣'。"② 即居住在红河流域一带的傣族当时被称为"白衣"。据学者考证，元江沿岸一带，南诏、大理国时期已有傣族居住。元江当时称"萝槃甸"，居住在这里的有阿㼣（白族）、㱔么徒蛮（彝族）、和尼（哈尼）和摆夷（傣族）诸部族。萝槃甸的首府称"萝槃城"，位于礼社江畔（今之元江城）。至元明时期，内地有很多地方有傣族居住。元江府"地多百夷"，土知府那氏即傣族。在社会发展方面元江傣族接受汉民族和中原文化的影响较多，因此，进入封建社会的时间则较边疆为早。元江地区傣族在"大理国"（南宋）时期，即已陆续进入了封建社会，故元初治理云南时，曾将这一地带引为"内域"。③ 因此元江傣族在生产、生活方式及民间艺术方面很早就受到汉族文化的影响。

有元江当地学者认为，元江傣族"狮子舞"有近千年历史，是西南少数民族与中原文化交流融合的产物。西南边疆地区通过南方丝绸之路与中原地区建立起密切的商贸往来，受中原文化的影响，元江傣族逐渐认同并接受汉文化，把来自中原的狮子舞当作威武、勇猛、吉祥的象征，将其运用为战时鼓舞士气、祈求神灵庇佑，确保战事胜利的一种仪式。后来，随着战事减少，人民生活趋于安宁平静，狮子舞又演变为各种节庆活动、祭祀典礼和民间竞技、娱乐大众的民俗活动。④

而新平"猫猫舞"当习自元江"狮子舞"，据新平漠沙镇曼勒村花腰傣"猫猫舞"第四代传承老艺人刀汝安的介绍：花腰傣"猫猫舞"最早源于元江县花腰傣村寨，后经漠沙镇花腰傣老艺人杨高明在元江走访亲戚时，观赏到元江花腰傣的"猫猫舞"表演，他学习了全部的猫猫舞32个套路，回来后教给了儿子杨世贵和徒弟赵国云、谭世文等人。再后来，该舞蹈逐渐在戛洒、漠沙、水塘等乡镇的花腰傣寨子流传开来，每年春节期间要逐一为本寨所有人家拜年。⑤ 在新平彝族傣族自治县文化局《民舞集成》（1988年）中收录了新平县花腰傣流传的三种舞蹈：芦笙舞、狮子舞、大鼓舞。有学者认为，这三种流行于云南新平花腰傣聚居区的舞蹈都不是花腰傣特有的传统舞蹈，花腰傣历史上没有保留下其特有的传统民间舞蹈，但在周边彝族、汉族舞蹈文化的影响下，新平县的花腰傣民间艺人学习、吸收了他民族的舞蹈，

---

① 云南省玉溪地区地方志编纂委员会编：《玉溪地区志》（第一卷），中华书局，1994年，第294页。
② 尤中：《云南民族史》，云南大学出版社，1984年，第121页。
③ 宋自华：《元江傣族源流小考》，《滇中文化》2001年第3期。
④ 李艾丽：《傣族狮子舞：红河谷里舞动的祥瑞之"兽"》，元江新闻网，http://yj.yuxinet.cn/lj/mswh/4512402.shtml，2018年12月17日。
⑤ 余贞凯、王志明、唐文坤：《民族村寨变迁视域下的花腰傣猫猫舞文化功能的演变》，《广州体育学院学报》2015年第5期。

并结合当地的文化特色,发展形成了这几种民间舞蹈。①

三、"跳窝色"与傩舞的关联

"某种力量的观念在仪式过程中存在好多表现的形式,别的不说,祭祀的唯一目的似乎就是制造有用的力量。我们已经知道,这也是宗教祭祀的一个特性。"② 无论是中国内地"狮子舞"还是元江县傣族的"狮子舞"、新平县花腰傣的"跳老虎头",几乎都与这种借助"有用的力量"以驱邪祈福有关。

有研究表明,舞狮活动之所以能够在中国民间传播演化,其中一个重要原因是佛教在中国的传入和普及。佛教最初由中亚传入我国西北地区,西汉末年开始传入我国内地。由于狮子在佛教中是护法者形象,又是文殊菩萨的坐骑,它在传入中国后,其形象立即被人们用来作为护卫者和辟邪物,起着保护主人平安、吓阻凶恶的作用,遂发展成为一种独立于佛教的中国狮子文化。③ 如随佛教传入中国的"行像"(佛诞日用宝车载佛像在城中街道巡行的一种仪式)后来成为民间的"行香走会"活动,舞狮是其中的一个重要组成部分。北魏杨衒之在《洛阳伽蓝记》中记述了民间"行像"中的舞狮场面,"四月四日,此像常出,辟邪师子导引其前"。韩结根对其注解:"辟邪:古代传说中的一种神兽,形状似狮子而带有双翅,据说能避御妖邪,因以得名。师子即狮子,见前注。辟邪、狮子这里都是指百戏化装,并非真兽。"④ 由于舞狮活动本身所具有驱鬼辟邪的特殊功能得到了社会民众的普遍认可,因此与中国民间传统的祭神驱疫、祝福禳灾等民间祭祀活动紧密地联系了起来。清代有学者曾指出:舞狮"盖即古傩礼之意",此说法也被后世一些学者采用,认为舞狮是"逐疫的古礼""傩礼的遗俗"。清代有"36傩班、72狮班"之说。浮梁"五举戏"就有"先跳傩,后舞狮"的传统。⑤

在傣族的传统民间信仰中就包含着浓厚的"鬼神"观念,在远古时期也曾有驱邪避鬼的祭祀傩舞。有学者认为古时山越人代代相传下来的"舞狐"就是一种将傩舞与狮舞糅为一体的祭祀舞蹈,因为二者有许多相像之处,它也是两人合演一兽,一人头戴木制兽头直立,饰兽上半身;另一人披青布弯腰饰兽臀下半身。两人以一块青布相连,之间拉长一段距离,首尾不能相顾,显示兽身很长。⑥《资治通鉴·汉记》之胡三省注云:"山越本亦越人,依阻山险,不纳王租,故曰山越。"⑦ 傣族属于古代百越的后裔,"百越后裔各族由于有共同的文化渊源和历史传统,再加上所处的自然生态环境也大致相同,所以在文化生活习俗亦大体相同,具体表现为所处上大多都以稻作农耕为主,居住泛滥,使用铜鼓,有巫蛊习俗,信仰原始宗教,喜食异物等"⑧。因此同源于越人的傣族与山越在古时曾有相似的傩舞也是极为可能的,虽然在漫长的历史中由于迁徙、战争、禁忌等多种原因,这类舞蹈逐渐失传,但某些文化因子仍会沉淀

---

① 唐白晶:《从舞台回归田野云南花腰傣舞蹈发展探寻》,《民族艺术研究》2011年第6期。
② 马塞尔·莫斯昂利·于贝尔:《巫术的一般理论,献祭的性质与功能》,杨渝东、梁永佳、赵丙祥译,广西师范大学出版社,2007年,第118页。
③ 刘自兵:《佛教东传与中国的狮子文化》,《东南文化》2008年第3期。
④ (北魏)杨衒之:《洛阳伽蓝记》,山东友谊出版社,2001年,第44页。
⑤ 吕韶钧:《民间舞狮习俗与中国传统文化探微》,《北京体育大学学报》2008年第10期。
⑥ 吕韶钧、吕成:《中国民间舞狮习俗的文化观照》,《民间文化论坛》2010年第3期。
⑦ 《资治通鉴》胡注本,中华书局,1956年,第1819页。
⑧ 王文光:《中国南方民族史》,民族出版社,1999年,第208页。

于生活在不同地区傣族的集体记忆中。

花腰傣主要居住在新平彝族傣族自治县、元江哈尼族彝族自治县的河谷地区,两县县境南北相连,历史上都隶属于玉溪地区。新平县是花腰傣的主要居住区,在元江流域花腰傣支系聚居区的7万多傣族人口中,仅新平县境内就居住着5万多人,故被称为"花腰傣之乡"。由于花腰傣生活在哀牢山脚下,交通不便,生活环境较为封闭,没有像其他地区傣族那样受到佛教文化的影响,故保留着较多傣族传统文化信仰和生活习俗。傣族长期以来由于无法对各种自然灾害做出合理的解释,所以往往用"鬼"来解释所遭受的各种灾害,形成了众多借助巫术神力驱鬼辟邪的传统祭祀仪式,"跳窝色"之所以成为当地傣族祭祀仪式的一个重要成分,也正是因为它被赋予了驱邪除魔的力量和神秘性。据《花腰傣礼俗》载:"跳老虎头"自古就在花腰村子里流行,年代久远。传说过去花腰傣美丽的寨子曼布沙寨来了一对魔鬼夫妻,男的叫"变西龙",专捉人的灵魂,女的叫"变西罕",专吃牲畜的心,弄得人死畜亡。村里一个叫"岩奢"的小伙子便去请求天神"布天竜"的帮助,在天神指引下,村里的人"跳老虎头"战胜了这对魔鬼夫妻。此后,"跳老虎头"便跳遍了花腰傣乡的村村寨寨。①

有学者认为,今天新平境内花腰傣"跳老虎头"是由傩祭、傩舞发展起来的宗教与艺术的结合体,是娱神与娱人相结合的,原始、古朴、独特的祭祀性舞蹈,是傣洒人原始宗教神灵崇拜的产物。② 而现在新平能"跳老虎头"的除漠沙镇的中底村和戛洒镇的新鱼塘外,其他花腰傣村寨鲜有舞队,当地民间说法是"怕引鬼上身"。所以,该舞蹈流传至今,会跳并且道具、套路等保存比较完整的仅有中底村和新鱼塘这两个村子。③ 由此也可推知,在当地花腰傣的观念中,"跳窝色"与神鬼观念是有着密切相关性的。

四、"跳窝色" 与彝族虎崇拜及其祭祀舞蹈的关系

新平花腰傣"跳窝色"之所以又被称为"跳老虎头"和"猫猫舞",另一个重要原因或许与受到当地彝族虎文化及祭祀观念的较深影响有关。新平县是以彝族、傣族为主要聚居民族的山区县,在有较早的民族人口数据的《新平县志》中所载,1953年时全县彝族占总人口的42%,汉族占34.7%,傣族占14.1%。④ 在漫长的历史进程中,彝族、汉族、傣族混合杂居,各民族之间存在各种形式的文化交流,而人口和活动范围较占优势的彝族对其他民族的文化影响更为明显,彝族文化对"跳窝色"的影响可从以下方面分析。

其一,彝族自认为是虎的后裔并将虎作为图腾加以崇拜,"今云南哀牢山有些彝族自称'罗罗',男人自称为'罗颇'(公虎),女人自称为'罗摩'(母虎)。'哀牢山'中的'哀牢'二字,彝意为'大虎'"⑤。流传在哀牢山地区的彝族史诗《梅葛》也有彝族杀虎、分虎肉,用虎的尸身造天造地的情节。

---

① 刘振华主编:《花腰傣礼俗》,云南民族出版社,2010年,第94—95页。
② 杨树林:《对猫猫舞与傣洒习俗的调查》,载《中国云南新平花腰傣文化国际学术研讨会文集》,民族出版社,2003年,第323页。
③ 陈云珍执笔:《新平彝族傣族自治县戛洒镇新鱼塘村民族民间舞蹈——花腰傣"跳老虎头"调查报告》(内部资料),2004年,新平县文化馆提供。
④ 新平傣族彝族自治县县志编纂委员会编:《新平志》,生活·读书·新知三联书店,1993年,第97页。
⑤ 汪玢玲:《中国虎文化》,中华书局,2007年,第83页。

在彝族各支系中也普遍流传着各种形式的虎崇拜舞蹈，唐代樊绰所著《蛮书》中即记述了南诏国时期云南楚雄彝族有虎崇拜的舞蹈："正月初，夜鸣鼓连腰，以歌为踏虎文戏，此遗俗殆犹存耳。"可见，彝族跳老虎舞历史之久远。至今在云南的一些彝族也还保留着与虎有关的舞蹈，《云南民族舞蹈史》载"老虎笙"又名"跳老虎""跳猫猫"。其代表为楚雄州双柏县法脿镇的小麦地冲及邻近县的彝族支系罗罗人，每年农历正月初八至十五举行"老虎节"活动中有"跳老虎"，也称"老虎笙"（"笙"即跳舞之意）。参加跳"老虎笙"的均为男性村民，按惯例由十八人组成班子，其中一人担当"虎头"，两人摇铃，一人敲锣，四人击打羊皮鼓，另有八人装扮成虎，两人装扮成猫。跳舞前，由毕摩引领全村祭拜祖先、山神，请虎神。然后从初八晚上开始，先跳三只虎舞，其后每晚递增一虎，直至八虎、二猫同场共舞……到了正月十五，"老虎笙"舞队便到各家各户跳虎祝福，以祈求四季安康、六畜兴旺。①《中华舞蹈志》中也记载了这一"跳老虎"活动，其中有祭拜山神、跳虎、逐户祈愿、送虎归山等程序。从农历正月初八晚上开始，第一晚跳三虎。次日晚跳四虎，以后逐日增到跳八虎……直至十四、十五日"送虎"。当天跳虎队要在全村挨家挨户去跳虎祈愿，除祟求福，每到一家，由二虎在门两边手扶门槛俯蹲，二山神各抬一腿，跨骑二虎，晃香摇铃，念词祈祷，其余的扮虎者在主家门前空地跳舞，由二猫进屋接受主家致谢的食品礼物。② 值得注意的是，双柏县小麦地冲位于哀牢山上段，该"跳老虎"与新平花腰傣"跳窝色"有着较多相似之处，如都是在正月初开始跳，并持续几天；都是祭祀仪式中的集体舞蹈，都要使用面具，或者化妆、穿戴服饰等进行改头换面的装饰；都有傩舞的特征，晚上到村子里挨家挨户表演，为其驱邪祈福；在表演方式上都使用一些刀、棍、叉等武器为道具，以鼓乐伴奏；都是欲借助虎（猫）的威力避邪消灾，具有祈福纳吉的意愿。

其二，在玉溪地区彝族中也有"猫猫"相关舞蹈。据《玉溪地方志》载，玉溪地区的华宁县彝族有一种民间舞蹈"猫猫叉"。"猫猫"是彝族对老虎的讳称。叉是一种山字形专供猎虎用的长柄武器。每逢祭祀、送葬、集会都跳"猫猫叉"。舞蹈以"激流星"开路，铁手挽开拓场面。随即"猫猫叉"领先，"钩镰""猩猩刀""霸王鞭"随后。按节拍边斗边舞，紧张激烈，扣人心弦。③ 说明玉溪地区的彝族与虎相关的祭祀仪式中存在使用武器的舞蹈，也说明当地彝族将老虎称为"猫猫"。还有学者对云南省哀牢山彝族祭祖仪式的研究也发现，当地彝族常由彝族巫师在葫芦瓢凸面绘一个红底板的黑虎头，悬挂于门楣，表示这户彝族正在祭祀自己的虎祖。在哀牢山有些彝村寨名叫"罗摩""纳罗"或"纳拉"，意思是虎族、黑虎族、母虎族所居的村寨。旧时各家购回猫或老猫分娩，都要择吉日请"贝伯"（巫师）或族老举行猫（虎）入户仪式，表示敬请虎祖神来本户驱邪禳灾保佑全家吉祥。一些彝族人平日忌讳谈虎，习惯上将猫虎易称，即把猫称虎，以猫代虎，用猫象征本家祖先，有俗话："虎（猫）在家，祖宗做主；虎（猫）出走，祖宗不来保护。"④ 可见在当地彝族观念中猫、虎二者是可相通互换的，而在动物学中猫和虎确实也同属猫科动物。

另据《中华舞蹈志·云南卷》载"老虎舞"，又名"小猫猫—大猫猫"，"猫猫"即老虎，流传于云南省嵩明县白邑乡庄棵村，由两只小猫猫和一只大猫猫表演，表演者穿虎皮连身衣，头戴虎形面具，旧时

---

① 石裕祖：《云南民族舞蹈史》，云南大学出版社，2007年，第82页。
② 《中华舞蹈志》编辑委员会编：《中华舞蹈志·云南卷》（上册），学林出版社，2007年，第271—272页。
③ 云南省玉溪地区地方志编纂委员会：《玉溪地区志》（第一卷），中华书局，1994年，第356页。
④ 林琳：《彝族虎文化》，《民族论坛》2000年第2期。

每逢庙会、"接龙王""接老爷"时表演，舞蹈用狮子舞打击乐器伴奏，在"狮子舞"队中，有"班打"（各种刀、棍、叉、武术表演），在三人对舞中做出各种舞蹈技巧和模仿虎的习性动作，相传是河南嵩山少林寺第四代弟子传授。① 从这一记载来看，该舞蹈也是将老虎、猫猫和狮子舞混为一体，也是舞蹈和武术融于一体，也是在一些民间祭祀场合进行表演，也具有傩舞的性质。可见，在云南汉族生活区域中，也有将老虎与猫直接关联的类似舞蹈。

其三，哀牢山地区彝族的信仰观念和祭祀仪式对与其杂居的花腰傣所产生的影响从笔者对花腰傣村寨中某些祭祀活动的田野考察中也可窥见一斑。2016年笔者曾在新平县花腰傣最大的聚居村寨——戛洒镇平寨村调查该村每年的传统祭祀仪式——扫寨子②，因上一年村子里陆续出现几件不吉的事，村里人认为是本村的管寨贝玛能力不行，于是请来了当地彝族村子的一位彝族毕摩，按彝族的祭祀仪式进行了当年的扫寨子仪式，这种方式在过去也曾多次出现。据村民说，因为这一带最早是彝族居住地，所以要用彝族的祭祀方式才会更有效果。

此外，彝族还十分避讳"白虎精"，有成年而未婚配的女子死后会变成"白虎精"的传说。因为"白虎精"生前未曾婚配，没有享受到人间的天伦之乐，十分嫉妒新婚夫妇，于是常常候在道旁路边，趁机跟随迎亲队伍到新婚夫妇家中，作祟害人，使家庭不得安宁。故彝族人十分畏惧"白虎精"，采取形式多样的避讳方法和防护措施，若遭到侵扰时，采取各种禳解仪式，包括一系列"避白虎""送白虎""逐白虎"等仪式习俗。③ 笔者在新平县的另一花腰傣村寨——南碱村调查时，曾目睹一户村民家进行"驱白虎"仪式，因户主的妻子脾气不好致使家庭常年不和睦，所以请贝玛作法，其用意和祭祀方式与彝族的"送白虎"十分相近。

从上述案例可见，当地花腰傣与彝族在民间祭祀仪式与生活习俗上有某些相似之处并非偶然。正如罗伯特·莱顿所言："所有文化行为都必定是选择性的……但是选择永远不是铁板一块、不可改变的，而总是需要创造性地加以选择。"④ 当地花腰傣与彝族长期比邻而居，在共同的生活环境中，花腰傣选择性地学习、吸收当地彝族民间信仰与习俗中的一些文化因子，并创造性地将其融合成为自己的文化元素，而这种文化行为的选择性与创造性也同样体现在了汉族的"狮子舞"和元江傣族的"跳窝色"的形成过程中，值得我们进行深入探究。

五、结语

就傣族"狮子舞"的整个演化过程来看，早在秦汉时期，来自西域的驯狮舞传入中原地区后与汉文化相融合逐渐形成中国特色的"狮子舞"；在傣族传统原始信仰和祭祀舞蹈基础上，元江地区的傣族学习了汉族"狮子舞"后将其与傣族传统民间舞蹈"跳窝色"相结合而成为傣族"狮子舞"；20世纪20年代新平地区花腰傣又在学习元江傣族"狮子舞"后，融合了傣族传统信仰及当地彝族的虎崇拜观和相关仪

---

① 《中华舞蹈志》编辑委员会编：《中华舞蹈志·云南卷》（上册），学林出版社，2007年，第149—150页。
② 当地花腰傣每年春节前要请掌管寨子法事的贝玛（一般为中老年女性）念咒，杀羊、狗进行祭祀仪式，将各种认为不吉的东西赶出全村，为来年祈福。
③ 朱崇先：《彝族典籍文化》，中央民族大学出版社，1994年，第177—178页。
④ 罗伯特·莱顿：《艺术人类学》，李东晔、王红译，广西师范大学出版社，2009年，第256页。

式，进而演化成新平花腰傣的"跳老虎头"（也称"猫猫舞"）。因此，现今流传于元江县、新平县被视为傣族传统民间舞蹈的"跳窝色"，正是不同历史时期多个民族文化交流与融合的混合体。

当今中国"狮子舞"研究主要集中于汉化"狮子舞"来源及所形成的民俗文化方面，较少对其在少数民族地区传播及文化交融现象的深入考察分析，对傣族"狮子舞"——"跳窝色"这一多元文化因子复合的民族民间舞蹈艺术之源流的分析也尚属稀少。通过对傣族"狮子舞"演化历程的探寻，可以更好地认识到积极吸收外来文化并与本民族文化相互融合能够创造出民族文化与艺术的新元素，能够成为民族文化和艺术创新发展的一种推动力；而进行民族民间舞蹈之间关联性的研究，探讨民间舞蹈艺术形成和发展过程的各种影响因素，既有助于我们认识在不同历史时期、不同地区、不同民族之间所存在的文化艺术交流与融合现象，也使我们更深入理解今天各民族间的跨文化交融对促进民族文化与艺术发展的价值。

'Lion Dance' and Dai 'Jumping Wo Se': A Discussion on Cultural Integration in Folk Dance

Zhou Xiaohong

Abstract: The Lion Dance has a long history in China. Although originating from lion taming dances of the Western Regions, through long-term localization, it has become a widespread folk cultural and dance art throughout China. The Dai Lion Dance, originally known as "Jumping Wo Se" (跳窝色), has been influenced by the Han Lion Dance for a considerable period. Furthermore, it also maintains close connections with traditional Dai sacrificial dances and local Yi folk dances. Exploring the cultural origins of this dance and its integration and development with other related dances contributes to understanding the profound impact of cultural fusion on the innovative development of ethnic cultures and arts.

Key words: "Lion Dance"; Dai people; "Jumping Wo Se"; folk dance; cultural blend

族群研究

民族交融视域下的中国民族走廊与非遗耦合格局研究*

崔海洋　霍长奇　陈子华　王培涵**

摘　要　民族走廊自古以来就是各民族人口迁移、文化交流的主要区域，其孕育出丰富的非物质文化遗产，具有典型的生态—文化—社会共同体特征。借助地理信息技术进行空间可视化分析，有助于客观分析民族交融视域下的中国民族走廊与非遗耦合格局。研究发现：（1）非遗数量在四大走廊中分布较为均衡，其主要集中分布在各大走廊交会地带，在西北走廊与武陵走廊分别呈现高密度核心圈与双高密度圈集聚现象，藏彝走廊与南岭走廊非遗趋向于随机分布；（2）民族走廊空间生态要素以及人类生计实践行为对非遗分布、类型差异具有较强解释力，并在走廊交会及边缘、邻近地带的地形地貌中形成了系统的人—地关系，（3）非遗文化的跨区、跨族传播特征明显，且地化整合为同中有异的特色非遗，新增与扩展项目等相关非遗关联网络在走廊交错地带尤为密集，充分体现出走廊交会地带的民族文化黏合与次文化衍生功能。

关键词　民族走廊；非物质文化遗产；交会地带；耦合格局；文化交融

DOI：10.13835/b.eayn.31.12

一、引言

非物质文化遗产（以下简称非遗）是历史长河中各民族在长期生产生活实践中创造的宝贵财产。作为最早加入联合国教科文组织《保护非物质文化遗产公约》的缔约国之一，中国凭借多元民族智慧，探索出符合社会主义发展国情的非遗保护与可持续发展之路，得到了国际社会的广泛认可。截至2022年，已有3600多项非遗列入国家级非遗名录。在这之中，许多非遗虽然已经走入大众视野逐渐成为都市中消费休闲生活的一部分，但是类型最为丰富多样的非遗仍然主要分布在广阔的农村，尤其是少数民族地区。因此，传统地缘上的西南、西北等多民族聚集社会自然也就成了非遗工作开展的重点。例如，西南地区的武陵山、乌蒙山等地是中国拥有国家级非遗文化遗产项目最多的地区，这里居住着包括苗族、土家族、侗族、布依族等46个民族；还有如祁连山延续至新疆盆地是古代中国与外域文化开展交流的丝绸之路，享有蒙古族、回族、维吾尔族等相关的非遗文化资源。

从地理空间分布来看，这些丰富多元的少数民族非遗并不是一个时空上的均质分布，而是与我国多

---

* 本文系国家社科基金一般项目"生态共同体视角下赤水河流域传统村落集中连片保护利用研究"（24BMZ054）的阶段性成果。
** 崔海洋，贵州民族大学民族学与历史学学院教授，研究方向：生态民族学；霍长奇，新疆师范大学历史与社会学院博士研究生，研究方向：民族学；陈子华，贵州民族大学民族学与历史学学院副教授，研究方向：人文地理学；王培涵，中国科学院地理科学与资源研究所硕士，研究方向：人文地理学。

民族在不同时期的迁移路线有着密切关系。许多非遗项目也很难归到单一民族中，而是由各民族在历史迁移中与汉族或其他少数民族文化交融而形成。目前，对于中国非遗分布与我国民族迁移与交融关系的研究主要是基于民族学、民俗学视角开展的定性研究。近年来，也有学者基于人文地理方法探讨了宏观尺度上非遗分布差异性与复杂性。同时，在中观尺度上有如韩顺法等分析江苏省非遗形成的自然生态要素，[1] 康雷等分析了新疆非遗空间分布，[2] 袁少熊等对广东省非遗与文化遗产结构及地理空间分布进行讨论。[3] 相关研究以独特的地理要素视角分析了非遗与地貌环境的关联，让非遗研究内涵得到较大的提升。不过对于非遗的民族性与地理关系仍然缺少结合定性与定量的分析。

因此，为了更好地了解中国非遗地理空间分布与历史上民族人口迁移规律关系，本文参考了民族学、民俗学对于中国历史上数条民族走廊的研究基础，整理了现有国家非遗项目的民族属性，运用地理信息技术以及民族学族群交流理论与方法，对我国主要民族走廊与非遗项目的地理空间分布进行耦合性分析，以期为进一步了解与分析非遗分布规律，并为当下非遗工作中促进多元民族交融提供科学支撑。

二、数据来源和研究方法

（一）数据来源及处理

本文是从民族交融视角下切入，分析非遗实践活动的地理规律，因此没有简单地将非遗定位到地方政府坐标，而是采取了文化传承者的坐标定位。这样能够使分析更好地还原各民族的社会实践行为规律。本文研究数据主要为国家级非物质文化遗产，搜集来源为中国非物质文化遗产数字博物馆网站以及民族走廊相关省、地区的非物质文化遗产官网五个批次的非遗项目。[4] 为进一步提高数据的准确性和可操作性，对其进行相关处理：经过筛查后获得720项数据，并对照中国非物质遗产网·中国非物质文化遗产数字博物馆进行非遗所属民族关系的逐一核对；依据非遗名称、所在地等条件筛选出相关联的新增与扩展项目；非遗类型根据文化特征进行二次分类处理。

DEM是数字高程数据（类似于海拔），90m是数据精度，可改为数字高程海拔（DEM 90m）数据来源于中国科学院地理科学与资源研究所资源环境科学与数据中心。

（二）研究方法

研究方法主要采用地理学的时空分析，具体包括平均最近邻指数、核密度分析、近邻分析等。此外，还主要借助民族学、人类学的族别关系、经济文化类型理论与方法，通过分析各大民族走廊中不同民族

---

[1] 韩顺法、徐鹏飞、马培龙：《江苏非物质文化遗产的时空分布及其影响因素》，《地理科学》2021年第9期。
[2] 康雷、杨兆萍、韩芳：《新疆非物质文化遗产的空间分布及其影响因素》，《中国沙漠》2022年第1期。
[3] 袁少雄、陈波：《广东省非物质文化遗产结构及地理空间分布》，《热带地理》2012年第1期。
[4] https://www.ihchina.cn.

的生计类型，剖析非遗所处地区生态特征，目的在于揭示中国四大民族走廊与非遗分布的耦合关系。

1. 平均最近邻指数法

平均最近邻指数法（average nearest neighbor，NNI）是判断非遗点空间分布类型（均匀、随机、凝聚）的重要指标，它通过对比实际非遗点间的平均最近距离 $\bar{r}$ 与理论随机 Poisson 分布下的平均距离 $\bar{r}_i$ 的比值，得到最近邻比率 R：

$$R = \bar{r}/\bar{r}_i \tag{1}$$

当 $R<1$ 时，非遗点的空间分布类型为聚类分布；若 $R=1$，非遗点的空间分布类型为随机分布；若 $R>1$，则非遗点的空间分布类型趋向于离散或均匀分布。

2. 核密度估算法

核密度估算法是反映地理要素在空间上集聚程度与集聚区域的重要工具之一。本研究采用核密度分析方法检测非遗的空间分布密度，分析非遗代表性项目的空间分布聚集特征，属于非参数检验方法之一。核密度值越高，说明所研究区域的非遗分布密度越大。公式如下：

$$f(x) = \frac{1}{nh_i} \sum_{i=1}^{n} k\left(\frac{x-x_i}{h}\right) \tag{2}$$

式中：$k\left(\frac{x-x_i}{h}\right)$ 为核函数；$h>0$ 为宽带；$(x-x_i)$ 表示估值点 x 到事件 x_i 的距离。$f(x)$ 值越大，说明项目分布越密集；反之，则越分散。

三、民族走廊的非遗空间分布特征

（一）四大走廊总体分布特征

民族走廊是带状路线，是历史上我国各族人民迁移的主要路线，而民族类非遗则是这些民族在迁移过程中进行文化调适、变迁的成果。分析走廊与非遗耦合程度，可以看出多元民族关系与非遗的关系。民族走廊概念最早由费孝通等提出，是指一定的民族或族群长期沿着一定的自然环境如河流或山脉迁移或流动的路线，在走廊中必然保留着民族众多的历史与文化沉淀。这一理论在后来民族学、民俗学、人类学深入研究下不断完善，已经成为分析、了解我国民族主要迁移路线的重要方法论。其中，藏彝走廊主要依据费孝通与李星星的研究，[1] 武陵走廊地理位置主要依据费孝通与黄柏权的研究、[2] 南岭走廊地理

---

[1] 李星星：《藏彝走廊的范围和交通道》，《西南民族大学学报》2007年第1期。
[2] 黄柏权：《费孝通先生与"武陵民族走廊"研究》，《中南民族大学学报》2010年第4期。

位置主要参考麻国庆与周大鸣的研究,①②西北走廊研究主要依据费孝通与秦永章的研究。③

非遗分布明显呈现一个外圈的环状态势,与中国文化"圈层学说"④呈现高度关联。其中心圈是传统意义上的山东、山西、陕西、重庆、安徽等中部省份,外部圈主要分布着较为多元的民族文化。各类民族非遗的分布与历史上我国民族迁移路线有密切的关系,有超过720项的非遗均属于四大民族走廊空间范围之内。其中,不属于四大民族走廊范畴的非遗主要有新疆与西藏的非遗文化,已有体质人类学、语言学者指出二者文化是在古老时期人口因气候等影响居住在此,并在长期发展适应中形成了独特的文化形式,属于当地世居民族。

从图1可以看出,武陵走廊是我国第二阶梯向第三阶梯过渡的地带。这里是历史上濮、楚、蛮等族群由东北向西南迁移流动的地理通道,现拥有国家级非遗246项;南岭走廊由一系列不连续山地组成,多为大小不一的山隘和盆地,是历史上古壮侗语民族不断西进的路线,也是汉人不断南迁的地理通道,有177项非遗;藏彝走廊是我国第一阶梯向第二阶梯过渡的南北走向空间,皱褶高山间的峡谷通道构成了历史上羌、氐、戎等族群迁移与活动的民族通道,拥有161项非遗;西北走廊包括陇西与河西走廊,二者同属历史上突厥语族、蒙古语族、通古斯语族群体东西向活动的地域,其生计类型上也有许多相似,因此一并讨论。西北走廊有非遗136项。由于长期与中原汉族人民互联互通,许多民族走廊内的非遗项目也具有了汉族文化特征,典型汉文化非遗在南岭走廊中占比约22.1%,在藏彝走廊占比约为16.15%,武陵走廊占比约为25.2%;西北走廊占比32.25%。可见,典型汉文化相关非遗活动实践在各个民族走廊中呈现差异。从各走廊民族要素多样化程度来看,藏彝走廊因有超过14个不同民族的非遗文化而具备最多样化的族别要素,西北走廊有超过12个不同民族的非遗文化,南岭走廊与武陵走廊空间中的非遗所属民族数量分别为10与9。值得一提的是,民族数量与非遗数量没有体现出明显关联,如武陵走廊民族数量虽然不如其他走廊凸显,但是却拥有最多的民族类别非遗。

(二) 民族走廊非遗分布差异性

走廊中非遗分布态势并非均值,对分布根据进行对比研究有助于进一步研判代表性文化活跃度与我国民族走廊地形地貌,以及不同走廊民族交融地带的空间关联。

从海拔要素来看民族非遗垂直分布,四个走廊的非遗垂直分布中位数差异较大,西北走廊为2230米,藏彝走廊为2130米。武陵走廊与南岭走廊非遗分布与丘陵山谷之间,中位数分别为424米与339米。除了各走廊本身地貌影响外,各民族分布对非遗分布的影响也非常明显。从族别要素来分析,1400—1600米是我国各类民族非遗种类最为丰富的海拔带,有超过14个民族的非遗分布在这一海拔中;其次是1800—2000米、2000—2200米以及400米以下是族别类型次丰富的海拔带,有12个民族的非遗分布在这三个海拔带。可以将非遗与海拔关系分为四个类别。第一类是随着海拔与非遗数量成明显反比趋势的。低海拔区主要有土家族、瑶族、壮族等。此外,分布在第一阶梯与第二阶梯的羌族、回族、水族等非遗

---

① 麻国庆:《南岭民族走廊的人类学定位及意义》,《广西民族大学学报》2013年第3期。
② 周大鸣:《民族走廊研究的路径与方法》,《青海民族研究》2017年第4期。
③ 秦永章:《试议"西北民族走廊"的范围和地理特点》,《中央民族大学学报》2011年第3期。
④ 王铭铭:《三圈说——另一种世界观另一种社会科学》,《西北民族研究》2013年第1期。

也与海拔呈反比趋势。第二类是海拔与非遗数量呈明显正比趋势的民族，主要集中在中高海拔地区，如藏族、彝族、纳西族非遗文化随着海拔上升而增加趋势明显。第三类是海拔与非遗数量呈明显倒"U"形分布的，苗族与侗族非遗主要分布在400米以下，以及800—1000米之间。第四类是分布聚集在一个相同海拔空间中，例如土族、傈僳族等。

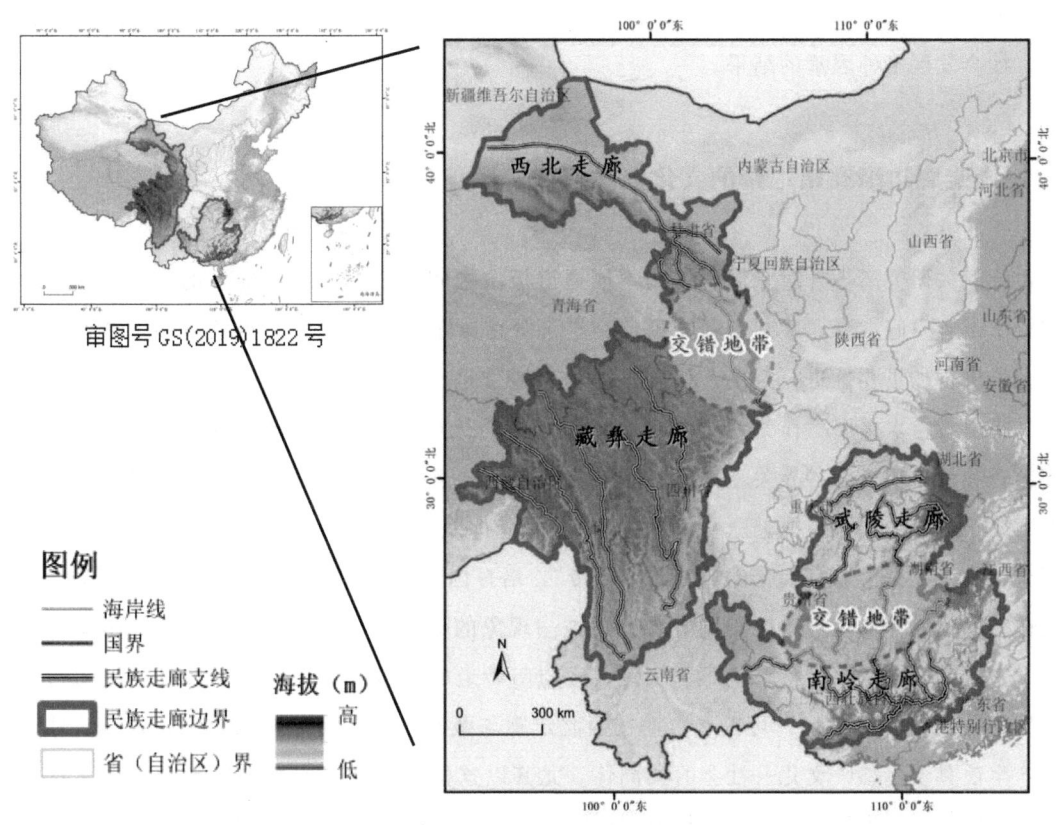

图1 四大民族走廊范围

借助ArcGIS的最近邻测算走廊空间中所有的非遗坐标的实际最邻近距离均值与理论最邻近距离均值之比NNI（见表1）。可以看出，非遗在西北、武陵走廊的分布明显呈空间意义上的聚集态势。另一方面，藏彝走廊与南岭走廊分布呈现空间意义上的随机态势。

表1 四大民族走廊最近邻指数（NNI）

区域	最近邻指数（NNI）	聚集态势排序	分布特征
西北走廊	0.247208	1	倾向聚集
武陵走廊	0.316386	2	倾向聚集
藏彝走廊	0.512964	3	倾向随机
南岭走廊	0.630252	4	倾向随机
一般认为，NNI＜0.5是聚集态势，越接近1越倾向于分散与随机态势			

通过核密度运算分析各走廊非遗的聚集点,可以看出武陵走廊呈现出双高密度分布,分别是以贵州境内黔东南以及湘西为核心的高密度聚集圈;藏彝走廊为多核心辐射分布,形成了分别以玉树、阿坝、迪庆以及大理为核心的 4 个高密度聚集圈,以及数个中密度聚集圈;西北走廊在甘肃省东南部形成高密度聚集圈,非遗分布呈现东西走向带状分布;南岭走廊形成了多点聚集并且密度边界更平滑的分布态势。在很大程度上,这一聚集态势反映出走廊当中社会聚落分布的差异,而这种差异的产生也是自然地理、人口迁移、社会发展多种因素的结果。

(三) 民族走廊边缘交错地带的文化交融特征

民族走廊相关研究离不开对它们所处的不同通道板块之间的过渡、缓冲地带的讨论。就某种程度上而言,相较于走廊空间本身,不同走廊的延伸交迭部分留给了学术界更大的想象空间。费孝通等就对走廊空间交合处进行的重要性进行判断,认为这一特殊地带是盘活中华民族文化的重要地带。最近,麻国庆、蒙祥忠等学者再次提出"作为走廊交错地带的方法论"概念,走廊延伸处的文化包容性、文化多元性、民族融合关系再次成为各界关注议题。本文将会借助地理信息系统以及统计学工具,通过代表性文化分析走廊交错地带的文化特征。

走廊交错地带是一个适宜文化生长的"孕育带",培育出具有"一体化"特征的生态社会共同体。而对走廊交迭空间代表性文化进行评测则能观察出这一现象的分布特征,以及其间差异。本文通过地理空间信息技术,选定西北走廊与藏彝走廊,武陵走廊与南岭走廊交接线,计算出所涉及的地州行政区域非遗与地理面积的比重(见表2)。可以看出,在西北走廊与藏彝走廊、武陵走廊与南岭走廊交错、衍生地方更容易产生出具备生态—文化—社会的共同体。尤其以这样的一种在走廊交错地带形成文化共同体往往享有较为独特的经济生计类型,并且与走廊边界、外缘的地形地貌形成了系统的人—地关系。

表 2　走廊交错地带非遗分布密度情况

区域	非遗数量(个)	区域面积(万平方千米)	非遗密度(个/万平方千米)
西北走廊	118	36.4	3.24
藏彝走廊	101	69.23	1.46
武陵走廊	203	30.41	6.68
南岭走廊	70	36.48	1.92
西北走廊与藏彝走廊交会地州	114	13.77	8.28
武陵走廊与南岭走廊交会地州	101	11.00	9.18

四、民族走廊非遗分布特征影响要素研究

（一）非遗文化类型影响

从非遗代表性文化表征了解不同族群社会在差异化走廊空间中所形成的文化特征。对其进行计量分析，则能在宏观尺度上了解走廊地理空间与生态环境对文化多样性的影响，利用统计工具对走廊中不同类型的非遗文化进行分析。

通过表3得出超过50%的编织、纺织、染制技艺类分布在武陵走廊，较少分布在西北走廊与藏彝走廊。相关技艺的用途在武陵走廊与南岭走廊主要是苗、侗、土家等民族的服饰非遗，而藏彝走廊与西北走廊则除了服饰外更多运用在地毯等技艺上；锻造工艺主要分布在武陵走廊（38%）、藏彝走廊（31%），较少分布在南岭走廊，其用途在藏彝走廊和西北走廊有包括佩刀与工具，在武陵走廊则均为如苗族、侗族银饰金属工艺品制作；食品制作技艺主要分布在南岭走廊（55%），制茶技艺则主要分布在藏彝与武陵走廊（均为40%），在西北走廊中没有分布；营造类技艺中，藏彝走廊多碉堡，武陵与南岭走廊多木构；57%的烧制类技艺主要分布在藏彝走廊的汉族与藏族。

表3 非遗类别的民族与走廊分布特征一览

Ⅰ级类别	Ⅱ级类别	主要民族	主要分布走廊	所占非遗百分比/%
传统技艺	编织、纺织、染制技艺	苗族、侗族、土家族	武陵走廊	51
			西北走廊	18
			藏彝走廊	16
	锻造工艺	苗族、侗族	武陵走廊	38
			藏彝走廊	31
			南岭走廊	8
	食品制作技艺	汉族	南岭走廊	55
	制茶技艺	汉族、苗族、布依族	藏彝走廊	40
			武陵走廊	40
	营造类技艺	汉族、侗族	藏彝走廊	35
			武陵走廊	32
			南岭走廊	28
	烧制类技艺	汉族、藏族	藏彝走廊	57
民俗	节庆活动	汉族、瑶族、傈僳族、彝族、壮族、塔吉克族、塔塔尔族、俄罗斯族、德昂族、苗族、仫佬族	西北走廊	25
			藏彝走廊	22
			南岭走廊	23
	祭祀活动	汉族、蒙古族、藏族	南岭走廊	46
			藏彝走廊	22
			武陵走廊	24
			西北走廊	8

此外，本文依据"庆祝、祭祀、纪念"对民族节庆非遗进行分类，发现民族走廊中除了如各民族新年等综合性节庆活动体现出均匀分布外，呈现出"北节庆、南祭祀；多祭祖、少纪念"的趋势。具体分析会发现，祭祀活动高度聚集在南岭走廊（46%），部分分布在藏彝（22%）与武陵走廊（24%），较少分布在西北走廊（8%）。从民族学角度分析，这主要是因为南方少数民族生计行为具有较强的自然崇拜，因此会有较多的民间信仰活动。不论在哪个走廊中，纪念少数民族人物的节日均较少，这主要受到长久以来许多少数民族缺乏文字记载所致，使得历史真实人物与传说故事界限较为模糊。也有学者认为，民族人物纪念活动尚未在国家知识谱系中被上层文化所广泛知晓，因此少有成功申报非遗。相较之下，各民族纪念先祖传说节日更多，说明民族家园认同意识具有较强的文化影响力。

（二）走廊涵盖地区的生态文化特性

文化生态理论一般被认为是所研究的特定区域或族群中不断与生态环境相互作用而产生的各具特色的文化生计特征。本文所研究的民族走廊地带属于地形地貌复杂多样，民族种类繁多，其中各大走廊重叠交会及邻近地带的生态环境与其作用形成的民族生态文化的丰富多元现象尤为突出。而文化生态保护区作为"非遗保护的中国实践"的重要举措，其采取非物质文化遗产整体性保护的实践途径也表现出特定空间内不同族群独特的生计文化类型。

2011年后，国家公布了文化生态保护区名录，旨在对非物质文化遗产与当地社会生态关系进行整体性保护。本文通过地理信息技术将目前国家级24个文化生态保护区与走廊空间进行重叠分析，发现非遗整体性保护规划区域中有77.18%的面积均位于，或者部分位于走廊范围空间。具体来看，在走廊交错处与走廊边缘地带的文化生态保护区共有10个（见表4）。

在除走廊交会地带外的其他走廊边缘与邻近地带中，藏族文化生态保护实验区与格萨尔文化生态保护实验区相邻，其民族种类和生计文化也与之类似，主要以藏族游牧生计为主；大理文化生态保护实验区内以白族为主的民族人口多傍洱海而居，形成了以渔业为主，以农林业为辅的生计模式，而生活在赣江流域的客家文化生态保护实验区内的客家人，将传统的汉族农耕文化与当地自然环境相适应，形成了独特的农耕与渔牧复合生计模式，因此，这两大依山傍水的文化生态保护区内形成了以蜡染和山水歌舞类为主的非遗文化；而地处武陵走廊山间河谷地带的两大武陵山区土家族苗族文化生态保护实验区中以土家族为主的民族人口则主要以种植粮食、烟草、药材等为生，也因此孕育出与生计模式息息相关的薅草锣鼓、土家族撒叶儿嗬等歌舞类非遗文化。

表 4　走廊交错与毗邻地带非遗整体性保护区划及文化生计类型

区域	非遗整体性保护空间	主要民族	族群生计类型	非遗数量
西北走廊与藏彝走廊交错地带	羌族文化生态保护区	13 个	高山峡谷藏羌游牧与农耕复合生计模式	29 个
	热贡文化生态保护区	15 个		
	格萨尔文化生态保护实验区	7 个		
武陵走廊与南岭走廊交会地州	铜鼓文化生态保护实验区	47 个	高原草甸游耕兼畜牧、狩猎复合生计模式	56 个
	黔东南民族文化生态保护实验区	33 个	山地农林兼营与稻鱼鸭复合经营模式	
藏彝走廊边缘地带	藏族文化生态保护实验区	11 个	高原山地藏族游牧生计	23 个
	大理文化生态保护实验区	13 个	中山渔业为主农林为辅的复合生计模式	
南岭走廊邻近地带	客家文化（赣南）生态保护实验区	41 个	丘陵盆地客家农耕与渔牧复合生计模式	8 个
武陵走廊边缘地带	武陵山区（渝东南）土家族苗族文化生态保护实验区	30 个	山间河谷粮食、烟草、药材复合种植农业	31 个
	武陵山区（鄂西南）土家族苗族文化生态保护实验区	29 个		

（三）走廊交错地带的文化变迁与分化更为频繁

不同区域板块之间形成的交错地带，不仅是多民族交往交流交融的重要空间，也是中华民族多元结合为一体的一个缩影，①因此对民族走廊的研究，不能仅停留在其内部关系和结构的讨论上，不同走廊之间必然是一个有机整体，②而走廊交错地带则更具有文化意义上的活力。本文利用 Arcgis 10.8 以新增、扩展项目为点要素，并创建线要素，以不同颜色、线型连接点要素来表示相同民族、不同民族的各类非遗项目关系网络及分布特征。

不难看出，技艺类相关联非遗大多分布在武陵与南岭走廊重叠交会地带，少数沿藏彝走廊内部河流水系、走廊支线分布。其中，艺术技艺类关联非遗数量最多，集中分布在武陵与南岭走廊交会地带，地形地貌以山地林地为主。以苗绣为例，在长期的传播、交流过程中，不断进行环境适应和文化整合的变迁，形成了多种同中有异的地域版本，例如贵州省铜仁市的叶脉苗绣，铜仁市的苗族绣娘们在传统苗绣的技艺基础上，结合当地较多种植玉兰树和菩提树的地域特色，优化、突破原有传统苗绣的创作壁垒，图样纹案不再局限于花、虫、鸟、兽等，而是将梵天净土·桃源铜仁、苗乡风情等地域特色和自然景观融合起来绣制于玉兰树叶和菩提树叶的叶脉之上，③将鲜明的地域文化印记和传统苗绣的文化生态观、自然崇拜融合表现出来。

生存技艺类非遗主要由藏族、羌族等游牧民族沿河流、峡谷等天然交通线路产生和传播于西北与藏

---

① 蒙祥忠、麻国庆：《联结与交融：从民族交错地带看中华民族共同体》，《西南民族大学学报》2021 年第 10 期。
② 麻国庆、蒙祥忠：《作为方法的云贵高原从费孝通的区域板块研究看中华民族共同体》，《开放时代》2022 年第 4 期。
③ 梁正海：《自然呈现与生态回归基于民间工艺叶脉苗绣守正创新的思考》，《中南民族大学学报》2021 年第 1 期。

彝走廊内,且传播较为分散。西北走廊与藏彝走廊中的地形地貌多以高山峡谷、高原草甸为主,且山地起伏较大,因此在该区域生活的藏族、羌族等民族人口在沿河流、峡谷不断迁移、流动以选择适宜族群生存的自然环境过程中形成了独具特色的游牧、游耕文化,险恶的地势让各族群衍生出因地制宜、因文化制宜的营造类生存技艺。如碉楼营造技艺就在不同地区形成了家碉、哨碉、战碉、界碉、寨碉、储物碉、仪式碉等多种碉楼类型,不同地区的防御性建筑在高度差异、形制差异、射口差异和外观涂饰差异呈现不同的文化。另以藏刀为例,这是西北走廊与藏彝走廊交会处的多数藏族居民为满足生产生活、生存繁衍的需求所产生的生存技艺。在藏族文化生态保护实验区和热贡文化生态保护区内的藏族居民大多为藏传佛教信徒,其藏刀中的纹案图样也多为吉祥八宝纹、七珍宝等藏传佛教图案。然而,在文化传播交融的过程中,由于格萨尔文化生态保护实验区内藏民多受格萨尔文化的影响而主要以格萨尔时期的图腾龙、狮、虎、象等作为其藏刀的装饰纹案。由此可知,非遗文化在走廊边界一带是变化更为多样的。

艺术是人与人之间相互交流、关联,社会教育和文化传播的重要媒介,如舞蹈音乐类在走廊边缘传播是最为广泛的,其变化也是最为活跃的。举例来看,侗族大歌在武陵走廊与南岭走廊交会处的黎平县、从江县、榕江县和三江县等地由内而外广泛传播。不过在传播中,各地也产生了差异化的表现形式,如湖南省怀化市的侗族大歌在原有基础上结合当地语言与民族文化加入了"花歌"等具有多声部且唱法复杂的演唱特色,这与云贵高原一带的侗族大歌是不同的。而在西北走廊与藏彝走廊的交会地带中,佛教音乐也广为流传,且相关联的佛教音乐在藏族与汉族之间跨民族传播。以藏传佛教的教理、教义为内在演唱基础的佛教音乐,在藏族文化系统中,其演唱风格和诵经音乐都与传统的西藏佛教音乐风格有着极大的统一性,而汉族人民则运用汉族传统的乐理技术与思维方式,形成了梵音、华音以及梵华相融[①]的多元演唱风格。尽管非遗在不同文化系统的民族、地区中传播时会根据当地的民族文化与环境特色而表现或多或少的变异性,但相关联佛教音乐的根本形态特征以及文化内涵依旧呈现出明显的一致性。

五、结论与讨论

长久以来,人们习惯于运用单一学科知识去剖析非遗文化内涵、归类非遗文化类别、解构非遗文化自身逻辑、探究非遗文化影响因素来结合国家战略以追根溯源,探索切实可行的非遗文化实践保护路径。而从单一民俗学、文化人类学的微观视角去深入某一区域进行田野调查来发掘某一项或某几类非遗的产生、发展与演变过程,通常只关注到田野点某个人群或某个社区的文化独特性,却忽略了调查对象与整个社会条件、地理环境的整体关联性,因为任何文化都是在自然生态环境和生存条件的作用下产生并相互作用的,且文化在传播、发展的过程中也会结合各地不同的文化特色进行融合、演变,因此仅从人类学视角进行研究难免会忽略了非遗文化的整体性,出现人地割裂的现象。

开展人—地关系下非遗文化整体研究既深入挖掘了特定人群、社区的文化结构与内涵,又分析了非遗在产生、传播过程中不同自然环境与地域文化对其所带来的影响,以定性与定量分析相结合的方式整体研究中国民族走廊与非遗文化的耦合格局即可发现:(1)非遗的分布特征与自然地理环境、人口迁移

---

① 汪斌:《汉传佛教音乐演变历程及其价值》,《中国宗教》2022年第4期。

路线密切相关。民族非遗主要集中分布在各大走廊交会地带，在西北走廊与武陵走廊分别呈现高密度核心圈与双高密度圈集聚现象，藏彝走廊与南岭走廊非遗趋向于随机分布；从海拔要素来看，藏族、彝族、纳西族等民族非遗数量主要集中在中高海拔区域，与海拔呈明显正相关趋势；土家族、瑶族、壮族、羌族、回族、水族等非遗文化与海拔呈负相关趋势；而苗族、侗族等非遗数量则主要聚集在海拔400米以下以及800—1000米之间，与海拔呈明显倒"U"形分布。其中1400—1600米是民族走廊中非遗文化实践类别最为丰富、民族关系最为多元的海拔带；（2）民族走廊空间生态要素对非遗分布、类型差异具有较强的解释力。武陵走廊一带因气候湿润对以基于桑蚕养殖的编织、纺织、染制技艺类更具有契合性；锻造工艺主要分布在武陵和藏彝走廊；食品制作技艺在生物多样性突出的南岭走廊更为普遍；营造类技艺在藏彝走廊中多碉堡，武陵与南岭走廊多木构；烧制类技艺主要分布在藏彝走廊的汉族与藏族；（3）非遗文化的跨区、跨族传播特征明显，且人—地关系影响整合为同中有异的特色非遗，新增与扩展项目等相关非遗关系网络在走廊交错地带尤为密集，充分体现出走廊交会地带的民族文化黏合与次文化衍生功能。

此外，本文通过整体分析人—地关系来进行非遗文化分化、衍生现象研究。如在武陵与南岭走廊重叠交会地带关联较为密切的技艺类非遗苗绣，在长期传播交融的过程中不断进行环境适应和文化整合的变迁，在贵州省铜仁市形成了将鲜明地域文化特色和传统苗绣的文化生态观相融合表现的叶脉苗绣。因此，用单一的民族文化或地理学研究去理解和简单解构其文化资源，自然会顾此失彼。事实上，不同地域相关非遗项目之间的文化血缘关系与其所处区域内外的生计文化、时空交流是密不可分的，因为任何非遗项目流传于不同地区，都会与本地特色文化相交融，在适应地域性需求的改编、增减中演化成了一个可生长的文化存在，形成了同中有异的文化类型与文明板块，所以才有了丰富多元的非遗文化现象。这就意味着，深挖文化内涵并非就单一项目本身的文化进行深入研究，只有基于文化基因道路，探求文化血缘关系，结合人—地关系整体分析才能洞彻事理。正如本文所讨论的那样，利用文化生态保护区的非遗整体性文化生态保护理论与民族走廊区域相叠加，研究文化与文化之间、文化与生态之间以及文化与社会之间的影响关系，综合分析民族走廊与非遗文化的耦合格局，这是目前学术界所需要重视的研究策略途径。今后，可结合地理学空间分析与民族学、人类学文化分析的定性手段，对不同区域文化发展途径进行更加准确的、更加适应于当地社会的研判，充分发掘非遗的生存演变规律以及民间文化的整体性关联。这对于将非遗充分融入国家重大战略之中，对非遗进行有效整体性保护的实践路径是大有裨益的。

A Study on the Coupling Pattern of Chinese Ethnic Corridor and Intangible Cultural Heritage from the Perspective of Ethnic Integration

Cui Haiyang　Huo Changqi　Chen Zihua　Wang Peihan

Abstract: Ethnic corridors have historically served as key areas for ethnic migration and cultural exchange, fostering rich intangible cultural heritage (ICH) and exhibiting typical characteristics of eco-cultural-social communities. Spatial visualization analysis using geographic information technology facilitates an objective analysis of the coupled pattern between Chinese ethnic corridors and ICH from the perspective of ethnic integration. The study reveals: (1) ICH distribution is relatively balanced across the four major corridors, with concentrations primarily located at the intersections of these corridors. High-density core areas are observed in the Northwest Corridor, while the Wuling Corridor exhibits a dual high-density clustering. ICH distribution in the Tibetan-Yi Corridor and the Southern Ridge Corridor tends towards a random pattern. (2) The spatial ecological elements of ethnic corridors and human livelihood practices strongly explain ICH distribution and typological differences, forming systematic human-land relationships within the terrain of corridor intersections, edges, and adjacent areas. (3) ICH exhibits significant characteristics of interregional and inter-ethnic transmission, with localization resulting in distinctive ICH that shares commonalities while retaining local variations. ICH-related networks, including newly added and expanded projects, are particularly dense in corridor intersections, fully demonstrating the function of these intersections in promoting ethnic cultural cohesion and the derivation of subcultures.

Key words: Ethnic Corridor; intangible cultural heritage; zone of intersection; coupling pattern; the culture blends

移民社群族体化：对我国国际移民群体的前瞻性分析

范 俊[*]

摘 要 中国境内的国际移民群体不是一种松散的个体集合，而是基于族裔聚居、族裔经济和族裔文化构成的移民社群，并呈现聚类成族的发展可能。而移民族体一旦形成，便会对当下以"民族"为单位、以民族区域自治制度为框架、以中华民族建设为重要内容的族际整合模式构成挑战。在这个课题上，西方国家对国民特性的坚守、移民的族群化定位、移民政策的及时调整等做法具有借鉴意义，同时也提供了诸多教训。对于中国而言，特别需要通过树立移民族体化防范意识、实施移民社群定位下法治化治理、创新国际移民小社会专项治理机制、开展国际移民社群的认同塑造等方面的系统谋划，来提前做好准备，形成防范措施和前瞻性的族际整合思维。

关键词 移民社群；族际整合；族体；民族认同；多民族国家

DOI：10.13835/b.eayn.31.13

近年来，随着全球化进程的快速推进与中国发展水平的不断提升，越来越多的国际移民[①]开始迁入并居留中国。中国正在经历一场从传统非移民国家向移民国家的巨大转型。同历史上西方移民国家的经历不同，移入中国境内的外籍人员从一开始便是以群体而非个体的形式分布，突出表现为外籍人聚居区的大量出现、族裔经济的普遍形成、族裔文化的张扬以及封闭性的社会交往等特征。这样一来，不同国别的移民群体实际上不是松散的个体集合，而是一种"移民社群（diasporas）"。对于这个概念，美国学者亨廷顿曾界定为："民族属性和文化上跨国的社群，其成员认同于自己的祖国或已不存在的故国"，"虽生活和工作于某一地方，但却首先认同于自己的故乡"。[②]聚居于中国不同区域的外籍人员，正是符合这样的社会群体的界定标准和基本特征。总观世界上有移民传统的国家，当移民社群达到一定规模并在特定历史条件下，便往往会朝着族群化的方向发展，其中美国与西欧地区在这方面的表现最为典型。根据西方经验，中国境内的国际移民群体很可能在特殊条件下，形成新的族类群体。

就国际经验来看，移民社群的族体化不仅是一种民族现象更是个民族问题，已经给移民国家带来了诸多困扰，其中移民族裔的国家认同问题、民族特性的解构风险、民族国家的安全稳定问题、民族结构多元化问题备受关注。而一旦中国境内的移民社群最终演变成为新的族性群体，当下西方移民国家所面临的这些问题也将会在中国重演并且作为一个多民族国家，中国的民族国家建设天然就具有复杂性，如

---

[*] 范俊，云南大学历史与档案学院副研究员，民族政治与边疆治理研究。
[①] 此处的国际移民主要指，"在我国境内居住3个月以上或能够确定将居住3个月以上的外国人"。参见罗刚：《非法移民对人口安全、国家认同的影响——基于云南边境民族地区的调查》，《云南师范大学学报（哲学社会科学版）》2012年第4期。
[②] 塞缪尔·亨廷顿：《谁是美国人——美国国民特性面临的挑战》，新华出版社，2010年，第202—203页。

果国际移民再带来新的民族问题，所产生的叠加效应必然会更加严峻。面对这个很可能出现的新课题，中国应立足国情并汲取西方的经验和教训，提前做好准备，尤其是形成防范措施和前瞻性的族际整合思维。

一、中国境内的移民社群及其族体化走向

在全球化快速推进的时代背景之下，全球的移民数量都呈现持续增长的态势。改革开放以来特别是进入新世纪以后，随着国家经济实力不断提升，对外开放程度不断提高以及越发融入世界，中国逐渐由非传统移民国家向移民国家发生转型，并且来华的国际移民数量成逐年攀升之势。《中国国际移民报告（2015）》蓝皮书指出，居住在中国境内的外籍人士为84.85万人，近十多年的年均增长率为3.9%，在"最吸引外籍人士居住的国家或地区"排名中，中国名列第三[1]。而综合分析各界调查情况，中国国际移民的实际数据可能还要远高于此。中国境内的国际移民的一个突出特征便是以社群的形态分布，不仅规模较大、聚集居住，而且具有共同的经济生活，保持共同的文化观念，拥有牢固的群体凝聚力。

首先，族裔聚居的人口分布。国际移民迁入中国的原因主要有跨国务工、经商、婚姻、与在华家人团聚，以及国际难民等方面。移民类型上，既有合法移民，又包括非法移民；既有来自发达国家的移民，也有来自发展中国家的移民。从分布上来看，中国境内的国际移民主要以族裔聚居的形式分布于东部各大城市和边境地区。目前广为人知和媒体集中报道的移民聚居情况为：北京地区的韩国人，其中以望京社区最具代表性，被称为"韩国城"；上海的日本人，多方统计数据显示，上海已成为世界第三大日本移民城市；义乌的阿拉伯穆斯林群体，这里形成了一条闻名遐迩的阿拉伯人聚居、经商、务工的"中东街"；广州的非裔移民，这类国际移民通过聚居生活已形成了著名的"巧克力城"；云南边境地区的邻国移民的人口规模也十分庞大。对于上述聚居各地的移民社群，官方基于外籍人口管理的需要，通过人口普查工作，做了不同精确程度的统计。有理由相信，随着中国经济继续发展和国际地位的日益上升，将会有越来越多的国际移民迁入，中国境内的移民社群规模会持续扩大，聚居成群的现象也将愈显普遍和突出。

其次，族裔经济的形成与巩固。在中国境内，国际移民的社群特征不仅表现在族裔聚居方面，还表现在族裔经济的日渐形成。所谓族裔经济，包括移民族裔展开的经济活动，活动参与者的族裔身份，以及具有族裔特色的商品或服务[2]。在中国，这种具备族裔属性的经济形态，主要存在于以经商或务工为跨国迁移目的的移民社群之中。同时，族裔经济的出现又是以移民社群成员数量的增长，以及族裔聚居区的形成为背景的。此外，近年来中国政府对于外商投资商业项目的宽松政策，也推动了族裔经济的形成和壮大。族裔经济在满足移民群体消费需求和逐利目的的同时，也从经济和利益维度强化了移民社群的身份认同，还通过经济过程以及商品或服务中蕴含的族裔属性，对族裔个体和群体的文化认同发挥了积

---

[1] 王辉耀：《中国国际移民报告（2015）》，北京：社会科学文献出版社，2015年，第13—42页。
[2] Aldrich H. E. and Waldinger R.: "Ethnicity and entrepreneurship," *Annual Review of Sociology*, Vol. 16, No. 1, 1990, pp. 111–135.

极作用。因此可以说，族裔经济的出现一方面是移民社群现象的重要表征，另一方面又推动了移民社群的巩固和发展。

再次，族裔文化的保持和强化。在中国境内，无论是来自发达国家还是来自发展中国家的外籍人士，都保持着对母国文化的强烈认同和彼此之间根深蒂固的文化联系。从另外一个角度来看，近年来外国移民迁入中国，主要是受到工具理性的驱动，其中经济利益和生存需要是最为核心的两个因素。相比之下，中国文化对于国际移民的吸引力则处于次要地位。正因如此，这些移民社群保留着鲜明的文化特性，这种文化特性也成为这类社群区分"我者"与"他者"的标准和边界。在这个方面，有学者通过观察义乌地区来自阿拉伯世界的穆斯林群体，发现移民聚居区的异邦文化气息十分浓厚，移民社群的文化适应能力仍旧面临着严峻考验[1]，同样的现象也发生在其他城市的移民社群中间。政府与社会一般对这种异域文化给予较大的宽容和扶持，进一步保障和增强了移民社群文化在中国社会中的异质性特征。

最后，社会融入的障碍。对于移民社群的基本特性，美国"耶鲁大学人际关系领域资料中心"2004年出版的全球《移民社群百科全书》总结为："虽然散居于不同国家，但是都具有返回故国的愿望；难以同化于移入国，而与同族群体保持着各种联系。"[2] 中国境内的国际移民群体在这方面的表现就十分明显，普遍存在着社会与文化的融入问题。对于这种现象的产生原因，美国政治学者亨廷顿曾洞见道："说到底，同化是发生在个人身上，而不是整个群体。"[3] 中国的国际移民不论是迁移过程还是分布状况，都是以群体形式出现的。这种存在形式，使得作为个体的移民除了与中国居民发生必要的经济往来之外，更多的社会生活都局限在族裔群体内部，或者说这是一种相对封闭和排他的群体生活方式。此外，从国外的经验来看，移民群体同原住居民之间的利益矛盾和文化冲突时有发生，国内居民与国际移民间的互相排斥的情况也将是中国不得不面对的问题。这样一来，受中国深厚独特文化与移民社群融入动力不足双重因素影响，移民社群在中国社会中的融入都是相对困难的。时代也在发生着改变，现代国家建构基本完成的情况下，中国也很难重现历史上美国等西方移民国家中的同化和熔炉现象。

中国的移民社群本身就隶属于不同族体，但这种族体是迁出国的民族或族群，可以归类为跨国民族，但目前并不属于中国境内的族体范畴。依据基本逻辑来判断，这些移民社群在中国的发展演变可能出现两种不同的走向。一是，大部分国际移民不会成为中国的常住人口或成为中国公民，而是在完成短期的跨国迁移目的后陆续返归母国，然后又有新的移民群体迁入，重复着短期居留而后返回故土的迁徙轨迹。这是一种分散化的发展走向，其结果是中国将不断更新移民社群，但始终不会出现新的移民族体。二是，有相当数量的移民社群将永久性地居留中国，并且各个社群规模随着移民数量的增加而持续扩大，最终聚集成族从而出现新的族体。

从西方移民国家的经验观察，需要引起注意的是，中国境内的各类移民社群走向一种族体化的演变之路的可能性趋势。纵观国际移民历史，存在一种"累积因果"规律，即随着现有移民规模和移民网络的形成，移民信息将以更加准确和广泛的方式进行传播，移民成本也会相应降低，从而刺激移民潮的不

---

[1] 葛壮：《义乌阿拉伯穆斯林的文化调适之剖析》，《阿拉伯世界研究》2011年第6期。
[2] Melvin Ember, Carol R. Ember and Ian Skoggard: *Encyclopedia of Diasporas: Immigrant and Refugee Cultures around the World*. New York: Kluwer Academic/Plenum Publishers, 2004, pp. XIII—XXVI.
[3] 塞缪尔·亨廷顿：《谁是美国人——美国国民特性面临的挑战》，新华出版社，2010年，第202—203页。

断出现。有研究表明，中国的国际移民过程正在经历这样的阶段①。此后，随着常住人口的不断累积，一种"聚众成族"的现象便会出现，尤其是对于来自欠发达国家的移民社群而言，这种现象更为普遍。根据相关调查研究，中国境内的越南移民、缅甸移民、阿拉伯移民和非裔移民群体中，希望在中国长期发展或获得中国国籍的外籍人员不在少数。因此可以预见，中国的移民社群在条件成熟下发展成为新的族体，这个问题的出现具有非常大的概率。

二、现有族际整合机制可能面临的挑战

凡是多民族国家皆面临着将多样性族体整合到同一共同体之中的任务，也就是族际整合的任务，这关乎国家共同体的维系和国家疆域的统一。但是并非所有的族类群体，都具有被纳入族际整合范畴的必要。从本质上来看，"族"不一定是民族，它本身是一种社会结群现象，不仅自古有之而且十分普遍，甚至由于共同的职业特征、兴趣爱好、血缘和地缘、文化习俗都有可能出现相应的族类群体。然而，由移民社群集结而成的族体却不同于其他类型的族类现象，他们凭借共享性文化、经济、区域、利益而成为一个稳定的共同体，甚至还依托这个共同体谋求集体权利，从而带来一系列社会政治问题。目前，针对56个民族单元以外的族类群体，中国通常只要采取一般性的治理措施，便可达到社会整合目的。但是这种社会整合机制，并不适用于移民族体，对于这类可能出现的特殊的"族"必须纳入族际整合的范畴。

在对外籍人员的管理过程中，中国暂未形成有效性和系统性的规约机制，移民社群的族体化趋势依然继续并不断得到凸显。可以预见的是，一旦移民社群在中国境内演变成为新的族性群体，现有的外籍人口管理模式，必然无法使其有机融入或者同化于中国社会。不仅如此，面对可能出现的新型族体，现有的族际整合机制也远未做好准备，因此可能遭遇严峻的冲击和挑战。总体来看，中国的族际整合机制可划分为两种基本类型：一是自然性整合机制，二是建构性整合机制。自然性族际整合，主要指在漫长的历史过程中，各民族之间通过长期的交往交流活动逐渐交融在一起，形成"你中有我、我中有你、谁也离不开谁的多元一体格局"②。建构性整合机制，是指通过国家主导构建而形成的族际整合机制，特别是在构建和建设民族国家过程中所形成的族际政治整合。然而无论是自然性的族际整合机制还是建构性的族际整合机制，都不适用于移民族体。其中，自然性族际整合机制需要经过较为漫长的历史过程和十分复杂的族际互动才能发挥作用。正如费孝通所指出的，这是一个"接触、混杂、连结和融合，同时也有分裂和消亡"③的过程。而这样的族际整合机制不仅因见效太慢而不适应当前实际，而且在以民族国家为单位的现代世界体系中根本无法实现。与此同时，当代中国在建设民族国家过程中所建构形成的族际整合机制在移民族体面前也将变得无能为力。

首先，移民族体与国内各民族群体存在本质不同。同西方民族国家不同，中国的族际整合是以一个个的"民族"为基本单位和对象的。中国境内的56个民族既是在漫长的历史演变中逐渐形成的人群共同体，也是新中国成立后通过多次民族识别工作和相应的民族政策所构建起来的。马克思主义经典作家的

---

① 梁玉成：《在广州的非洲裔移民行为的因果机制》，《社会学研究》2013年第1期。
② 习近平在2014年中央民族工作会议上的讲话。
③ 费孝通：《中华民族多元一体格局》，中央民族大学出版社，1999年，第3页。

民族理论对于中国的民族界定和认定具有重要影响。在民族平等和民族团结的总体原则之下，中国政府又通过一系列的制度机制、政策和民族工作，对各个民族尤其是少数民族的权利予以了保障和强化。因此中国的"民族"不单单是历史文化共同体，也是具有政治和法律内涵的族体单元。从民族的构成要素来看，移民族体与现有的原生性民族之间存在本质性差别；而且，在业已固化的族际格局下，中国也不可能再承认和给予任何群体以"民族"地位。总之，围绕"民族"形成的族际整合，并不适用于可能形成的移民族体。

其次，作为族际整合的基本制度架构，民族区域自治制度也不适用于移民族体。民族区域自治制度是中国共产党经过长期探索，领导中国人民逐步建立的一项独具特色和优势的政治制度。民族区域自治是"区域自治"和"民族自治"的结合，而不属于民族范畴的移民族体自然无法成为自治的主体。同时应该看到，民族自治地方是以原有行政区域为空间基础的，而非重新划分出来的政区范围，因此在移民族体的聚居地不可能形成新的自治区域。而且，这项政治制度是在特定历史条件下形成的，特别是为了实现对边疆民族地区的领土整合和制度整合而创建的，因此在国家政治体系已经高度一体化的今天，再也没有必要设立新的民族自治地方。因此，以民族区域自治制度为框架的族际整合制度，显然不适用于可能出现的移民族体。

再次，现有的中华民族建设机制同样无法将移民族体整合进来。凡是民族国家必然存在一个与国家领土范围等大的民族共同体，即国家民族。中华民族就是中国民族国家的国族，在建构这个国族的过程中，要求将国内各个民族群体整合成为具有共同特性的共同体。在多元一体格局中，构成中华民族的各个族性群体虽各具特色，但又共同构成一个民族实体。正如费孝通所认为的，作为自在的民族实体，中华民族是在数千年的历史过程中逐步形成的；而作为自觉的民族实体，它又是近百年来被建构起来的。新中国成立以来，中华民族的建构工程仍在继续，其中重构各族共同的历史记忆和凝聚共同文化认同，成为这项工作的两大核心内容。但是这两条中华民族的建设路径并不适用于移民族体——他们同现有的56个民族之间既无共同历史记忆也无共同文化。因此在短时间内，很难将移民族体视为中华民族的一员，也就无法通过现有的国族建设机制来统合这类新群体。

三、西方移民国家的经验与教训

在西方民族国家中，移民群体普遍经历了"国际移民—移民社群—移民族体"的三个演变阶段。西方尤其是西欧民族国家在形成之初，表现为明显的单一民族构成的国家特征，"一个国家，一个民族"构成其突出的特色。然而随着全球化进程的加速推进，成规模的国际移民开始涌入这些国家，并逐步聚集在一起成为新的社群，最终"那些原生性的民族国家，由于上述情况的出现而逐渐'多民族化'了，成了'多民族'的国家"。[①] 在这样的移民历史中，西方国家曾一度形成卓有成效的移民政策和族裔政策，不仅保持了民族国家的文化特性，而且将移民现象转化为国家发展优势。但近年来，西方的移民政策和族际整合机制开始出现失灵问题，甚至由此导致了严重的社会问题和国家认同危机。有鉴于此，作为非

---

① 周平：《全球化时代的民族与国家》，《学术探索》2016年第10期。

传统移民国家，中国要应对国际移民问题带来的潜在危机，就不得不从西方国家的移民历史中汲取经验和教训。

作为典型的移民国家，美国的移民历史最值得回溯和反思。从 1607 年第一个殖民据点在弗吉尼亚的詹姆斯敦建立开始，来自欧洲特别是英国的移民陆续有组织地来到北美，成为这片"自由土地"的定居者、开拓者和美国文化的奠基者。一直到建国以后的较长一段时期，美国逐步形成了建立在盎格鲁—新教文化基础上的独特民族文化——"美国信念"。这种美利坚民族的文化特性包含了英语的语言使用，基督教的宗教信仰，个人主义观念，奋斗和冒险精神，自由、平等与法治信仰等诸多方面。长期以来，美国信念和盎格鲁—新教文化成为美国文明的主轴，也成为吸引外来移民前来追逐美国梦的重要动力。对此，人们曾普遍将美国社会比作一座民族熔炉，不同的族裔文化在这个国度通过彼此融合而冶炼成为美国文化。但实际上这个比喻并不贴切，对此，美国政治学家亨廷顿就曾认为美国的同化效应类似于一锅"番茄汤"，盎格鲁—撒克逊人所持有的白人文化是番茄主料，而其他族裔文化的添加只不过是一些佐料，而不会改变它"番茄汤"的本质。[①] 但是，这种自然同化的良性状态在 20 世纪 60 年代末期始渐发生转变，外来移民的规模由原来断续起伏状态渐变为持续增长状态，尤其是拉美裔移民所占的比重居高不下。与此同时，来自学界和政府的多元主义主张开始在族际整合过程中发挥作用，对原本一元化的美利坚文明产生了解构效应。这样一来，原有的同化机制开始发生松动甚至失灵，移民社群的同化和认同出现了障碍，美国人的身份日益被族裔身份所解构和消解，美国特性开始出现多元化、碎片化的发展趋势。对此，像亨廷顿这样的学者表示出深深的忧虑，甚至发出美国即将解体的警告。

欧洲的移民历史同样引人深思和备受关注。第二次世界大战以后，欧洲主导的世界殖民主义体系逐步瓦解，由此引发了原宗主国在殖民地的外迁居民，和部分殖民地国家居民大量向欧洲迁移的"后殖民主义"移民浪潮。此后，欧洲各国出于国家重建的需要，开始大批地从其他国家引进劳工，出现了工作移民浪潮。冷战期间以国际难民为主体的移民逐渐向欧洲尤其是西欧国家聚集，冷战结束后这种类型的移民趋势并未中断，来自原东欧国家的移民、南欧的战争难民以及发展中国家和地区的非法移民继续向西欧迁移。以 20 世纪 70 年代为分水岭，欧洲的移民历史可分为两个阶段：在前一阶段，欧洲国家的同化性移民政策占据主导，而且起到的社会整合效果也十分明显；但是在后一阶段，同化性整合措施的作用日渐式微，规模持续扩大的移民社群的族体化趋势越发突出，并且越来越难以融合于迁入国的主流社会。近年来，在这些由外来移民构成的族体中，由难民和宗教极端分子引发的国家安全问题已经变得十分棘手；移民族体和国内本土族体之间的族际矛盾和冲突也日益显露，原本一体化的社会结构正在面临着被撕裂的风险；由于移民族裔带来的多元性文化，欧洲民族国家的文化特性也正在经历从同质性向异质性的转型。

通过分析欧美民族国家的移民历史，可以从正反两个方面得到启示。一方面，历史上欧美国家在应对移民社群和移民族体问题的过程中，有很多值得称道之处。其一，坚持国家的文化特性，促成移民群体的同化和融合。这样的举措多在国际移民尚未形成规模的阶段较为有效，在一定程度上避免了移民社群向移民族体的聚集和形成。其二，不承认外来移民的"民族"地位，从而避免了移民群体的政治化。在这个方面，无论是美国还是西欧国家都不曾将任何移民群体界定为"nation"，而是将其限定为文化意

---

① 塞缪尔·亨廷顿：《谁是美国人——美国国民特性面临的挑战》，新华出版社，2010 年，第 135 页。

义上的"ethnic groups"。① 其三，适时调整移民政策。欧美国家的移民历史不是直线发展的，而是呈现曲折上升态势，在个别历史阶段甚至会出现放缓和停滞现象。这是因为，这些国家的移民政策会根据国家建设需要和社会饱和程度来随时收紧或放宽移民限制——近几十年以来的西方移民政策普遍呈现收紧倾向。另一方面，西方国家的移民历史也书写了一部反面教材。一是，没有形成应对外来移民社群化和族体化问题的预防机制，同时面临突如其来的移民族体反应迟缓甚至判断失误。二是，一些理想主义的族际整合理论政策的出现，对原有的移民同化政策起到了极大的软化作用，其中不断勃兴的多元文化主义、差异政治主张最为典型。三是，尽管这些国家的移民政策不断调整并持续收紧，但仍未形成对于移入移民规模的有效控制和规约，许多移民国家的决策者迟迟在国际道义和本国利益之间徘徊不定。

四、 前瞻性族际整合思维的建构

凡事预则立，不预则废。对待移民社群的族体化问题，应尽快形成前瞻性思维和预防性措施。随着中国现代化水平发展，中国境内移民社群的规模将不断扩大。对此，要充分做好未雨绸缪的应对工作，避免西方移民国家当前因移民族体化问题而生的国家与社会撕裂的危机。鉴于此，中国可在思想上重视、社群管理制度、社会融入机制、国民塑造等方面，形成国际移民社群族体化的干预机制。

首先，树立国际移民社群族体化的防范意识。中国当前针对移民社群专项管理法规包括《中华人民共和国外国人入境出境管理法》及其《实施细则》、《外国人在中国永久居留审批管理办法》、《外国人在中国就业管理规定》和《关于加强外国人永久居留服务管理的意见》，内容多为永久居留申请审批以及资格待遇保障等规定，人口管理思维突出，社会文化治理意识不够。当前学界研究虽开始关注移民小社会问题，但多以社会治理角度展开，缺乏对移民社群族体化问题的关注与思考。针对此问题，从西方移民国家的经验来看，至少须树立两种意识：一是，树立国家外国移民战略规划意识。在外国移民政策顶层设计中，应纳入移民社群族体化的防范意识。将中华民族伟大复兴与中国高质量发展作为移民政策制定出发点，形成移民规模类型、移民社群治理的合理规划。二是，形成移民小社会的关注意识。针对当前移民小社会有成为一种独立社会形态的可能，需以专门化治理意识，坚持系统治理、协同治理、精细化治理的思维，扭转当前相关政策分散化，治理结构碎片化问题，严厉打击"三非"移民、非法宗教、非法结社等重点问题。

其次，实施移民社群定位下法治化治理。诚如马克思所说："人们奋斗所争取的一切都同他们的利益有关。"② 移民社群和移民族体之间存在着一个重要区别：前者以谋求成员个体利益为主，利益诉求较为简单也容易满足，因此对移入国家的认同感也相对较强；而后者除了谋求个体利益外还谋求族体利益，并且往往依托族体单位同其他群体发生利益互动和博弈，一般在文化权利满足后便上升为追求族裔经济权利，而后又谋求族体特殊性的社会权利和政治权利。在西方移民国家中，普遍的做法是将这类族体限定在族群范畴，只承认其文化权利，而不给予特殊化的社会福利和政治权利。面对可能出现的移民族体，中国要借鉴西方的经验，仅将其视为一种文化性社会群体，尽量避免关涉的社会经济问题政治化、民族

---

① 郝时远：《美国等西方国家应用 ethnic group 的实证分析》，《中南民族大学学报（人文社会科学版）》2002 年第 4 期。
② 《马克思恩格斯全集》（第 1 卷），人民出版社，1956 年，第 82 页。

化。同时还要始终坚持法治化治理思维，其宗教、经济、社会活动均以中国法律法规为准绳，既保障其合法权利，也避免超国民待遇出现，以免形成族体利益意识。

再次，创新国际移民小社会专项治理机制。要视国际移民小社会为专项治理问题，创新基层治理机制化解各类风险矛盾。一是，创新社区基层治理机制。面对国际移民小区甚至是社区的出现，需要进一步优化城市基层社区自治机制。尤其要强化国际移民社区党组织能力建设，特别要加强党组织成员语言沟通、涉外法规知识等能力建设，避免国家整合力量的"脱嵌"。以志愿者、网格员等形式吸纳更多国际移民参与社区治理，构建起政府、社区、社会、国际移民构成的协商型基层治理格局。二是，创新社会关系融合机制。组织各种形式的文体活动、语言培训、技能培训、法律培训进社区，强化移民社区与地方社区的联谊互动，避免国际移民社区的隔离封闭。三是，创新国际移民服务保障机制。采取"社区＋政府"等形式，贴近国际移民建立各种便捷服务制度，帮助他们克服由于语言文化不通、政策情况不熟可能产生的"抱团取暖"心理。重点要保障移民家庭子女在中国能够接受正式学校的社会化教育。

最后，开展国际移民社群的认同塑造。对于一个现代民族国家而言，"我们是谁？"——国家认同感——是一个根本性的社会政治问题。当前，西方在面对移民社群族体化趋势困扰中，其多元文化主义转向多元融合主义的趋势愈发明显。它们采取了不再任由不同移民文化群体自由甚至是疏离于国家主流意识形态发展的策略，转向于主动塑造移民社群的国家民族共同体认同意识。中国在规避外来移民族体化方面，同样需要引以为鉴，在包容与尊重的基础上，进一步引导国际移民认同中国的文化和价值。一是强化外国移民对中华文化、中华民族的认同。要充分利用中华文化的吸引力，面向国际移民开发出更多的教育宣传机制。同时利用中华文明兼容并蓄、内涵丰富的特征，寻找并突出移民社群文化与中华文化间的共同点。二是强化外国移民的国民认同。要对"望京韩国城""义乌阿拉伯街""青岛韩国人社区""广州非洲人聚居区"等类似带有族性特征的称谓引起警惕。可以采取"新北京人""新义乌人""新广州人"等对冲原有族裔性称谓同时，也使其成为国民认同整合的专门机制。历史经验告诉我们，民族与地理空间的结合是极具民族动员能力的工具，因此还需对国际移民聚居区中的带有外来民族、宗教色彩的建筑符号、标识符号等加以规范。同时强化中国国家符号的嵌入，例如2023年启用的新版外国人永久居留身份证绘制了长城图案，加入了体现国家标识的五星元素就是很好的做法。在此基础上，进一步明确外国永久居留移民的国民义务责任，也是塑造国民认同的有效机制。

Ethnicization of immigrant communities: a prospective analysis of China's international immigrant community

Fan Jun

Abstract: The international immigrant group in China is not a loose collection of individuals, but a community of immigrants based on ethnic settlement, ethnic economy and ethnic culture, and presents the possibility of cluster development. Once the immigrant ethnic body is formed, it will pose a challenge to the current inter-ethnic integration model, which takes "ethnic" as a unit, the system of regional ethnic autonomy as a framework, and the construction of the Chinese nation as an important content. On this topic, the western countries' adherence to the national characteristics, the ethnic orientation of immigrants, and the timely adjustment of immigration policies are of great significance for reference, and also provide many lessons. As far as China is concerned, it is particularly necessary to make preparations in advance and form preventive measures and forward-looking thinking of inter-ethnic integration through establishing a preventive awareness of the nationalization of international immigrant group, legalized governance under the positioning of possible new ethnic groups, innovating special governance mechanism for international immigrant small society, and carry out identity shaping for international immigrant group.

Key words: Immigrant community; inter-ethnic integration; ethnic group; national identity; multi-ethnic country

网络民族志研究

微信网络社群与流动人口的城市融入

——兼谈少数民族流动人口社会融入研究的拓展

桂 榕[*]

摘 要 网络媒介对城市少数民族流动人口的社会融入具有广泛的影响。广州、义乌、北京、昆明四个城市的多点民族志研究表明,居住在同一城市的少数民族流动人口所建构的同城微信网络社群,具有特定的互动内容风格与关系结构;对流动人口城市融入的影响,主要体现在经济生活、社会参与、文化心理认同三个层面;网络社群所提供的社会资本与情感能量对成员的社会融入具有积极的影响,起到整合碎片化的同城现实社群并补充其功能的作用,而消极影响多与微信传媒固有的局限性有关。基于此研究反观中国少数民族流动人口社会融入的相关研究,在研究对象、研究内容和研究的视角方法等层面,还有进一步拓展的空间。

关键词 同城微信网络社群;城市融入;少数民族流动人口;社会融入研究

DOI:10.13835/b.eayn.31.14

一、研究背景及概况

2014年的中央民族工作会议指出,改革开放以来,中国进入了各民族跨区域大流动的活跃期,要让少数民族群众更好地融入城市。伴随互联网技术的发展和社交应用软件的普及,微信群成为共同居住在同一个城市的流动人口相互帮助、更好适应和融入所在城市社会生活的重要互动平台。笔者将此类由共居同一城市的成员所组建的微信群,称作同城微信网络社群,简称同城微信群。其与一般微信群不同之处在于:由于共居同城,微信群成员会通过线下互动,使网络虚拟社群的人际交往与真实生活产生交集。从为流动人口融入城市生活提供所需情感能量和社会援助的角度看,同城微信群具有城市生活共同体的性质。就本文关注的中国城市中的回族流动人口而言,根据人口流动原因,可将其所建构的同城微信群分为商贸流动型、学业流动型和混合型三种。笔者选取广州、义乌、北京和昆明四个城市作为调研田野点,考察分析这四个城市回族流动人口的代表性微信群成员的城市融入情况,并由此思考当下中国少数民族流动人口社会融入研究方面存在的不足及可能的拓展。

不同国家对社会融入或社会融合概念的界定及研究关注点有所不同。世界大多数国家关于社会融入或社会整合的概念和研究,主要针对跨国移民,与国家移民政策相关,属于族群与社会管理问题范畴。与回族相关的

---

[*] 桂榕,云南大学民族学与社会学学院研究员,博士生导师。研究方向:回族社会文化、民族旅游、文化遗产。

城市穆斯林社会融入研究，较多集中于外来穆斯林移民的社会整合研究，以同化论和多元文化论影响较大，主要有融合论与冲突论两大论调。融合论代表人物之一的拉玛丹主张穆斯林社会与西方现代性、全球化实现和解共生，此融入哲学为不少国家和穆斯林移民所认同[①]；以塞缪尔·亨廷顿为代表的文明冲突论在西方学界仍有一定影响。[②] 中国关于移民和流动人口的研究，主要针对城市间和城乡间的流动迁移，较多关注农民工的城乡流动及城市适应问题，[③] 社会融入强调的是外来人逐渐适应并最终与主流社会相融合的过程和状态。国内关于回族流动人口城市融入的研究，主要集中于商贸流动这一类型。李吉和等对武汉、广州、杭州、宁波等中东部城市，葛壮等对长三角都市，白友涛等对天津、南京、上海、深圳等东部城市和兰州、西安、银川、西宁等西部城市，马艳、马强对义乌、广州的城市流动穆斯林的融入问题开展过相关研究。[④] 关于社会融入研究的视角与方法，国内外较多关注社会政策管理、人口、社会经济等领域，普遍采用宏观和定量的研究方法。关注和探讨流动人口社会融入的主体性策略的质性研究相对较少，关于互联网媒介对社会融入影响的专题研究较少。近几年，涌现出不少关于微信群的研究，但仅有少量涉及社会融入相关的社会交往与认同方面。

笔者借鉴目前普遍使用的经济、社会、文化心理层面的社会融入研究维度，同时兼顾回族社会融入的特点开展研究。在经济层面，主要考察网络媒介能否为外来回族在特殊的饮食、婚恋、工作需求和尽快了解、适应城市生活方面提供帮助；在社会层面，主要考察能否有助于组织开展社会公益活动及与主流社会的互动，整合民间力量以促成民间社团组织的形成和发展等；在文化心理层面，主要考察能否促进回族流动人口对所在城市的认同，培养和强化城市归属感与公民意识等。选取广州、义乌、北京、昆明作为调查田野点的原因，一是因为这些被调查城市的回族流动人口，在全国范围属于流动人口较为集中、较受关注（如广州、义乌）或已形成某种具有地方特色的人群类型（如北京、昆明）；二是作为调查对象的回族流动人口创建有规模较大（通常数百人）的较为稳定的微信群，并对其融入城市生活产生了较明显的社会影响。从这四个城市的回族流动人口的总体风格看，广州与义乌的回族流动人口同属商贸流动型，广州的回族流动人口散居于城市多个清真寺周边，而义乌的集体宗教活动则集中于仅有的一个清真寺，故两者的社群结构可概括为多点并置型与多点聚合型。北京以学业流动为主的回族人口所建构的社群，以大学生、高级知识分子、专业技术人才为主，属于知识精英型。昆明回族流动人口所建构的社群，混合了省内外务工、求学的回族，具有典型的市民生活风格。

笔者以人类学田野调查方法和网络民族志方法为主，通过借鉴使用国际上较新的超多样性理论视角

---

① 欧东明、胡雨：《伊斯兰与自由的公民权》，《世界宗教研究》2010年第5期；胡雨、欧东明：《由重叠共识到和解共生——塔里格·拉玛丹论西方穆斯林的未来》，《北方民族大学学报（哲学社会科学版）》2010年第4期；林仁谦：《论基督宗教徒—穆斯林的宗教对话——以塔里克·拉玛丹（Tariq Ramadan）与保罗·田立克（Paul Tillich）之理念为例探讨》，《新世纪宗教研究》2015年第1期。
② ［美］塞缪尔·亨廷顿：《文明的冲突》，新华出版社，2017年。
③ 张广济：《生活方式与社会融入关系的社会学解读》，《长春工业大学学报》2010年第3期；刘建娥：《中国乡—城移民的城市社会融入》，社会科学文献出版社，2011年；任远、邬民乐：《城市人口的社会融合：文献评述》，《人口研究》2006年第3期；马西恒、童星：《敦睦他者：城市新移民的社会融合之路——对上海市Y社区的个案考察》，《学海》2008年第2期；杨菊华：《从隔离、选择融入到融合：流动人口社会融入问题的理论思考》，《人口研究》2009年第1期；穆光宗、江砥：《流动人口的社会融合：含义、测量和路径》，《江淮论坛》2017年第4期。
④ 参见马冬梅、李吉和：《城市少数民族流动人口社会融合的障碍与对策》，《广西民族研究》2013年第2期；李吉和、杨春娥：《中、东部地区城市穆斯林流动人口社会关系融入状况》，《西南民族大学学报（人文社会科学版）》2015年第5期；李吉和、卢时秀：《中、东部地区城市穆斯林流动人口制度融入状况》，《广西民族大学学报（哲学社会科学版）》2015年第4期；葛壮：《长三角都市流动穆斯林与伊斯兰教研究》，上海社会科学院出版社，2015年；白友涛：《熟悉的陌生人：大城市流动穆斯林社会适应研究》，宁夏人民出版社，2011年；马艳：《一个信仰群体的移民实践：义乌穆斯林社会生活的民族志》，中央民族大学出版社，2012年；马强：《流动的精神社区：人类学视野下的广州穆斯林哲玛提研究》，中国社会科学出版社，2006年。

和社会锚定理论方法,基于不同城市的田野调查进行类型比较和理论探讨。线上调查以代表性微信群和相关微信公众号为主,为便于开展文本分析,对微信群的互动内容和相关微信公众号发布信息内容进行截图建档,进行比较分析。调查时间自 2015 年 3 月至 2019 年 1 月,共完成 145 人的访谈、上千张截图文本信息采集和 469 份有效问卷。

二、同城微信网络社群的基本特点

(一) 从成员构成及其表现看,具有内部超多样性[①]特点

超多样性概念强调文化多样性的动态变化,被用于分析现实和网络中细微和个性化的社会文化差异。四个城市的回族本身在来源省区、宗教信仰、个人背景、社会生活需求及结群方式等诸多方面具有多样性特点。三种类型的回族成员在使用媒介、参加网络社群及互动等方面存在超多样性的动态变化。例如:不同类型社群成员在获取信息渠道方面各有不同;昆明混合型社群成员在参与讨论方面,明显较其他类型的活跃;不同类型社群成员均以学习与思想交流为入群目的,同时又有与各自职业特点相关的趋向;在互动频次方面,三种类型社群成员均以随时随地互动的比例较高;三种类型社群的活动,普遍具有鲜明的民族特色,又具有各自不同的类型风格和地方性特点。不同类型的同城网络社群在结构功能方面也表现出超多样性的特点。例如,北京以 JYF 为代表的微信群的职业针对性较强,管理服务的功能较其他城市强大。昆明以 KM 为代表的微信群,以省内地州市县的流动回族人口为主,长期居住在昆明者为数不少,社群结构较稳定。同为商贸流动型,县级市义乌的代表性微信群 XXB 与都市广州以 GM 为代表的微信群,因回族流动人口分布范围和互动特点的不同而分别表现出多点聚合与多点并置的结构特点。

(二) 从成员互动看,具有特定的内容风格和关系结构

从对代表性微信群的在线观察和相关微信公众号的信息分析看,作为社群公共空间,成员关注点主要集中在社会时政信息的交流讨论、即时资讯的交换、集体活动的举办等方面,互动以文本、图片、网页链接为主,互动信息涉及活动类、知识宣介类、时事新闻类、文化赏析类、资讯类等。网络媒介自然

[①] super-diversity 超多样性概念由 Vertovec 于 2007 年在研究英国移民的论文中首次提出,意在强调英国过去十年的新移民存在人数不断增加、居住分散、多血统、跨国联系、社会经济分化、法律分层及移民之间相互作用等状况的动态复杂性。该概念其后得到不断发展,对超多样性的理解,不同学者有不同的见解。Aleksandra Grzymala-Kazlowska 和 Jenny Phillimore 认为,该概念侧重描述多样性的变革(transformative diversification of diversity)以及由全球和国内移民及其他政治、政策和社会文化因素驱动的人口的复杂性变化,对超多样性的理解已经成为看待社会和世界的新方式,超多样性所指涉的复杂性和移动性已扩展到主流范式,超越了传统的固定群体和类别,可以包含一个地方的新老国际移民、本地现有人口和常驻少数族群。他们强调,超多样性研究侧重更为细微和个性化的族群文化差异,在一定程度上补充了跨国主义概念,可以提供新的整合概念和视角,如依恋理论、嵌入式或者社交锚定等,利于重新审视社会融入。See Steven Vertovec,Super-diversity and its implications,*Ethnic and Racial Studies*, Vol. 30, No. 6,2007,1024-1054. Aleksandra Grzymala-Kazlowska & Jenny Phillimore, "Introduction: Rethinking Integration: New Perspectives on Adaptation and Settlement in the Era of Super-diversity", *Journal of Ethnic and Migration Studies*, Vol. 44, No. 2, 2018, 179-196.

不能排除现实政治世界的规则和规范。[1] 根据相关政策，包括微信群和微公众号在内的微信平台禁止传播涉及民族宗教和政治方面的敏感内容。成员普遍遵循管理规定，有益于宣传群体正面形象和社会安定团结的信息自然得到较多传播。从互动关系结构看，成员以信息交换为主，强弱关系兼有。通常，一个城市主要的几个回族微信群会存在5%－10%的好友重合率。发挥重要连接作用的关系节点是微信群中占比5%－10%的骨干人物，一个城市大约有这样的骨干人物50人。微信在无形中构建了一种社会团结模式，成员借助新媒体平台相互分享彼此的知识、经验和认同，[2] 体现出信息和知识的生产、存储、传播和应用的社会化特点。[3] 成员的互动，一种是强连接的社交互动；另一种是弱连接的信息互动。[4] 互动关系通常与群里讨论话题、成员现实关系、个体参与意愿等因素有关。笔者将规模较大的同城网络社群称为公群，由于它能为成员提供较多线下互动的机会，公群通常会衍生出一些关系亲密而稳定的小规模的私群。经常参与互动的公群成员大多相互建有私群，由此成为公群中的强关系，而公群中多数成员之间是互为不熟识的弱关系。共同的民族认同是回族微信群产生集体认同和内部团结的基础。微信平台的虚拟语境与氛围，包括富有民族特色的问候与称呼、具有地方性特点的知识分享与讨论等，在制造共同记忆、培养归属感、塑造集体性方面发挥着潜移默化的作用。而现实社会中的节日聚会、相亲联谊、社会公益和社群庆典等集体活动，使虚拟空间与现实社会产生交融。调查发现，不论成员内部情况如何复杂，主观上都将其视作获取生活兴趣、实际帮助和精神慰藉的共同体家园。[5]

（三）从社会影响看，普遍起到整合碎片化现实社群和补充其功能的作用

代表性微信群普遍属于较大规模的城市公共网络空间，通过关系节点的连接和众多私群的相互嵌套，在结构与功能上超越了以单纯的族缘、业缘、地缘、教缘、亲缘关系建构的一般性网络社群。作为现实世界的延伸或新维度[6]，网络所实现的社会联系最终要服务于现实社会。[7] 微信群通过动员和集中社会资源，能为成员提供城市民族宗教、外事、流动人口及行业管理等各类信息，帮助他们尽快适应当地社会。以商贸流动型为例，GM微信群在组建社会慈善与经贸合作性质的民间社团方面表现突出，共同的民族认同一定程度上淡化了小群体间的分歧，促成了新认同的形成。义乌清真寺微信公众号在穆斯林群众中影响较大，其在带动相关微信群，组织民间力量开展社会公益活动、与主流社会互动等方面，社会效益显著。JYF微信群集中了北京众多高校的回族学生，成员文化素质高，人才资源丰富，通过组织参与社会公益及各种专业、职业性活动，为成员获取社会资本、适应都市生活提供了切实的帮助。KM微信群经常以提供志愿者人力资源及共同组织活动等形式，参与到昆明的伊斯兰教公共事务中。此外，微信群在宗教事务管理与服务方面，发挥了与

---

[1] Samuel M. Wilson and Leighton C. Peterson, The Anthropology of Online Communities, *Annual Review of Anthropology*, Vol. 31, No. 1, 2002, 49－67.
[2] 赵旭东：《微信民族志时代即将来临——人类学家对于文化转型的觉悟》，《探索与争鸣》2017年第5期。
[3] 梁美妍：《话语民主与微观权力：虚拟公民社会研究》，华中科技大学出版社，2015年，第95页。
[4] 范孟娟：《社交媒体用户互动机制及关系转化研究——以微信微博为中心》，2017年博士学位论文。
[5] 桂榕：《锚定"群"：KM同城网络社群的人际互动、情感能量与社会融入研究》，《思想战线》2019年第5期。
[6] Zhou Yongming, Living on the Cyber BorderMinjian Political Writers in Chinese Cyberspace, *Current Anthropology*, Vol. 46, No. 5, 2005.
[7] Rebecca G. Adams, ReviewVirtual PoliticsIdentity and Community in Cyberspace by David Holmes, *Contemporary Sociology*, Vol. 28, No. 3335－3336.

清真寺基层组织管理职能互补的效应,在消除极端情绪,达成共识方面,表现出不受时空限制和民主平等的特点。在此意义上,微信群聊技术创造了一种哈贝马斯意义上的公共空间,而且这种公共空间是"去中心化"的,即没有哪一个参与主体能够完全主宰群组的讨论主题、讨论进度和言说方式。① 在一定程度上,网络的虚拟性提升了公民的主体性,网络的互动性和高度聚合性强化了公民话语权。② 调查表明,相当比例的成员也许从不参与现实中的互动,但在网络中仍可自由表达自己的意见,建立自己的关系链,并具有对网络社群的归属认同。

(四) 从媒介使用看,微信群与微信公众号具有互补的传媒风格

调研发现,一个城市有影响的微信群,往往与当地有威望的微信公众号,共同发挥微信网络平台的作用。两者在诸多方面形成互补的媒介风格。与微信群中个体感受与讨论的微观、细碎、差异性、多样化相比,微信公众号则体现出整个城市回族社群的整体面貌、历史动态和地方本土性。从四个城市的微信公众号的信息分类比较看,以活动类信息和生活资讯类信息较多,涉及娱乐休闲、公益活动、宗教性内容等。在运作上,微信公众号通常有专人或团队管理维护,而且信息发布具有规律性与稳定性;而微信群由于即时性与交互性强,碎片化与个人风格明显。在媒介传播方式与效果上,微信公众号以信息发布与输出为主,总结评论性文章具有权威性、引导性的特点,反映同城网络社群的总体风格;而微信群以个体间的信息交互、资讯分享为主,具有较强的个体情感色彩与主观随意性、非正规性。

三、 微信网络平台对城市融入的影响

(一) 三层面的影响与效果

影响回族流动人口城市融入的原因较为复杂,既有城市社会历史背景、制度政策、城市包容等客观方面的因素,也有成员经济条件、职业类型、社会关系、自我定位、宗教信仰等主观方面的因素。

经济生活层面的适应是回族流动人口立足城市的基础,主要涉及饮食、婚恋、工作及尽快适应当地生活等内容。从对代表性微信群、微信公众号的参与观察和文本分析看,与日常生活紧密相关的信息资讯非常丰富,是关注度及互动频率较高的内容。对经济生活层面社会融入的影响,三种类型回族成员的自我评价总体趋同,为饮食提供方便的肯定评价最高,关于影响婚恋、工作、适应当地方面的肯定性评价也都较高。总体来看,三种类型总体趋同,内部差异较小。

社会层面反映的是融入城市生活的广度,主要表现为:通过群体内外社会关系网络的建构,参与到社会制度层面并获得相应的权益。清真寺是穆斯林宗教实践和社会交往的主要场所;开展社会慈善公益活动,与其他民族的互动,整合民间力量以促成商会及其他民间组织的形成和发展,是回族流动人口在

---

① 陈学金:《微信技术与文化:一种社会人类学的分析》,《思想战线》2017年第2期。
② 梁美妍:《话语民主与微观权力:虚拟公民社会研究》,华中科技大学出版社,2015年,第4—8页。

清真寺这一基础平台开展社会活动的延伸，是他们行使公民权力、争取社会保障、体现社会价值的主要方式。三种类型的微信群对能有效组织开展社会公益活动持肯定评价的比例均为最高。对其他方面的评价，不同类型由于各自的性质功能不同而有一定差别：商贸流动型社群在组织开展与其他民族互动方面的肯定性评价稍高，因为广州和义乌两地的微信群经常组织开展面向主流社会的活动；而北京学业流动型和昆明混合型微信群在整合民间力量，促成民间组织的形成和发展方面的肯定性评价稍高，这与两地微信群在当地回族社会具有较强影响有关。

　　文化心理层面被认为是考量流动人口社会融入程度的重要维度①，对回族流动人口获得城市归属感和成功融入城市生活非常重要。微信网络群对流动人口融入城市所涉及的民族关系及城市归属感产生着一定影响。调查表明，三种类型的成员对此普遍持肯定态度。通过线上的宣传、沟通、分享和线下的活动，会增进社群内外的团结和认同，提升城市归属感。例如，GM微信群组织亚运会的服务志愿者团队，向四川地震灾区捐款，到养老院慰问，捐赠衣物给青海各族群众，XXB微信群和义乌清真寺公众号开展了公益慈善募捐、公益植树、助学等活动倡议和民族体育运动会、少数民族工艺品设计制作大赛的宣传组织，JYF微信群与地方政府共同发起"黄楼之爱相伴·心心之手相牵"公益支教项目，KM组织开展对面向社会贫困人群的"墙上便饭"公益活动，等等，均在引导和组织回族流动人口与其他民族互动、积极融入主流社会。微信群所提供的社会资本和由此激发的情感能量②在其中起到关键作用。情感能量的大小与获取，主要与人际互动的关系结构及其提供的社会资本有关。③ 成员从现实与网络两种互动渠道所获取的社会资本与情感能量可以相互补充和促进。网络为初来城市的个体提供了重建社会关系的机会和较多桥连社会资本，随着社会资本的积累，使较高情感能量的点合资本和强关系成为可能，成员社会融入的渠道往往也会逐渐拓展并集中到强连接的私群。如KM社群中的昭通老乡群就是基于城市较大的公群和成员现实互动衍生的，它们对成员的深度社会融入发挥着重要作用。

　　值得强调的是，微信群对培植流动空间中的地方归属感具有特殊意义。无论是在发达社会还是在传统社会，人们通常认为自己的空间是基于地方（place）的。④ 然而，网络从根本上改变了人类生活的时空维度，地方从其文化、历史、地理意义中脱嵌，形成一个流动的空间⑤，似乎网络信息技术解构了地方。但多点民族志的研究表明，同城网络社群使网络空间再度回归到城市地方本身，不过这种对地方的强调，已不单纯局限于物理空间层面，而表现为对城市归属感的强调。Wellman认为，人类对互联网技术的使用正在创造和维持社群联系，这些联系将网络空间变成了网络地方（place）。⑥ 马菲索思等也谈到，现当

---

① 穆光宗、江砥：《流动人口的社会融合：含义、测量和路径》，《江淮论坛》2017年第4期。
② 情感能量（EE）是柯林斯（Collins）提出的互动仪式链（interaction ritual chains）理论的核心概念，是指人们通过特定情境的互动仪式而产生出的一种长期的情感结果，一种对群体的依恋感。参见美兰德尔·柯林斯：《互动仪式链》，林聚任、王鹏、宋丽君译，商务印书馆，2009年，第161页。
③ 情感能量的大小与社会资本类型和关系连接强弱相关。桥连社会资本（bridging social capital）以弱关系为基础，多来自不同群体，主要作用在于传递信息；点合社会资本（bonding social capital）以强关系为基础，主要在基于信任、支持和亲密关系的社交中发挥作用。See Steinfield C. Ellison N. B. & Lampe C. Social Capitalself-esteemand Use of Online Social Network Sitesa Longitudinal Analysis, *Journal of Applied Developmental Psychology*, Vol. 29, No. 6, 2008, 434-445.
④ Castells Manuel, *The Rise of the Network Society*, Blackwell Publishing Ltd. 2000. p. 453.
⑤ Castells Manuel, *The Rise of the Network Society*, Blackwell Publishing Ltd. 2000. p. 406.
⑥ Barry WellmanPhysical Place and Cyberplacethe Rise of Personalized Networking, *International Journal of Urban and Regional Research*, Vol. 25, No. 2, 2001, 227-252.

代正在发生的巨大范式转变，实际上是从"以自我为中心"的世界观滑向"以地方为中心"的世界观。[①]可见，当今网络社群的研究关注点，已从传统的地理位置转向为集体感。[②] 以微信群为代表的同城网络社群，似乎更能反映人们在流动空间中培育和共享地方归属感的网络时代特点。新型社交媒体为社会关系网的修复、重建和形成新的社会交往，提供了更大可能和更多的象征性资源，也提高了他们在高速流动、个体化进程持续推进的现代社会中的适应性。[③]

（二） 存在问题

就微信网络社群存在的问题而言，四个城市的调查研究揭示出以下几个主要的共性问题：

一是网络信群普遍存在人员与结构的不稳定。主要表现为：因网络虚拟性、群管理运作非制度化、成员居留与社会融入意愿不确定等原因而造成群成员的不稳定；因大型网络社群内部结构庞杂松散、未形成与现实社会相结合的依托机制等原因而造成网络社群结构的不稳定。二是网络社群普遍存在功用泛化、弱化等问题。功用泛化，指社群普遍具有资讯传播与沟通交流的功用，互动信息多集中在经济生活层面，虽然包容文化多样性，但成员间深入的思想交流与现实交往比较有限。功用弱化，指微信群虽然普遍具有以帮助成员更好融入自己小群体和融入地方社会的建群宗旨，但在实际运作中，往往受自身功能定位而普遍具有特别的倾向性和内卷化特点，信息及社会互动内容普遍具有鲜明的宗教色彩，与回族外部社会的互动没有得到特别的强调。三是网络社群普遍存在线上与线下结合不够紧密、线下活动参与度低等问题。调查发现，线下互动参与人数通常在30—50人，整个社群的总体参与率（参加过活动的）通常只有1/3左右。

基于以上共性问题，笔者认为，基于微信传媒建构的网络社群毕竟是一种极为松散的民间自组织。一方面，应充分利用和发挥它的积极作用；另一方面，还应依靠政府相关部门，凭借流动人口所在城市的社区居委会和各类民族民间社团组织，推进流动人口自我管理服务与社会管理服务的有效嵌合。例如，积极拓展社群与街道居委会、民政、社会工作及职业实训等部门机构的交流合作，为流动人口提供更多与主流社会互动的机会，创造良好的融入环境；引导网络社群立足现实社群，依托社会实体机构以提升自我管理服务的效能。

四、 关于拓展少数民族流动人口社会融入研究的思考

基于以上研究，反观目前国内关于少数民族城市社会融入的相关研究，笔者认为在以下三层面尚可进一步深化和拓展。

[①] Michel Maffesoli Rita Felski Allan Megill Marilyn Gaddis Rose and Terry Eagleton, Rethinking Tragedy The Return of the Tragic in Postmodern Societies, *New Literary History*, Vol. 35, No. 1, 2004, 133—149, pp. 151—159.

[②] Jan Fernback, Beyond the Diluted Community Concept: A Symbolic Interactionist Perspective on Online Social Relations, *New Media & Society*, Vol. 9, No. 1, 2007, pp. 49—69.

[③] 王艳：《移动连接与"可携带社群"："老漂族"的微信使用及其社会关系再嵌入》，《传播与社会学刊》2019年第47期。

（一） 社会融入研究对象层面

一是应关注个体多样性的社会融入需求定位。不少相关研究以流动人口群体为研究单位，缺乏对流动人口内部超多样性特点的关注。像广州和义乌经商的回族流动人口，因受职业、学业、市场行情变化等各种因素影响，他们城市融入的主观定位存在差异，部分人"迁而不定"，表现为居留不定的过客型和定期有规律地往返于流出地和流入地的候鸟型。像昆明混合型的一些回族流动人口，虽然户口不在昆明，但在昆明居留时间较长，具有"居留不定"的特点。再有一些特殊情况，如习惯于围寺聚居的回民在遭遇社区改建或其他原因失去原有社会支持时，也会涉及二次社会融入的问题。由此来看，社会融入研究对象存在个性化和多样性特征，若笼统以民族或大的社群单位进行考察，可能会遮蔽许多微观层面的问题。因此，研究须对流动人口内部多样化的社会融入角色定位和社会融入内涵外延等基本面进行明确界定。

二是应注意整合社群在虚拟与现实两个向度上的研究。研究说明，作为连接个体与社会的社群，对成员成功实现社会融入起到关键作用。无论是流入地还是流出地，以民族、地缘、业缘、教缘等各种形式结群的集体都能起到人际支持和连接的重要作用。特别是在网络媒介广泛应用于流动人口社会生活的当下，基于同一城市建构的同城网络社群，通常具有超越和整合以上基于单一社会关系结群的特点和优势，能帮助成员克服原先同质化小群体的内卷化问题，从而实现更广泛的社会接触，这已成为传媒时代流动人口实现社会融入的一种重要手段和途径。因此，除了现实的社群，网络社群也应该成为社会融入研究不可忽视的对象。

（二） 社会融入研究内容层面

一是在城市中观层面，研究应重视当地政府的主导作用，将流动人口社会融入问题与城市社会发展结合起来考虑。广州和义乌两地政府在这方面发挥了很好的示范效应。广州市政府制定出台了《广州市来穗人员融合行动计划》（2016—2020年），在全国最早系统地将流动人员社会融合提升到具体实施层面，并在少数民族和外国流动人口较为集中的街区设立专门的管理服务机构。义乌市政府通过社工专业组织，以少数民族较为集中的鸡鸣山社区为试点，开展嵌入式社区建设，也取得较好的社会效果。中国的社会融入问题实质上还是属于资源配置和人口流动政策的规划问题，是面对流动人口和流入地居民的双向的主体实践，共生融合模式应是中国社会融合政策的基本方向。[1] 城市社会融合的本质问题，不应该是本地人口和外地人口的利益关系问题，而应该是城市如何能够提供更好的以发展性为核心的公共政策。[2] 在中央民族工作会议上，习近平总书记指出，对少数民族流动人口，要把着力点放在社区，推动建立相互嵌

---

[1] 丁宇、姜丹：《社会融合的理论类型和政策实践原则》，《学习与实践》2019年第3期。
[2] 任远、陈丹、徐杨：《重构"土客"关系：流动人口的社会融合与发展性社会政策》，《复旦学报（社会科学版）》2016年第2期。

入的社会结构和社区环境，注重保障各民族合法权益。① 因此，进行城市社会文化环境建设，建立相互嵌入的社会结构和城市生活共同体，应成为城市中观层面少数民族流动人口实现社会融入的重要途径之一。

二是在个体微观层面，研究应关注流动人口主动的社会融入策略，并重视流动人口流入地与流出地之间的关联。国外有学者提出，对城市和移民的研究可归结为对城市中民族群体或对移民融合路径的研究。移民的社会融入与城市规模、发达程度有关，通常在一个处于连续体低端的城市里，可能不会有充满活力的社会融合模式，但移民仍可能对当地产生较大影响。② 该观点有一定的借鉴意义。在中国，少数民族的城市融入通常具有鲜明的民族特色，民族认同在重新建构流入地社群方面起到关键作用。作为外贸经济型城市的广州和义乌，回族流动人口对当地城市社会经济的影响显而易见。从网络社群的建构，到现实生活中与城市主流社会的互动，不同城市的回族流动人口都表现出各具特点的融入策略，重要人物和事件起到关键作用，可作为微观研究的主要切入点。

三是在全球化与国家宏观层面，应重视媒介技术对社会融入的影响。以互联网技术、通信终端、社交软件为代表的媒介技术，对与社会融入相关的人际互动、信息传播、认同意识与情感能量的生产等诸多方面产生了明显的影响，已成为影响社会融入行为和心理的关键因素。媒介技术一方面使社会融入问题更为多样化和复杂化，另一方面也为我们提供了一种新的研究视角和技术支持。在电子媒体时代，特殊的群体、实践和交流类型得到越来越多的关注，数字媒体在构建社会文化、群体身份和社会表征等方面具有特别而具体的作用。③ 在某种程度上，由于网络社群与现实空间的交融，为成员共同参与塑造和呈现"想象的共同体"创造了条件；同时也反映出传媒在决定社群被如何想象方面发挥着重要作用。④ 同时，媒介技术也可成为政府及民间社会进行社会融入支持体系建设与社会治理的有力工具。从意识形态和社会控制的角度看，媒介技术一方面分散了政府舆论本位并弱化了意识形态对公众的引导和控制能力，但与此同时又给国家和政府治理提供了更新、更有效的技术手段。⑤ 以互联网为基础的网络社群建设已成为影响城市社区居民民主参与的一个重要变量，在基层政府与社区组织进行社区管理与服务的过程中，也可应用现代化的媒介技术手段，⑥ 以此推进流动人口在基层社区的社会融入。

（三）社会融入研究理论视角与方法层面

超多样性的理论视角与社会锚定的理论方法是国际学术界关于社会融入研究较新的成果。超多样性（super－diversity）视角侧重描述多样性的变革，涵盖了政治经济、社会文化等方面的多样性，为研究社会融入提供了一个新的动态观察的视角，可涵盖新老国际移民、本地现有人口和常住少数民族等研究对

---

① 《中央民族工作会议暨国务院第六次全国民族团结进步表彰大会在北京举行》，《光明日报》2014年9月30日第1版。
② Nina Glick Schiller and Ayse Caglar, Towards a Comparative Theory of Locality in Migration StudiesMigrant Incorporation and City Scale, *Journal of Ethnic and Migration Studies*, Vol. 35, No. 2, 2009, pp. 177－202.
③ E. Gabriella Coleman, Ethnographic Approaches to Digital Media, *Annual Review of Anthropology*, Vol. 39, No. 1, 2014, pp. 87－505.
④ Elizabeth Horevitz, Understanding the Anthropology of Immigration and Migration, *Journal of Human Behavior in the Social Environment*, Vol. 19, No. 6, 2009, pp. 745－758.
⑤ 梁美妍：《话语民主与微观权力：虚拟公民社会研究》，华中科技大学出版社，2015年，第4页。
⑥ 陈为智：《城市社区参与中的互联网虚拟社区建设》，《兰州学刊》2009年第1期。

象，侧重更为细微和个性化的民族文化差异和解释社会融入的动态变化；互联网被看作全球化进程和创造超多样性的主要机制，超多样性概念也可用来分析互联网上的社会文化复杂现象。[1] 与社会融入的超多样性研究视角密切相关，有学者提出社会锚定（social anchoring）的概念[2]，此概念将适应、安全和稳定问题联系在一起，是分析当代日益多样化和流动社会中与个体身份和社会融入相关的一种新的理论方法。综合有关社会锚定的解释，社会锚定的概念能准确表达少数民族个体通过网络与现实寻找城市立足点，以获取社会安全和心理稳定之意。对于有特殊需要的少数民族流动人口而言，社群作为其融入城市的主要立足点，可被视为锚定的对象。以昆明混合型社群 KM 为例，锚定所指涉的群，可以是网络虚拟社群，也可以是组织开展各种社会活动的现实社群，还可以是代表整个昆明回族社群的象征符号。因此，被锚定的群也可以被理解是对所有种类的群的同时性锚定。因为这些群总是在相互连通和配合的状态下发挥作用。锚定群，意味着网络社群能为个体回归集体创造条件，集体认同能为个体成员在网络与现实交互的社会融入过程中提供必要的情感能量。[3] 综合看，对于内部状态较为复杂的社会群体，超多样性视角有助于在其多样性的表象下解释其社会融入的动态变化；社会锚定的方法有助于从个体微观层面把握和理解其社会融入的文化心理需求。

五、结语

关于广州、义乌、北京、昆明 4 个城市的多点民族志研究表明，共同生活在一个城市的回族流动人口所建构的微信网络社群，对其现实的社会融入产生了广泛而重要的影响。虽然微信网络社群成员具有超多样性的身份结构，但社群所提供的社会资本与情感能量，对成员的社会融入具有重要而积极的影响。而消极影响大多与微信媒介本身的局限性有关。在此研究基础上，反观中国少数民族社会融入的相关研究，我们会发现，目前的研究范式在研究对象、内容、理论视角方法等层面还可有所拓展。

---

[1] Piia Varis and Xuan Wang, "Superdiversity on the Internet: A Case from China", *Diversities*, Vol. 13, No. 2, 2011.
[2] Aleksandra Grzymala Kazlowska 在 2016 年正式提出。在关于身份与社会融入的隐喻性使用中，锚定代表一种适应和整合的方式，是为寻找重要的参考和立足点的过程。其在 2018 年发展了此概念，将适应、安全和稳定问题联系在了一起。强调锚定能让个人获得社会心理稳定和安全，并在一个新的或已发生重大变化的生活环境中有效地发挥作用。锚的概念被拓展为"立足点、参考点、生活中特别重要的问题"，而且强调社会锚定的多维度（包括社会的、认知的、经济的、物质的、法律的、文化的、精神的、习惯的、情感的等）和不同地理、文化和社会空间（包括虚拟空间）中锚点的同时性。参见 Aleksandra Grzymala-Kazlowska, "Social Anchoring: Immigrant Identity Security and Integration Reconnected?", *Sociology*, Vol. 50, No. 6, 2016, pp. 1123－1139. Aleksandra Grzymala Kazlowska, "From Connecting to Social Anchoring: Adaptation and 'settlement' of Polish Migrants in the UK", *Journal of Ethnic and Migration Studies*, Vol. 44 No. 2, 2018, pp. 252－269.
[3] 桂榕：《锚定"群"：KM 同城网络社群的人际互动、情感能量与社会融入研究》，《思想战线》2019 年第 5 期。

WeChat network community and urban integration of floating population Deepening and expansion of the research on the social integration of ethnic minority floating population in China

Gui Rong

Abstract: Internet media has a broad impact on the social integration of urban ethnic minority migrants. Multi-sited ethnographic research in four cities—Guangzhou, Yiwu, Beijing, and Kunming—reveals that WeChat online communities established by the ethnic minority floating population residing in the same city exhibit specific interactive content styles and relational structures. The impact on urban integration is primarily reflected in three dimensions: economic life, social participation, and cultural-psychological identification. The social capital and emotional support provided by these online communities positively influence members' social integration, serving to integrate fragmented offline communities within the same city and supplementing their functions. Negative impacts are mostly related to the inherent limitations of WeChat as a medium. Based on these findings, a review of existing research on the social integration of ethnic minority migrants in China suggests further avenues for expansion in terms of research subjects, content, perspectives, and methodologies.

Key words: WeChat Online Communities; WeChat network community; urban integration; urban ethnic minorities; research on the social integration of ethnic minority floating population

网络民族情绪与网络民族关系研究*

洪 伟**

摘 要 当前网络民族情绪呈现从个体表达向群体集聚转变,从理性思辨向情绪宣泄转变,从网络情绪虚拟性向现实性转变等特点。推动构建网络和谐民族关系,必须强化思想引领、制度建设和技术引导,推进网络信息内容生态治理,加强主流媒体的正面宣传。应对民族团结教育新挑战,建立各民族相互嵌入式的网络空间,夯实青年一代民族团结观念。建立全媒体传播格局,加强民族领域国内外话语权建设。鼓励学术界参与互联网空间中民族领域公共知识的创造与传播,积极发挥正向引导作用。

关键词 网络民族情绪;网络民族关系;民族团结教育;网络治理

DOI:10.13835/b.eayn.31.15

习近平总书记在全国民族团结进步表彰大会上的讲话中指出:"要牢牢把握舆论主动权和主导权,让互联网成为构筑各民族共有精神家园、铸牢中华民族共同体意识的最大增量。"铸牢中华民族共同体意识,构建和谐的社会主义民族关系,既需要在现实时空中绵绵用力,也需要在网络空间上久久为功。

网络民族情绪,是互联网中社会情绪在民族领域的表现形式,是网络中民族认同、国家认同及对其他民族群体认知与态度的行为集合。它的发生既与民族差异及民族关系、社会发展基本矛盾以及涉及民族宗教领域突发事件等深刻的社会背景有关,同时也和互联网虚拟空间传播规律密切相关。[①] 网络民族关系,是指在网络空间中族际之间涉及民族问题而形成的特殊互动关系,"舆情",包括"舆",即舆论,也包括"情",即情绪。网络民族舆情,在本质上说是社会民族情绪通过互联网平台的表达。所以,对于网络民族舆情及体现的网络民族关系的分析,既要研究参与者的立场与态度,也要评估其所传递出来的民族情绪。

网络民族情绪可区分为积极的情绪和消极的情绪。积极的情绪可促进公民的网络政治参与,发展社会民主,推动民族间的交往交流交融,促进民族关系和谐发展。消极的情绪则反之。本文所指的"网络民族情绪",主要是指消极的网络民族情绪。与现实社会的民族情绪与民族舆情形成的路径相似,网络民族情绪的生成与扩散和网络民族舆情的出现也有发展路径与形成规律,有特定的内部成因和外部条件。[②] 本文试析当前网络民族情绪的特点与影响,论述网络民族情绪治理与网络民族关系构建的实践路径。

---

* 本文系国家民委2024年度民族研究后期资助项目"铸牢中华民族共同体意识视域下国家通用语言文字认同教育研究"(项目编号:2024-GMH-004)的阶段性成果。是具有鲜明民族特征的网络社会关系。
** 洪伟,南京理工大学马克思主义学院博士研究生,南京晓庄学院商学院副研究员。研究方向:中国民族宗教政策、近代民族宗教史。
① 张磊:《网络舆情管理关键要素研究:基于典型案例的深度分析》,国家行政学院出版社,2017年,第119页。
② 刘行芳、刘修兵、卢小波:《社会情绪的网络扩散及其治理》,武汉大学出版社,2017年,第208页。

一、网络民族情绪的特点及影响

网络空间中,信息新生态产生了各民族交往交流交融的新形态。网络空间的转移使得族际交往超越了时空限制,交流与互动、对话与碰撞的便捷性、接触面、深入度得到空前的提高。网络媒介多样性拓宽了民族接触的渠道,丰富了民族交往的方式。互联网的非程式化、非制度化的传播方式,个体获取了传统媒介中无法提供的话语空间,可以更为自由、便捷地发布、交流观点与立场。相对开放的语言空间,也使得破坏民族团结、诋毁民族宗教政策、危害国家安全等不良信息传播的风险增加。境内外一些敌对势力,也利用互联网媒介,编造、传播不良网络信息,刻意煽动、利用民族情绪,引发民族舆情,激发民族矛盾,破坏民族团结,以此达到危害国家统一,阻碍中国和平发展的目的。当前网络民族情绪表达的特点主要有以下三点。

(一) 个体表达向群体集聚转变

网络民族情绪原本的自发性、非组织性特征发生变化,网络表达不再只是单纯的个人情感宣泄。互联网的超时空性与互动性增加了持相同立场者相遇、集群的机会。"对事件关注的简单情绪表达在网络环境中被放大,个体的焦虑得以共鸣,因此形成了网民的普遍关注和集体焦虑。"① 涉及民族领域话题,持有消极、片面立场的讨论组群、论坛,开始产生、繁殖、壮大,从单纯的讨论、交流,到有组织、有分工地进行文字撰写、信息传播等,开展思想传播、组织论战等活动。

(二) 理性思辨向情绪宣泄转变

民族问题的讨论本身具有高度的政治性、政策性、专业性,对其研究、解读、交流,也应具有较强的理论性、学术性、规范性。网络所提供的讨论空间更为开放自由,接纳的人群与声音更为多元。但在当前包括民族宗教知识在内的政治思想与社会常识普及不够,网络人群中知识层次不高的情况下,理性、客观、全面的主流观点更易被随意、极端、低俗的情绪宣泄所掩盖。

(三) 网络情绪虚拟性向现实性转变

网络语言与行为具有一定的虚拟性,并不一定代表其真实想法与现实行为。但当网络民族情绪集聚,日常生活中普通的矛盾纠纷,很可能因为矛盾方不同的民族身份,而使得事态性质发生改变。另外,一

---

① 唐超:《网络情绪演进的实证研究》,《情报杂志》2012年第10期。

些人将网络虚拟言行，发展为线下行动，从"网络活动"转变为"现实行动"。

网络民族情绪造成的网络民族关系紧张所引发的影响，已有研究观点，笔者不再赘述，其他研究中未提及的两个问题，值得关注。

第一，有一些网友认为，网上对某一个民族群体的负面报道较多，或充斥针对性的网络暴力，是因为网络监管不到位，网络治理不完善。他们将少数人的网络极端行为，转嫁成对整个网络社会不满，甚至是对政府的负面情绪。同时，一些网友对于民族领域一些问题的片面、错误认知，转化为对中国民族宗教政策的质疑、否定。这两种情绪，极易激化为更加强烈的民族意识，演变为对国家认同、中华民族共同体认同的削弱。另外，网络民族情绪引发网络民族舆情所产生的负面效应，亦"干扰和危害了我国在几十年工作实践中形成的民族、宗教理论政策"[①]。

第二，近些年来欧美等国家接连发生"独狼式"的暴力恐怖活动。一些施暴者并没有明确的证据显示其隶属于任何暴力恐怖组织，其行为也并未受到任何组织或个人的直接命令指挥。此类人实施暴力恐怖活动的根源是其极端扭曲的思想，网络中暴力、仇恨宣传对他们的思想形成起到至关重要的影响。外界舆论环境客观上加剧了其思想行为的极端化，甚至成为其实施犯罪活动的直接诱因。他们中的绝大部分人是青年一代，网络是其重要的信息来源与社交空间，或在其个人网络空间、社交平台上，或在其审讯证词中，都表达了对社会舆论的不满，体现其认为受到歧视、冷落及区别对待等。关注舆论环境的影响，并不是为施暴者的暴行辩解，而要意识到，负面、消极的舆论环境，易促生错误认知和扭曲心理，诱使其采取暴力行为报复社会。消极民族情绪蔓延，网络暴力语言泛滥，制造网络民族关系紧张气氛，这不是"构筑各民族共有精神家园、铸牢中华民族共同体意识"的有利网络舆论环境。

二、加强网络信息内容生态治理，建构网络和谐民族关系的安全防线

网络民族情绪疏导与网络民族领域治理，要把网络生态治理建设作为基础性工作。从互联网信息内容生态的角度，相关政府部门、互联网企业及行业、社会和网民都是网络民族关系构建的重要参与者。加强多元主体的责任意识，从而使互联网治理进入良性循环，走出一条齐抓共管、良性互动的新路。

2020年3月1日施行的《网络信息内容生态治理规定》是互联网信息内容管理的重要立法，其将"网络信息内容生态治理"定义为，政府、企业、社会、网民等主体，以培育和践行社会主义核心价值观为根本，以网络信息内容为主要治理对象，以建立健全网络综合治理体系、营造清朗的网络空间、建设良好的网络生态为目标，开展弘扬正能量、处置违法和不良信息等相关活动。在网络相对开放自由的发展环境下，保障网络社会健康运行，互联网企业和行业组织等服务平台应当履行涉及民族领域信息内容的前端管理主体责任。互联网企业和行业组织，特别是公众论坛、社交平台、门户新闻评论网站的平台运营者应是网络民族情绪的疏导者，是网络和谐民族关系的促进者，是阻拦极端、消极、错误言论肆意传播的第一道关卡。但"某些网站极端民族主义话语流行，与网站相关工作人员数量过少且缺乏培训有

---

① 马存孝：《我国网络舆情涉民族、宗教问题言论分析及引导机制探析》，《黑龙江民族丛刊》2018年第4期。

着直接的关联性"①。建立网络信息内容生态治理机制,明确平台运行环节管理要求和企业、行业组织信息安全管理义务,提高内容采编、审核、管理人员的政治素养与业务水平,对民族宗教热点集聚的网站,更要加强民族宗教知识、政策和法律法规的学习。同时,行业自律还要有相应的法律规范和行政监管为基础,只有完善的互联网治理与监管制度,才是维护网络秩序的根本手段。

互联网技术与商业运营模式的发展,互联网传播进入"无限内容生产"时代,自媒体平台的广泛应用促使每个个体既是信息的接受者,也是内容的生产者、发布者。所以,每个个体都应该承担社会性责任,在享有获得网络资源、发表个人观点的权利的同时,对于网络空间中的言行保持高度的道德自律,对破坏网络公共秩序的行为采取共同的价值立场。鼓励社会各界对网络民族问题的高度关注,树立民族团结的网络道德观,激发全民维护民族团结的责任意识,营造民族团结的和谐网络氛围。

要建立网络舆情联动机制,重视网络民族情绪变化对民族关系的作用影响,对短时间集聚的网络公共事件、网络热点与长期讨论发酵的网络话题,及时准确的评估其影响,密切跟踪发展演变态势,采取适当有效措施加以引导,建立一支跨学科、跨领域的网络治理专家团队,提供危机应对的解决方案。

三、应对民族团结教育新挑战,建立各民族相互嵌入式的网络空间

新时代民族团结教育面临一系列新情况、新问题和新挑战。而民族团结教育工作的一个重要环节是网络空间治理与网络民族团结教育的有机结合。网络为民族团结教育提供了新的阵地、平台与手段。创新民族团结宣传载体和方式,充分运用新技术、新媒体,拓展民族团结宣传教育网络空间,推进"互联网+民族团结教育",打造网上交流共享平台,把网络空间建成促进民族团结进步、铸牢中华民族共同体意识的新平台。广大人民群众不仅是民族团结教育的受众,同时也可以成为民族团结教育的主体。他们通过网络,特别是自媒体平台发布、转发民族团结的相关信息,或参与民族团结话题的讨论,使得民族团结教育因为主体的大众化而添新的活力。越来越多的自媒体人出现,也意味着民族团结教育主体在全媒体时代将更加全面。②

建立网络民族团结教育有效机制,首要受众是青年一代。青年是网络人群的主体,也是网络民族情绪的重要表达群体。例如,"知乎"等网站的活跃网友基本是大学生或具有较高学历的青年群体,该网站对于民族宗教问题的讨论相对一般公众论坛更加深入,信息来源更加丰富,表达意识更加活跃。没有青年一代民族关系的和谐发展,就没有未来中国民族关系的和谐发展。没有在青年一代中树立各民族团结进步的价值认同,就无法铸牢中华民族共同体意识。民族团结教育始终要把学校作为重要阵地,把青少年作为重要对象。新形势下,民族团结教育已不仅仅是民族院校和民族地区的"必修课程",对于各民族交往交流较少的东中部地区和单一少数民族聚居地区,开展青少年的民族团结教育亦有紧迫性、现实性。要重视正确政治观、历史观、民族观、国家观和文化观教育,既要强调和突出共同性,也要理解和尊重差异性,反对狭隘民族主义思想。

建立各民族相互嵌入式的社会结构和社区环境,亦要重视各民族相互嵌入式的网络虚拟空间建设。

---

① 杨飞龙、王军:《网络空间下中国大众民族主义的动员与疏导》,《黑龙江民族丛刊》2010年第1期。
② 陈亚联:《新时代坚持和完善民族区域自治制度的思考:学习党的十九届四中全会精神的几点体会》,《西藏研究》2019年第6期。

没有民族的交流就无所谓民族关系的客观存在。在公共网络空间中，要顺应新时代民族关系发展的新趋势，拉近各民族同胞的网络距离，引导各民族成员相互尊重、彼此亲近，促进更加深入密切的交往交流交融。在事实准确、分析客观、善意表达、依法依规的原则下，保障网络社会大众交流空间的同时，也要支持民族网络平台的建设，鼓励少数民族网络事业发展，提供各民族文化展示传承、相互交流的机会，充分尊重和满足各民族发声的权利与需要，给予各民族表达民族情感，引导民族情绪的网络空间。

四、构建全媒体传播格局，掌握民族领域主流意识形态话语权

正确分析与把握话语权生成的现实境遇，是建构新时代民族领域主流意识形态话语权的逻辑起点与现实依据。网络信息技术的迅速发展和互联网的广泛使用改变了意识形态传播的方式、途径与策略，民族领域网络主流意识形态话语权建构正面临着中外意识形态交流交锋尖锐频繁，社会思潮修正解构指向凸显，互联网成为话语权争夺主战场等诸多问题。

网络中流行这样一种论调："不是我对××只存在消极印象，是我从未得到积极的信息。"任何地域、民族、信仰群体，都是由正面与负面、积极与消极而组成，这是最基本的辩证法。除却因个人立场对网络信息进行主观选择外，网络是否提供了足够全面、客观的信息，也决定了受众对于他者的基本认知与态度。媒体作为一种更为长效、深入的信息传播渠道，更应担负起全面、客观报道相关信息的责任。应该正视当前主流媒体在涉及民族领域中的长期缺位，正视主流媒体回避民族报道的消极影响。一方面，造成民众及政府部门对民族知识、民族政策的无知与隔膜，既影响现实中和谐民族关系的构建与维护，也影响政府部门在决策民族事务时的科学性。另一方面，相比于熟悉网络传播规律的自媒体，传统主流媒体在时效性、贴近性上的不足，削弱了对民族领域报道方向的主导权、话语权，给不良信息留下了传播空间。

全媒体时代，主流媒体要重视民族领域网络意识形态话语权建设，坚持正确的政治方向、舆论导向、价值取向，通过理念、内容、形式、方法等创新，提高正面宣传质量和水平。坚持移动优先策略，重视新兴宣传手段，重视移动传播媒体建设，占据舆论引导、思想引领的传播制高点，加强民族领域网络意识形态话语权的思想建设、制度建设、队伍建设和载体建设，加强话语内容供给、优化话语方式与手段等路径来提升话语能力。

民族领域主流宣传工作，关键是营造积极正面的网络舆论氛围，一方面要坚持正面宣传、正面引导，展示全面、积极、现代的民族形象和共同团结奋斗、共同繁荣发展的民族团结进步事业，避免"陈词滥调"与"刻板印象"的传统宣传话语与传播策略。另一方面，对容易产生误解，或已引发社会争议的舆情，要及时、客观、权威地回应解答。一些媒体报道利用网络上民族情绪或突发事件，只谈概念，不谈内涵；只谈分歧，不谈和合，无形中将一些原本并不激化的问题矛盾化，将一些并不广泛的问题扩大化，看似及时、准确地报道，反而产生了负面影响。所以，主流媒体对涉及民族领域的报道，要以高度的政治站位，强烈的责任担当，发挥贴近基层、信息权威的优势，敢于发声，反映全貌，疏导民族情绪，化解民族舆情。

五、 维护国家网络安全，提升网络空间民族领域国际话语权

民族领域是网络空间中意识形态话语权斗争最为激烈的领域之一。西方国家凭借技术、资本、信息和话语权优势，利用国内外舆论互通，对我国网络意识形态采取持续攻势，不断加紧对我国民族政策、宗教政策的妖魔化宣传，频频打"人权牌""民主牌"，运用民族话题进行信息渗透与舆论围堵。网络上引发民族情绪的热议话题中广泛传播的思想观点、专家评论乃至所谓的数据、证据，很多都来自境外政府、智库和媒体。境外势力不遗余力地带节奏、引纷争，利用民族议题激化民族情绪，破坏民族关系，意图将属于中国内政的问题"国际化"，破坏中国与友好国家的关系，制造不利于中国发展的国际环境。

自2018年以来，西方一些政客、媒体对我国新疆民族宗教政策进行攻击指责，产生了一定的消极影响。与此同时，境外的舆论关注迅速被国内网络媒体转载，在一些个人社交平台、公共论坛展开讨论，短时间内集聚了相当规模的网络民族情绪，引发网络民族舆情。以往主流媒体对此话题的报道与回应多采取"冷处理"的态度，往往因忽视对国内外舆论的引导而无法掌握有效的话语权，使之似乎成为西方国家对我国民族地区社会治理、民族宗教政策、人权建设等进行恶意攻击的一条"铁板钉钉的证据"。而在2018年，中央、新疆地方及驻外媒体迅速回应，精准报道，持续发力，连出重拳，进行了及时、深入、全面、真实的报道，这是对突发敏感民族舆情正面回应的一次成功案例。这些报道有效地抵御了境外负面宣传，且在疏导国内网络民族情绪，正面宣传民族宗教政策方面产生了积极反响。

没有网络安全就没有国家安全，网络民族关系的构建是网络安全构建的重要内容。在关注国内网络民族情绪与民族舆情，强化主流意识形态引领，维持网络话语秩序和舆论生态的同时，也要高度重视、积极扭转"西强东弱"的国际舆论态势，把争夺民族领域国际话语权纳入国家战略传播体系，整合媒体力量，研判国际舆情，坚定捍卫网络空间主权，抵御消极思想影响，提升在涉及民族领域国际热点中的议题设置能力，讲好民族发展与民族工作的中国故事，不断提升民族领域的国际认同度与影响力。

六、 研究网络知识传播规律，支持网络和谐民族关系构建的学术担当

有学者提出，互联网带来民族关系的改变，需要关注互联网技术是如何影响民族关系的，在检讨算法伦理的基础上，反思算法作为技术本身的正义属性。[①] 从这个表述来看，应对网络民族情绪与网络民族关系，已超越传统民族学的研究方法。而事实上，网络民族领域的研究与讨论，需要民族、宗教、社会、法学、政治、公安、新闻、公共管理、国际关系、信息技术，乃至经济、心理、影视、公益慈善等诸多学科领域专家的参与，需要科研院所、智库等学术机构的参与，需要学术刊物等出版机构的参与。这既是学术界的能力所在，也是其应有的责任担当。同时，也要正视民族领域学术界的研究成果存在着传播方

---

① 张立辉：《打造铸牢中华民族共同体意识的新平台》，《中国民族报》2019年12月17日。

式单一，辐射范围有限，现实关照欠缺等问题。一些营销号、伪专家、"民科"，乃至一些别有用心者和境外"专家"、智库、媒体，所编撰的文章在网络广泛传播，挤占了主流传播空间。

疏导网络民族情绪，构建网络和谐民族关系，要重视学术界权威、理性、科学的专业引导与学术担当，需要来自学术界的"真材实料"、真知灼见、真心话语。民族领域的知识生产要重视学者的作用，鼓励学者主动参与、积极发声，通过学者的"精耕细作"，通过事实明确、理论深厚、分析透彻、理性客观、可读性强的论著与观点，让民族领域的讨论回归内容本身，引导网络民族领域舆论的正确方向。学术机构既要为党和政府民族领域的科学决策服务，又要为社会公众服务，担负起解读阐释政策、引领学术方向、引导社会舆论的职责。学术刊物等出版机构，既要有理论担当，做学术话语体系建设的重要平台，也要有现实担当，关照社会关注的热点问题，促进研究氛围的形成与发展。

网络传播环境中，需要一批民族领域学者、研究机构和学术刊物成为网络"大V""网红""网络意见领袖"，利用好网络媒介平台，创新学术交流与学术成果发布模式，从政策咨询的执笔人成为主流话语的发言人，从学术成果的写手成为社会舆论的推手。鼓励学术界发声，就要信任、支持学术界，给予充分的话语空间，尊重学术立场与学术观点，尊重其采取擅长的方式与风格进行研究和表达。同时，要支持学术界熟悉与掌握网络生态、公共写作的基本语境与发展规律，产出适应网络传播规律、应对网络热点难点的好作品。

如何在全民创造与传播知识的过程中提高知识的质量、体现知识的价值、传播知识的效能，是各个知识领域都面对的难题。"互联网医学"的发展是专业人士的网络介入与成果转化中具有代表性的案例。互联网卫生领域乱象、公众卫生知识匮乏、先进医学普及滞后等因素影响，促使一批医务工作者、医学研究者"上网行医"，撰写发表专业性、可读性的科普文章，提供科学就医用药方案，开展互联网医学研究合作。在健康中国行动等一系列政策推动下，以"专业、体系、易用、开放"为关键点的互联网医学科普平台迅速发展，实现医学科普内容的专业生产、用户需求的精准匹配，构建公益性、可信赖的互联网医学信息传播语境。在其他领域，互联网知识创造传播模式也在快速发展。支持学者在网络公共空间多元发声、多点发声，利用好技术优势和学术优势，通过专业化、社会化的运作管理，构建互联网民族领域科普与研究平台，通过大数据等技术手段，研判网络民族情绪产生与发展趋势，集中多学科专家力量，产出高质量、接地气的知识产品，化解网络负面情绪，构建网络和谐民族关系。

Research on Network Ethnic Emotion and Network Ethnic Relations
Hong Wei

Abstract: At present, network emotion changes from individual expression to group concentration, changes from rational thinking to emotional catharsis, changes from network emotion to reality. To promote the healthy and orderly progress of ethnic relations in the network, we must strengthen ideological guidance, system guidance and technical guidance, set up corresponding theory, system and regulation, strengthen the positive publicity of the mainstream media, encourage and support the objective and rational "folk voices" of "network opinion leaders", and encourage rational voices in discussing ethnic and religious issues.

Key words: Internet ethnic sentiment; Internet ethnic relations; Ethnic unity education; Network governance

发展问题研究

冬虫夏草阻碍民族地区教育发展？
——以西藏那曲市 A 县为案例*

谢伟民　吴春宝[**]

摘　要　教育对民族地区经济社会发展和政治稳定有重要意义。但民族地区教育发展受诸多因素的影响，一种流行的观点认为自然资源丰富地区的民众往往不重视教育且政府对教育投入不足。本研究以西藏自治区冬虫夏草主产区 A 县为例，提出一段时间冬虫夏草确实对教育发展有消极影响，但国家教育政策尤其是"三包"政策和"普六""普九"的实施是影响民众教育重视程度、基层政府教育投入程度的更为重要的因素。国家教育优惠政策的持续推进不仅抑制了虫草对教育的负面影响，而且实现了虫草资源对教育发展的良性支持意义。本研究对于分析其他资源丰富的民族地区的教育发展情况也有借鉴意义。

关键词　冬虫夏草；民族地区；教育发展；资源诅咒

DOI：10.13835/b.eayn.31.16

一、导言

教育对民族地区有着至关重要的意义。教育直接关系到人力资本储量和水平，而人力资本是经济增长的重要变量。[①]教育发展还是政治民主、有效治理的条件。通过培育更加理性的公民，可以降低社会冲突，增加谈判和沟通的可能性。[②]教育发展关系到少数民族地区民众的医疗健康状况和居民生活质量，[③]关

---

* 本文系国家社科基金项目"川藏铁路与铸牢中华民族共同体意识研究"（项目编号：21CMZ003）、西藏大学青年博士学术发展支持计划（项目编号：ZDBS202222）的阶段性成果。

** 谢伟民，管理学博士，西藏大学政法学院副教授，博士生导师。研究方向：社会政策与重大基础设施建设的社会政治效应。吴春宝，研究方向：中国政治与基层治理民族政治学博士，政治学理论博士后，华中师范大学政治学部、中国农村研究院副教授，博士生导师。

① Robert J. Barro, Human Capital and Growth, *American Economic Review*, Vol. 91, No. 2 (2001)：12－17；Paul M. Romer, Human Capital and Growth Theory and Evidence, *Carnegie－Rochester Conference Series on Public Policy*, Vol. 32 (1989)：251－286.

② ［法］托克维尔：《论美国的民主》，董果良 译，商务印书馆，1989 年；Christopher Blattman Alexandra C. Hartman and Rorbert A. Blair, How to Promote Order and Property Rights under Weak Rule of Law? An Experiment in Changing Dispute Resolution Behavior through Community Education, *American Political Science Review*, Vol. 108, No. 1 (2014).

③ 张雪琴：《论教育在西部开发中的地位及对策》，《求索》2002 年第 5 期。

系到民族文化传承，① 关系到公民认同和国家认同。② 简言之，教育发展状况是衡量社会进步的重要标准。

影响教育发展的因素很多，近年来，自然资源对教育的消极影响就备受关注。1983 年上等冬虫夏草的价格约 300 元/千克，1990 年左右涨至平均 1000 元/千克，到 2007 年每千克 2000 条规格的冬虫夏草高达 20 万元/千克。③ 冬虫夏草成为"准黄金"。媒体和舆论开始批评，采挖冬虫夏草不仅导致不合理的消费方式、生态破坏与牧业发展迟滞等，也直接引起民众对义务教育缺乏重视等问题。对于部分批评者而言，部分虫草主产区地方政府在虫草采挖季节专门放"虫草假"的做法更难以忍受。一些极端案例给人的直观感受是虫草采集比青少年接受教育更为重要。如 2014 年那曲地区区直各学校共计学生 13942 人，其中虫草产区学生 8729 人，虫草采集期间家长强制带走学生 806 人、转学学生 724 人，占虫草产区总学生人数的 10.97%。④ 由此，冬虫夏草成为"资源诅咒"的典范，即自然资源是引起民众教育不重视的关键原因。虫草主产区基层政府也陷入尴尬境地：冬虫夏草收入可以迅速增加农牧民收入，帮助其摆脱贫困和欠发展的状况；但冬虫夏草收入是教育发展的障碍，而教育发展是经济长期增长和社会进步的重要条件。事实究竟如何？问题全在自然资源吗？对这一问题的讨论不仅关系到对待冬虫夏草的审慎态度，也关系到民族地区教育发展和经济发展路径选择。

二、文献研究

自然资源与教育发展的关系需要回到"资源诅咒"的话题。从亚当·斯密到 20 世纪 80 年代，研究者基本主张自然资源为经济发展提供必要的资本原始积累。但随后经验研究发现，一些自然资源富足的国家反而遭遇长期的经济迟滞和社会停滞，如 1988 年 Gelb 对石油国家的经济状况的描述。⑤ Auty 随后提出"资源诅咒"（resource curse）概念，⑥ Sachs 等进一步以截面数据提供了经验证据支持。⑦ 但"资源诅咒"并非没有争议，诸多研究者进行了批评。恰是这些争论，深化了"资源诅咒"的讨论，也开启了自然资源与经济增长、政治发展和政治冲突三方面关系研究。⑧ 其中，诸多争论将"资源诅咒"与族群问

---

① 曹能秀、王凌：《少数民族地区的学校教育和民族文化传承》，《云南师范大学学报（哲学社会科学版）》2007 年第 2 期；王希恩：《论中国少数民族传统文化现状及其走向》，《民族研究》2000 年第 6 期。
② 贺金瑞、燕继荣：《论从民族认同到国家认同》，《中央民族大学学报》2008 年第 3 期；胡鞍钢、温军：《社会发展优先：西部民族地区新的追赶战略》，《民族研究》2001 年第 3 期；贺东航、谢伟民：《中国国家认同的历程与制约因素》，《马克思主义与现实》2012 年第 4 期。
③ 《一个"中国式"骗局的始终：冬虫夏草被食药监踢出保健圈》，《凤凰东方财经》2018 年 5 月 23 日，https://www.sohu.com/a/232645735_499180，访问日期：2020 年 3 月 25 日。
④ 孟亚伟：《西藏自治区 A 县虫草因素引发相关问题的思考》，《黑龙江民族丛刊》2015 年第 3 期。
⑤ Alan H. Gelb. Oil Windfalls: Blessing or Curse?, Oxford University Press, 1988.
⑥ Richard Auty. Sustaining Development in Mineral Economies: The Resource Curse Thesis, Routledge, 1993.
⑦ Jeffrey D. Sachs and Andrew M. Warner, The Curse of Natural Resources, *European Economic Review*, Vol. 45, No. 4-6 (2001): 827-838.
⑧ Michael L. Ross, What Do We Know about Natural Resources and Civil War?, *Journal of Peace Research*, Vol. 41, No. 3 (2004): 337-56. Nikolaos Antonakakis, etc, Oil dependence, quality of political institutions and economic growth. A panel VAR approach, Resources Policy, No. 53 (2017): 147-163; Stephen Haber and Victor Menaldo, Do Natural Resources Fuel Authoritarianism? A Reappraisal of the Resource Curse. American Political Science Review, Vol. 105, No. 1 (2011): 1-26.

题、国内冲突问题关联。① 甚至有研究者提出，并非族群、多元宗教导致冲突与内战，而是有利于内战的经济社会条件，自然资源就是这些条件中的重要方面。② 有趣的是，在关注具体的机制时，教育是重要的中间变量，从而开启自然资源和教育发展的关系研究。

在具体讨论自然资源与教育发展关系时，需要首先讨论自然资源是什么。早期的方法是采用初级产品出口比重来衡量自然资源依赖程度。③ 随后，研究者提出应该区分是否属于可开采性的、是否可再生、是定点的还是分散的。不同资源属性有不同的经济、社会和政治后果，甚至资源预期产量和已有储量、资源丰富程度和依赖程度的影响效果也不同。④ 因为，只有容易获得的（lootability）自然资源才会引起"资源诅咒"，从而资源开采方式也非常重要。⑤ 政治生态学家则以资源的分散还是集中、资源离城市的远近作为标准，区分了四种类型的资源，对应四种不同的政治冲突类型。如点资源且离城市较近更容易导致内战，完全相反则更容易发生军阀割据问题。⑥ 钻石和石油则有特殊性，易拾取的钻石导致小规模的冲突，但石油和矿藏类钻石则有利于扩大国家收入和公共开支，但后者成立的前提是良好的制度。⑦ 以上述逻辑，冬虫夏草与分散拾取的钻石、宝石在资源属性上类似，是"资源诅咒"的典型自然资源。

在自然资源和教育发展关系上，"资源诅咒"认为高价值自然资源增加民众收入和提升消费能力的同时，降低民众教育投资的积极性。典型体现为自然资源收入占国民收入的比重与中学入学率、女性预期受教育年限以及政府教育支出是负相关关系，⑧ 或者资源收入占比与中学毕业率、青年识字率是负相关关系。但也有研究者提出相反的结论，如自然资源对教育投资有积极作用，每一美元的资源租增加每年5%的额外教育支出。⑨ 或者总体来讲自然资源与人力资本或者物质资本都没有显著的关系，但石油资源增加基础设施投资、降低人力资本投资。⑩ 事实上，早有研究提醒需要区分资源的直接影响和欠发达国家的自身特征。"资源诅咒"往往出现在发展中国家而非发达国家或成熟的民主国家。此后研究发现自然资源对

---

① Paul Collier and Anke Hoeffler, On Economic Causes of Civil War, *Oxford Economic Papers*, Vol. 50, No. 4 (1998): 563—750; Paul Collier and Anke Hoeffler, Greed and Grievance in Civil War, *Oxford Economic Papers*, Vol. 56, No. 4 (2004): 563—595Macartan Humphreys, Natural resources, conflict, and conflict resolution, Journal of Conflict Resolution, Vol. 49, No. 4 (2005): 508—537.

② James D. Fearon and David D. Laitin, Ethnicity, Insurgency, and Civil War, *American Political Science Review*, Vol. 1 (2003): 75—90.

③ Jeffrey D. Sachs and Andrew M. Warner, The Curse of Natural Resources, *European Economic Review*, Vol. 45, No. 4—6 (2001): 827—838.

④ Christa Brunnschweiler and Erwin Bulte, Natural Resources and Violent Conflict resource: Abundance, Dependence, and the Onset of Civil Wars, *Oxford Economic Papers*, Vol. 61, No. 4 (2009): 651—674; Cullen S Hendrix, Measuring state capacity: Theoretical and empirical implications for the study of civil conflict, *Journal of Peace Research*, Vol. 47, No. 3 (2010): 273—285.

⑤ Richard Snyder and Ravi Bhavnani, Diamonds Blood and Taxes, *Journal of Conflict Resolution*, Vol. 49, No. 4 (2005): 563—597.

⑥ Philippe Le Billon, The Political Ecology of War: Natural Resources and Armed Conflicts, *Political Geography*, Vol. 20, No. 5 (2001): 561—584.

⑦ Päivi LujalaNils Petter Gleditsch and Elisabeth Gilmore, A Diamond Curse? Civil War and a Lootable Resource, *Journal of Conflict Resolution*, Vol. 49, No. 4 (2005): 538—562.

⑧ Thorvaldur Gylfason, Natural Resources, Education, and Economic Development, *European Economic Review*, Vol. 45 No. 4—6 (2001): 847—859.

⑨ Jean-Philippe Stijns,, Natural Resource Abundance and Human Capital Accumulation, *SSRN Electronic Journal*, 2001.

⑩ Luisa Blanco and Robin Grier, Natural Resource Dependence and the Accumulation of Physical and Human Capital in Latin America, *Resources Policy*, Vol. 37, No. 3 (2012): 281—295.

教育支出比重的影响依赖于点资源（point-source natural resource）和政府的回应能力以及制度作用。[1] 因此，制度重要。不是自然资源本身，而是国家治理能力决定自然资源究竟发挥积极还是消极作用。在诸多国家，丰富的自然资源并没有带来经济停滞和冲突与内战。

仔细对比这些文献，自然资源与教育发展的关系实际主要通过两个途径：个人和政府。对于个人而言，高价值资源增加民众的当前消费，夸大预期收入能力，降低了长期教育投资的积极性。对于政府而言，高额资源收入提高了政府的收入预期，降低政府获取其他税收的激励，进而忽视人力资本投资，导致教育投资投入不足。但这一影响依赖于自然资源所处的制度环境。

尽管强调制度重要，但仍有诸多挑战：其一，既有研究主要使用国家层面的面板数据或者仅仅横截面数据来检验"资源诅咒"的基本假设，忽视了自然资源往往是分布在特定区域的基本事实。因而，简单以是否存在竞争选举将国家制度区分为专制还是民主，无法掌握自然和教育发展之间具体因果机制。无法掌握资源与教育发展之间的具体因果机制。其二，以国家作为分析单元，忽视了负责区域管理的地方政府的行为以及其与中央政府的关系，假定了国家是一个完整的一致行动的主体。其三，既有定量讨论主要测量的资源属性，忽视同一自然资源价格不同时期有巨大的变化，正是这一变化为检验"资源诅咒"理论提供了有效的分析工具。

三、研究方法与基本假设

基于以上讨论，本研究采取单案例研究，并在可能的情况下进行横向比较。之所以主要采取单案例研究，一方面在于"资源诅咒"研究中案例研究是缺乏的，[2] 另一方面在于单案例研究对解决上述缺陷有诸多帮助。其一，单案例研究以自然资源的区域作为分析对象，可以更有效描述资源所处社会环境的特征；其二，以资源所处区域作为分析单位可以更好观察国家政策的影响以及中央和地方关系，而非简单将制度归结为民主或专制；其三，这里采取单案例的历史比较可以有效解决既有研究面临的反向因果问题。通过对单一案例进行纵向比较，可以有效控制诸多难以发现的缺失变量。尽管强调定量研究常常批评单案例研究无法解决代表性问题，但案例研究本身强调的典型性而非代表性。[3] 同时，本研究在可能情况下进行横向比较有助于扩展这一分析结论。

本文主要以冬虫夏草主产区西藏自治区 A 县为案例。上文已经提及，冬虫夏草价格攀升主要发生在20 世纪 90 年代后期和 21 世纪头几年，尤其是 2002—2007 年期间，价格从 1.5 万元/千克抬升到 18 万元/千克左右。2008 年，由于金融危机影响价格下挫，但 2011 年因产量减少又大幅上涨，3600 条/千克（衡量虫草大小的一种方式）规格的虫草达到 21 万元/千克。2011 年后，冬虫夏草价格趋于平稳，并在 2 万元/千克的价格区间内正常波动。[4] 官方估计，西藏冬虫夏草蕴藏量 65—70 吨，以 2011 年统货（不区分

---

[1] Cockx, Lara, and Nathalie Francken, Natural Resources a curse on Education Spending?, *Energy Policy*, (2016): 394-408.
[2] Lara Cockx and Nathalie Francken, What Do We Know about Natural Resources and Civil War?, *Journal of Peace Research*, Vol. 41, No. 3 (2014): 337-356; Smith, Benjamin, Resource Wealth as Rent Leverage Rethinking the Oil-stability Nexus, *Conflict Management and Peace Science*, Vol. 34, No. 6 (2015): 597-617.
[3] 加里·格尔茨詹姆斯·马奥尼：《两种传承：社会科学中的定性与定量研究》，上海人民出版社，2016 年。
[4] 相当于每克 20 元的价格波动。行业内部人士认为，这一价格波动属于市场波动的正常现象。

新收购虫草的大小、颜色、产地、质量等因素）的平均价格10万元/千克计算，冬虫夏草的产值应该在65亿—70亿元。在极高的价格刺激下，大批农牧民开始采集冬虫夏草赚取收入。早在2004年，罗绒战堆就估计A县人均虫草收入达到2345元，农牧民收入的83%来自冬虫夏草。① 由此，"在虫草的作用下，以此区域的3个国家级贫困县（A县包括在内）的脱贫致富为标志，长期形成的西藏贫困格局已发生历史性的变化，过去贫困人口比例最大、贫困区域最集中的'主贫困带'已经悄然退出历史舞台。与之相对应的是，地处西藏西南区域的以定日、定结等县为代表的'次贫困带'已经成为今后攻坚的重点和难点"。因此，根据冬虫夏草价格情况可以大致以2002年和2010年左右分为三个阶段：价格攀升前期、价格快速攀升期、价格平稳期。

国家一直高度重视西藏教育发展情况。从20世纪50年代开始，教育支出就与行政管理费、基础设施建设费成为西藏地方政府支出的三大主要领域。20世纪80年代，国家开始在西藏实施教育"三包"政策。② 但直接影响教育发展指标的政策与从1995年开始实施的"两基"评估验收有密切关系。③ 1995年开始，国家大力推进西藏义务教育落实进度。到2002年，实现"普六"的县从1995年的11个增加到44个，人口覆盖率从22%增加到62.84%；实现"普九"的县从0增加到5个，人口覆盖率达到10.27%。④ "两基"评估验收取得重大进展，但任务仍然艰巨。2003年，《国务院关于进一步加强农村教育工作的决定》出台，提出进一步实现西部地区"两基"目标，并制定《国家西部地区"两基"攻坚计划（2004—2007年）》。2004年，西藏自治区出台《关于进一步加强我区中小学"控辍保学"工作的意见》（藏教基〔2004〕36号），提出实行在自治区人民政府统一管理下，分级办学，分级管理，以地县为主的管理体制，组织适龄儿童少年入学，控制学生流失，保证所有学生受完九年义务教育。

《意见》提出入学率、校舍、师资等硬指标上必须满足国家"两基"验收的标准。县、乡人民政府将控制中小学生辍学工作纳入工作日程，建立"双线控辍工作目标责任制"，各县在每月20日前将本县中小学生到位情况（分学校和汇总情况）上报给地（市）教育局，全面实施控辍保学四书制。⑤ 自治区成立了以自治区党委、自治区人民政府一把手分别担任组长和常务副组长，政府分管副主席任副组长，各有关厅（委），各地（市）主要负责人为成员的高规格的自治区"两基"攻坚领导小组。地（市）、县、乡均相应成立了由党委、政府一把手分别任正副组长的"两基"攻坚领导小组。⑥ 可见重视程度大大提升。2007年，"普六"县由2003年的55个县增加到72个，"普六"人口覆盖率由2003年的79.6%提高到99.4%。A县实现基本普及六年义务教育目标，但"普九"任务仍然是教育发展的中心任务。2007年，国家全部免除西藏中小学生学杂费，西藏成为全国第一个实施免费义务教育的地方。但也提出，到2009年，"普

---

① 罗绒战堆达瓦次仁：《西藏虫草资源及其对农牧民收入影响的研究报告》，《中国藏学》2006年第2期。
② 国家对西藏自治区公办重点中小学义务教育阶段的农牧民学生实行包吃、包住和包基本学习费用。"三包"政策从最初的小学6年已经扩展到幼儿园、小学、初中和高中阶段15年义务教育阶段。
③ "两基"是基本实施九年义务教育和基本扫除青壮年文盲的简称。
④ 《"国家贫困地区义务教育工程"在西藏"开花结果"》，《新华网》，2002年6月22日，http://news.sina.com.cn/c/2002-06-12/1738603358.html，访问日期：2021年2月2日。
⑤ 《升学有基础 回乡能致富——西藏"两基"攻坚实施"控辍保学"专题报告》，中华人民共和国教育部官方网站，2007年11月5日，http://www.moe.edu.cn/jyb_xwfb/xw_fbh/moe_2069/moe_2095/moe_2100/moe_1851/tnull_29176.html，访问日期：2021年8月11日、20日。
⑥ 《西藏"十五"期间普及九年义务教育公报》，西藏自治区教育督导委员会，2006年12月22日，http://info.edu.hc360.com/2006/12/220900105614.shtml，访问日期：2021年9月17日。

九"和"扫盲"任务要全面完成。① 2009年，A县完成国家规定的"普六"和"普九"任务。因此，可以根据教育政策的重要时间节点1995年、2004年和2009年三个年份，将20世纪80年代以来西藏教育发展历程划分为四个阶段（如图1所示）。后两个时间节点大致与冬虫夏草价格阶段性变动的时间节点相重合。这对分析因果关系有一定难度，但现实的情况是：恰好时间点的相互重叠，虫草的消极意义与教育政策落实的积极意义得到更明显的比对。

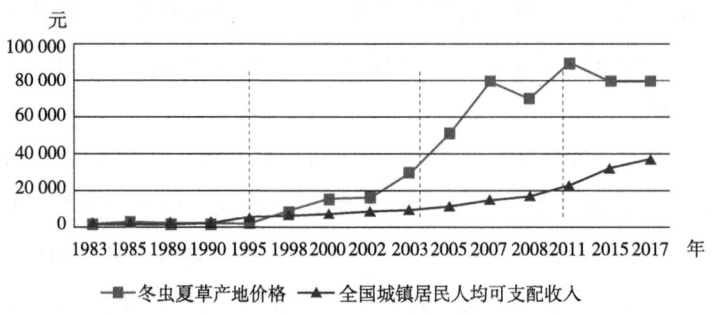

图1 西藏冬虫夏草产地价格与全国城镇居民人均可支配收入

结合已有研究，本研究在考察教育重视程度时，主要考察政府重视程度和民众重视程度。政府重视程度以教育支出占国民经济的比重作为观察点。考虑到县级层面GDP数据部分年度缺失，这里以教育支出占财政支出比重进行替代。民众重视程度以中小学入学率和中小学辍学率作为观察点。由于是单案例研究，县级总人口规模短期内变化不大，所以部分地方直接以中小学生在校生数量作为观察点，这样便于前后历史比较。识字率和文盲率是很好的指标，但这里没有公开的数据。根据前文划分的阶段，结合既有的理论，可以做出如下假设：

第一阶段，20世纪80年代至2003年。这一时期，冬虫夏草价格开始攀升，尽管在20世纪90年代中期达到每千克数千元。但此时冬虫夏草对于半农半牧区传统社会的冲击仍然较小，② 冬虫夏草并没有取代传统牧业成为收入的主要来源。同时，1995年国家开始推进"两基"评估验收工作，但总体的推进力度相比2004年之后明显较弱。因此，这一阶段，影响民众教育重视程度的因素很大程度上仍然是传统的生产方式如放牧、农耕等对劳动力的需求以及传统的文化观念。③ 因此，这一阶段可以作为参照阶段。既然国家大力推进解决教育不重视的问题，就可以假设：中小学入学率保持较低水平，辍学率有较高水平。在政府重视程度一面，由于西藏教育关系重大，地方政府教育投资比重较高且至少保持一定的增速。

第二阶段，2004—2010年。冬虫夏草价格快速攀升，根据"资源诅咒"的逻辑，教育不重视程度应该迅速增加。政府层面，2005年左右A县平均每个农牧民每年冬虫夏草采集收入至少5万元左右，而且当时基层公务员工资一年平均不足3万元。同时，县级地方政府长期依赖于国家财政补贴。因而，无论是就官员个人还是基层政府而言，都有通过征收冬虫夏草资源税的强烈预期。国内学者研究发现，我国公共政策执行过程中仍然存在政策执行阻滞的现象，体现为政策变通、政策执行偏离等，尤其是中央政策

---

① 《"人的全面发展"折射西藏历史进步》，新华网，2010年3月27日，http://news.sohu.com/20100327/n271139710.shtml，访问日期：2021年8月12日。
② 西藏自治区冬虫夏草主产区主要分布于那曲地区、昌都地区的半农半牧区，地理交通不便。直到2003年左右，大规模的冬虫夏草采集才开始出现，因此农牧民冬虫夏草采集行为对价格反应较为迟缓。
③ 范长风：《冬虫夏草产地的政治和文化传导——阿尼玛卿山虫草社会的经济人类学研究》，《西藏研究》2015年第2期；范长风：《青藏地区冬虫夏草的经济形态和文化变迁》，《民俗研究》2016年第1期；梁雅茜：《虫草、藏药与西藏的全球化》，《文化纵横》2012年第2期。

与基层政府自身利益不太一致时。为此，中央屡次强调加强政策执行力度，不断增强督察、检查和巡视巡查等力度。[①] 然而，国家对西藏的教育政策支出很大程度上是专项转移支付，因而降低了自由裁量。加上这一时期，为争夺冬虫夏草资源发生了严重的群体性事件，以及对西藏在维护社会稳定上的战略定位，基层政府实际很难对冬虫夏草征税。冬虫夏草采集方式的分散性也使得征税比较困难。[②] 如果考虑到2004年后国家进一步强化了"普六"尤其是"普九"在A县的实施，中小学辍学率应该迅速下降，入学率应迅速上升。因此，如果是政策因素的影响较大，则可以假设：教育支出仍然保持持续增长；中小学辍学率下降，入学率提升。如果是虫草收入的消极影响较大，则可以假设：中小学辍学率较高，入学率较低。随着价格攀升保持增长，辍学率应持续增长或至少保持高位，入学率应持续下降或至少保持低位。同时，政府的教育支出下降或出现波动。

第三阶段，2011年—至今。冬虫夏草价格基本稳定且保持高位，按照"资源诅咒"逻辑，教育不重视程度应非常严重。因此，第二阶段的假设在第三阶段仍然适用。

本研究数据主要来源于A县教育局提供的年度汇报材料，基本是内部汇报材料，数据可靠性较高。同时，年度汇报材料的基本结论是冬虫夏草极大地影响了教学秩序，敢于揭示政府管理自身面临的问题，也能一定程度上说明数据的质量。尽管如此，我们仍然可以发现数据的不一致性。2014年西藏自治区统计局和国家统计局西藏调查总队2014年12月内部出版的《西藏县情概览（2010—2013）》提供了进行横向比较的可能。尽管可能存在数据偏差，但本文以西藏自治区那曲地区11个县（区）为例，对6个虫草县和5个非虫草县进行比较，降低了可能存在数据偏差导致的问题。

四、案例分析

（一）教育投入主要指标

图2提供了2011—2015年A县和那曲县的冬虫夏草产量情况，A县是主产区县，年冬虫夏草采集产量0.6万—1.2万公斤。那曲县年采集量为0.15万—0.5万公斤。尽管1993—2015年，冬虫夏草价格攀升可能导致更多采集者进入而增加产量，但冬虫夏草资源目前主要是天然生长，所以即使有增长，但资源储量基本稳定。因此，可以用2011—2015年数据简单说明A县属于明显的主产区县，那曲县则属于非主产区县。逻辑上，A县政府教育投入比重应该更低，且随着冬虫夏草价格快速上升政府教育支出应该有所变动。同时，那曲县属于那曲地区所在地，逻辑上更多的城市人口和民众对教育的重视程度更高，教育支出占比应该更高。

[①] 丁煌：《我国现阶段政策执行阻滞及其防治对策的制度分析》，《政治学研究》2002年第1期；刘骥、熊彩：《解释政策变通：运动式治理中的条块关系》，《公共行政评论》2015年第6期。

[②] 对冬虫夏草征税需要专门讨论，涉及国家、基层政府与民众的博弈。2006年，自治区出台《西藏自治区冬虫夏草采集管理暂行办法》，规定农牧民采冬虫夏草需办理采集证，并缴纳植被恢复费，但直到2014年后才真正认真执行。2009年自治区出台《西藏自治区冬虫夏草交易管理暂行办法》提出对虫草交易发放收购许可证，收购许可证的办理基本在1000元/年左右，但也是部分执行。

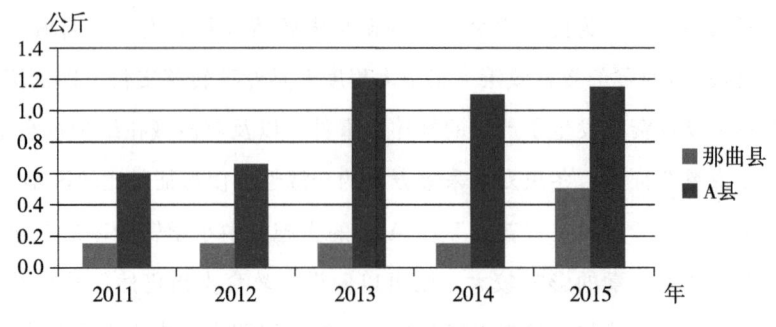

图 2　那曲县与 A 县冬虫夏草产量比较

但从表 1 来看，A 县与那曲县在教育支出占财政支出比重上没有实质性差别，甚至 A 县教育支出占财政总支出比重在 1994—2004 年都要高于那曲县。1993 年 A 县教育支出比重很低，占财政总支出的 6.7%，那曲县的 38.5%。当年，A 县财政总支出仅仅 30 万元，财力不足是关键原因。1994 年，A 县财政总支出增加到 918 万元，可见国家财政补贴的地位，当年教育支出占比陡然提高到 32.1%。此后 1997—1999 年占比在 20% 以下，但此后到 2007 年占比都在 22% 左右。相反，那曲县仅 2005—2007 年占比略高于 A 县。因此，A 县政府教育支出比重根本不受冬虫夏草价格的影响，基层政府根本没有冬虫夏草资源收入。既有关于国家攫取"资源租"的假设这里根本不成立。

表 1　A 县与那曲县教育和财政支出对比①

年份	教育支出/万元		财政总支出/万元		教育支出占财政总支出比重/%	
	A 县	那曲	A 县	那曲	A 县	那曲
1993	2	5	30	13	6.7	38.5
1994	295	206	918	1069	32.1	19.3
1995	289	316	905	1267	31.9	24.9
1996	307	251	1482	1979	20.7	12.7
1997	248	223	1515	1665	16.4	13.4
1998	230	221	1300	2001	17.7	11.0
1999	295	349	1512	2343	19.5	14.9
2000	362	381	1715	2671	21.1	14.3
2001	518	703	2402	3827	21.6	18.4
2002	774	933	3295	5316	23.5	17.6
2003	927	1220	3617	5946	25.6	20.5
2004	896	1488	4188	7526	21.4	19.8
2005	1159	2249	5150	8390	22.5	26.8
2006	1211	2281	5381	8888	22.5	25.7
2007	2316	4166	8888	15580	26.1	26.7

---

① 数据来源于全国地市县财政统计资料（1994—2008 年）。1993－1995 年"教育支出"以文教卫生费替代。1996 年开始，全国地市县统计资料提供了教育事业费指标，2003 年开始改为教育支出指标。

（二） 教育发展主要指标

上文已经提及，20 世纪 80 年代到 2003 年左右，中小学入学率应保持较低水平，辍学率有较高水平。从图 3 可以看到，1980—1993 年，A 县小学在校生人数仅 259 人，1984 年增加到 365 人，1992 年 1048 人。1995 年则达到 3025 人。小学在校生数量快速增加，可以看到国家"两基"政策的巨大影响。但 1995—1999 年，小学生在校生数量小幅下降，一方面可能来自冬虫夏草的消极影响，这一时期冬虫夏草价格快速增长；另一方面可能来自对国家政策的反弹。中学在校生 1988 年 84 人，1989 年 147 人，1995 年 168 人，2000 年 162 人。这与这一时期"两基"政策注重小学有密切关系，中学在校生人数在 1995 年后并没迅速增加。内地西藏班人数与西藏班招生政策有很大关系，这里仅作为参考。1985—2002 年的大部分年份 A 县内地西藏班人数不足 10 人。这一阶段，教育发展总体水平较低，传统的农牧业生产方式以及文化传统有很大影响，但"两基"对小学在校生的影响非常明显。

2003—2010 年，冬虫夏草价格快速攀升。① 由于小学生和中学生是冬虫夏草采挖的能手，按道理这时期辍学率应该快速并达到很高的水平，入学率保持极低水平且明显下降。值得注意的是，图 3 中 2001—2009 年小学在校生人数数据缺失严重，一种可能是假设成立，因而不便公开。一种是没有太大的变化。但从表 2 可以看到，小学生毛入学率从 2003—2004 学年的 71% 增加到 2008—2009 学年的 98.7%。因此，仍然是"两基"政策作用明显，第一种假设不太成立。但表 2 显示 2009—2010 学年小学生在校生数 6434 人，图 1 中是 4098 人。

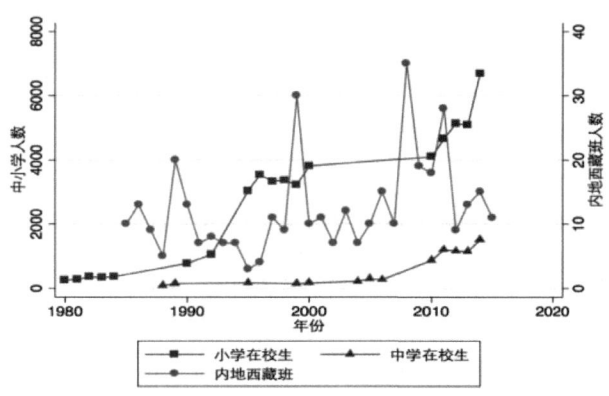

图 3　A 县 1980－2015 年小学生、中学生在校生人数和内地西藏班录取人数

中学生在校生数量在 2004 年后也快速增加。2004 年，中学生在校生数增加到 219 人，2006 年 266 人，但 2010 人增加到 869 人。中学生毛入学率 2005—2006 学年仅 13%，2008—2009 学年迅速增加到 90.1%。国家政策对中小学生毛入学率有关键性的影响，可以推测 2004 年自治区出台"控辍保学"意见后，2005 年的统计发现 A 县所属的那曲地区尚无一县完成"普九"任务。从而，那曲地区加大了实施力度。对比中学生在校生数量和小学生毕业数量，可以发现"两基"评估虽取得很大成绩，但 2010 年仍有

---

① 本文冬虫夏草单价以那曲冬虫夏草进行测度，测度单位为每斤约 1500 条冬虫夏草。

大约3000名小学生未进入中学。因此，冬虫夏草的消极影响以及传统生产和文化的影响仍然非常大。

表2　A县2003—2011学年在校生和毛入学率

年级	学年	在校生/人	毛入学率/%	学年	在校生/人	毛入学率/%
小学	2003—2004学年	4506	71.0	2008—2009学年	6420	98.7
	2004—2005学年	4915	81.3	2009—2010学年	6434	99.6
	2005—2006学年	5850	—	2010—2011学年	6551	99.7
中学	2003—2004学年	324	11.0	2008—2009学年	2890	90.1
	2004—2005学年	304	12.0	2009—2010学年	3003	91.0
	2005—2006学年	340	13.0	2010—2011学年	3099	93.3

资料来源：内部报告：《A县教体局近年教育事业统计分析报告（2002—2011）》。

研究者可能质疑这种验收评估政策的临时效果。图4提供了小学各年级在校生比重，可以看到在校生分年级结构逐步合理化。2005年县小学一、二、三低年级在校生占比75%左右，四、五、六高年级比重占25%，可以看到辍学率很高。此后，各年级占小学生总人数比重逐渐收敛。到2009年四、五、六高年级在校生比重大大上升，各年级比重基本均衡在15%—20%之间。2010—2011学年，小学在校生6076人，其中一年级1233人、二年级1217人、三年级1031人、四年级859人、五年级704人、六年级1032人。因此，从小学生在校生比重来看，政策效应在2006年后越来越凸显积极效果。

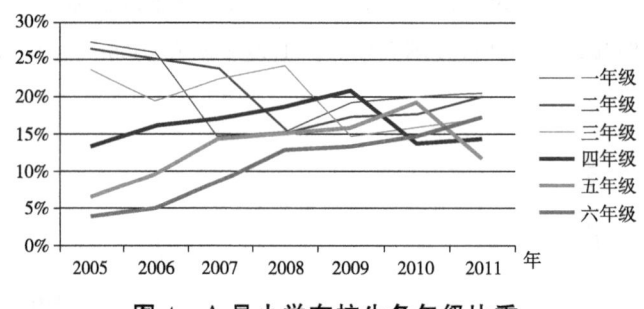

图4　A县小学在校生各年级比重

中学生在校生比重的变动能够更好地看到政策因素与冬虫夏草资源收入的差异影响。图5显示：2007年前，A县中学生在校生各年级比重均衡但总人数较少。2007年后，由于大力提高中学生入学率，初一学生的比重大幅上升，在2008年占比达到67.86%。但初一学生比重的增加和初二、初三的比重很低，很大程度说明此时冬虫夏草对农牧民教育重视程度的消极影响。2010年开始，初中三个年级的在校生人数基本达到均衡结构，收敛在30%左右。与2005年前不同的是，此时初中在校生不仅结构均衡合理，而且人数有了大幅增加。2010—2011学年，中学在校生2594人，其中初一891人，初二791人，初三912人。

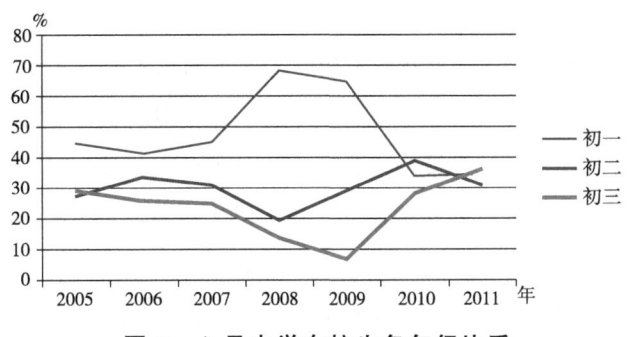

图 5　A 县中学在校生各年级比重

2010 年后，冬虫夏草价格基本稳定在 70000 元/斤左右。冬虫夏草的收入效应仍然非常明显，其对农牧民教育重视程度的消极影响仍不可低估。图 1 可见，2010—2013 年，中学在校生在经过政策干预后轻微减少，类似小学在校生数量在 1997—1999 年的回调。2014 年，A 县进一步加强入学率的维控，又明显提高了中学在校生数量。

尽管存在反复，但教育政策的长期效果已经逐步展现出来。政府报告中也提到，"2008—2012 年，A 县'两基'攻坚和国检期间，各乡镇党委政府最头疼的是入学率问题。2012 年后，政府需要面对的是入学人数井喷式增长，农牧民群众渴望送孩子入学而彻夜排队而产生的师资紧缺、教学用房紧缺的问题"（见表 2）。① 2014 年，A 县小学在校生数量也突破 6000 人，占户籍总人口的 10% 以上。作者在 A 县调研期刊，也了解到越来越多的家长将子女送往地区上学和拉萨上学，尤其是初中开始后到拉萨市或那曲地区上学已经成为潮流。在丁青县，"2010 年就有 500 多户移居拉萨，主要目的是孩子能接受更好的教育"。② 也有相应的访谈对象提及，"我现在有些后悔没有读书。自己开车，不读书没文化，做生意不行。政府工作稳定，我们现在每年挖，但政府可以一辈子。他们现在有钱都送到拉萨和那曲（地区）来"③。尽管基层政府仍在抱怨，但事实上民众的教育重视程度已经发生了巨大的转变。

值得指出的是，这一成果不仅与"两基"评估验收、教育"三包"政策有关，还可能与西藏自治区 2011 年推行"西藏籍大学毕业生全就业"政策有关。④ 在农牧民眼中，这一政策意味着只要上完大学就能够在党政部门和国有企业事业单位获得一份体面的工作。这一政策的效果需要更专门的讨论。

五、结论

"资源诅咒"提出后，科利尔等在世界银行发表报告提出"并非族群或宗教，而是一国自然资源依赖程度"导致社会冲突如内战、族群冲突，并开出具体处方，引起强烈反响。⑤ 国内研究也有将贵州瓮安事

---

① 白继威：《虫草资源对县域教育工作的影响》（未刊稿），A 县教育局，2015 年 7 月 13 日。
② 罗绒战堆教授访谈，2016 年 7 月 31 日。
③ A 县私家车司机访谈，2016 年 8 月 12 日。
④ 姚瑞峰：《大力实施积极就业政策　实现西藏籍大学毕业生全就业》，《西藏日报（汉）》2012 年 4 月 21 日。
⑤ Paul Collier and Anke Hoeffler, On Economic Causes of Civil War, *Oxford Economic Papers*, Vol. 50, No. 4 (1998). 563–573.

件的发生归结到煤炭资源问题而非政府的应对政策。[①]

但与既有"资源诅咒"简单强调资源对于教育发展的消极影响不同,本文提出政府的政策更为重要。冬虫夏草资源在一段时间确实对教育发展有不利影响,但国家的教育政策的实施极大地抑制了其消极后果。不仅如此,将虫草资源和国家教育政策的互动放在更长的时间线索下会发现,国家教育政策的实施和引导不仅抑制了虫草资源对教育重视的消极影响,还促进了虫草资源对教育的积极意义。当下,虫草收入是民众进一步投资教育的重要支撑。当然,本研究没有区分冬虫夏草资源的影响和农牧民原有生产方式和文化观念的影响,因而还可能夸大自然资源对教育发展的负面后果。因此,资源并不能成为问责的对象,解决民族地区教育发展问题还需高度重视政策本身的质量和实施过程。

当然,地方政府选择何种政策可能仍然受到"资源租"的影响。贵州瓮安县级地方政府为快速获得"资源租"而忽视了社会发展目标和社会公平。但这一讨论假定了地方政府为寻求经济短期激励而牺牲社会稳定目标。事实上,治国先治边,治边先稳藏。国家对西藏的战略定位决定了西藏县级政府对是否征收资源税相当审慎,A县的选择是:直到2016年,县级政府并没有征收实质意义上的资源税,[②] 其财政支出仍主要来自国家财政补贴。因此,"资源诅咒"强调的"条件论"或"制度论"仍然可以解释本文的现象,但区别在于不是既有研究强调的政体性质、产权形式、选举特征或宪政水平等,而是中央政府或上级政府的政策非常重要。这里,国家对西藏的战略定位,以及国家教育政策和财政政策明显限制了A县政府在面对资源价值上升时的具体行为。这是新时代党中央治边稳藏战略的重要治理意义。

最后,本研究也有扩展意义。西藏74个县区就有50多个县分布有冬虫夏草资源,青海省和四川省也有相当大的面积分布冬虫夏草资源,而国家在民族地区推进的"两基"评估又是统一的政策。因此,本研究还可以进一步在其他县域进行检验。不仅冬虫夏草,我国西部少数民族地区有丰富的自然资源,如新疆维吾尔自治区南部的石油、贵州的煤炭、四川西部的钢铁和铜矿、内蒙古自治区的煤铁资源等。恰好,上述民族地区教育发展仍然面临挑战。因此,本文的启发在于:究竟是怪罪于自然资源还是更要重视政策因素。

[①] Jing Vivian Zhan, Natural Resources, Local Governance and Social Instabilitya Comparison of Two Counties in China, *The China Quarterly*, Vol. 213, pp. 78—100.
[②] 2008—2015年,县级地方政府征收草原植被恢复费,并非税收。同时,草原植被恢复费的70%左右返还给农牧民。县级地方政府未从中获得任何收入。

Does Cordyceps sinensis Hinder Educational Development in Ethnic Minority Areas? A Case Study of County A, Nagqu City, Tibet

Xie Weimin　Wu Chunbao

Abstract: Education plays a crucial role in the economic and social development and political stability of ethnic minority areas. However, the development of education in these areas is influenced by various factors. A prevailing view suggests that residents in resource-rich regions tend to undervalue education, and that government investment in education is insufficient. Taking County A in Nagqu City, Tibet Autonomous Region—a major production area of Cordyceps sinensis—as a case study, this research argues that while Cordyceps sinensis does have a negative impact on educational development, national education policies, particularly the "Three Guarantees Policy" (三包政策) and the "Universalization of Six-Year and Nine-Year Compulsory Education" (普六、普九), are more significant factors influencing residents' valuation of education and the level of educational investment by local governments. Local governments should guide educational development in resource-rich ethnic minority areas through policy interventions, and the media should not attribute the undervaluation of education solely to natural resources. This study also offers insights for analyzing educational development in other resource-rich ethnic minority areas.

Key words: Cordyceps sinensis; ethnic minority areas; educational development; resource curse

从分野走向弥合：咖啡与朱苦拉地方社会自我观念的建构

郭周卿*

摘　要　人类学视野下自我与他者的分野反映的是不同人群的思维逻辑和价值观念差异。笔者对我国唯一的百年咖啡林所在地云南省宾川县朱苦拉村进行考察研究，发现在历史进程中，身为"他者"的咖啡逐渐与朱苦拉地方社会原有的文化规制相融合，并成为其"自我观念"的一部分。研究认为自我与他者的界限并非固定不变，而是动态流动的"分野—弥合"过程，"物"在文化实践中也可以从"他者"转化为"自我"，最终自我观念的边界以"亲属称谓、社会关系、文化遗产"等多种形式得以扩展和延伸。

关键词　自我；他者；自我观念；边界延伸；分野与弥合

DOI：10.13835/b.eayn.31.17

分类观念有助于群体更清晰地认识自我与他者的界限，从而构建自我，区辨他者。个人乃至群体如何构建自我感觉与自我意识，学者有不同的研究侧重点，涉及社会事实、集体意识、情感表达、社会网络、传统惯习等因素。罗素·贝尔克沿袭了詹姆士的"自我"观点并重新审视了财产与自我感觉的关系，"一个人的自我是他能够称作是他的所有东西的总和，这不仅包括他的身体和心智能力，还包括他的衣物和房子、他的妻子和孩子、他的祖先和朋友，他的声誉和作品、他的土地以及他的游艇和银行账户"[1]。财产成为自我感觉的某种延伸。沿着这样的分析框架，个人的身体、心理、身份、品质、思想、社会关系等都属于自我感觉构建的一部分。吴兴帜对"滇越铁路"的研究，也认为财产既是自我存在的一种方式，也是自我的一种延伸，物作为自我身份的标识和延伸的手段，物从"客体"与变成"主体"，对人和社会继续发生影响。将滇越铁路看作地方社会的文化遗产，进而成为社会群体自我构建的一部分，并不断延伸自我的概念。[2]

咖啡传入中国消费与种植已逾百载，但咖啡并未发展成为中国人的主流饮品，咖啡无法代替茶对中国人传统生活方式的影响。学界关于茶和咖啡的研究已有很多成果，学者更多关注茶与咖啡背后的中西方嗜好习惯、思维方式的差异，对百年来咖啡在中国地方社会的本土化及意义重塑等研究尚显薄弱。对此，本文结合云南朱苦拉村百年咖啡种植及其消费的历史，探讨当地人是如何将"自我观念"的理解从个人层面扩展至地方社会群体层面的，进而揭示咖啡与中国地方社会的分野与弥合之来回摇摆的本质意涵。

---

*　郭周卿，四川省社会主义学院讲师，研究方向：民族民间文化遗产与保护。
[1]　孟悦、罗钢：《物质文化读本》，北京大学出版社，2008年，第112页。
[2]　吴兴帜：《延伸的平行线：滇越铁路与边民社会》，北京大学出版社，2012年，第26—31页。

一、咖啡与朱苦拉地方社会的"偶合"①

在饮食文化领域,"中国的茶"与"西洋的咖啡"构成鲜明对比,这种分野也延伸到咖啡种植领域。《中国大百科全书·农业卷》咖啡条中载,"咖啡于1884年引种到中国台湾省,1908年引种到海南省,以后相继引入云南、广西、福建等地种植"②。此种说法较为笼统,且不准确。尽管中国最早种植咖啡树的历史记载是在台湾,但据台湾学者韩怀宗论证,1884年台北三峡种植的咖啡树并未存活③,后经学者研究可基本确定1904年法国天主教传教士在中国云南省宾川县朱苦拉村种植的一棵咖啡树(已于1997年自然死亡)是我国最早成功引种的咖啡,至今已发展成为我国目前唯一的百年古咖啡林,朱苦拉也因此被纳入世界咖啡地图。

本文试图借用"偶合"的概念阐释咖啡与朱苦拉地方社会的全面对接,是历史事件与社会发展相统一的结果。目前,中国大陆咖啡主要产地集中在云南省临沧、德宏、保山、普洱等地州,这些种植基地从一开始引种便是朝着商业化市场化开发的目标发展,侧重咖啡的种植面积和产量的增加,但对当地民众而言,咖啡的种植、加工等依然是一种"外来的"经济林木,外来的知识技能和话语表达。朱苦拉自1904年咖啡成功引种至今已实现了从"外来物"向"本土物"的身份转变。百余年间,村民掌握了种植咖啡的经验、习得并传承了制作咖啡的工艺、养成了喝咖啡的生活习惯。过去的一个世纪里,朱苦拉每年产出的咖啡除了村民"自我消费"外,也会统一收购进行市场交易,在大集体时代,咖啡成为粮食短缺的重要补充,也是朱苦拉村的重要经济作物。但受到地理环境、村民观念等因素影响,更是受中国消费的社会大环境的影响,朱苦拉咖啡在相当长的时期内并未走向商业化发展之路。但在另一方面,我们看到的是咖啡逐渐与地方社会交融并嵌入村民日常生活中,成为朱苦拉地方社会自我观念建构的关键要素。

(一)自然生态环境偶合

1981年冬云南省热作所马锡晋到朱苦拉进行实地考察,并认定了朱苦拉百年咖啡的种性是阿拉比卡种的波邦和铁皮卡的混合种,此种咖啡被当地称作"老品种",经科学检验,此品种咖啡最宜在海拔1400—1800米的热带地区生长。④ 坐落于金沙江右岸支流渔泡江边的朱苦拉年平均气温26℃,海拔1450米,年降雨量580毫米,属于典型的干热河谷地带,非常适合种植阿拉比卡种咖啡。自然地理环境是咖啡能够在朱苦拉种植成功并繁衍生息的先决条件。至今没有确切资料也难以证明当初法国传教士是基于朱苦拉的地理环境、气候条件有意识引种还是纯粹因个人嗜好偶然将这一品种咖啡引进到朱苦拉来。但百年来引种的咖啡树依然在

---

① 偶合是一个多学科意义的概念,化学学科中的偶合是指芳伯胺的重氮盐与酚或芳胺等作用生成偶氮化合物的反应过程,还可以指核磁共振谱中峰的裂分现象。在汉语词汇中,偶合有"无意中恰巧相同或一致"之意,具体来讲还有四层内涵:一是相合,投合;二是结成配偶;三是偶然的机会;四是偶然相合或相同。本文中的"偶合"主要指第四种含义。
② 陈德新:《云南景颇弄贤咖啡早期引种史考》,《热带农业科学》2010年第3期。
③ 胡艺媛:《2017首届朱苦拉咖啡论坛口译报告》,2018年硕士学位论文。
④ 陈德新:《朱苦拉咖啡之旅》,云南人民出版社,2017年,第33—35页。

朱苦拉生长而且发扬光大，不能不说得益于这里的地理环境和气候条件，是对之的一种"偶合"。

朱苦拉地处偏远山区，交通条件差，医疗水平低，2010年以前村民到平川镇需要步行或骑骡子8—10小时，遇到诸如心脑血管疾病、难产大出血等紧急情况，因无法及时医治而丧命的情况时有发生，甚至有人因为消化不良、头疼发烧、感冒等小病拖延而险些丧命的事。咖啡进入朱苦拉之初，被当作药物，有其现实原因，即咖啡可帮助人们消化油腻的肉类，还可帮助人们缓解病痛症状，弥补医疗卫生条件差的现实，给人们带来健康。老一辈的人都说咖啡的营养价值较高，经常喝咖啡，可以延年益寿，不用去医院。获得"药物"身份的咖啡，可以理解为它对朱苦拉社会的偶合，或者正是这一身份成为咖啡这个"外来之物"经历百年社会沧桑变化不仅没有消失反而内化为当地百姓日常生活中的陪伴之物。

（二）生产生活周期的嵌入

朱苦拉地处干热河谷地带，主要有花椒、核桃、苞谷、烤烟等农作物，村民在遵循自然规律的基础上形成了适应地理环境的生产生活方式。他们嗜酒肉、好歌舞、喜宾朋，平日里除了操持家务和放养牲畜外，就是在地里辛苦劳作。以一年为周期来看，农历腊月、正月、二月属于农闲期，这一时期朱苦拉地区温度相对较低，村民杀猪宰羊，制作腊肉，且婚丧嫁娶、迁坟、乔迁、买车等"人生大事"也多在此期间举行，凡有此类大事，村民都会宴请宾客，热闹非常。从农历二月开始朱苦拉村民就进入农忙期：村民要将玉米秆磨碎以喂养牲畜、到山地里灌溉土壤以备苞谷种植；三月、四月点种玉米、灌溉核桃、花椒并定期给咖啡修枝灌溉施肥；五月、六月青花椒成熟，需采摘花椒；七月、八月核桃成熟，收摘核桃；九月玉米成熟，村民又忙着收割玉米，直到十一月，村民才得以闲下心来杀猪宰羊，宴请宾客，迎接春节，一年四季便如此往复。咖啡是在每年农历十一月至来年正月期间成熟，可分三次采摘，咖啡进入朱苦拉，在一定程度上嵌入了朱苦拉村民原本的休闲时段，在还仅停留在"药物"阶段，每家仅有少量咖啡树的岁月，村民们并未觉得咖啡对其生产生活节奏有何影响，而是有机地融入村民生产周期中，成为朱苦拉地方社会的有机组成部分并逐渐被内化和融合。大约在20世纪70年代，咖啡逐渐成为当地村民解暑凉茶被传播扩散开来，咖啡制饮工艺也就逐渐演变为地方生活知识技艺得到传承、传播。特别是近20年来，咖啡发展成为一种产业，不仅丰富了地方社会的作物种类、提高了村民经济收入，而且因为增加种植面积，原来的农闲时间成为咖啡采摘的忙季，逐渐改变了朱苦拉地方社会生产生活节奏乃至文化特色。

（三）地方历史与全球化发展的对接

朱苦拉与咖啡结缘，是地方社会与宗教传播的偶合，更是地方历史与全球化发展的对接。鸦片战争之后，清政府被迫容教，大批巴黎外方传教会成员进入中国西南，他们执行的是走下层群众的传教路线，传教士接触的对象多是社会底层群众，如偏远山区的农民、雇工，甚至是乞丐、流浪汉。这些传教士传教的地方多是少数民族聚居之地，朱苦拉地区完全符合法国外方教会在中国传教的基本要求。1904年将咖啡引入朱苦拉的巴黎外方教会的田德能神父，正是借助宗教传播引来了"外来之物"历经，随着中国改革开放带来的经济发展趋势以及全球化的影响，沉寂边远山区的朱苦拉咖啡迎来了新的机遇。具有"全球化"特质的咖啡成为中国城市流行的时髦饮品,"西方式浪漫情调"消费的生活方式,由此驱使大批商人围绕咖啡逐利的同时,找寻"中国咖啡之源"成为部分中国咖啡爱好者一种国粹动力。于是,偏安一隅的朱苦拉村因为拥有百年咖啡树"被发现""被命名""被凝聚"。在外来者的发现、命名和凝聚之下,朱苦拉村民的意识逐渐被唤醒,尽管他们不懂什么是"文化资本"和"符号资本",但他们开始懂得过去在他们生活中作为药用或凉茶之用的咖啡已经成为宝贝,那些经历沧桑的咖啡"老树"甚至可以添加一些故事,它们结出的果实就能卖出比其他咖啡树果实贵得多的价格。

二、成为自我:从"传教士咖啡"到"朱苦拉咖啡"

朱苦拉咖啡脱胎于西方天主教传教士传入,却又生成了有别于西方的咖啡文化。自 1904 年法国天主教传教士田德能引种咖啡至今,村民对咖啡这种外来物经历了未知好奇、尝试接受、移栽种植、加工制作、消费出口的完整过程,咖啡被赋予崭新意义。从"外国人喝的神秘物""可以治病的药物"到"日常生活中的养生茶""地方土特产",完成了"传教士带来的咖啡"向"朱苦拉的咖啡"的身份转换,加上咖啡兼具观赏价值、经济价值、文化价值,在百余年间以朱苦拉自然村为核心,传播至渔泡江两岸的诸多村落,近年来也因商业开发而延伸到云南省其他地区。朱苦拉身负"中国咖啡第一村""中国咖啡活化石"等声名,逐渐成为寻找中国咖啡源头的一种文化情结和观念集结,逐渐成为具有开发价值的潜在资本,村民通过多种话语表达与叙事方式呈现出咖啡的本真性与特殊性,咖啡带来了地方社会人群认知观念的变化与重塑。有如丹尼尔·米勒对可口可乐在特立尼达岛本土化的研究和阿帕杜莱对印度板球的区域性意义研究一样,人们在具体生产生活实践中对异文化的选择、接纳、改写和重写的过程,"和接受外来思想一样,接受外来物的过程中,重要的不是它们被接纳的事实,而是它们被文化重新界定并投入使用中去的方式"①。

人们通过对物的使用,来表达自己的态度,以山地农业文明为基础的朱苦拉村民,世代在鱼泡江两岸的干热河谷地带繁衍生息,他们尊重自然规律,在日月交替、四季流转的生产生活实践中形成一套独特的农业生产模式。咖啡在朱苦拉的生产、流通和消费过程中借用其原生的农业工具和地方知识,以保证其纯粹性和本真性,这是从"传教士带来的咖啡"向"朱苦拉咖啡"转化的标志,朱苦拉咖啡的社会生命轨迹必然与法国本土咖啡存在差异,这是地方社会群体对异文化接纳、选择和认同、强化的结果,咖啡在朱苦拉地方社会的意义得以重构。

那么咖啡如何在朱苦拉从"传教士带来的咖啡"变成"朱苦拉的咖啡",并从"经济作物""农作物"变成"地方符号"和"文化遗产",在全球化时代逐渐演变为朱苦拉地方社会自我观念建构和延伸的一部分,基于以下几个方面的要素。

(一)土地使用权的相对固定

从清光绪三十年(1904)至今,中国社会发生了巨大的变迁,土地制度也几经更迭。清末和民国时

---

① 罗钢、王中忱:《消费文化读本》,中国社会科学出版社,2003 年,第 401 页。

期，在封建土地所有制下，农民并无土地。宾川土地被地主、富农大量兼并，广大贫苦农民丧失土地，沦为佃农、帮工。而历史上的朱苦拉则一直处于贫苦地区，据宾川县志载，1904 年，渔泡江地区东升"顺江王"张邑清飞扬跋扈，强占土地和人口，民愤极大。彝族杞干文等人请田德能帮助诉讼，官司打赢后田德能获得很多田产。① 据已故村民杞光辉的口述资料可知，田德能进入朱苦拉建立教堂，教堂附近的土地都归田德能神父所有，因为个人嗜好喝咖啡的生活习惯，而设法将咖啡引种，种在教堂旁边的咖啡树是田德能神父的同行从越南带来的。② 咖啡在朱苦拉教堂周边开枝散叶，久而久之，村民房前屋后都有了咖啡。1908 年，田德能因宾川教案被迫离开朱苦拉后，又有段国璋、顾斯麦和其他神职人员来到朱苦拉，咖啡一直以自然繁衍的方式向村内扩展，1952 年天主教神父段国璋离开朱苦拉时，咖啡树已蔚然成荫。

据 1947 年《中国土地法大纲》和 1950 年《中华人民共和国土地改革法》规定："废除地主阶级封建剥削的土地所有制，实行农民的土地所有制，将没收和征收的土地，除规定收归国家所有外，按人口分给农民，发放土地所有权证。"③ 1952 年宾川县开展土地改革运动，将地主、富农、寺院、公祠、学校占有的土地分给无地少地的农民，实现"耕者有其田"。从 50 年代建立互助组、合作社、直到 80 年代包产到户的 30 年间，土地所有权从个体到集体再到国家，但土地的使用权一直是朱苦拉村民所有的。据村民回忆说，"以前大集体时代，大家挣工分，咖啡也是集体管理采摘，统一收购，包产到户集体承包的时候，咖啡树是平均分给农户，当时朱苦拉有 43 户，278 人，每人分到约 7 棵咖啡树"④。后因分家分产、换地换树、病虫害等原因导致目前每家每户咖啡古树的数量不等的现实。但无论土地所有权如何变更，咖啡赖以生长的土地的使用权一直未曾改变。1983 年宾川县全县遭遇雪灾，村民自发在咖啡林里点起火堆为咖啡树防冻，这一举动才保住了现存的千余棵古咖啡树。这一事件更使村民与咖啡之间建立了深厚的情感连结，随后每年冬天只要降温，村民就会自觉做好咖啡防冻工作，咖啡成为"朱苦拉财产"被保护，咖啡树本土化首先得益于土地的使用。

（二）咖啡经济效应的持续性

咖啡进入朱苦拉之初，是传教士神父每日必饮的"外国茶"，"那时候朱苦拉种出来的咖啡除了供自己使用外，还供给大理教区专用。法国人都爱喝那种又黑又苦的茶，咖啡主要还是用来接待客人，大集体时代，上级领导或者其他生产队来朱苦拉考察，才会煮咖啡给他们品尝，我们这边的人有些会喝咖啡，有些不会喝，不像外面宣传那样，个个都喝"⑤。

中共平川镇委员会与人民政府编印的《古镇平川》中记载，天主教传教士在平川朱苦拉传教，创办小学，并引进洋草果树（桉树）、咖啡树种植，时隔百年，咖啡在朱苦拉繁衍生息并成为地方标志，而桉树几乎不见踪影，也无人问津，重要原因是咖啡的价值，传教士在朱苦拉的历史时期，咖啡可以满足传

---

① 云南省宾川县志编纂委员会：《宾川县志》，云南人民出版社，1997 年，第 780 页。
② 糜红恩：《寻找中国咖啡活化石——宾川朱苦拉咖啡林》，宾川县委宣传部、宾川县科协，2011 年，第 56—58 页。
③ 宾川县土地管理局：《宾川县土地志》，云南省大理州文化局新闻出版（内部资料），2004 年，第 33—36 页。
④ 访谈人 LHH，朱苦拉村民，访谈时间：2019 年 2 月 16 日。
⑤ 访谈人 LLZ，朱苦拉村民，访谈时间：2019 年 1 月 18 日。

教士的生活，新中国成立以后，传教士离开朱苦拉，但是咖啡却展现了其强大的经济价值潜力，马锡晋1981年冬在朱苦拉实地考察获得的资料这样记载，"据生产队长李福生同志介绍，咖啡作为队上唯一的经济作物，18亩投产咖啡年均收入12000元左右，1981年收入达14500多元，虽然咖啡种植面积仅占总耕地的13%，而产值却占农业总收入的60%左右"①。咖啡既提高了村民的经济收入，也弥补了当年粮食不足的困境，"文化大革命"时期，朱苦拉曾被当作革命的"典型试点"，专门成立"反帝生产队"，从北京来的红卫兵破坏了教堂里的设备，损毁了埋葬在教堂旁边的顾斯麦神父的墓穴，推翻了在村子里传教用的"祠母堂"，但同样隶属于法国天主教带来的"咖啡树"却毫发未伤，反而每年还定期扩植，大集体时代下咖啡干豆的价格是3.05元/kg，而当时大米的价格是0.2元/kg，经济效益是咖啡能够在"特殊年代"不灭反增的动力源泉，咖啡与朱苦拉加快了"一体化进程"，村民也越来越把咖啡当作"本地特产"，并且在地方社会文化网络中被不断表述，彰显出一种"区域自豪感"，为朱苦拉地方社会自我概念的延伸奠定物质基础。

（三） 朱苦拉咖啡文化的经久弥新

咖啡进入朱苦拉在与当地社会的"交融"中被赋予崭新意义，获得了一种本真性，在历史积淀中，其文化属性逐渐凸显，朱苦拉村被誉为"中国咖啡第一村"；朱苦拉咖啡成功申报国家地理标志产品；朱苦拉古咖啡林被誉为"中国咖啡活化石"；朱苦拉咖啡制传统饮工艺成功申报州级、省级非物质文化遗产，咖啡文化的不断生产与实践使朱苦拉咖啡成为"历史符号"发挥"资本"功能，成为地方社会区别自我与他者的重要符号。咖啡能够在朱苦拉地方社会具备"文化属性"，源于村民原本的一套"道法自然"的价值观念，遵循咖啡自然生产之道来种植、灌溉、采摘、晾晒、烘焙、煮饮，传统制饮工艺是村民"兼容并包，就地取材"的智慧结晶，不追求产量最大化，不追求口感风味最佳化，只将咖啡自然融入地方社会生产生活中，在中国各大城市生活中表征着"潮流时尚"的咖啡，在朱苦拉却早已成为"地方传统"。

朱苦拉因百年咖啡之名声引来社会各界关注，也被多种力量包围。2013年以来，在商业开发和政府政策鼓励下，朱苦拉村的稻田全部改种成咖啡，朱苦拉咖啡悠久的历史使其在市场竞争中具有明显价格优势，渔泡江两岸的其他村落也开始大量种植咖啡并假借"朱苦拉咖啡"之名谋求自身利益。朱苦拉咖啡在历史长河中历久弥新，在文化寻根成为潮流的新时期，迎合了全国的"炒古热潮"，成为地方社会"抬高自我，贬低他者"的重要武器，朱苦拉与咖啡走向弥合，是他者与自我的弥合，也是物与社会的弥合。

"我们朱苦拉的咖啡贵有贵的道理，从品种上讲，是一百多年前法国人传过来的老品种小粒咖啡（阿拉比卡），虽然德宏保山那边的咖啡也是小粒咖啡，但是新品种（卡蒂姆），老品种因为少，所以贵；从口感上说，朱苦拉这边属于热带地区，阳光充足，种出来的咖啡就比较好喝，回味不酸，也不太苦，香味又很浓，不像德宏那边的咖啡，酸味重得很。"②

---

① 陈德新：《朱苦拉咖啡之旅》，云南人民出版社，2017年，第34页。
② 访谈人QQS，朱苦拉村民，访谈时间：2018年12月28日。

"朱苦拉村的咖啡其实是'徒有虚名'。2013年新种植的咖啡树太密，像种苞谷一样，村民也不怎么会管理咖啡，因此结的咖啡果质量也不行，比正常的小粒咖啡还要小，很明显是营养不良造成的，还不如我们铁锁乡培育的咖啡质量好，但是在收购时，朱苦拉村委会下属的村子的咖啡按照10元一公斤，而我们铁锁乡的最好的咖啡果也只能卖到5元一公斤，很不公平。朱苦拉本来是最穷的山区，这几年发展这么快，主要是因为咖啡，国家扶贫政策也照顾到了，水电站也在朱苦拉下面的渔泡江江边建起来了，脱贫致富建档立卡也快起来了。"①

过去一百余年间，在社会交往和利益驱使等因素影响下，咖啡树已从朱苦拉传播至渔泡江两岸诸多村落，但在渔泡江对岸的铁索乡咖啡种植农户的观念中，朱苦拉咖啡"名不副实"。这正是朱苦拉咖啡的符号资本的价值体现，在利益场域中体现出来的其实是价值高低并不取决于质量的好坏，而是取决于历史积累的时间长短，"物以稀为贵"的朱苦拉咖啡借助其文化资本在市场竞争中占尽优势。

三、分野与弥合：朱苦拉咖啡的新身份

咖啡传入中国后，单是译法就经历多次变更，"磕肥""加非豆""架非豆""枷棑""茄非""茄菲""高馡""考非""黑酒"等出现在不同史料中，均指代咖啡，直到1919年"咖啡"才被准确记载："咖啡，西洋饮料，如我国之茶，英文Coffee。"② 但在中国语境下，咖啡一直是典型的"西方代表"，"外洋有葡萄酒……又有黑酒，番鬼饭后饮之，云此酒可消食也"③。以上可见，咖啡与中国的分野由来已久。

1866年出版的中国最早的西餐烹饪书《造洋饭书》中将"coffee"音译成"磕肥"，并讲授了咖啡的加工方法："猛火烘磕肥，勤铲动，勿令其焦黑。烘好，乘热奶油一点，装于有盖之瓶内盖好，要用时，现轧"④；1887年，"慈溪辰桥"竹枝词《申江百咏》中记录了西方人在中国江南一带的生活状态："几家番馆掩朱扉，煨鸽牛排不厌肥。一客一盆凭大嚼，饱来随意饮高馡"；咖啡甚至被官员文人当作误识误用，做"鼻烟"来吸，"苦说茄菲是淡巴，荾香误尽勇卢家。也如白雪楼中叟，不识人间有芥茶"⑤。此外，咖啡还受到当时统治者的青睐，据容龄《清宫琐记》记载，俄国公使馆的蒲郎桑夫人就曾请格格及女官去使馆用餐。事后慈禧知道众人在餐后喝过咖啡，便对咖啡也产生了兴趣，命德龄和容龄的母亲从宫外带一些给她尝鲜。此后，咖啡风靡宫廷⑥。《清宫词》中也有"龙团凤饼斗芳菲，底事春茶进御稀。才罢经筵纾宿食，机炉小火煮咖啡"的描述，词后小注：咖啡，泰西茶品之一，西人恒于膳后服用，性芳温，健脾行气，分消食积。德宗（光绪帝）因疾，在宫中多嗜此茶。⑦ 无论是1907年，颐安主人《沪江商业市景词》中"考非何物共呼名，市上相传豆制成。色类砂糖甜带苦，西人每食代茶烹"的记载，还是1909年朱文炳《海上竹枝词》对上海人学吃西餐时的状态描述："海上风行请大餐，每人需要一洋

---

① 访谈人LHL，铁锁乡杞拉么村村民，访谈时间：2018年12月29日。
② 中华书局：《中华大字典》，中华书局，1978年，第1103页。
③ 王雪莲：《从茶叶与咖啡看中西文化的差异与融合》，《西安文理学院学报（社会科学版）》2012年第2期。
④ 高丕第：《造洋饭书》，中国商业出版社，1986年，第52页。
⑤ 樊增祥：《樊山续集·卷十·爽翁惠咖啡余误为鼻烟》，学识斋，1868年，第108页。
⑥ 容龄：《慈禧与我》，辽沈书社，1994年，第24—25页。
⑦ 吴士鉴：《清宫词》，北京古籍出版社，1986年，第56页。

宽，主人宴客殷勤甚，坐定先教点菜单。主人独自坐中间，诸客还须列两班，近者为尊卑者远，大清会典全可删。大菜先来一味汤，中间肴馔难叙详，补丁代饭休嫌少，吃过咖啡即散场"，中国人对咖啡的认知仍是停留在西方社会"文化符号"发挥着"异国风情""时尚潮流"作用。

在漫长的历史时期中，咖啡与中国社会的分野和鸿沟并未消解，咖啡的出现或是文人墨客对"西洋式生活方式"潮流的追捧，抑或宫廷贵族对其"性芳温，健脾行气，积分消食"等药用价值的认可。即使 20 世纪初到 21 世纪初，台湾、上海、以及广州、蒙自等地都形成了早期的咖啡文化，但咖啡仍未走向寻常百姓家。乃至现在，虽然城市中的咖啡馆早已成为人们休闲娱乐和社会交往的重要场所，但是在多数中国人的观念里，咖啡作为"洋玩意""外国饮品""太苦"等传统标签非但没有被撕掉，反而更加根深蒂固，咖啡与中国的分野，是东西方文化观念差异的典型体现。

随着时代的变迁和东西方生活方式的杂糅与交融，咖啡与中国地方社会的百年"偶合"却打破了这种分野，代表西方饮品的咖啡在东方偏远山村朱苦拉却成为传统，咖啡与朱苦拉成为一体，自我与他者从分野走向弥合成为事实。朱苦拉咖啡在长期的历史过程中遵循稀有原则，不断积累"资本价值"，在自身化过程中从绝对意义的"他者"转化为朱苦拉地方社会自我观念的一部分，"一百年只为一杯咖啡"的文化追求，使朱苦拉咖啡成为地方社会的"文化符号"，随着经济全球化和商品市场化的推进，享有"中国咖啡第一村"盛名的朱苦拉也开始受到各方社会群体的关注，在这样的复杂场域下，咖啡的身世被不断提起，传教士的历史故事被不断言说，朱苦拉咖啡在地方社会自我观念的构建中成为一种传奇，从"传教士咖啡"到"朱苦拉咖啡"的百年历程中，咖啡与地方社会在分野与弥合之间摇摆的本质意涵，是朱苦拉地方社会自我观念得以延伸的方式，东方与西方社会的分野因朱苦拉咖啡而变得模糊不清，中国的咖啡有了历史的回应，不再只是西方生活方式的象征。

四、结语

咖啡在朱苦拉地区历经百年，实现了从"传教士咖啡"到"朱苦拉咖啡"的身份的转变，也是朱苦拉地方社会自我观念得以延伸的历程，见证了物如何与地方社会因"偶合"而嵌入，最终实现融合共生的地方化与本土化历程。市场化与现代化要素因咖啡而加速进入朱苦拉地区，不断改变着当地人的思维观念与意识形态，重塑着当地的文化样貌。但不可否认，如今的朱苦拉与咖啡已经成为不可分割的共同体。在现代化进程中，朱苦拉咖啡也正在以"中国本土咖啡品牌"的文化符号出现在消费者的日常生活中，朱苦拉咖啡，从乡村到城市的社会发展历程，亦呈现出历史与当下的某种衔接。作为一种饮品，咖啡也在逐渐与中国人的生活方式、文化思想相融合，越来越多的中国消费者已经将咖啡纳入自己的日常饮食生活中，形塑着当代中国人的文化生活与精神样态。

From Division to Combination: Coffee and the Construction of Zhu Kula's Local Social Self—concept

Guo Zhouqing

Abstract: In anthropological studies, the distinction between "self" and "other" reflects differences in the thought processes and values of different groups. Based on fieldwork conducted in Zhu Kula Village, Binchuan County, Yunnan Province—home to China's only century-old coffee forest—this study finds that over time, coffee, initially perceived as an "other", has gradually integrated with the existing cultural norms of the Zhu Kula local society and become part of its "self—concept". This research argues that the boundary between "self" and "other" is not fixed but rather a dynamic "Division—Combination" process. In cultural practice, "objects" can transform from "other" to "self," ultimately extending and expanding the boundaries of self—concept through various forms such as kinship terms, social relationships, and cultural heritage.

Key words: self; others; self—concept; boundary extension; division and combination

"东道主凝视"下云南香格里拉白地的社区旅游发展对策

光映炯[**]

摘 要 旅游中的凝视是多向度和动态地认识他者的观察行为方式。东道主凝视的提出，不仅促进了"旅游凝视"理论体系的构建，对于旅游目的地社区旅游业发展也具有参考价值。厄里提出"游客凝视"之后，奥玛尔·穆法基尔和依薇特·赖辛格于2013年提出了"东道主凝视"的概念，指出东道主凝视有"初始凝视""区隔凝视""整体凝视"和"区分和分析凝视"四种类型，内化（internalization）是其突出特征，是东道主通过凝视游客以观省自己，又通过满足游客的需求以做出回应以维持社区旅游业的发展秩序。研究以云南香格里拉白地为例，从东道主凝视的视角认识游客和分析社区参与旅游，为促进社区旅游发展提供思路。

关键词 东道主凝视，社区旅游，香格里拉白地，跨文化管理，内化

DOI：10.13835/b.eayn.31.18

一、研究背景：从游客凝视到东道主凝视

凝视理论的提出最早可追溯到1990年英国学者约翰·厄里（John Urry）出版的著作《游客凝视》(tourist gaze)[①]，厄里在福柯的凝视理论基础之上提出了"游客凝视"的理论，并将其拓展到了旅游领域，而逐渐成为旅游人类学领域的一个重要理论工具[②]。厄里认为"游客凝视"的形成与观光旅游活动密不可分，它主要通过游客对旅游符号的收集和消费，也被社会性、制度性地所建构。随着旅游业的不断发展，厄里的"游客凝视"理论受到挑战，游客凝视的内涵在研究反思中得到拓展，已超越了其中所暗含的游客与东道主、凝视与被凝视的二元关系。学者们认为"游客凝视"并不是一种单向度的凝视，而是多向多维的、包含丰富内容的"旅游凝视"，不仅有游客凝视还有当地人凝视、专家凝视、游客间的凝视和隐形凝视等[③]等不同类型。例如，麦康纳尔（MacCannell D.）指出在1989年的纪录片《食人之旅》(Cannibal Tours)中，欧美背包客在凝视巴布亚新几内亚人的生活方式时发现了自身对快乐、恬淡与知足

---

[*] 本文系云南大学校级人文社科研究项目"现代旅行书写中西南文化形象构建研究"（2022YNUGSP17）的阶段性成果。
[**] 光映炯，云南大学工商管理与旅游管理学院副教授。研究方向：旅游人类学、旅游管理。
[①] "Tourist Gaze"，一书有被译为《旅游凝视》或《游客凝视》《观光客凝视》，而作者Urry也被译为"尤里"或"厄里"，在此根据英文原版以及目前的现状而选用"厄里"，《旅游凝视》的译法。
[②] 刘丹萍：《旅游凝视：从福柯到厄里》，《旅游学刊》2007年第6期。
[③] 吴茂英：《旅游凝视：评述与展望》，《旅游学刊》2012年第3期。

的向往，提出了"第二种凝视"①；茅斯（Maoz. D）则认为来自旅游目的地社区的"当地人的凝视（local gaze）"与"游客凝视"形成了一种"双向凝视（the mutual gaze）"②。麦康纳尔的"第二种凝视"与厄里的"凝视"相比显得比较隐蔽，他认为游客不仅"凝视"那些存在的和可视的对象，而且折射出人们隐性的欲望和诉求，所以又被称为"隐性凝视"③。

2013 年，奥玛尔·穆法基尔（Omar Moufakkir）和依薇特·赖辛格（Yvette Reisinger）在《全球旅游中的东道主凝视》一书中提出了"东道主凝视"（Hosts Gaze）④ 的概念，认为与"游客凝视"相对应的"东道主凝视"大致包括四种类型：(1)"初始凝视"（the "initial gaze"），揭示了主人对游客外表的印象；(2)"区隔"凝视（the "distinguishing gaze"）它识别并区分宗教和世俗的游客，以及宗教内部教派之间的差异；(3)"整体凝视"（the "overall gaze"），形成了游客对旅游目的地的文化、教育、知识以及对旅游目的地文化兴趣的印象；(4)"区分和分析凝视"（the "differentiating and analysing gaze"），识别和分析不同国籍的人之间的差异。他们指出，主客互动中的东道主凝视的主要特征是动态性，东道主凝视的形成主要取决于谁是游客和谁是东道主。东道主凝视还有一个显著特征就是：内化性（internalization），特别是当东道主意识到已经满足旅游企业及游客的某些需求时，凝视行为就开始发生内化，而东道主一般会从游客角度来"内观"自我，通过满足游客的需求来做出相关回应，以维持旅游服务秩序。

从东道主凝视的视角来理解社区，有助于建立一个包含着东道主社区价值观和游客体验的凝视理论系统，东道主凝视的研究不仅促进了旅游研究中凝视理论研究体系的建构，对推进目的地社区旅游业发展也具有重要作用。需要指出的是，游客凝视理论的形成最早是从西方游客的旅游经验中发展而来的，侧重在发达国家中游客文化与发展中国家中东道主文化之间的相互作用，而不适用于非西方游客如亚洲、非洲或中东对东道主地区的凝视行为；甚至，以前的很多文献过多地研究"游客凝视"而忽视了对"东道主凝视"的研究，这些都为"东道主凝视"理论的发展提供了研究前提和空间。本文以云南香格里拉白地为例，通过田野调查、深入访谈以及田野日志（2015 年，摘录）等研究方法，从东道主凝视的理论视角出发，观察和分析游客行为以及东道主居民对社区文化保护和旅游开发的认识，进而提出可供目的地的社区旅游发展的参考思路。

二、案例地：作为"文化圣地"与"旅游景观"的白地

本文的案例地——"白地"是指云南省迪庆藏族自治州香格里拉市三坝纳西族乡白地村民委员会所辖区域⑤。三坝乡位于香格里拉市东南部，哈巴雪山之东麓，乡驻地距香格里拉市区 100 公里，辖江边、哈巴、瓦刷、白地、东坝、安南 6 个村委会，75 个自然村，人口 1.5 万，有纳西族、汉族、彝族、藏族、回族、傈僳族等世居民族，其中纳西族占 62% 以上。白地村委会下辖 15 个村民小组（自然村），其中古

---

① Maccannell D.：《Cannibal Tours》,《SVA Review》1990 年第 2 期。
② Darya Maoz：《The Mutual Gaze》,《Annals of Tourism Research》2006 年第 2 期。
③ 吴茂英：《旅游凝视：评述与展望》,《旅游学刊》2012 年第 3 期。
④ Omar Moufakkir, Yvette Reisinger：《The Host Gaze in Global Tourism》, Preston, UK.：CAB International, 2013。
⑤ 白地，又"北地、蹦地"。按当下行政区划单位为白地村民委员会，简称白地村委会，其下辖自然村称为村民小组。为叙述方便，本文依照传统习惯，把自然村称为村。

都、波湾、吴树湾、水甲、恩水、恩土、补主湾、阿鲁湾 8 个自然村为纳西族村，其余为汉族村寨和彝族村寨；距白水台较近的主要有 4 个纳西族村，即波湾、古都、吴树湾和水甲，尤其是白水台景区与古都村几乎为一体。由于交通不便，白地过去较少受到外来文化的影响，保存了比较古老的东巴文化形态，2012 年白地村被列入第二批中国传统村落名录。白地不仅保留了"圣地"的光环也吸引了慕名而来的游客，是了解纳西文化的重要旅游景点之一。

（一）作为"文化圣地"的白地

"白地"即"白色之地"，一般来说包含两层含义：一是具有自然景观特点的白水台景区；二是具有宗教文化意义的白水台所在之地——白地。

首先，白水台是白地的标志性景观。它方圆不过百里，但在整个纳西东巴文化区中有着举足轻重的作用。白地的白水台是我国最大的华泉台地，面积约 3 平方公里，是由于碳酸钙溶解于泉水中而形成的自然奇观，又被称为"仙人遗田"。据说，白水台最初是作为神祇来敬奉的，相传纳西族东巴教的第一圣祖丁巴什罗（东巴世罗）从西藏学习佛经回来，途经白水台被其美景吸引，留下来设坛传教，并形成纳西族主要聚居区之一。这里，是当地各民族祭祀神灵的地方，一些重大的东巴祭祀仪式和节日都会在白水台进行，包括白地纳西族传统节日如每年的"二月八"（又称"朝白水"）祭天仪式和歌舞会等。《光绪新修中甸志书稿本》中有记载："仲春朔八，土人以俗祀为祭，赍币承牲，不禁百里而来；进酒献茶，不约千人而聚。此一奇也，亦胜景也。"[①]"二月八"的节日融地方历史、宗教、民俗、文艺、民族关系等为一体，集中体现了当地传统农耕文化、游牧文化、东巴祭祀文化、民间歌舞文化等丰富的文化内涵。[②] 奇特的自然华泉台地和纳西东巴文化组合形成了独特的文化旅游景观，吸引了无数游客前来观光。

白地在东巴教中有独一无二的重要地位，是纳西东巴文化的发祥地，又被认为是纳西东巴文化的"圣地"。和志武认为："东巴教开始大规模用象形文编写东巴经，可能始于被奉为神明的白地人阿明，他生于北宋中期（11 世纪），这时的东巴教已发展到著书立说的新阶段，标志着东巴文化已形成于白地。"[③]和志武还曾论述："白地为东巴教圣地，出过阿明大师，有著名的白水台和阿明灵洞圣地，象形文字和东巴经书保持古老独特风格，是东巴文化形成的中心，没有喇嘛教和佛教寺庙，受外来文化影响较少，不用标音文字（哥巴）的经书，学问高深的大东巴也比较多，因此民间有'白地东巴最贤能'之说。"[④]和志武论及了白地东巴文化圣地的内容：圣人阿明和阿明灵洞、圣地白水台、东巴文化形成深厚的文化底蕴。杨正文则认为白地作为"东巴圣地"有三个条件[⑤]：一是这里拥有天地神川和白水台的独特地理位置和环境，二是这里有"阿明灵洞"的圣祖遗迹，三是东巴宗教活动仍然在民间有传承，所以将这里称为"东巴圣地"，民间有"没有到过白地，不算真正的东巴"之说。

---

① 吴自修修，张翼夔纂：《光绪新修中甸志书稿本》，和泰华、段志成标点校注：《中甸县志资料汇编》第 2 册，中甸县志委员会办公室，1990 年。
② 和继全、和晓蓉：《传统节日的文化传承与多民族宗教和谐功能——以香格里拉白地纳西族传统节日"二月八"为例》，《思想战线》2009 年人文社会科学专辑。
③ 和志武：《纳西东巴文化》，长春：吉林教育出版社，1989 年，第 91 页。
④ 和志武：《纳西东巴文化》，长春：吉林教育出版社，1989 年，第 57 页。
⑤ 杨正文：《东巴圣地——白水台》，云南人民出版社，1999 年。

（二） 作为"旅游景观"的白水台景区

就白水台景区的旅游发展而言，依据介入的社会主体的不同可分为三个时期。

1. 1987年以前——民间性朝拜及旅行时期

据传，纳西东巴教的创立者丁巴什罗（东巴世罗）曾经住在这洞里，并从那里向四处传教；而且，"北地（今白地）是一个朝圣的著名地方，因为每个纳西东巴教徒的愿望是在他的一生中，要到北地'世罗内可'圣洞朝一次圣……"，①又据，唐代时木里、盐源、丽江等地很多东巴教徒都到白地去拜师、学经，研习东巴文化，甚至在阿明灵洞举行"汁再"（"加威灵"）仪式。在白水泉边上有一石刻上有明代纳西土知府木高所题诗一首："五百年前一行僧，曾居佛地守弘能。云波雪浪三千垄，玉埂银丘数万塍。曲曲同流尘不染，层层琼涌水常凝。长江永作心田玉，羡此高人了上乘。"诗末题"嘉靖甲寅长江主人题释哩达禅定处"。嘉靖甲寅为公元1554年，由此上溯500年，即公元1054年，此虽举其大概，但可知在北宋中期东巴教的祖师就在这里修行传教，丽江土知府木高400多年前就去朝觐"圣地"，题诗摩崖。后来，著名美术家、被誉为"摩些先生"的李霖灿也曾于1941年到白水台游览并与当地的藏、纳西、傈僳、彝各族人民欢庆"二月八"，白地在民间的宗教影响早就吸引了一些前来朝拜旅行的"旅行者"。

2. 1995年至2002年——政府行为的主导时期

自1985年修通中甸（现香格里拉）到三坝的公路（毛路），有游客开始进入白水台景区。1987年，白水台地区成立文物保护区，并聘用三人进行白水台的保护工作②。1995年，三坝乡成立了乡旅游管理委员会以加大对景区的管理，当时有5—6个工作人员，由副乡长分管。1992年，中甸（现香格里拉）正式对外国人开放。

1995年，（原）州县旅游局的成立标志着中甸旅游业开始走入正轨。1996年由于香格里拉的旅游热潮，到中甸（现香格里拉）再到白水台的旅游者开始增多③。自2000年开始，白水台景区由（原）中甸旅游局下属的门票办统一负责有关票务工作，门票收入上交县财政④。1998年底开始发动村民修水沟，用于补给白水台水源。据了解，波湾村100%的用水、古都村30%用水均取自这一泉眼。1999年修景区栈道，专为旅游者行走。2000年由乡政府出资，古都村将原先的人行道改建为马道。在2001年初，公路改建为柏油路⑤。1999年，国家实行"五一""十一"黄金周的休假办法（2008年取消），游客量逐年增多。这个阶段，由于有政府

---

① 约瑟夫·洛克：《中国西南古纳西王国》，刘宗岳译，云南美术出版社，1999年。
② 肖佑兴：《旅游目的地旅游效应及调试对策——以白水台为例》，云南师范大学硕士学位论文，2002年。
③ 杨桂红、孙炯：《香格里拉的腹心地——中甸旅游业发展及管理模式——兼谈中国西部老少边穷地区旅游》，《经济问题探索》2001年第2期。
④ 肖佑兴：《旅游目的地旅游效应及调试对策——以白水台为例》，云南师范大学硕士学位论文，2002年。
⑤ 肖佑兴：《旅游目的地旅游效应及调试对策——以白水台为例》，云南师范大学硕士学位论文，2002年。

和当地有关部门的共同参与努力，白水台景区"五景"及其规模都已基本成型，景区面积有 100 多亩。据调查，当时白水台景区一天的游客量最多达 2000 人左右，一年的收入在 140 万左右。

3. 2002 年至今——企业运作为主的时期

2002 年 3 月，香格里拉天界神川旅游业发展有限公司成立，该公司是由云南澜沧江实业有限公司和香格里拉县人民政府共同组建的。公司于 2002 年 4 月正式启动"天界神川之旅"，包括虎跳峡急流峡谷探险景区、哈巴雪山自然风光环山景区、白水台东巴文化探秘景区、碧塔海高原湖泊植被考察景区四个著名景区。2003 年，退耕还林。2005 年前后，在丽江至香格里拉旅游线路中，游客们大多都会到白水台参观，曾经的东巴文化山庄也很"火"。而天界神川旅游业发展有限公司对古都村所属的白水台景区先租用，后又以每亩 6 万元进行了征用，至今在景区的中部还有一片社有林，这造成了林地使用与管理上的诸多矛盾。

由于交通通达性较差，香格里拉到三坝的弯道很多，丽江到三坝沿线虎跳峡经常有碎石滚落，特别是 2006 年以后，在香格里拉约 200 公里的东环线上，还分布着普达措国家公园、碧塔海国际重要湿地、哈巴雪山、虎跳峡等更多旅游景区景点的开发，到白水台景区的游客量开始逐年减少。由于游客量少，当时的游客只是"看一眼"就走，停留时间一两个小时，且都是香格里拉至丽江一线的过往来客。

2006 年以后，白水台景区的旅游发展处于相对变革期。白水台景区被迪庆州旅游开发投资有限公司[①]购买，现隶属于香格里拉虎跳峡旅游经营有限公司。2013 年年底，迪庆旅游投资公司又被昆明旅游投资公司收购。香格里拉虎跳峡旅游经营有限公司的白水台景区部门，现主要有两个旅游管理机构：一个管理部门，负责景点管理，包括景点的保护、垃圾清运、景点治安和监督旅游者的不良行为等；一个售票部，负责门票的销售、监督和处理等事务，以及一名炊事员负责景区工作人员的日常饮食。另外，还有一帮马队（每天 12 人左右）。马队成员主要来自古都村村民，2016 年时，全村 90 户分为 4 个组接待游客，主要在旺季负责接待，公路沿线有宝丹商务酒店在内的 10 家左右私人经营的酒店、客栈。2018 年前，景区的景观受到各种因素的影响和破坏，栈道受损，水源越来越少，部分台地已变黑，经营管理也相对散淡。

三、内化的东道主凝视：东道主凝视下的白水台景区

调研时，白地的核心区古都村、波湾村和吴树湾村共有东巴 8 位，古都村有 4 位东巴，波湾村有 3 位东巴，吴树湾村有 1 位东巴，还有 10 多个学徒（2015 年调研时）。随着近年来东巴的老龄化或离世，白地东巴文化的传承日渐式微，这在旅游景区的当地工作人员眼中体现得尤为明显，他们通过对"我者"

[①] 云南省迪庆州旅游投资集团成立于 2006 年，截至 2008 年底，公司注册资本达 1 亿元，总资产达 11.31 亿元。主营对迪庆州内旅游景点景区和宾馆酒店进行开发投资，并开展国内、国际旅游业务。主要是旅游重点开发项目、旅游基础设施、旅游精品工程以及相关配套产业的投资建设和经营管理。下设"梅里雪山国家公园开发经营有限公司""虎跳峡旅游经营有限公司""滇金丝猴国家公园经营有限公司""普达措国家公园旅业分公司"等公司，并经营管理多家酒店、旅行社、商品开发公司及演艺公司等。

中的"他者"进行观察,同时也在对游客的凝视过程中增进了对本民族文化的进一步认识。东道主眼中的"二月八"及文化变迁,如日志中记录所言:

> 3月19日,星期二
>
> 在三坝纳西族里,最为隆重的节日是"二月八",称为"朝白水"。方圆几百公里以内,所有的纳西族都会到白水台参会欢度节日。在我的记忆里,那天的白水台人山人海,是歌舞的世界。早晨,我得准备所要用到的各种炊具及吃的饭菜,还要特备一只大公鸡,由马驮上白水台,然后回到售票室工作。村里的孩子们,也都早早穿上父母为他们准备的节日盛装,欢天喜地地向白水台进发了。但是,只有20%的男性和40%的女性穿着纳西族古老的服饰。
>
> 以前,不管来自哪里的人都要牵着马,把东西放到马背上或骑着马到白水台。现如今,时代变了,各家都开着自家的大、小汽车,拖拉机而来。近两公里的公路两旁摆满了车。当然,人们还是要到祭坛前祭拜、烧香、磕头,喝口圣水再装瓶圣水带回家。祭坛上,香火从早到晚一直不断。而今的节日都为了一顿饭,吃过午饭,很多人就匆匆下山去打牌了。几年前,还有赛马场、歌舞场,如今都是空空如也。①

东道主在观察游客行为的过程中不仅观察到了自己本民族文化的变化,且通过东道主对游客的凝视,发现游客的文化需求及对东巴文化的了解。白水台旅游景区中有东巴的事情"大概是2003年,已经有十多年了。以前各民族全都相信,所以都上白水台祭神、烧香、祭菩萨,各民族都搞,现在越来越少,搞也不搞了,念也不念了。那些来旅游的人,大部分不相信迷信,相信科学了,就不来那里拜了,而是绕着走"。2015年调研时,常有3位东巴在景区中为当地人和游客烧香、念经。

旅游目的地社区的一些文化精英对文化保护及旅游展演的认识行为说明了白地东巴文化保护的现状,也道出了他们自己的忧思。据调查,三坝乡政府的文化调研和迪庆州东巴文化传习馆对文化保护已做了大量的基础工作,但由于资金匮乏而很难对东巴文化保护起到更积极的保护效应,只有民间散存的传习点自发地进行东巴文化保护和传承工作。究竟什么是文化保护?白地进行保护工作的老师如是说:

> 问:到底是什么"保护"?
>
> 答:有保护、抢救、传承三种。这15年来,我们组建了一个以纳西东巴文化为主的活的"纳西文化博物馆",小小的博物馆,只有一寸高,两寸长。"活的"是因为这个博物馆会"说话""跳舞""唱歌"。
>
> 问:一个活态的、在民间的?
>
> 答:对,活态的、在民间的。
>
> 问:会不会以表演性的形式去做这些仪式?
>
> 答:不会,宁可学校散了,我们绝不搞表演性的。当然,跳一些一般的舞,民族民间歌舞,那是随时都可以搞,但是不会随便搞(那些祭祀仪式)。比如正月十九日,必须祭牲畜神,其他时间就

---

① 2014年记录。日志记录人:和先生,白水台景区工作人员。

不能祭。我们有（祭祀）场地，祭天有场地，祭署有场地，祭牲畜神也有场地，每个村都是（这样），我们都有场地。祭风有祭风场，但是没有人非正常死亡呀（就不会举行祭风仪式）。

问：有人认为，有些旅游景区的文化展示在一定程度上可以起到保护东巴文化的作用，您怎么看呢？

答：文化是旅游的灵魂，旅游是文化的载体。搞得好，（旅游）是载体，搞不好的话，旅游会变成文化的坟墓。这必须处理好，处理不好，表演性的文化只是一个泛化的保护形式，真正的保护形式必须在民间传承。原来说过"传承民间化""学术国际化"（2003年的时候），这几句我非常赞同，我们要搞（传承东巴文化），万一以后（东巴文化）热起来，必须将文化和旅游分得清清楚楚，相互不干涉。这样的话，我认为日子会比我们现在好得多。现在我们是很苦，但是苦的只有我们自己知道，苦和甜都是为了自己的民族文化，我们这代人不搞，谁来搞，特别我们是喜欢文化的人。搞文化有好几种搞法，我们是因"喜欢文化而搞文化"。①

当地人已经认识到旅游发展对文化保护的影响，但白地的旅游发展对文化保护的作用怎样呢？通过东道主凝视，东道主社区尤其进行旅游工作的居民也在"内化"式地凝视自己身处"文化与旅游"场景中的感受。

3月4日，星期一，晴
近来，每天30人左右的游客数，我的工作也很清闲。

4月28日
来白水台旅游的游客中，除了自驾的、团队的、包车的、徒步的外，还有部分是乘坐公交车来的游客。每天多多少少都有10人左右，而最为受罪的是中午班的游客。早上9点多从香格里拉市出发到中午12点左右到达白水台，下午2点20左右就要返回香格里拉。若在途中还要随时上下客人的话，有时要12点30分以后再到达，所以游客在白水台景区停留的时间就相当有限，有时甚至会误车，我们就要为他们找车才能赶上。

5月27日，星期一，晴
这段日子，丽江来的游客较多，都讲着纳西语，很多都会要求减免门票。有时让我很为难。一般他们来的人数都较多，7人以上，也有人数少的。

6月9日，星期天，多云
这几天的老外朋友很多，同为旅游者，可他们有天壤之别，一看就可知道他们的"来头"，衣物比较脏乱，背上大包小包，要么是徒步或坐客车，骑单车的稍好些。基本胖的老外，肯定是较豪华的旅游团队，整个团队基本是有备而来。司机、陪同、导游、医务人员等。一般，这些游客的年龄偏大。有些旅行团人数很少，两三人一个团，他们买票从不讲价，就算上年纪的也都按票付钱，带着小孩的同样以成人票购买。

7月8日，星期一，多云

---

① 和老师访谈资料（部分）。访谈时间：2014年1月，访谈地点：和老师家。

今天,我早早地起床,要在6点半以前赶到值班室开门,开始一天的工作。路上遇到了很多前往白水台烧香的,有些已经从白水台回来了。原来,今天是初一,农历六月初一。纳西族最讲究的是初一、十五两天,传统中吃斋饭的日子。这两天不能杀生,连一个鸡蛋都不能碰破壳,停止一切生意往来,不能扫地,往外倒垃圾、灶灰等。只要时间允许,老户人家都会安排一个人到白水台烧香、装圣水,采摘吉祥树枝或好看的花草带回家。今天来的人特别多,8个自然社的,每个社都有人来烧香。①

所摘录的日志揭示了东道主凝视中的"初始凝视",即东道主对游客外表的印象,可以从"来头"对游客进行区分;当然,"区隔凝视"主要体现的是对当地纳西人、外来的国内游客和外国游客的区分;还可以了解到游客对东道主社区东巴文化的印象和兴趣等,特别是景区售票处的"小窗口"是了解外来游客文化的"窗口",在这一过程中形成了一种"整体性凝视"。尤其是从东道主对游客、对景区的长期"观察"来看,作为旅游目的地社区的白地居民逐渐形成了一种特有的介于社区生活和旅游工作之间的生活方式。

香格里拉白地,一个社区居民生活和游客观光的地方,这里的东道主凝视对于社区的旅游发展尤为重要,这种重要性表现在:

东道主眼中的"圣地":历来,香格里拉、丽江等地的纳西族及其他地方的藏族、纳西族、傈僳族、彝族都会来到这里烧香,喇嘛也有来烧香的,像藏族称白水台为"黑白水"。也有节日祭和日常祭,而且还有很多严格的规矩。每月初一、十五,或遇考试、结婚等重要事情都要来烧香,具有很强的神圣性,是纳西人不可缺少的生活场所。而且,古都村的祭天场就在景区入口处,游客知道的很少,当地人也很少介绍给游客。

东道主眼中的"景区":游人在参观泉华台地的过程中任意践踏正在沉淀的钙华颗粒,于是,简单地在白水台的钙华台地上拉上一根铁丝禁止游人进入。然而,这样不能保证景区及游客的旅游安全。旅游旺季时对马匹的管理不力,导致垃圾很多,有很多简易的竹编垃圾篮,没有形成良好的景观环境。景区沿线的旅游接待设施简易,旅游从业人员的接待能力和从业素质都有待提升。在景区门票一事上,不对当地村民进入景区设限,不收门票,这就需要门票处的管理人员对进入景区的客人进行区别。而且,售票处在景区入口处的对面也不方便管理游客的进入,甚至"叫游客买票,有的还不买"。对从香格里拉进入丽江的游客因途中要经过虎跳峡景区,景区也要收取门票,这对景区的门票管理、经济收益和旅游声誉等方面都有一定的消极影响。

东道主眼中的"游客":游客的停留时间很短,"看看"就走,"对少数民族文化真正感兴趣的游客很少"。白水台最热闹的是"二月八"的民间节日活动,但那时是"当地人"多于外来的"游客",外来的"游客"中也是"附近的"游客多于来自"远方的"游客,东道主与游客的社会交往很少。游客对于景区的人为破坏很严重。如游客留下的纸屑、饮料瓶最多。当地人烧香时不能爬到烧香台上,不能抽烟不能乱讲话,但是游客不知道也不会顾及这些禁忌,游客爬上去拍照的事情时有发生。相反,游客对白水台景区的感受就是:"不来白水台觉得遗憾,来了白水台也觉得遗憾。"对白水台景区的共同关注形成了一

---

① 2014年记录。日志记录人,和先生,白水台景区工作人员。

种来自不同出发角度的"双向隐性凝视":游客凝视关注当地的文化内容和旅游体验,东道主凝视关注游客也关注景区发展。

四、结论:基于东道主凝视的社区旅游发展

(一)东道主凝视理论对社区旅游研究的重要性

从案例地的"东道主凝视"可以看到,东道主是社区的主体,他们对于自己所处的社区发展非常关注,对于社区发展尤其自旅游开发以来也逐渐形成了自己的看法,对环境保护、文化变迁、社会变迁、文化保护、旅游展演,以及对游客行为、对旅游景区的管理等都提出了相应的建议和意见。限于篇幅所限,没有将调查日志一一呈现,而只是列举一二,但若加强对东道主凝视的研究,对于社区的旅游发展而言无疑是有益的。从上述分析可知:东道主凝视下的白地是由圣地所建构起来的"神圣性"与"生活性"为一体的地方。有一方面,社区居民还在对白水泉进行日常朝拜;另一方面,东道主凝视下的白水台景区秩序的良好与否主要与是否对社区正常生活产生影响有关。换句话,白地的主体是社区居民,对于具有"双重性"特征的文化空间而言,社区旅游的发展要兼顾社区居民的日常生活和外来游客的观光。

通过调查又可知,东道主凝视经历过政府主导和企业运营等发展时期已逐渐形成"内化的"对社区旅游秩序的一些看法。东道主凝视不仅是对游客凝视的一种发展,而且是对游客凝视的重要补充。

专家凝视、第二种凝视等都是其中的重要组成部分,"第三种凝视"[1]即对凝视者的凝视有可能过度解读凝视理论。在旅游凝视整个体系中,围绕"游客凝视"和"东道主凝视"为基础形成的"游客—东道主"关系之上的多元凝视维度,则反映了旅游人类学研究视野下凝视理论体系的整体性。

(二)基于东道主凝视的社区旅游发展对策

"东道主凝视"对社区旅游研究而言是必要且重要的。调查中还对香格里拉白地旅游场域中所涉及的相关社会行动者进行了调查,调查对象涉及有政府部门、企业、游客等,白地的旅游发展经历过"热闹",也遭遇过"清冷",原因也是多方面的,与景区的资源特色有关,受限于旅游交通,也受丽江、香格里拉旅游市场发展的影响,而东道主都"凝视"过这些"经历"和"变迁"。基于"东道主凝视"社区旅游发展思路与策略的提出应更具有针对性,且更符合以社区为依托的社区旅游发展之路。于是,笔者通过实地调查并从东道主凝视的视角对白地的社区旅游发展提出以下几点思考:

1. 重视"社区文化"的建设

"东道主凝视"与"游客凝视"明显存在文化差异,这主要取决于各自所携带的文化因子。当下,东

---

[1] Omar Moufakkir, Yvette Reisinger:《The Host Gaze in Global Tourism》, Preston, UK.:CAB International, 2013.

道主仍是白水台景区的重要主体,因此要在尊重当地文化的基础上加强社区旅游的发展,可以通过少数文化精英的力量引导村民加强对民族文化的认识,强化景区的文化主题:东巴文化圣地,提高民族自信心和文化自觉。同时,要特别加强对水源地特别是泉眼处的管理,它不仅是东道主信仰的重要物质载体,也是游客旅游的核心景观,更重要的是可以体现东巴文化中人与自然和谐相处的重要生态观念。

2. 重视对"圣地—景区"的跨文化管理

首先,充分发挥政府的主导作用。随着旅游市场的发展,经营权的市场化趋势增加了乡村的管理难度,所以要明晰产权,明确其私有性、公共性或混合性特征,有效配置和利用公共资源、提高市场效应,限制非理性行为;不仅需要上级政府发挥主导作用建立规章制度以规范和健全良好的旅游市场秩序,也需要当地政府积极进行协调监管并维护当地的社会秩序。从 2014 年开始,乡政府又开始举行纳西文化艺术节,这在保护纳西文化、扩大其正面效应等方面都发挥了积极作用。

其次,强化企业的社会责任。加强基础设施的建设与管理,对旅游道路等基础设施进行建设。据了解,昆明旅游投资公司投资了两千多万以进一步开发白水台景区,到 2018 年,景区大门的大型停车场、门禁系统、栈道维修、白水河源头引水工程等问题大都已得到解决。加强景区安全管理,不能是"一根铁丝"式的管理,危险系数太高,也不利于景区工作人员的管理。加强景区门票的管理,包括门票室的设置、门票制度的管理工作等。对于景区的门票收入,旅游公司并没有与当地村落分成,村民与景区的关系一度较为紧张。2006 年 5 月,还发生了当地居民与旅游公司因旅游门票收入而发生冲突[①]。需要加强对景区员工的管理,包括培训工作、礼仪行为、解说服务、管理制度等多方面。白水台景区的员工绝大多数都是社区居民,需要增强员工的情感归属和文化认同,提高员工的工作效率。加强与社区居民的关系协调,通过合适的利益分成实现景区的和谐发展。加强旅游宣传,增加营销渠道。

再有,加强社会力量的参与及整合。藏族占香格里拉地区人口的多数,决定了它在云南旅游场域中的稀缺资本特征和独特的文化权力,白水台景区的纳西文化或东巴文化的旅游资源就必须与其他相关旅游产品进行整合式的营销与发展,这样才有利于整个白地社区旅游经济的可持续发展。

3. 重视对游客行为的引导

东道主已关注到游客的到来必定带来各种影响,正面的影响是可以宣传东巴文化并扩大其影响,也会使白地人了解自己的文化价值,增强文化认同意识。对于负面影响要加强管理,要减少对环境的污染,禁止对自然景观和文化景观的破坏,促进游客的文明旅游行为,特别要对游客行为加以引导并进行行为管理,积极引导游客尊重社区的宗教习俗,增进对民族文化的了解。

---

① 《中国香格里拉生态旅游区总体规划》(2007—2020),中国旅游出版社,2009 年,第 252 页。

Community—Based Tourism in White Land, Shangri—La, from the Perspective of the "Host Gaze"

Guang Yingjiong

Abstract: The tourist gaze is a multi—dimensional and dynamically changing act of observing others. Research shifting from the tourist gaze to the host gaze has greatly enriched gaze theory, and the host gaze is also of significant importance for the tourism development of destination communities. Following Urry's concept of the "tourist gaze," Omar Mufakil and Yvette Reisinger introduced the concept of the "host gaze" in 2013, identifying four types: "initial gaze", "differentiated gaze", "overall gaze" and "differentiated and analytical gaze". Internalization is a distinct characteristic of the host gaze, whereby hosts observe themselves by gazing at tourists and respond accordingly to meet tourists' needs and maintain order within community tourism. Using White Land, Shangri—La, as a case study, this paper observes and analyzes community—based cultural tourism from the perspective of the host gaze to promote the positive development of community tourism.

Key words: Host Gaze; community—based tourism; Shangri—La White Land; Cross—cultural management; Internalization

乡村振兴战略下的海南民族文化旅游开发保护研究[*]

余有勇[**]

摘 要 在乡村振兴战略的实施过程中,海南将乡村旅游发展视为重要推动力之一。海南以独特的少数民族文化作为旅游资源的核心组成部分,在旅游业发展中发挥着举足轻重且不可替代的作用。本文聚焦于如何在海南少数民族乡村旅游开发中构建有效的民族文化保护机制,平衡旅游开发与文化传承的关系。通过深入海南少数民族主要聚居村落的田野调查和访谈,结合多学科理论,探究海南少数民族乡村旅游的可持续发展路径。本文认为,保护民族文化特色是当前的首要任务,让其在旅游开发中发挥作用,并进一步完善开发与保护的双赢机制,方可实现民族文化的活态传承与乡村旅游的和谐发展。

关键词 乡村振兴;民族文化;乡村旅游;旅游开发;海南

DOI:10.13835/b.eayn.31.19

海南省是多民族聚居省份,据 2022 年末户籍人口统计显示,海南省有 55 个少数民族,少数民族人口 174 万人,其中黎族人口 154 万人,苗族人口 8 万人,壮族 5 万人,回族 2 万人,其他少数民族 5 万人。黎族和苗族是主要世居少数民族,主要聚居在海南省的陵水、保亭、三亚、乐东、东方、昌江、白沙、琼中、五指山等县市。在国家乡村振兴战略背景下,发展乡村旅游是海南乡村振兴的重要途径之一,其中海南少数民族文化作为旅游资源开发的核心要素,有着不可替代的重要作用。但在现实旅游开发过程中,往往开发即意味着破坏。基于此,本文以海南少数民族乡村旅游开发过程中如何设立民族文化的保护机制作为主要研究内容,并以旅游开发策略与民族文化传承作为海南乡村协同发展的两个维度进行分析。毫无疑问,民族文化作为旅游资源开发的过程也是民族文化传承与变迁的过程,更是政策导向和市场需求的目标,旅游开发策略与民族文化传承作为协同发展的两个维度,能够更加直观地分析海南少数民族乡村区域发展的规律和路径。

本文研究目标主要有两点:一是以海南少数民族主要聚居村落为研究对象,通过实地调查、深度访谈、调查问卷、量表开发等多种方法开展调查研究,运用民族学与文化学及旅游学等学科相关理论进行分析,深入探讨海南少数民族乡村旅游发展的机制和路径,对于不当的开发形式加以调控,让海南少数民族文化在传承和发展中保持其原生态与生命力;二是在当前国内大的政策背景下,国内乡村振兴策略选择中以发展乡村旅游,特别是以少数民族文化作为核心要素进行开发的地区不在少数,希望通过本文的研究为各地类似的旅游开发提供数据和经验的参考。

---

[*] 本文系海南省哲学社会科学课题"新质生产力驱动海南数字经济与文旅产业融合发展研究"(编号:HNSK(ZC)24-136)阶段性研究成果。

[**] 余有勇,三亚学院旅游与酒店管理学院讲师。研究方向:旅游文化、民族旅游。

一、研究现状

在国家乡村振兴战略背景下,学术界开始对乡村振兴战略的理论逻辑、科学内涵和实现路径进行了分析研究。关于乡村振兴的研究,是自 2018 年中央一号文件提出要走中国特色社会主义乡村振兴道路,并搭建起实施乡村振兴战略的"四梁八柱"顶层设计后,乡村振兴逐渐成为当下学术研究的最热门选题之一。乡村振兴的理论逻辑、科学内涵与实现路径等成为研究者关注的热点:(1)探讨乡村振兴的内涵、规划、路径及其战略意义。新时代乡村振兴的关键是提升乡村内生能力。基于激励结构与内生能力的分析框架,分析研究赶超战略时期的乡村衰退和新时代的乡村振兴的发生机制(张丙宜,华逸婕,2018)[①];(2)基于十九大提出的乡村振兴战略,对乡村振兴战略的理论逻辑、科学内涵和实现路径进行分析。实施乡村振兴战略,需坚持顶层设计,科学制定乡村振兴规划;需强化制度供给;需推进农业供给侧结构性改革,加快实现农业农村现代化,推动战略行稳致远(廖彩荣,陈美球,2017)[②]。

在民族文化旅游开发研究方面,民族文化资源旅游开发是旅游市场的少数民族文化变迁的外源式动力,民族文化的资本化起因、过程及结果均是国内外研究者关注的热点:(1)民族文化资源开发是一种力求发展的努力行为,少数民族地区存在地方发展和经济回馈的需要。各种文化要素都常常不得不进行转换,从而以经济资本的形式出现来影响社会,来发挥自身的作用(马翀炜、陈庆德,2004)[③]。(2)文化资本与经济发展嵌合。文化资本与经济发展嵌合成为民族文化资源开发的主要基调(David Throsby,1995)[④],民族村寨中的各种文化事项、文化活动都在逐步实现由文化资源向文化资本的转化,继而实现文化资本向经济资本的转化。(3)非物质文化遗产成为民族文化资源开发研究的主体对象。在国内诸多关于文化资本理论的研究文献中,可以看到文化资源丰富但经济落后的民族村寨地区掀起了文化再生产热潮(Pierre Bourdieu,1997[⑤];宗晓莲,2002[⑥])。如关于毕摩文化资源开发的研究(王进,廖玲,2010)[⑦],民族宗教仪式、传统节日、文学艺术、口头传说等非物质文化遗产都逐渐成为民族文化资源开发研究的对象。(4)民族文化资源开发主要通过旅游产业为主导的运作模式。从文化资源向文化资本的转化是通过政府或企业的经济资本注入得以实现,文化资本向经济资本转化的媒介大多都是旅游利用。文化资源开发会带动当地的产业链,包括住宿、餐饮、购物、交通、娱乐等等。(5)学术界关于海南民族地区文化传承研究现状的研究主要可以归纳为:研究民族文化的旅游开发与保护。现代旅游业的发展对少数民族聚居地区的社会文化造成了不同程度的冲击和影响,探讨民族文化旅游资源开发现状,发现问题,提出策略是学界使用较多的研究思路(刘俊,楼枫烨,2010[⑧];孙九霞,张士琴,2015[⑨]);研究

---

① 张丙宜、华逸婕:《激励结构、内生能力与乡村振兴》,《浙江社会科学》2018 年第 5 期。
② 廖彩荣、陈美球:《乡村振兴战略的理论逻辑、科学内涵与实现路径》,《农林经济管理学报》2017 年第 6 期。
③ 马翀炜、陈庆德:《民族文化资本化》,北京:人民出版社,2004 年,第 41 页。
④ David Throsby. Culture, economics and sustainability. *Journal of Cultural Economics*, 1995.
⑤ [法]皮埃尔·布尔迪厄(Pierre Bourdieu):《文化资本与社会炼金术》,包亚明译,上海人民出版社,1997 年,第 198 页。
⑥ 宗晓莲:《布迪厄文化再生产理论对文化变迁研究的意义——以旅游开发背景下的民族文化变迁研究为例》,《广西民族学院学报(哲学社会科学版)》2002 年第 2 期。
⑦ 王进、廖玲:《毕摩文化再生产论——布迪厄理论在毕摩研究中的运用》,《云南社会科学》2010 年第 6 期。
⑧ 刘俊、楼枫烨:《旅游开发背景下世居少数民族社区边缘化——海南三亚六盘黎族安置区案例》,《旅游学刊》2010 年第 9 期。
⑨ 孙九霞、张士琴:《民族旅游社区的社会空间生产研究——以海南三亚回族旅游社区为例》,《民族研究》2015 年第 2 期。

民族文化传承与文化变迁。民族文化变迁是学术研究的热点，但是海南民族文化变迁研究主要集中在以黎族为代表的研究（陈晓兰，2008）[①]，而针对其他少数民族的研究一般侧重于节日、歌舞等方面。

综合来看，关于民族文化旅游开发的研究成果存在以下不足：首先是各类研究偏向于对旅游开发结果的探讨，在开发前期进行干预或调控的研究较少。旅游发展对民族文化的影响现状，如何减少旅游者的进入对旅游地民族文化的剥蚀，民族村寨的居民对旅游发展的态度、示范效应和憎畏感的演化过程，需要着手进行认真的、适度超前的研究；在研究对象上，文化主体和旅游开发主体间的关系存在分歧，对重大问题的研究方面，尚显不够系统、深入；在研究方法层面，定性研究集中在探讨定义、概念和旅游的一般性影响，缺乏深入的旅游开发定量研究。因此，本文拟从不同旅游形式对民族文化旅游开发的经济、社会、环境等各个方面的实际影响进行系统的定性与定量分析相结合的案例研究，以民族文化作为旅游开发的后期发展动力，设计旅游开发的具体发展方向，找准后续发展机制做支撑，以民族文化为主线，带动旅游经济的发展，探索旅游开发的可行途径。民族文化传承与变迁理论、实践研究成果丰厚，理论架构成熟，而海南民族文化资源旅游传承、开发变迁与保护机制的研究创新不足，成果稍显单一，仍具有进一步研究的价值和意义。

二、海南民族文化旅游开发现状及问题

（一）民族文化资源现状

海南民族文化资源从物质文化和非物质文化两个大类进行划分，非物质文化或精神文化又从符号文化和宗教习俗文化两方面进行归类（具体见表1）。物质文化包括房屋建筑、服装饰物、生活用品等，它具有实物属性，表现特定的生活方式和民族特征；符号文化包括神话传说、音乐舞蹈、礼仪、风俗等，它通过象征意义反映民族精神；宗教文化则是直接表达民族意识形态的宗教信仰、伦理道德等。从内容上看，文化资源描述着一个民族发生发展的历史，反映这个民族的生产生活方式和风俗习惯，表现这个民族的宗教伦理和美学等价值体系和全部民族精神。分析和认识海南民族特别是黎族、苗族现存的具有开发价值的文化资源，是我们开发和利用这些资源的前提。

表1 海南典型民族文化资源统计

分类	存在形式	民族	典型代表	文化价值
物质文化	黎锦	黎族	黎单、黎幔、巾帨料筒裙	无论在工艺水平上，还是象征意义上，黎锦均具有很高的审美情趣
	刺绣	苗族	平绣、绉绣、辫绣、缠绣、打子等，还有挑花、织花	刺绣是一项传统工艺
	蜡染	黎族、苗族	东方县的美孚黎所创造的扎染	海南黎族、苗族都有蜡染这一古老而世代相传的工艺品，而蜡染当今也已风靡海内外
	编织	黎族、苗族	以藤、竹、叶等多种原料编制各种生活用品	均就地取材，造价不高，除了日常的使用价值外，还有观赏和纪念价值
	雕刻	黎族	黎族妇女作为头饰的骨簪，黎族骨簪多为人形饰以花草动物图案	精雕细刻的骨簪不仅是精美的雕刻工艺品，而且记载了黎的历史传说和古老的信念，具有神奇的色彩
	椰雕	黎族	黎族以椰壳加工椰碗、椰勺等为日常生活所用	近些年发展起来的具有地方特色的椰雕，除以实用为目的的碗、盘、罐外，还有供观赏和作为纪念品用的各种装饰性摆设
	贝雕	回族	珊瑚花和各种贝壳上的雕饰物件	回族人民以他们精巧的双手加工制成的贝雕具有取材方便、自然美观等独特的观赏价值

---

① 陈晓兰：《海南黎族文化的变迁及其原因》，《新东方》2008 年第 7 期。

续表 1　海南典型民族文化资源统计

分类	存在形式	民族	典型代表	文化价值
物质文化	神话传说	黎族	《洪水的故事》《约加西拉鸟》《葫芦瓜》《天狗》《五指山传说》《黎母山传说》《鹿回头》《吹天箫》《兄弟星座》《雷公根》《大力神》	黎族人民对自己民族起源的解释和对洪荒时代生活的追忆和想象、战胜恶魔的勇敢精神和除恶务尽的英雄理想；歌颂黎族青年对爱情的坚贞和对美好生活的向往等
	音乐	黎族	有反映爱情的《婚歌》《抗婚歌》《巴定》等；有反映劳动的《踩稻歌》《砍山栏》《春耕谣》《舂米谣》等；有表现仪式的《盛典歌》《祭鬼歌》《五刑歌》等	黎族人民对生活的热爱和对劳动及美好未来的憧憬，具有很高的艺术价值
	舞蹈	黎族	有反映宗教活动的《跳鬼舞》《跳娘舞》；与恶鹰斗争的《打鼓舞》《钱铃双刀舞》《打鹿舞》；反映劳动生活的《打柴舞》等	这些舞蹈除了反映黎族人民独特的生活内容和精神信仰，还表现了黎族独特的舞蹈技巧和表现能力
宗教习俗	礼仪风俗	黎族	海南黎族的节日"三月三"，妇女有文面文身的习俗，婚礼仪式、丧葬仪式等	对于黎族来说，它的仪式规则、风俗习惯不仅是一种形式，而且基于一定的信仰，具有一定的社会功能

（二）海南民族文化资源开发现状

海南民族文化在实际的旅游开发中被赋予了新的价值，也在旅游市场中得到检验。如海南传统文化中以黎苗"三月三"节为代表的节庆文化获得了市场的认可，成为旅游开发的核心竞争力（表 2 统计）。

表 2　海南民族文化开发典型形式统计

节庆	时间	内容
元宵换花节	农历正月十五晚上	举办地在海口市琼山区府城镇。从前叫"换香"，在元宵节晚上当街和生了男孩的人家换香，家里来年也会生男孩接香火。现改名"换花节"，青年男女交换鲜花，祝福生活、表达友情
冼夫人文化节	农历二月初六至十二	海口市新坡镇及海口市内以前叫"闹军坡"，后改名"军坡节"。现改名"冼夫人文化节"，是为纪念冼夫人而举行的民间祭祀活动
三月三节	农历三月初三	五指山、三亚等少数民族地区黎族、苗族同胞载歌载舞，举行篝火对歌会体育比赛等
中秋对歌节	农历八月十五	儋州各村、镇下午举办民间赛歌会，晚上举办中秋情歌酒会
中国南山长寿文化节	农历九月初九重阳节	三亚南山文化旅游区，百岁老翁们徒步登南山，举办大型文艺演出
南山庙会	4—6 月	在三亚南山举行集旅游、佛教和民间习俗于一身的大型民间传统文化活动

"三月三"是黎族、苗族人民纪念勤劳勇敢的先祖、贺庆新生、赞美生活、歌颂英雄和追求幸福爱情的传统佳节。每逢农历三月三，黎族、苗族人民都要举行隆重的庆祝活动。节日当天，黎族、苗族人民穿戴节日盛装，带着山栏酒、竹筒饭和粽子，从四面八方来到集会地点，祭拜始祖。夜晚，年长者聚饮叙旧，青年男女则相互对歌或载歌载舞，通宵达旦。除此之外，海南省各地政府还为"三月三"节增

添了新内容，除了"三月三"对歌，还举行盛大的黎族、苗族传统体育竞赛，以及文艺汇演和骑牛赛跑、跳大拆舞等文化娱乐活动。黎族、苗族的舞蹈融艺术和体育于一炉，轻松活泼、热闹非凡。

"三月三"节是黎族、苗族人民最隆重的传统节日，是黎族和苗族生产、生活、娱乐等整体民俗风貌的集中体现，是世人了解黎族、苗族文化和历史的窗口，是宣传海南和弘扬民族传统文化的大好时机。1984年，经广东省人民代表大会和广东省人民政府批准，海南黎族苗族自治州人民政府把"三月三"节定为节庆日。2006年5月，黎族"三月三"节入选第一批国家级非物质文化遗产名录。

2019年的"三月三"节庆活动以"爱与感恩"为主题，主会场活动分别在陵水和五指山市。五指山主会场举行了祭祀袍隆扣大典，表达了黎族群众对祖先的崇敬和对未来美好生活的追求。在陵水举行的文艺晚会分为"遇见·爱""期待·爱""感谢·爱""未来·爱"四个篇章，通过民族特色歌舞、黎锦苗绣展示、沙画艺术、民歌联唱等近20个节目，表现出黎族、苗族同胞对爱情和生活的质朴感情，对家乡和祖国的赤子情怀。

1. 典型海南乡村民族文化资源旅游开发案例一：三亚市中廖村

中廖村位于三亚市北部，地理位置优越，西接G224国道，南邻三亚绕城高速和东线高速，交通十分便捷。距离三亚市区仅有半小时车程，距离亚龙湾动车站也仅需9分钟车程，这为游客提供了极大的便利。更为重要的是，海南省五个5A级景区中的4个都分布在中廖村50公里范围内，这使得中廖村具有得天独厚的发展乡村旅游的地理区位优势。全村总面积6810亩，现有812户，总人口3350人，是一个典型的黎族村庄。

中廖村是一个纯粹的黎族村落，以其淳朴的民风和悠久的民族文化传承而著称。这里丰富的非物质文化遗产是中华民族非物质文化遗产中极为特殊且重要的组成部分。凭借着深厚的黎族风情底蕴，中廖村向游客生动地展示了黎族的丰富文化遗产。在这里，游客可以深入体验这个民族的独特文化氛围：可以目睹黎族居民身着光鲜亮丽的传统服饰，聆听吟唱悦耳动听的民族歌曲，并深切感受到黎族人民的淳朴与热情。

在人文资源方面，中廖村拥有深厚的人文底蕴，黎族的节庆三月三、舞蹈打柴舞、音乐竹木器乐、纺织绣技艺、服饰以及制陶技艺等都已经列入第二批国家非物质文化遗产保护名录，是中廖村的独特文化魅力所在，这些文化遗产不仅丰富了中廖村的文化内涵，也为游客提供了一次难得的文化体验机会。

在自然资源方面，中廖村拥有非常丰富的植物资源，如芒果、槟榔、椰子树、炸弹果、凤凰木、青皮竹等。这些不同的植物相互依存，共同构成了一个生态平衡的自然环境。此外，中廖村还有美丽的水域风光如中和湖，以及生物景观如大榕树广场、中廖花海和各种小桥湖泊等。这些自然景观将中廖村装点得生机勃勃，为游客提供了极佳的观光和休闲场所。

中廖村的旅游主打产品是黎族文化与热带风情农家乐。游客可以在这里欣赏到美丽的中和湖、大榕树广场和中廖花海等自然景观，同时还可以体验到阿爸茶社、黎家小院、树上村屋、孔子学堂、黎锦阁等富含黎族文化与海南特色人文的场所。这些特色使得中廖村成为一个充满魅力的乡村旅游目的地，尤其对于外地前来三亚的旅游者来说，具有极大的吸引力。

随着三亚市全力推进乡村振兴战略的实施，农村产业结构得到了调整优化，农村生态环境也得到了保护和修复。这些举措进一步带动了乡村旅游产业的发展。据统计数据显示，仅2022年全年全国休闲农业和乡村旅游共接待游客21.9亿人次，其中休闲农业游客接待量为7.6亿人次，乡村旅游游客接待量为14.3亿人次。中廖村作为海南乡村旅游发展的典型代表村寨之一，为乡村旅游的发展做出了重要贡献。总的来说，中廖村凭借其得天独厚的地理位置优势、丰富的自然和文化资源以及日益完善的旅游设施和服务条件，已经成为乡村旅游的热门目的地之一。

2. 典型海南乡村民族文化资源旅游开发案例二：保亭县三道镇甘什村

甘什村隶属于海南省保亭黎族苗族自治县三道镇，全村共有7个自然村，483户，人口1843人，是黎族人聚居的典型村庄之一。近年来，甘什村获得了多项荣誉，包括被农业农村部推介为2023年中国美丽休闲乡村等。5A级景区海南槟榔谷黎苗文化旅游区就坐落在甘什村内。

甘什村在文化资源方面则保留了丰富的黎族传统文化和非遗技艺，这里保留着丰富的黎族传统文化，保留着原始风貌和独特的民族特色。甘什村内还有非遗文化陈列馆，展示了黎族的传统技艺和文化遗产，如黎族传统器乐、钻木取火技艺、传统纺染织绣技艺等。这些非遗文化是甘什村乃至整个黎族文化的重要组成部分。游客可以在村内体验到独特的黎族风情，如船形屋、茅草屋等传统建筑，以及黎族的传统歌舞、手工艺等。甘什村依托其丰富的自然和文化资源，发展了多种旅游产品，如"旅游＋研学""旅游＋非遗""旅游＋康养"等。这些旅游产品不仅丰富了游客的旅游体验，也推动了甘什村的文化传播和旅游发展。

甘什村在自然资源方面拥有广阔的耕地、坡地和林地，其耕地面积达到995亩，包括水田和旱田，可用于种植各种农作物。此外，还有523亩的坡地和3809亩的林地，这些土地资源为甘什村的农业发展提供了坚实的基础。村内随处可见摇曳的槟榔树，以及美丽的田园风光，都体现了甘什村得天独厚的自然资源。

甘什村的旅游景区主要有槟榔谷黎苗文化旅游区和甘什岭森林高尔夫俱乐部等。海南槟榔谷黎苗文化旅游区创建于1998年，规划面积5000余亩。槟榔谷因其两边森林层峦叠嶂，中间是一条延绵数公里的槟榔谷地而得名。景区由非遗村、甘什黎村、谷银苗家、田野黎家、《槟榔·古韵》大型实景演出、兰花小木屋、黎苗风味美食街七大文化体验区构成，风景秀丽。景区内还展示了十项国家级非物质文化遗产，其中"黎族传统纺染织绣技艺"被联合国教科文组织列入非物质文化遗产急需保护名录。海南槟榔谷黎苗文化旅游区还是海南黎、苗族传统"三月三"及"七夕嬉水节"的主要活动举办地之一，是海南民族文化的"活化石"。海南槟榔谷黎苗文化旅游区于2015年7月被评为国家AAAAA级旅游景区，是中国首家民族文化型5A级景区，也是国家非物质文化遗产生产性保护基地、十大最佳电影拍摄取景基地，荣获国务院、文化部、农业部颁发的"全国民族团结进步模范集体""国家文化出口重点项目""全国休闲农业与乡村旅游五星级企业"等多项荣誉。海南槟榔谷黎苗文化旅游区秉承"挖掘、保护、传承、弘扬海南黎苗文化，使其生生不息"的使命，向世界再现了海南千年的昨日文明，是海南原住民文化的传承者和创新实践者。2018年，槟榔谷景区共接待游客168.9万人次，成为海南民族文化旅游开发的典型代表。

此外，甘什村周边还有丰富的自然资源和美丽的乡村田园风光，游客可以在此体验原生态的黎族文化，品尝特色美食，以及享受优越的雨林生态环境。同时，甘什村也在积极发展休闲农业和乡村旅游，通过"公司+农户"的模式，推动农村一二三产业的融合发展，致力于打造全域旅游示范村。

（三） 海南民族文化资源开发存在的问题

海南少数民族居住特点是以民族村寨聚居为主，他们拥有独特的语言和文化，并较好地保留了民族文化。因此，这里具备以少数民族文化为核心要素进行旅游开发的前提条件。但同时，该地区也具有资源的富集性、水系源头的复杂性、生态屏障的重要性、文化特色的多样性以及边疆区位的特殊性等多维特性。进行旅游开发时，需要在国家乡村振兴战略方针指导下，做好科学理论设计，合理规划乡村发展及振兴路径。在全域旅游发展理念指导下，在前期旅游扶贫工作中，各级政府均有较大的政策扶持和资金投入进行少数民族文化资源开发，但效果并不十分理想，甚至存在贸然进行旅游开发导致民族文化要素被破坏的情况，这可能会阻断民族文化的传承与发展，原因如下：

首先，民族文化认同感差，难以形成品牌凝聚力。文化是通过其象征符号，将族群联系在一起，为找到历史传统的共同点，使其精神上不孤独，行动上不迟疑，团结一致，携手并肩，在旅游开发中形成较大影响力。但是目前海南少数民族文化的凝聚力却还没有形成，彼此之间的文化认同感较弱。

其次，民族文化旅游开发缺乏自主性。海南民族文化旅游开发缺乏自主性，多是被动地接受外来资本和开发者的旅游开发，在此过程中，民族文化的主体的参与程度较弱，或者是缺乏主体意识和责任感。

最后，原创力不足与创新性产品缺乏。海南黎、苗、回等世居的少数民族虽然创造了丰富的文化产品和文化服务，但这些产品大多是简单制作、粗放生产，缺乏创造性元素。

三、 海南民族文化资源旅游开发路径探索

（一） 加强文化交流，形成品牌凝聚力

文化交流是丰富文化特征并发挥自身生命力的重要途径。在现代化社会中，商品是一种直接的传播方式，文化商品进入市场，能够有效地将自己所承载的文化内涵传播出去。在传播过程中，对内激发民族对自身内源文化独特性的认识，对外传播它所含有的价值，有助于各种文化间的相互理解和借鉴。在此过程中，民族文化的开发者也获得了扩展知识、丰富想象的机会，在文化的互动中获得启迪和灵感，增强创新意识和自身活力。

（二） 增强民族文化自尊，强化自强精神

为了保证文化资源的开发适应海南民族生存的文化环境，首先要研究如何在组织方法与生产方式之间求得较好的平衡，这种宏观研究的目的，在于使文化资源的开发更加符合海南各民族的愿望及特定的民族心理和道德准则，并利用文化特性的推动力来促进发展。这种发展与进步应该基于海南民族的文化

传统和各民族的共同未来的双重背景。在国家乡村振兴战略背景下，海南民族地区的文化资源可以通过旅游开发的形式让大众所知，在发展旅游的同时增强其民族自豪感，提升自信心。文化资源的开发者在参与文化行动的同时也参与了经济活动，实践本身就将他们带出传统的产品生产阶段，进入现代的商品生产社会，充分保证了其物质需求。另外，文化资源开发的特征还在于它与发掘人的潜力直接有关。在文化开发过程中，人们更新了观念，增加了知识，拓宽了视野，掌握了技术，这为他们全面迈向现代化社会做了物质上和心理上的准备。

（三）培养文化传承者，提升旅游开发自主性

为了继承和发展传统民族工艺和民族文化表现技能，应该培养一批批生产者和表现者，提升海南民族文化旅游开发的自主性，让其主动地参与旅游开发的过程，形成较高的民族文化主体的参与程度。例如，请民间艺人教授传统的编织、雕刻和歌舞的技艺和表现形式，以便学员掌握和理解其方法和含义；同时请受过现代艺术训练的教师讲授各种有关的艺术表现形式和方法，以便学员能够运用现代艺术语言，创造性地表现自己的传统文化内涵。

四、结论

在国家乡村振兴战略的大背景下，海南乡村振兴的首要策略便是大力发展乡村旅游。其中，海南的少数民族文化，作为旅游资源开发的核心组成部分，显得尤为重要。本文研究结果表明：首先，民族文化在现代社会主流文化的冲击下面临传承与发展的挑战，是旅游开发的需要对其进行了重新挖掘和塑造。因此，旅游开发和民族文化的传承应该是相辅相成的，彼此之间相互融合而形成发展和传承的主要路径；其次，民族文化在旅游开发的过程中存在过分依赖游客的选择、开发形式较为单一的问题。因此应完善开发与保护机制，让民族文化的精髓得以传承。在乡村振兴战略背景下，海南省政府在主导少数乡村旅游开发的进程中，应充分考虑少数民族地区文化的影响力，从整体筹划、品牌塑造及营销推广、服务水平提升、挖掘市场潜力、凸显地方特色文化、强调绿色发展等角度出发，为增加海南旅游文化的核心影响力和吸引力创造条件。

Research on the Touristic Development and Protection of Hainan Ethnic Culture under the Strategy of Rural Revitalization

Yu Youyong

Abstract: Within the context of the national Rural Revitalization Strategy, developing rural tourism is a primary strategy for Hainan's rural revitalization, with Hainan's ethnic minority cultures serving as a core element for tourism resource development. This paper focuses on establishing protection mechanisms for ethnic cultures during the development of ethnic minority rural tourism in Hainan, analyzing it from two dimensions: tourism development strategies and ethnic cultural heritage preservation, aiming at the coordinated development of Hainan's rural areas. Through field research and in-depth interviews conducted in major ethnic minority villages in Hainan, and employing relevant theories from ethnology, cultural studies, and tourism studies, this paper explores the mechanisms and pathways for the development of ethnic minority rural tourism in Hainan. This study argues that the fundamental task for current researchers is to restore the authenticity of ethnic cultures, establish their core element status in tourism development, improve the main mechanisms of development and protection, and ensure the inheritance of the essence of ethnic cultures.

Key words: Rural Revitalization; Ethnic Culture; Rural tourism; Tourism development; Hainan (Province)

西南地区民间互助组织"化赊"研究四十年：回顾与反思[*]

杨正军[**]

摘　要　在西南地区民间互助组织研究中，丽江纳西族地区盛行的"化赊"因悠久的历史与丰富的内涵历来受到学者们重视，尤其是改革开放以来，相关成果更是不断涌现。回顾近四十年学界对于"化赊"的研究，发现沿三个主要方面展开：一是就"化赊"组织自身作专题介绍和论述；二是梳理其历史发展脉络；三是探讨其传统功能与当代价值。尽管目前研究已取得了不俗成果，但仍存在一些不足和需要反思之处。"化赊"是我国传统经济类民间互助组织，然而目前已向社会文化类组织转型。对四十年来的研究进行总结回顾，不仅有助于把握"化赊"的时代特点，对利用其当代价值为民族地区的经济社会发展服务，也具有启示和借鉴意义。

关键词　西南地区；民间互助组织；化赊；研究回顾

DOI：10.13835/b.eayn.31.20

在我国西南纳西族聚居地区盛行一种被称为"化赊"（cóng，又作賨）的民间互助组织。据学者们考证，"赊"是古代南方少数民族所缴纳的一种税物，本意与货币有关；"化"在纳西语里有"群体""伙伴"之意；两相结合，意指个体或家庭间凑集资金或实物，轮转使用，以达经济互助之目的，就其传统特点而言，部分类似世界各地存在的轮转储蓄基金及我国汉族地区流行的互助会、合会等民间互助组织。[①] 化赊在民国时期即已盛行。在经济滞后、物资匮乏年代，民众组织化赊多以经济互助为目的，不过改革开放后，因经济发展与社会转型，化赊开始向社会交往及休闲娱乐类组织演变，社会、文化功能显著提升。学界对化赊的研究由来已久。民国时期，费孝通对云南禄村的调查就注意到与之类似的合赊组织，并从组织和运作方式入手对其进行了详细阐述。[②] 改革开放以后，伴随化赊的全面复兴与现代转型，学界逐步强化了对此类民间组织的研究，涌现出数量可观的研究成果。整体来看，目前学界对于化赊的研究，大体可分为三个方面：一是对其性质特征、组织方式、运作模式、文化内涵等进行专题论述；二是梳理其历史脉络；三是探讨其传统功能与当代价值。化赊是物资匮乏时代的产物，传统功能主要体现

---

[*]　本文系国家社科基金一般项目"乡村振兴背景下西南少数民族赊会的转型与再利用研究"（项目编号：21BSH114）的阶段性成果。

[**]　杨正军，云南民族大学云南省民族研究所副研究员。研究方向：组织人类学、宗教人类学。

[①]　参见和颖：《丽江纳西族化賨文化研究》，云南大学博士学位论文，2008年；习煜华：《流行于纳西社会里的"赊"》，《云南民族学院学报》1994年第4期；和少英：《纳西族文化史》，云南人民出版社，2011年。

[②]　费孝通：《费孝通文集》第二卷，群言出版社，1999年，第370—372页。

在经济层面，不过随着物质生活水平的提高与精神需求的不断增长，其社会文化功能正日益显现，现代特征与当代价值也为越来越多的学者所重视。相信对四十年来的研究进行总结回顾，不仅有助于推动化賮研究的深入发展，对利用其当代价值为民族地区的经济社会发展服务，也具有现实借鉴价值。

一、化賮组织专题研究

专题研究是将化賮视为区域社会组织或地域社会文化现象所做的研究。此类研究不针对具体类型或个案，而是将其视为一个整体，对地域社会盛行的此类民间组织的性质特征、组织架构、运作模式、形成原因、文化内涵等进行全方位、系统性的解读，以向读者宣传介绍这种极具地方和民族特色的民间互助组织与社会文化现象。如习煜华的《流行于纳西社会里的"賮"》、和颖的《丽江纳西族化賮文化研究》、黄琳娜的《神秘的賮》、和肖毅的《賮文化探究》等，即是此类研究的代表作品。[①]

习煜华对化賮的性质特征、组织架构、形成原因做了专题研究。她认为，化賮是纳西社会一种民间结社，是商品经济发展背景下产生的特殊组织形式。在纳西传统社会，当某家生产、生活需要资金而又一时难以筹措，便邀约亲友、邻里组织"賮"。"賮"的成员每人拿出少许资金或实物先供邀约者使用，待其渡过难关后，便定期筹措，轮流合作。"賮"的内部有其固定结构，含"賮首、賮员、賮金、賮期、賮补"几个部分。"賮首"是化賮的组织者和邀约者，任务是督促按期凑齐賮金，合理分配，以及集中賮员意见并决定化賮开展聚会活动的内容；"賮员"是化賮的参与者，任务是按期缴纳賮金和参与化賮集体活动；"賮金"是成员投入化賮的小额资金或实物，数量依邀约者的需求而定；"賮期"是賮员轮转使用賮金的时间间隔，一月一次或三月一次不等；"賮补"是成员使用賮金所付的象征性利息，是否计算或数量多寡，由成员商议决定。[②]

化賮的形成有其深刻的历史原因与社会文化背景。习煜华认为，化賮是游牧、狩猎转向定居农业的结果。在氏族社会，纳西人主要以游牧、狩猎为生，生产方式及社会组织方式较为简单，不过自西北南迁后，纳西人的生计方式转向了定居农业；此时，以血缘为纽带的组织方式无法满足新的生产生活需要，需共居一隅的人群协作才能完成，因此作者认为，正是生计方式转变的时代背景，使地缘为纽带的组织方式取代了血缘为纽带的组织方式，并催生了化賮这类地缘组织的诞生。化賮还是特定环境与人文背景下的产物。习煜华认为，纳西族多居于崇山峻岭之中，险恶的生存环境使单个家庭无法应对，而需齐心协力才能生存，在此背景下，纳西人养成了互帮互助的传统，他们生产中相互扶助，生活中也频繁往来，据此作者认为，正是险恶的生存环境塑造了纳西人的互助意识，同时也推动了化賮组织的诞生。化賮与商品经济的发展也存在密切联系。丽江地处滇西核心区域，中心地—大研古镇更是多民族政治、经济和文化的中心，明代就已具备集镇规模，商品经济甚为发达，而一些传统化賮中计算利息的方法只有商品

---

① 参见李若愚：《说賮》，《中国经济史研究》1987年第2期；习煜华：《流行于纳西社会里的"賮"》，《云南民族学院学报》1994年第4期；黄琳娜：《神秘的賮》，《中国民族》1995年第12期；和颖：《丽江纳西族化賮的文化解释》，《西南民族大学学报》2008年第4期；和肖毅：《賮文化探究》，《云南师范大学学报（哲学社会科学版）》2006年第1期。
② 习煜华：《流行于纳西社会里的"賮"》，《云南民族学院学报》1994年第4期。

经济充分发展后才可能出现，因此作者认为，化賩的形成还深受商品经济发展的影响。①

和颖就化賩的起源与民族文化内涵做了专题探讨。她认为，作为秦汉之际南方少数民族缴纳的赋税形式，"賩"何时演变为民间互助组织"賩会"，又何时传播至丽江演变成当地流行的"化賩"，已无从考证，不过，就语言形式与内容判断，化賩的形成应该是民族文化传播与融合的结果。因为从历史发展角度来看，纳西族先民原属古羌人一支，秦汉时从甘、青河湟流域迁徙至滇、川边区一带，因族属相近，地域相邻，加之民族文化交流频繁，纳西文化在形成和发展过程中受到了巴蜀文化的强烈影响，而"賩"正是在这种背景下传播到了丽江，并与纳西文化珠联璧合地形成了"化賩"这个词汇，进而衍生出独具地方和民族特色的化賩文化。②

至于化賩体现的民族文化内涵，作者认为表现在三个方面。一是和谐相处的群体观。纳西人重视群体和谐，崇尚合群为荣、离群为耻的群体观，在该民族传统习俗、伦理道德及日常生活中，也无不体现合群、爱群、利群的思想。化賩作为不同形式的群体组合，在培育成员合群品质的同时，也促进了他们的友好交往，可以说很好地诠释了这种群体思想，因此作者认为，作为地域社会文化现象的化賩，首先反映了纳西族和谐相处的群体观。二是平等合作的互助观。纳西人崇尚互助，很多地方习俗与乡规民约都体现了"有福同享，有难同当"的互助传统。化賩作为互助组织，直观地体现了这种互助观念，因为就参与者来说，平时帮助其他成员，困难时也会得到其他成员的帮助，据此作者认为，作为互助组织的化賩，还集中展现了纳西人平等协作的互助观。三是悠闲惬意的生活观。纳西人重视现实物质利益，同时也倾心悠闲恬淡的生活方式。他们崇尚自然，追求闲情雅致的生活。近年，丽江涌现的钓鱼、赏花、登山等休闲娱乐类化賩，正是这种生活观的集中展现。通过参与各种休闲娱乐类化賩，当地人既亲近了自然，也放松了心情，使身心得到极大愉悦，因此作者认为，作为现代休闲方式的化賩，还体现了纳西人悠闲惬意的生活观。

和肖毅从社会学视角对化賩做了定性研究。他认为，作为以互助救济、联络感情为存在目的民间组织，化賩既是"同龄群体"也是"趣缘群体"，同时，还可被视为是地缘性"熟人群体"。同龄群体由年龄、兴趣爱好、家庭背景相似成员组成。这些人因年龄、思想观念、兴趣爱好相近，容易相互吸引。就化賩而言，虽其成员来自不同行业，社会角色也千差万别，但在运行过程中，他们不受任何权威的影响和支配，而以独立姿态平等交往，因此作者认为，化賩完全可称得上是社会学意义上同龄群体。化賩只发生在可信任的熟人之间，是熟人关系结成的互识群体。在丽江，独特的田园风光与人文环境造就了独特的熟人关系背景，在此居住的人们，鸡犬相闻，守望相助，进而才形成了化賩这样的互助组织，据此作者认为，化賩不仅是同龄群体，还可被视为特定地域背景下的熟人关系群体。化賩过去以经济互助为主要目的，不过近年因经济发展与社会转型，又涌现出兰花賩、打跳賩、足球賩、篮球賩、健身賩等众多以休闲娱乐为旨归的新的化賩类型。化賩在当代社会的变化，既是时代发展的产物，也是物质生活满足后人们精神需求增长的结果。据此作者认为，化賩在当代社会已明显改变，成为地域社会人们以休闲娱乐为目的而结成的"趣缘群体"。③

---

① 习煜华：《流行于纳西社会里的"賩"》，《云南民族学院学报》1994 年第 4 期。
② 和颖：《丽江纳西族化賩的文化解释》，《西南民族大学学报》2008 年第 4 期。
③ 和肖毅：《賩文化探究》，《云南师范大学学报》2006 年第 1 期。

二、化赊历史演变与现代转型研究

化赊自诞生以来一直经历着发展与变化。在传统社会，民众组织化赊多是以生产、生活互助为目的，不过改革开放以后，因时代发展与社会变化，纳西族化赊也表现出新的时代特点，其显著特征是经济功能的减退与社会文化功能的凸显。化赊的历史演变尤其是现代转型，引起了学界的广泛关注，也促使学者们从历时性角度入手，探讨其历史发展过程及背后的推动因素。这些研究中，有些是从长时段着眼，梳理化赊的历史脉络；有的则立足当代社会，对化赊现代转型的原因进行深入阐述。①

赵秀云专注于化赊的历史脉络。她的《西南边陲纳西社会中"赕"的发展与变迁》，分四个历史时段，对民国直至改革开放后，化赊的兴衰史进行了长时段考察。首先是民国时期的介绍。化赊在民国时期曾广为盛行。作者以组织、运作方式为基准，将彼时的化赊分为"实物赊""老人赊""十会赊""小钱赊"等众多类型，其后，从产生原因、组织架构、运作方式等方面入手，对民国时期的化赊进行了条分缕析的介绍。作者指出，民国时期的化赊虽五花八门，但主旨都在于经济互助，这是因为当时民众很难从银行获得资金支持，只能仰仗化赊这类互助组织，缓解燃眉之急和应对不时之需，这也是当时化赊盛行的主要原因。②

其次是停滞原因的分析。新中国成立以后，化赊的发展曾一度中断。作者分析了解放初的政治、经济背景，认为地方政府的限制措施，特定时期的经济萧条，以及频繁的政治运动等，是导致化赊在解放初期停滞的主要诱因。再次是初步复兴的研究。改革开放之初，化赊首先在纳西妇女中间复苏，尤其是城市里的家庭主妇，尤热衷组织和参与化赊。作者分析了妇女参与化赊的动因，认为其所具备的储蓄、互助和社会交往功能，不仅满足了妇女节省家庭开支和积累家庭财富的需要，还为其提供了为数不多的社会化途径，因此，改革开放初期，化赊首先是在纳西妇女中间流行。

最后是全面复兴与现代转型的研究。20世纪90年代，化赊开始全面复兴并经历了现代转型，具体表现是数量、类型较以往更多，社会文化功能也显著提升。作者梳理了全面复兴的时代背景，并对化赊现代转型的原因进行了分析。她认为，生活水平的提升虽消解了化赊的经济价值，但其自身附着的社会、文化功能，迎合了新时期民众休闲娱乐与人际交往的需求，因此化赊在当代社会不仅没有削弱，反而加速向社会、文化类组织转型。

和立勇、和少英就化赊现代转型的原因进行了深入阐述。他们认为，致使化赊由经济互助类组织向社会交往类组织转型的原因，主要包含三个方面。一是社会结构转型的必然结果。改革开放以前，我国实行的是计划经济体制，政府对社会资源的控制较为严格，致使地方社会缺乏应有的活力，不过改革开放以后，我国开始实行社会主义市场经济体制，民众及地方社会拥有了更大的自主权，社会更为开放，

---

① 参见赵秀云：《西南边陲纳西社会中"赕"的发展与变迁》，《民族学刊》2013年第5期；和秀涓：《纳西族化赊的功能变迁研究》，《人民论坛》2013年第2期；和立勇、和少英：《化赊：丽江古城纳西人社会整合中的文化自觉》，《思想战线》2007年第6期；和秀涓：《化赊的形式与功能变迁：对纳西族一种传统互助组织复兴的社会学考察》，广西师范大学硕士学位论文，2007年；柳娥、刘永功：《"化赊"与纳西族文化自觉》，《西南边疆民族研究》2012年第1期；李灿松、周智生：《新时期边疆民族乡村民间互助组织的兴起与发展：以滇西北民族乡村为例》，《西北民族大学学报》2013年第4期。

② 赵秀云：《西南边陲纳西社会中"赕"的发展与变迁》，《民族学刊》2013年第5期。

产品的分配形式也更为多样，而正是这种社会结构转型的时代背景，催生了化賩组织的现代转型。二是阶层分化的影响。改革开放以来，我国逐渐由高度同质化的社会向多阶层社会转变，阶层分化日益明显。在丽江纳西族地区，因旅游业的迅猛发展，外来企业及务工人员大量涌入，使当地的阶层结构发生了明显改变。多阶层社会的出现，引发了社会整合的需求，也使得同事賩、战友賩、同学賩、老乡賩等社会交往类化賩不断涌现，而这就成为化賩转型的社会基础。三是人口流动的推动。受市场经济发展、户籍制度改革等因素影响，我国人口流动模式自本世纪初期以来发生了根本性转变。在丽江纳西族聚居区，受相关因素影响，大量外来人口涌入城市，大中专毕业生、私营业主、城中村居民等，也因各种原因在当地城市化进程中，转变成拥有本地户籍的城镇居民，这使得丽江地区的人口结构日趋复杂，社会分层也更加明显，而这也成为致使化賩向社会交往类组织转型的一个推动因素。①

化賩只是我国传统民间互助组织中的一类，在云南乃至其他省份，尚有与之类似的打賩、合賩以及互助会、合会等其他相关组织。不过，尽管化賩与上述组织的传统功能与运作模式较为类似，但在社会急剧转型的当代社会，各自的走向却截然不同。化賩与上述组织在当代社会的不同发展趋势，也是学者们关注的一个焦点。他们在探讨化賩现代转型问题时，还注意与上述组织进行比较，试图通过横向的对比研究，把握化賩的时代特点与地域特征。

如李红春对比了丽江纳西族"化賩"与大理回族"打賩"，认为二者虽然都是传统民间自发性经济互助组织，但化賩在当代已超越纯经济的范畴，演化成具有深刻文化内涵的小群体休闲方式与生活模式，而打賩则成为民间重要的融资渠道，对推动地方经济发展起到了重要作用。作者分析了致使二者不同的背后因素，认为，两个地区、两个民族经济发展与社会结构转型的不同需求，导致了其发展的差异。在丽江，受市场经济和旅游业的冲击，纳西族传统人际关系不断瓦解，进而引发了人群整合的需求，在此背景下，当地人对化賩进行了创新与再造，使其成为人际关系与社会关系整合的资本；而在大理，出于发展经济的需要，当地人将打賩的经济性充分发挥，使其成为整合地方资源的渠道，在乡村产业发展中发挥了重要作用。②

和立勇就丽江化賩与东南沿海标会做了比较研究。他认为，尽管都是建立在熟人关系与信任关系基础上的传统民间互助组织，但标会发展至今，已演变成单一的经济资本获得方式，个别地方还因信任纽带断裂出现了"蹦会"现象；而化賩发展至今，则被视为一种获得社会资本与实现人生理想的途径，演变成新时期具有强大生命力的再生性资源。作者分析了二者变化的内、外部因素，认为，二者变化的外部环境基本一致，都是社会转型对传统文化资源的继承提出了新的要求。不过，虽然外因相似，内因却截然不同。纳西人立足传统文化但又力求改变与社会发展不相适应的因子，从而使化賩与现代社会的发展相适应；而东南沿海地区，则因一味发扬标会的经济属性，没能对其进行现代化改造，从而使其出现了衰败迹象。据此作者认为，正是不同地区、不同人群的主观能动性不同，导致化賩与标会在现代社会的发展，呈现出明显的差异。③

---

① 和立勇、和少英：《化賩：丽江古城纳西人社会整合中的文化自觉》，《思想战线》2007 年第 6 期。
② 李红春：《嵌入经济互动的族群流动与文化建构：藏彝走廊"化賩"与"打賩"的经济人类学解析》，《云南社会科学》2015 年第 2 期。
③ 和立勇：《两种民间金融互助组织的文化分析》，《云南民族大学学报》2007 年第 3 期。

三、化賝传统功能与当代价值研究

  化賝的类型极为多样,且在不同历史时期,其功能、价值体现得也各不相同。学界对化賝传统功能与当代价值的研究自 20 世纪 90 年代即已展开,近年伴随其全面复兴与现代转型,越来越多的学者开始重视此类问题的研究。总体而言,目前学界对化賝传统功能与当代价值的研究主要集中在两个方面:一是整体性的总结概括,二是针对特定类型所开展的具体分析。整体性研究不划分历史时期,也不聚焦具体类型或个案,而是着眼于总体,对不同时期乃至不同类型化賝的功能进行总结概括,以把握其整体价值。如郝时燕、和颖总结了化賝的各项功能,认为包含互助救济、情感互动、休闲娱乐、文化传承等四个主要方面;和肖毅归纳了化賝的各种作用,同样认为包含互助救济、休闲娱乐、情感交流互动以及民族文化传承等四个方面。①

  互助救济主要针对化賝的传统功能而言,尤其是经济滞后、物资匮乏年代,民众的物质生活较为匮乏,银行信贷业又不甚发达,在此背景下,民众但凡遇到婚丧嫁娶、起房建屋、购买牲畜及购置生产、生活用具等大额支出费用时,仅凭自身实力往往无法解决,而只能依靠化賝这类互助组织相互扶助,共渡难关,因此在物资匮乏的传统年代,化賝的互助救济功能就体现得尤为明显。诚然,当代民众的物质生活水平虽已显著提高,但化賝的互助救济作用却并未完全消失。在当代社会,化賝多以小额现金作为会员缴纳的会费,这其中一部分用于賝友救急及开展集体活动,另一部分则作为賝友或其家属生老病死时的慰问基金,故而当代化賝的互助功能不仅体现在经济层面,更表现在賝友们精神上的互助与安慰。

  情感互动特指賝友的互动往来与情感交流。化賝是一个互动交往平台,为成员提供了难得的定期碰面的机会。在化賝聚会活动中,賝友们推心置腹,互诉衷肠,可使心情得到放松,身心得以愉悦,进而使他们的内心能多一分宽容平和,少一分牢骚怨气。与此同时,作为互动平台的化賝还充满了人文关怀,能使賝友在频繁的接触过程中,体会到群体的关怀与温暖。通过参与化賝,賝友还能培养自己多方面的情感,提升他们的人际交往能力与社会适应能力。据此,学界普遍认为,除了经济互助价值,情感互动也是化賝历来所具有的一项重要社会功能。

  休闲娱乐旨在说明化賝在賝友聚会休闲方面的价值。化賝过去虽以经济互助为旨归,但轮流"接賝"时的聚餐活动,俨然已具备相当程度的休闲娱乐功能。因为在准备和享用"賝宴"的过程中,賝友们齐聚一堂,闲谈畅聊,本身就是一种很好的放松和休闲方式。而在当代社会,丽江地区涌现的赏花賝、打跳賝、骑车賝、足球賝、篮球賝、健身賝等以休闲娱乐为目的而结成的化賝,更是直观地体现了化賝的休闲娱乐价值。这些新的化賝类型是由志趣相投、爱好相似的賝友组成,大家平时忙于工作,闲暇时聚会休闲,或野外垂钓,或徒步登山,充分享受难得的闲暇时光,因此,当代纳西族化賝所具备的休闲娱乐价值,就更为学者们所津津乐道。

  文化传承重在阐述化賝于纳西族民间文化传承所发挥的作用。纳西民间流传着家训族规、乡规民约、民俗礼仪、手工技艺等众多优秀的传统文化。这些传统文化植根于地方社会,在历史长河中积淀成独特的伦理

---

① 参见郝士燕、和颖:《纳西族"化賝"文化的合理性及现实意义》,《学术探索》2013 年第 9 期;和肖毅:《賝文化探究》,《云南师范大学学报》2006 年第 1 期。

道德、价值规范与生存技能，在不同层面影响和规范着纳西人的思想与行为。化賮作为不同形式的群体组合，为纳西文化的传承营造了浓厚的社会氛围。通过定期交流互动，因化賮而结合的社会群体，会在行为与价值取向上趋于一致，进而在强化认同感与归属感的同时，促进纳西民间文化的传承。与此同时，化賮营造的公共空间，还为成员提供了交流学习的机会，大家在化賮过程中互相观摩、学习和切磋，也会促进传统技艺与生活经验的传承。据此，学者们普遍认为，化賮在传承纳西族民间文化方面也具有积极价值。

具体分析主要围绕特定类型展开，尤其是改革开放后，化賮已由生产、生活互助向社会交往、情感交流、休闲娱乐等方向演变，因而此类研究多立足当代社会，通过对相关类型的具体分析，阐述其在当代社会所发挥的作用。如和晓燕研究了化賮的教育价值，认为作为民间活动形式的化賮，除具有互帮互助、联络感情、放松娱乐、文化传承等功能外，还具有非常重要的教育作用。这里的教育作用指非学校的社会教育。因为化賮在当代多以賮友聚会的形式呈现，在一次次聚会活动中，賮友们受周围环境熏陶，能接受到更多的社会信息，进而也能获得相互学习的机会。化賮的学习首先是知识的积累。作者认为，化賮成员多来自不同行业和不同领域，在化賮活动中，他们因频繁的交流互动，了解到自己不熟悉的领域，浅则学到新知识，扩展自己的知识面；深则能打通固有知识的贯通点，达到深化自我学识的目的。化賮的学习还是人际交往与生活方式的学习。作者指出，化賮旨在人与人之间的互帮互助，注重个体间的礼尚往来。通过参与化賮，賮友们可以学到为人处世的方式，知道得到他人帮助必先帮助他人，得到他人理解必先理解他人等人际交往的道理。而且，賮友们参与化賮，还会受环境熏陶，更加积极主动地与他人交流，主动获取社会信息，从而学习到一种劳逸结合的生活方式。[1]

康厚良、段志勇阐述了化賮的体育价值。他们在《以体育为导向让古老民俗焕发青春：以丽江"化賮"为例》中指出，在当代社会，化賮已由财力、物力互助向体育和休闲娱乐为主要目标的方向转变，在此过程中，纳西族一些传统休闲娱乐项目，因借用化賮的形式组织重新焕发出生机；与之相伴的，化賮传统的休闲方式，也因从棋牌、聊天向跑山、打跳、足球、篮球等以追求身心健康为目标的现代体育项目转变而在新时期换发出新的活力。作者在文中先以打跳、放鹰、东巴跳为例，阐述了纳西族传统体育项目在现代社会如何遭遇到冲击和挑战，其后，又引入了对化賮组织优势的探讨。他们认为，以化賮形式组织相关人员开展定期活动，共同研习和切磋技艺，避免了"AA制"给传承人或爱好者带来的烦琐与尴尬，从而使纳西族传统体育项目因能有效开展而得到传承与保护。文章中，作者还分析了化賮与现代体育的"联姻"，认为时下流行的篮球賮、足球賮、网球賮、骑车賮等休闲娱乐类化賮，以现代体育项目为主题，以化賮的方式来组织，将共同兴趣爱好者有机地结合在一起，大家轮流接賮，活动所需款项和收支工作，分摊在每一位成员身上，无须监管，账目公开，从而使化賮与现代体育项目的发展相得益彰。[2]

四、化賮研究的不足与反思

以上，我们从专题研究、历史演变与现代转型研究、传统功能与当代价值探讨三方面入手，对改革

---

[1] 和晓燕：《纳西族的"化賮"活动及其教育意义》，《新西部》2008 年第 20 期。
[2] 康厚良、段志勇：《以体育为导向让古老民俗焕发青春：以丽江"化賮"为例》，《四川体育科学》2018 年第 3 期。

开放以来,学界有关丽江纳西族化賮的研究进行了总结、梳理和回顾。不难看出,经过四十多年的积累,学界关于丽江纳西族化賮的研究已取得了长足进步。我们在吸收和借鉴前人研究经验的基础上,不仅在基础理论开发方面取得了显著成效,在实际应用价值领域同样取得了一定突破。不过,尽管目前研究已取得了不俗成果,但仍存在一些不足和需要反思之处。

首先,成果以单篇幅论文居多,系统性的专题、专著研究有待进一步加强。学界关于纳西族化賮的研究虽已历数十年之久,但与纳西族传统文化研究的其他领域相比,成果仍显薄弱与不足。体现在成果形式上,目前对于化賮的研究,大多只是单篇幅的学术论文,系统性的学术著作只有一部。这种现状不仅与该领域的学术积累不符,与化賮在纳西社会历史文化中所处的地位也颇不对称。化賮的历史较为悠久,发展至今,无论规模、数量,还是类型、分布,都大有赶超以往之势。对此类民间组织的研究,无论从现状入手还是从历史角度切入,不管是民族学、历史学学科还是人类学、社会学领域,都应有相应的学术著作问世。遗憾的是,目前学界的研究,单篇幅的论文占据了绝大多数,而系统性的学术著作却只能用凤毛麟角来形容。这种状况不仅表明该领域的研究深度还远远不够,也从侧面说明以化賮为明确研究主题的学术领域也远未形成。

其次,仅就化賮论化賮的意味较为浓厚,缺乏必要的问题意识与理论关怀。化賮是丽江普遍存在的民间互助组织与社会文化现象,其根植于地方社会,是地域社会文化的重要组成部分。对此类民间组织的研究,不仅需要对其形成原因、组织架构、运作模式、发展规律进行探讨,还需在此基础上,分析地域社会的内在结构与运行机制。换言之,就是通过化賮组织的研究,透析地域社会整合机制,地域社会文化变迁,以及地域社会结构转型等更为宏观层次的问题。美中不足的是,目前学界的研究,仅就化賮论化賮的意味较为浓厚。这些研究或是梳理化賮的起源变迁,或是考察其内部结构,抑或基于功能视角分析其不同的社会作用。诚然,以上研究是必要的,但如果只是围绕化賮组织自身展开,不进行宏观层次的理论探讨,该领域研究就显得内容单一,空间狭小,这种状况不仅会局限我们的视野,也会使后续研究无法有效扩展和深入。

最后,整体性、概要式的总结归纳较多,深入调查点的实证研究有待进一步加强。无论是专题研究、转型变迁研究还是功能与价值探讨,以往学者的研究大多基于历史文献与前人调查资料进行。这些研究不管是总结化賮的自身特点,还是归纳其不同作用,大多只停留于表面,仅仅是泛泛而谈。实际上,化賮的类型极为多样,分布的地域也非常广泛。在纳西族聚居地区,无论是城市社区还是乡村腹地,都有大量不同类型的化賮组织存在。化賮分布的广泛性及类型的多样性,给研究者整体把握此类民间组织造成了一定困难。不过也应该看到,不同类型及不同地域的化賮组织,是我们进行研究所取之不尽的资料源泉。对不同类型及不同地域化賮组织,持续地开展田野调查,才能在深入的个案研究基础上,进行有效的理论提升,也才能为后续跨地域和跨类型的比较研究奠定必要的基础。可惜的是,目前学界的研究,大多都是从理论到理论、从文献到文献的总结归纳,缺乏必要的田野材料作支撑,以往研究显得内容空洞,说服力不足。这种现状不仅使相关研究缺乏应有的深度,也会使后续研究丧失进一步提升与拓展的可能。这一点,也是我们今后研究中需要注意和改进的一个方面。

Retrospect and Reflection on the Research of the "Huacong" a Non-governmental Mutual Aid Organizations in the Past 40 Years

Yang Zhengjun

Abstract: Due to its long history and rich connotation, as one of the non-governmental mutual aid organizations in southwest China, the "huacong" of the Naxi people in Lijiang has always been paid attention to by the academic community. Especially since the reform and opening up, relevant research results in this regard have been emerging continuously. The research on the "Huacong" of Naxi ethnic minority in the past 40 years can be summarized as the following three aspects. The first aspect is the thematic discussions on the organization "Huacong" itself. Second one is to sort out its historical development; the third one is to discuss its traditional functions and contemporary values. Although the current research has achieved good results, there are still some reflection we need to make. As a traditional economic non-governmental mutual aid organization, "Huacong" has now transformed into a social and cultural organization. Summarizing and reviewing the research in the past 40 years not only helps to grasp the characteristics of "Huacong", but also has enlightenment and reference significance for using its contemporary value to serve the economic and social development of ethnic areas.

Key words: Southwest China; non-governmental mutual aid organizations; Huacong; research retrospect

生态文化研究

草原生态教育变迁的文化审思
——基于内蒙古 DM 旗的田野研究*

严 哲**

摘 要 生态教育是生态文明建设的基石。草原文化是一种天然的生态文化，内含着传统的以家庭生活教育为主的生态教育。草原牧区在现代化进程中出现了草原生态文化传承上的断裂。传统与现代的桥接既是生态教育主体性的彰显，也是做好生态教育的关键所在。基于内蒙古 DM 旗的田野调查研究发现，传统草原生态教育的内核是草原文化，自然性和民族性是草原文化的显著特征，在应试教育的影响下草原生态文化被边缘化；草原生态教育在形式上正由传统的家庭教育转变为以现代学校教育为主导，内容上从地方性知识逐步被标准化的学科知识所替代。从教育人类学视角来看，内蒙古草原生态教育古今变迁背后潜藏的是一种文化上的变迁过程，传承和创新草原生态文明是蒙古族教育的时代使命。草原牧区在现代化的过程中要提高草原生态教育的文化自觉，既要有国际视野，又要立足"本土化"，站在人与自然和谐共生的高度谋划中国方案，构建学校、家庭和社会一体化的草原生态文明教育体系，在乡村振兴的伟大实践中建设生态宜居、文明和谐的美丽草原。

关键词 内蒙古草原；生态教育；草原文化

DOI：10.13835/b.eayn.31.21

一、引言

近年来，生态环境变化引发的气候异常与疫情大暴发给全人类的生存带来了巨大的挑战。云南野象群的异常迁徙、河南等地出现的洪涝灾害一次次给我们敲响警钟。自党的十七大首次提出建设生态文明以来，我国关于生态文明建设的思想不断丰富和完善。党的十八大把生态文明建设纳入中国特色社会主义事业"五位一体"总体布局。① 党的十九大把"坚持人与自然和谐共生"②作为新时代坚持和发展中国特色社会主义的基本方略之一。党的二十大强调"像保护眼睛一样保护自然和生态环境，坚定不移走生产发展、生活富裕、生态良好的文明发展道路，实现中华民族永续发展"③。"草原文化是一种生态文化，对

---

* 本研究受到教育部研究生教育创新计划云南大学—内蒙古师范大学 2019 年暑期学校项目的资助，是顺德职业技术学院引进博士科研启动项目（KYQD049）、教学质量与教学改革工程项目（24Y2403JG2503X001）的阶段性成果。

** 严哲，顺德职业技术学院马克思主义学院讲师。研究方向：教育人类学。

① 曹芸：《唤醒家园意识 提升生态素质——高校思想政治理论课的实践探索》，《思想政治教育研究》2017 年第 4 期。

② 习近平：《决胜全面建成小康社会 夺取新时代中国特色社会主义伟大胜利》，《人民日报》2017 年 10 月 19 日。

③ 习近平：《高举中国特色社会主义伟大旗帜　为全面建设社会主义现代化国家而团结奋斗》，《人民日报》2022 年 10 月 26 日。

我国建设生态文明具有重要的参考价值。"① 习近平总书记指出,"保护草原、森林是内蒙古生态系统保护的首要任务","要探索以生态优先、绿色发展为导向的高质量发展新路子"②。生态教育是生态文明建设的基石。习近平总书记要求各级学校都要重视生态文明教育,从小事做起,教导学生养成环保的好习惯。③ 近现代以来,随着全球化的深入推进,内蒙古传统的以家庭教育为主的草原生态文化教育,逐步被现代化的学校教育体系主导的生态文明教育所取代,给草原文化带来了全新的机遇和挑战。如何在全球化和民族化之间做到双赢、构建人与自然和谐共生新格局,是草原生态教育面临的时代课题。

"生态教育或教育生态化是人类为了实现可持续发展和创建生态文明社会的需要,而将生态学思想、理念、原理、原则与方法融入现代全民性教育的生态学过程。"④ 生态教育包含了环保和可持续发展的理念、传统的生态文化和现代的生态文明观。⑤ 启蒙运动时期,卢梭就提出了自然主义的教育思想。随着资本主义大生产的全球展开,一系列环境和社会问题引发了大批有识之士的担忧,其中蕾切尔·卡逊(Rachel Carson)描述了人类滥用化学物质导致的生物大灭绝的可怕未来。⑥ 梅多斯(D. H. Meadows)等对放任自流的发展模式将会导致的人类困境的前瞻也一步步变为现实。⑦ 环保主义思潮伴生着对现实的批判迅猛发展,并很快催生出了意在变革传统教育、培养下一代的环境保护意识、避免情况进一步恶化的环境教育。亚瑟·卢卡斯(M. A. Lucas)指出,"环境教育即内容是关于环境的,教学是在环境中进行的,目的是为了环境保护的"⑧。亨格福德(Hungerford)、马西尼科斯基(Marcinkowski)、海因斯(Hines)等又相继提出了"环境素养""环境敏感性""环境行为模式"等环境教育中的核心概念。⑨ 随着世界各国对生态环境保护的认识和需求逐渐加深,联合国多次举办环境与发展相关主题的大会,推进环境教育理念的普及和深化,并将环境教育进一步推动到了可持续发展教育阶段。生态教育是继环境教育、可持续发展教育两个阶段后的最新发展阶段,更加关注连续性的人地关系,将人视为自然内在的一部分,强调地球和全人类的共赢共存⑩,也有学者要求通过批判性的生态教育塑造一个更加公平公正的世界⑪,同时本土的生态文化也成为一个重要的关注方向。⑫

我国自党的十七大以来,也有大批学者开展了生态教育方面的研究,如余谋昌对"生态观"的诠释⑬,方创琳提出的"生态教育"⑭ 等。内蒙古草原生态教育作为其中的一个重要方面,受到了教育学、人类学、社会学等领域的专家学者们广泛关注。江涛等追溯了蒙古族传统教育的精神内涵与基本形式⑮,

---

① 李新一、周晓丽、尹晓飞、李平:《草原牧区要率先实现乡村振兴》,《草业学报》2021年第6期。
② 习近平:《保持加强生态文明建设的战略定力 守护好祖国北疆这道亮丽风景线》,《人民日报》2019年3月6日。
③ 习近平:《习近平就气候变化问题复信英国小学生》,《人民日报》2022年4月22日。
④ 温远光:《世界生态教育趋势与中国生态教育理念》,《高教论坛》2004年第2期。
⑤ 陈斯拉:《大学生生态教育探究》,《思想教育研究》2009年第6期。
⑥ 蕾切尔·卡逊:《寂静的春天》,李长生译,上海译文出版社,2011年,第183页。
⑦ D. 梅多斯:《增长的极限》,于树生译,商务印书馆,1984年,第118页。
⑧ 祝怀新:《环境教育论》,中国环境科学出版社,2002年,第53页。
⑨ 彭远春:《国外环境行为影响因素研究述评》,《中国人口·资源与环境》2013年第8期。
⑩ Judson Gillian Judson, *A New Approach to Ecological Education*, Peter Lang Pub, Inc, 2010, 29.
⑪ Richard Kahn:《批判教育学、生态扫盲与全球危机生态教育学运动》,李博译,高等教育出版社,2013年,第91页。
⑫ Lowan-Trudeau G, Gatekeeper or Gardener? Exploring Positioning, Paradigms, and Metaphors in Indigenous Environmental Education Research, *The Journal of Environmental Education* 50, No. 4–62019: 348–357.
⑬ 余谋昌:《生态观与生态方法》,《生态学杂志》1982年第1期。
⑭ 方创琳:《论生态教育》,《中国教育学刊》1993年第5期。
⑮ 江涛、苏德、成丽宁:《蒙古族传统教育的当代审视》,《民族教育研究》2019年第30期。

巴战龙提出要将乡土知识融入课程教学中①，刘敏和包智明从国家治理的视角探究草原生态环境变迁②，麻国庆从地方性知识的视角探究游牧文化与草原生态变迁③，张雯探究了游牧"惯习"断裂对草原环境可能造成的影响④，陈祥军追溯了游牧生态观的现代变迁及其后果⑤。总的来说，学者们主要从社会变迁、生态文化、生态伦理和地方性知识等视角对草原生态文明教育的变迁和发展作出了解读，但对于草原上传统家庭教育和现代学校教育两方面的衔接和流变的讨论尚不充分，而家庭教育和学校教育恰恰是培育下一代生态文明观念、养成良好的环境保护习惯的重要环节。

本文主要采用人类学的田野调查法，利用笔者 2019 年 7 月到 8 月在阴山北麓传统游牧民族核心活动区巴音杭盖草原的田野调查收集到的材料梳理而成，主要讨论的问题是内蒙古大草原生态教育的传统形式是什么？现在的形式是什么？发生了哪些变化？这些变化将会产生什么样的影响？

二、 草原传统生态教育的内核与形式

DM 旗是内蒙古北部的一个边境牧业旗县，地处阴山北麓乌兰察布高平原。境内草原面积约有 16574 平方千米，以荒漠平原为主。气候上少雨，冬季时间长气温极低，夏季时间短气温极高，昼夜温差极大。生态环境较为脆弱，以畜牧业经济为主。DM 旗目前下辖 7 个镇、2 个乡、3 个苏木，总面积 18177 平方千米，总人口 12 万，其中少数民族 1.83 万（蒙古族 1.73 万），有蒙古族、汉族、回族、满族等 15 个民族。⑥ 北部与蒙古国接壤，有草原丝绸之路重要关口满都拉口岸。BYHG 嘎查位于 DM 旗西部，BYHG 嘎查意为"水草丰美的山林"，地理位置处于东经 109°15′00″—109°33′12″、北纬 41°42′13″—41°55′36″之间，总面积为 3.72 万公顷。BYHG 嘎查截至 2019 年 8 月共有 90 多户，200 多人。BYHG 嘎查由于受典型草原亚带和典型荒漠亚带生物种渗透，形成了该区域中温型荒漠草原特有的自然生态景观，是游牧部落的主要活动地区之一。

传统的草原生态教育的内核实质上是草原文化，主要包括与草原环境相适应的游牧生产生活方式和风俗习惯等。⑦ 阴山以北的漠南地区一些丘陵地带的岩石上四处散落着游牧先民们留下的描绘自己原初生活图景的岩画，位于 MA 镇附近山区的岩画就是其中的精品之一。在岩石峭壁上还可以看到游牧先民一幕幕鲜活的生活场景：绝大部分岩画都绘制有草原上的牛、马、羊、狐狸、狼和鹿等各种动物，主人或是骑马，或是坐车，和草原上的其他生灵和谐地共同生活在一起。游牧"是由自然、家畜、人三要素构成的生活方式"⑧。游牧民最初的生活是和草原紧密地联系在一起的，其生存直接受到季节、气候、动物群落、植被情况等诸多自然因素的影响。人们需要不断迁徙追逐着丰美的水草，这种生活上的不稳定性，

---

① 巴战龙：《传承乡土知识 促进民族团结》，《中国民族教育》2018 年第 10 期。
② 刘敏、包智明：《西部民族地区的环境治理与绿色发展——基于生态现代化的理论视角》，《中南民族大学学报》2021 年第 4 期。
③ 麻国庆：《游牧的知识体系与可持续发展》，《青海民族大学学报》2017 年第 4 期。
④ 张雯：《剧变的草原与牧民的栖居——一项来自内蒙古的环境人类学研究》，《开放时代》2010 年第 11 期。
⑤ 陈祥军：《消失的草原神圣性——透视草原生态的危机》，《文化纵横》2019 年第 2 期。
⑥ 内蒙古自治区地方志编纂委员会办公室：《内蒙古年鉴·2016 卷》，方志出版社，2016 年，第 595 页。
⑦ 刘高、孙兆文、陶克套：《草原文化与现代文明研究》，内蒙古教育出版社，2007 年，第 93—94 页。
⑧ 孙志民、庄锡昌：《文化人类学的理论构架》，浙江人民出版社，1988 年，第 127 页。

促使草原民族产生了对自然万物的敬畏。高高在上的苍天"腾格里"和厚重的土地"嘎吉尔"更是成为牧民们的精神寄托所在。在蒙古族成文的最早的史书《蒙古秘史》中,"腾格里"(天)和"嘎吉尔"(地)同时出现过11次,表现出"天父地母"的观念。① 内蒙古传统生态观与生态环境具有极高的兼容性。人们将生活在其中的草原和万物赋予了某种神性,并与之和谐交往,同时在生活中积累了很多有益于保护生态环境的地方性知识。除了天地,蒙古族还敬仰着自然界中的万物,将日月星辰、山川河流等都赋予了人格,甚至是神格,认为大草原上的万事万物都与人一样拥有着喜怒哀乐。例如在达茂草原上流传着火神的故事。当地人的讲述中,火神通常是一位年长妇女的形象。牧民家中通常对火有着很多禁忌,比如不能说火的坏话,不能从火上跨过,不能用刀子搅火,等等。据说有户牧民家因为不小心冒犯了火神,怎么都点不着火,这在草原变幻无常的气候下是非常致命的。

传统的生态教育主要通过家庭教育和生活教育来完成。蒙古族人在长期的游牧生活和劳动实践中产生了一种原始的生态道德观,并通过讲故事、玩游戏和放牧劳动等方式,将一代代积累的有益的生态地方性知识和传统的生态环境观念传递给子孙后代。正如当地谚语所说的那样,"父亲的教导——黄金,母亲的嘱托——智慧"②。

首先,是口耳相传的故事教育法。牧民们积累了丰富的地方性知识,小心翼翼地维护着草原的生态环境,和草原上的动物保持着特别的默契。在闹根布拉格溪边住着的牧民仍记得妈妈在小时候讲过的草原上的故事:牧区曾有一家人养了很多羊,后来有狼在羊圈后面的草场上搭了一个狼窝,这家的人都知道这回事,但担心别人伤害狼,就没有跟人说过这事,默许狼窝搭在那里,狼也很默契,从不吃旁边羊圈里的小羊。还有一则关于蛇的故事也非常有趣:隔壁一个嘎查有一户人家路上看到一条快冻死的蛇,就抱回家里的炕上,把蛇救活并放生了,后来那条蛇还经常光顾他们的家,但不打扰他们,他们家也不会去驱赶这条蛇。除此之外,牧民还给我们讲述过临近嘎查发生过的一件事情:一户牧民找到了一个狐狸窝,趁着老狐狸不在的时候,堵住洞口放烟雾把一窝小狐狸给熏死了,后来老狐狸经常去骚扰他们家的羊群,只吃他们家的羊,给那户牧民造成了很大的损失。这些朴素的故事中,动物往往拥有人格和喜怒哀乐等各种情绪,懂得对人的善行表达感激,对人的恶行给予报复。

其次,是游戏教育法。在蒙古族孩子们玩的传统游戏中,他们就地取材,收集牛羊骨头进行沙嘎游戏(也称作"嘎拉哈",西部俗称"羊拐")。这种游戏玩法非常丰富,又很环保,在游戏规则中暗含着生态平衡的朴素哲理。比如有一种用牛羊骨头做棋子,一方扮演"鹿",一方扮演"狼"的一种对抗游戏。比赛的方法非常有趣,扮演"鹿"的棋手先走,扮演"狼"的棋手后走,棋子和棋子之间能连成线状才能往前走。双方各走一步,"狼"要绞尽脑汁来围堵"鹿",将"鹿"逼到没有地方可去就获得了胜利。反之,"鹿"如果能越过"狼"走到一个空位,这匹"狼"就"死"掉了。如果"狼"都被"鹿"给跳过了,那么"鹿"就赢了。这反映出一个不能竭泽而渔的朴素生态智慧,里面隐含着对人与动物和谐关系的思考。

最后,还有劳动教育法。BYHG草原上,牧民早上天刚刚亮就要起床干活,从打扫卫生、挤牛奶、给牲口喂水、放羊等活计开始繁忙紧凑的一天。孩子们最重要的活计之一还包括捡拾牛羊的粪便,将它

---

① 乌兰:《蒙古族腾格里信仰研究》,中央民族大学博士学位论文,2017年,第31页。
② 铁柱:《阴山北麓茂明安草原一隅 内蒙古达茂旗明安镇巴音杭盖嘎查调查报告》,社会科学文献出版社,2018年,第182页。

们垒成圆状堆放在一起风干,堆积成一定的厚度后做成一块方方正正的砖,平时可作牛羊圈的墙,同时也是烧火取暖或是做饭用的主材料。① 一个家里羊粪砖堆积得是否厚实完全可以看出主人家的勤劳程度,也是过冬必要的燃料储备。孩子们在劳动中就学到了最原始的环保知识,使用清洁能源。同时,草原上的孩子们从小就被教导要对垃圾进行分类。在宝尔汉图山背后的一户牧民家,主人家的女儿在打扫卫生时,拿过来三个大麻袋:可重复利用的如一些建材木板放在一个袋子里,一些不能用但可以烧掉的放在另一个麻袋里拿去厨房作为柴火,一些不能用又不能烧掉的装在第三个麻袋送到镇上的垃圾处理站。通过参与日常生产生活劳动,孩子们从小就亲身感受到了草原的美,学会了怎样和各种动物友好地相处,直接塑造了他们良好的生态道德观。

三、草原现代生态教育的发展与缺憾

近代以来,随着现代化进程的加速,以学校为主体的教育制度,给了每一个人平等的受教育的机会,极大地提升了草原牧民的人口素质和生活风貌,同时也给草原生态文明建设带来了挑战。

首先,牧区"就近入学"困境,弱化了草原传统的家庭教育。根据《中华人民共和国义务教育法》,所有适龄儿童、少年"依法享有平等接受义务教育的权利,并履行接受义务教育的义务",同时"地方各级人民政府应当保障适龄儿童、少年在户籍所在地学校就近入学"②。由于牧区住户呈现"大分散、小集中"特征,地方政府为了整合资源,将绝大部分学校都建立在城镇中,牧区基本上没有学校。以 DM 旗为例,根据官方公布的资料,截至 2019 年,DM 旗现有民族学校(包括幼儿园)6 所。其中,九年一贯寄宿制学校 1 所(蒙古族学校),国际小学 1 所,幼儿园 4 所。BYHG 草原的孩子们要接受教育,只能去离家大半天车程的 BYM 镇去上学。因为交通不便,大部分孩子都是寄宿在学校的,只有少部分家庭条件还不错的牧民家会在镇上租房子陪小孩读书。这种家长与学生的分离,客观上造成了家庭教育让渡给了学校教育,弱化了家庭教育的功能。

其次,标准化的学校教育与生活化的生态教育的冲突。现代学校教育是工业社会的产物,其特征是标准化、程式化,强调技术理性。学校严格按照国家课程方案和课程标准组织教学,培养学生适应未来发展必备品格和关键能力。同时班级授课制的教学组织形式取代了个性化、生活化的教育方式,抽象、间接教育取代了直接、直观教育。从田野调查的结果来看,学校教育目前对地方性知识的融合还不充分,需要别的教学形式进行补充。走进本地的学校,可以在学校的走廊上看到四处悬挂着的科学家照片和各种励志格言,彰显着现代"科学"话语体系的绝对掌控地位。学校使用着国家统一审定的教材,按照地方统一的作息时间有序地安排教学,每周举行一次升旗仪式。这一在内地很多学校随处可见的情景,在祖国的北疆也每天在不断复刻,体现的既是国家对于培养未来接班人的潜在需求,也是现代性的学校体系得以存在的根本原因。每一个在此读书的少数民族孩子都能得到国家的助学补贴,解决了孩子们上学的后顾之忧,也显著提高了草原儿女们的文化水平。但是学校教育在惠及所有孩子们的同时,也在一定程度上使得孩子们难以再像家庭教育那样

---

① 乌云巴图:《蒙古族游牧文化的生态特征》,《内蒙古社会科学》1999 年第 6 期。
② 教育部:《中华人民共和国义务教育法》,《中华人民共和国全国人民代表大会常务委员会公报》2006 年第 6 期。

直观感受到草原文化。原有的生态地方性知识的传承机制失效了，生态、环保在孩子们那里变成了教科书上一串串术语，主要通过课堂教学来进行讲授。为了保留民族文化，蒙古族学校苦心孤诣地请蒙古族老师们兼职办起了少量的兴趣班，但是由于老师们平时教学任务繁重，兴趣班时断时续，而且兴趣班并没有专门讲授地方性知识的内容。学校由于师资力量有限，也没有编写地方性的乡土教材。笔者在 BYHG 草原上还遇到了一个民间培训机构自行组织的草原生活体验夏令营，这家培训机构是由毕业于内蒙古师范大学的一位当地牧民和他的同学一起合作开办的。他们最初只是想弥补传统草原文化消失的缺憾，没想到真正开办起来以后非常受欢迎，很多家长带着孩子从很远的城镇跑来这里参加。这一期已经是复办了，有学员 20 多人，远远超过了预期，达到了最大承载量，但还是有很多人在咨询这个项目。这个夏令营会带着孩子们在草原生活 5 天体验游牧文化，孩子们动手搭建蒙古包、挤牛奶、剪羊毛、自制蒙古族传统食物等。当笔者感叹他们独特的教学模式时，又从家长口中了解到，在包头那样的大城市，打着民族风的培训机构更多，且收费也较为昂贵，但是仍然供不应求，反映出传统草原文化在人们的潜意识中的巨大影响力，催生出了庞大的教育需求，被市场敏锐地捕捉到了。

最后，应试教育下，生态文化被边缘化。现代学校教育深受应试教育的影响，升学率不仅直接体现了学校的办学质量，也和孩子们的前途命运息息相关。传统草原文化中的人地关系正在悄然发生变化，原有的生态价值观念逐步边缘化。在当地教育局的官微发布的高考简讯中，本地的高中这样写道："在生源极差的情况下，砥砺前行，一路走来，取得了可喜的成绩……它充分印证了教育教学'低进高出'的成效。"当地教育局每年要做的一项极为重要的工作就是中高考升学率的统计，其中的核心要求就是要实现增长，特别是重点学校升学率，每年必须实现"低进高出"。考出优异成绩的学校和学生都会得到"通报表扬"的待遇，像英雄一样在全旗各个地方不断宣扬他们的"英名"，凸显本地的办学成效。这种升学率大棒指挥下的教育，将一种很特别的焦虑情绪传导到了远离城镇的牧民家庭之中。在笔者拜访的老牧民爷爷家，作为当年的知青和这个地区老一辈中有文化的知识分子，牧民爷爷面对孙子每天堆积如山的作业还是感觉一筹莫展，时常感叹自己的知识跟不上时代。老人只能安排好孙子的日常生活，没有更多机会与孙子谈更多的草原故事，也没有像传统的蒙古习俗中说的那样，给孙子制作马鞍并带他到草原上驰骋。草原生态价值观和游牧文化的家庭传承出现了某种停滞，因为草原文化的传承、草原生态教育不是考试的内容。

四、从传统到现代：草原生态教育变迁的审视与完善

教育人类学认为，教育与文化的关系密不可分，甚至教育本身也是"一种文化实体，一种更高层次的文化材料，而文化本身也是人类所孕育、创造出来的教育产物"[①]。草原生态教育事实上是一种文化传递过程，在这个过程中，传递什么样的文化和以怎样的方式传递文化，对孩童的人格养成和塑造起到决定性的作用，并最终影响社会的发展。从某种意义上来说，教育现代化本质上就是文化现代化过程[②]，教

[①] 刘玉玲：《教育人类学》第 2 版，台北扬智文化事业股份有限公司，2006 年，第 85 页。
[②] 岳龙：《中国教育的现代性困境及其突破》，《探索与争鸣》2006 年第 10 期。

育作为一种"系统的制度化的组织形态,并将所有人涵盖在内,对社会其他系统和组织以及整个社会的发展施加自己的独特的影响"①。从传统的家庭教育到现代的学校教育,其本身是一种社会进步的表现,但是如何做好二者之间的衔接,使得传统的文化和地方性知识不被搁置,是一个难点问题,但也是培养下一代的生态文明观必须解决的问题。2022年1月1日开始施行的《中华人民共和国家庭教育促进法》提出"建立健全家庭学校社会协同育人机制"为草原生态教育提供了方案。

从教育的主要内容来看,传统草原生态文化教育讲授的是生态地方性知识。这是长期生活在内蒙古大草原上的牧民在日常生活实践中积累的一套与草原和谐共存的生存智慧,它主要通过传统的家庭教育和生活德育,一代代传递下去,对维系草原生态平衡起着不可或缺的作用。由于全球化、现代化的影响,现代学校系统取代了传统教育成为主流,当地适龄儿童接受教育的方式也发生了很大变化,文化知识取代了生产生活方式教育。通过国家的制度化安排灌输标准化的知识,生态文明教育以渗透为主,融合到相关科目中,如地理、生物、历史等学科。这些零星散落在各学科之间的生态文化知识被权威专家反复修订审改,具有较强的普适性和实用性,但同时也限制了具有强烈地方性色彩的乡土知识进入教材。为了弥合这种断裂,《义务教育课程方案》(2022年版)给出了制度设计,规定"义务教育课程包括国家课程、地方课程和校本课程三类"②。要求以国家课程为主体,以地方课程和校本课程为拓展补充,兼顾差异。强调地方课程要充分挖掘当地传统文化资源和红色资源,强化实践性、体验性和选择性。如何将草原牧区生态教育纳入地方课程或校本课程,编写跨学科的乡土教材,是开展草原生态教育的当务之急。

从教育的形式来看,传统的生态文化教育主要是靠家长的耳濡目染,以及孩子们本身在草原上的生活实践完成的。在这个过程中,孩童与草原发生了直接的联系。自从现代的学校教育体系建立后,一方面很好地保障了每个人都能够接受教育,普遍提高了公民的素质和能力,为他们在现代社会中发展奠定了基础;另一方面,由于学校多建立在人口较为密集的城镇,孩子们要远离草原,前往集镇甚至是更远的地方读书,从小就和草原分离开来,失去了直观的生活体验。草原不再是童年的乐园,而逐渐蜕变成为祖辈曾经居住的地方,变成了一个文化符号。年轻人也难以像他们的父辈那样和草原和谐相处,甚至还会抱怨草原上网络信号不好、洗澡不方便等艰苦的生活条件。人与草原之间的关系疏离,草原文化的感召力的衰微,都可能对草原生态环境安全带来新的威胁。如何协调好传统的教育形式和现代的学校教育之间的关系,充分发挥现代学校制度优势开展草原生态教育,考验着牧区教育工作者的智慧。一是要落实《内蒙古自治区家庭教育促进条例》,完善草原生态文明教育体系。构建学校、家庭和社会一体化的草原生态文明教育体系,既要发挥学校教育主渠道作用,也要发挥家庭教育的渗透作用,还要发挥社会教育的熏陶功能,形成全方位、立体化教育格局。二是抓住"双减"③政策契机,充分利用好国家课程方案规定开设的综合实践活动课程和劳动课程,构建以实践为主线的生态教育课程结构,开发适宜的劳动项目,开展草原主题教育。三是弘扬草原文化是牧区学校义不容辞的责任,各学科教师要在教学中有意识地渗透草原生态文化。学校要开发乡土教材,借鉴牧民的传统生活智慧,推行生活化、体验式的教学等方式。

---

① 卢旭:《教育的现代性解读》,华中师范大学博士学位论文,2009年,第27—28页。
② 教育部:《教育部关于印发义务教育课程方案和课程标准(2022年版)的通知》,中国政府网2022年3月25日,http://www.gov.cn/zhengce/zhengceku/2022-04/21/content_5686535.htm,访问日期:2022年6月18日。
③ 减轻义务教育阶段学生作业负担、减轻校外培训负担。

从教育的内核来看，生态教育的本质是生态文化的传递。草原文化作为一种天然的生态文化，其本身就孕育了一种传统的生态教育，这种教育模式深刻内嵌于游牧民的日常生活之中，并对草原生态环境的保护起着不可或缺的作用。但是随着现代化进程逐渐加速，外来人口大量涌入，工业化、市场化取代游牧生产成为主流经济形式，生态教育被边缘化。推动全球化进程的资本力量不断冲击和改变着传统的游牧生活方式，建构在游牧生活方式上的草原文化出现了不可逆转的断裂，而属于草原文化一部分的传统生态观也在发生着转变。一方面，城镇化带来了工矿业的发展、带来了游客，使得当地民众的收入增加了，能够住上更好的房子，交通也方便了，能去更远的地方看一看，也能够通过网络和更广大的世界联系上。但是另一方面，人进草退，开矿和过度放牧对草原生态产生了不可逆转的破坏，人们在享受物质世界前所未有大便利的同时，正在失去自己祖祖辈辈栖居的精神家园——大草原。城镇化和生态化这两个发展方向的博弈还在进行着，草原的牧民们在草原和城市之间摇摆着，草原这一精神家园召唤着他们，而城镇现代化的生活方式和教育医疗资源吸引着年青一辈的孩子们，这种矛盾也许就像钟摆一样贯穿在牧民的一生中。

五、结语

"绿水青山就是金山银山"是生态文明建设的核心理念。党的二十大对"推动绿色发展，促进人与自然和谐共生"[1] 作出重大安排部署。生态教育是生态文明建设的基础工程，而教育本身是一种文化选择。能否做好传统文化与现代文明的桥接既是生态教育主体性的彰显，也是做好生态教育的关键问题。草原生态教育生发于草原文化中，其本质是为促进人与自然的和谐共生与共同发展。草原生态教育内含着本土的文化自觉和价值取向，源自游牧民的生活世界，积淀于草原的人文历史中，体现出游牧民族特有的文化品格。处在不断变化与发展中的生态教育本身拥有两方面的使命，一方面是对生态公民的培育，另一方面也是对生态文化的传承和重塑，其内含的文化性决定着其育人取向与社会价值。生态教育"立德树人"根本任务的完成，需要依托草原场域和文化资源。现代学校教育如何吸纳草原传统文化中的积极要素，赋予传统以新的生命，是培养学生乡土情怀和生态意识的关键所在。要做好草原上的生态教育迫切需要地域文化自觉，草原生态文化是大树在地下的根部，挖掘出来子孙后代方可见其全部形态，继续传承才可以修补多年的文化断层。草原生态教育既要有国际视野，又要立足"本土化"，站在人与自然和谐共生的高度谋划中国方案，激励子孙后代在乡村振兴的伟大实践中建设生态宜居、文明和谐的美丽草原。

---

[1] 习近平：《高举中国特色社会主义伟大旗帜 为全面建设社会主义现代化国家而团结奋斗》，《人民日报》2022年10月26日。

A Cultural Reflection on the Transformation of Grassland Ecological Education: A Field Study Based on DM Banner, Inner Mongolia

Yan Zhe

Abstract: Ecological education is the cornerstone of ecological civilization construction. Grassland culture is a natural form of ecological culture, inherently containing traditional ecological education primarily based on family life education. In the process of modernization, grassland pastoral areas have experienced a rupture in the transmission of grassland ecological culture. Bridging the gap between tradition and modernity is not only a manifestation of the subjectivity of ecological education but also crucial for its effective implementation. Based on fieldwork conducted in DM Banner, Inner Mongolia, this study finds that the core of traditional grassland ecological education is grassland culture, with naturalness and ethnicity being its salient features. Under the influence of exam-oriented education, grassland ecological culture has been marginalized. In terms of form, grassland ecological education is shifting from traditional family education to modern school-led education, while in terms of content, localized knowledge is gradually being replaced by standardized academic knowledge. From an educational anthropology perspective, the historical transformation of grassland ecological education in Inner Mongolia reveals an underlying process of cultural change. Inheriting and innovating grassland ecological civilization is the contemporary mission of Mongolian education. In the process of modernization, grassland pastoral areas should enhance their cultural awareness of grassland ecological education, adopting both an international perspective and a localized approach, developing Chinese solutions from the perspective of harmonious coexistence between humans and nature, and constructing an integrated grassland ecological civilization education system encompassing schools, families, and society, to build ecologically livable, civilized and harmonious grasslands within the great practice of rural revitalization.

Key words: Inner Mongolia grassland; ecological education; grassland culture; educational anthropology

清代民间生态伦理实践与传统规约影响

——以清水江文书为中心*

梁 瑶**

摘 要 有清一代，清水江中下游区域乡民日常生活实践，凸显区域传统生态文化理念。较多体现在古树崇拜、天地观察、林业碑刻、敬祖收族等方面，众多社会实践构成清水江流域乡村社会的传统生境观念。正确释读这些生境实践行为，有助于了解清代清水江流域乡村社会文化内涵，更好地管窥清水江流域传统社会。这对中国传统乡村社会解读亦有裨益。

关键词 清代；清水江流域；生态伦理观；实践

DOI：10.13835/b.eayn.31.22

清水江契约文献形式多样，涵盖了乡民社会众多层次。学界保守推测，"最少也有三十余万件存世，可与徽州文书、敦煌文书并垮为三大文书史料系统"[①]。清水江文书作为新史料来源，在民俗民族、社会经济、乡俗国法等众多方面有着重要史料价值。[②] 明清易代后，清水江流域社会"风气渐开，人文丕振，游宦者安之"。[③] 在此背景下，"汉文化"区域的众多理念，被传入清水江流域，其传统生态伦理观便为其一。

生态伦理是环境哲学的主要体现形式，适用于解释文化与其栖息环境之间错综复杂的关系，强调"共同在场"个体应遵从与环境"相生"的原理。在古代中国，这一理念常常被概称为"风水"，其实质是将外在的气候生态认知内化于"道德语境"中，达成对社会实践活动的制度性约束与指导。据史料记载，"风水"一词最早可见于晋代郭璞所撰的《葬经》，书中提道："气乘风则散，界水则止，古人聚之使

---

* 本文系国家社科基金一般项目"西南少数民族古村落演变机理及发展模式研究"（项目编号：18BMZ070）的阶段性成果。

** 梁瑶，贵州大学哲学学院博士研究生，讲师。研究方向：生态伦理学、生态美学。

① 张新民：《走进清水江文书与清水江文明的世界——再论建构清水江学的题域旨趣与研究发展方向》，《贵州大学学报（社会科学版）》2012年第1期。

② 史料，指研究和编纂历史所用的资料，其主要来源为实物的（如考古遗迹）、文字的（各种铭刻、文献与著作）和口传的（如民歌），为史学研究之基础。傅斯年提出"近代的历史学只是史料学，利用自然科学供给我们的一切工具，整理一切可逢着的史料，所以近代史学所达到的范域，自地质学以致目下新闻纸"的观点，主张"上穷碧落下黄泉，动手动脚找东西"。可见，新史料的发现，对于史学辨伪、反思及书写的影响不言而喻，甚至会对"理所当然"的传统观念有所冲击突破，开拓史学探索的新视野。参见傅斯年：《历史语言研究所工作之旨趣》，载欧阳哲生主编：《傅斯年全集》（第3卷），湖南教育出版社，2003年，第3页。

③（清）卫既齐修，薛载德撰，阎兴邦补修：《（康熙）贵州通志》，卷7《风俗·镇远府》，清康熙三十一年刻本，《中国地方志集成·贵州府县志辑》，巴蜀书社，2006年，第18册，第143页。

不散,行之使有止,故谓之风水"。① 可见,古人将渡礼仪与气象天文、地理生态的理解合而为一,体现出"仰观天文"与"俯察地理"的中国传统文化精神。② 陈进国指出:"风水观念早已渗入民间文化网络之中,是种'深耕化'的社会记忆形式,深刻地影响着乡民的文化心理结构、价值认同和行为模式等。"③ 有清一代,清水江流域中下游区域乡民生态观何以约束社会实践并塑造社会规约,笔者将以民间文献为例来阐释这一问题。④

一、分关文化的生态伦理实践——古树崇拜

家庭是社会的基本单元,家庭分化、扩散不仅起到社会经济与权利再分配作用,另外也是构建合作关系以及维护氏族关系的重要阶段,可视为社会网络构建的基本形式。清水江文书中分关文化的记载多以"古树""大杉木"出现,凸显出神树崇拜对家庭、氏族有关活动有着重要的指导作用,象征外在环境在乡民之中的地位。《天柱文书》分关文书中,涉及古树内容,多有9份。⑤ 如下所载:

……屋背山之古树,永远不准砍伐。⑥
……除大杉木一根,兄弟共禁。⑦
……又攀岑烂大木杉两株,永远蓄禁。⑧
……尚有(蒋)泰照青龙坡脚材山中大杉木壹根,为兄弟叁人既有,不可独自霸占。⑨

分关文书中古树(大杉木)的永远蓄禁,侧面也体现出先祖祭祀、族群关系、家风礼仪与自然环境二者关系。涉及古树(大杉木)文书标明"永远不准砍伐""永远蓄禁""兄弟共有"等字样。异文化迁移,汉文化融入,使"神树崇拜"呈现出仪式性。科大卫指出,"广义的礼仪包括礼拜仪式、服式、建筑风格,以及

---

① (晋)郭璞:《葬经》,载陈梦雷主编:《古今图书集成·艺术典·堪舆部》,鼎文书局,1976年,第47册,第665卷,第6873页。
② 何晓昕:《风水探源》,东南大学出版社,1990年,第6—8页。
③ 陈进国:《信仰、仪式与乡土社会——风水的历史人类学探索》,中国社会科学出版社,2005年,第596页。
④ 有关清水江流域风水研究,学界已有关注。参见程泽时:《锦屏阴地风水契约文书与风水习惯法》,载谢晖、陈金钊主编:《民间法》,济南出版社,2011年,第257—271页;严奇岩:《清水江流域林业碑刻的生态文化》,科学出版社,2020年;严奇岩:《清水江流域林业碑刻的主体属性及其民族特色》,《贵州大学学报》2018年第5期;杨军昌、杨宇浩:《清水江文书中的"风水观"与生态环境保护——以苗族、侗族"择吉冢"文书为例》,《中南民族大学学报》2019年第3期;刘雁翎:《清水江文书中的苗族、侗族环境生态习惯法》,《贵州民族研究》2017年第5期;李鹏飞:《有冤难伸终和解清水江文书所见一桩风水纠纷事详解》,载高其才、王奎主编:《锦屏文书与法文化研究》,中国政法大学出版社,2017年,第358—378页;李鹏飞:《风水争讼之"遵批立碑""万代不朽"碑研究》,《长江师范学院学报》2015年第1期;李鹏飞:《从碑刻看清水江流域民间生态行为》,《原生态民族文化学刊》2016年第3期。
⑤ 李士祥:《有清以来清水江流域农村家庭问题探微——以清水江文书为中心的考察》,《贵州大学学报》2018年第5期。
⑥ 张新民:《天柱文书》,第1辑,第5册,江苏人民出版社,2014年,第167页。以下再次引用《天柱文书》,只标注册数和页码。
⑦ 《天柱文书》,第4册,第335页。
⑧ 《天柱文书》,第16册,第149页。
⑨ 《天柱文书》,第19册,第27页。

不无重要的文书格调和标准"。① 祭拜古树仪式为：（1）鸣炮秉师；（2）寨主敬献香烛；（3）诵念经咒；（4）诵读祭文；（5）功德回向；（6）化帛退班。② 可见，复杂流程与严谨性成为仪式的重要标志。严奇岩指出，神树崇拜的仪式不仅可以延续和谐均衡的宗族亲属关系，也可增强苗族慎终追远、敬宗崇祖的思想感情。③ 其祭拜程序，继而传递和表达"藏风""得水"等同于累积家业的生态伦理观念。

"传统乡村社会的结构稳定在很大程度上取决于家庭、家族这些组织的凝聚统一，其实现与保持则需通过社会整合。对于这些组织的整合来说，民众对群体监护神的信仰是一种重要的精神资源"。④ 分关文书中的群体监护神——古树，并未作为家庭财产而分割，而是"永远不准砍伐""永远蓄禁""兄弟共有"等，避免了家庭林业的破坏。

古树崇拜，其形成过程，或许众传神话，或许某些巧合，烙上了层累的印记。其层累过程中，神树显灵，是其核心内容。锦屏瑶光光绪五年（1879年）《合村保障碑》所载：

> 然不受其姘蠖，亦无由知其神异。唯咸丰六、七年间，寇气未净，尝蒙显威，以得保民灾祲无闻，时叩垂光于本境。迄今合村共享升平，虽叨上天之庇，而要莫非枫木岩神之灵所致也。⑤

光绪《黎平府志》中亦有载录，如下：

> 乙卯苗乱，获一苗云："每与我军战，恒见此树下屯兵甚夥，戈甲鲜明，遂不敢逼。"乡人以为神。岁于三月朔祀之。此树之灵，足庇闾里，固宜祀以报功，语云："草木皆兵"，或其验乎。⑥

古树崇拜、古树共有、永远蓄禁是家庭与家族间的链接，体现了延续和谐均衡的宗族亲属关系。对作为乡民群体监护神——古树的信仰和保护，主观上形成了"风水林"这一自然与人文边界不断模糊的概念；客观上促使了生态环境的优化，社会实践与生态观念无形中融为一体。

二、祭祖文化的生态伦理实践——坟林维护与秩序强化

祭祖文化不仅体现在告别仪式上，还体现在对坟林生态培育与阴地环境选择方面，体现出传统生态伦理实践的重要载体。首先看一份契约。如下：

> 立合同蓄禁坟山杉木字人姜克顺叔侄、姜凤灵恩瑞叔侄、大明凤池叔侄公孙人等，所共有老三公坟山一处，地名阜冉依母猪形，四抵俱破冲为界，窃频未蓄禁杉木。虽以成林，因内外人心不古，

---

① 科大卫：《明清社会和礼仪》，北京师范大学出版社，2016年，第22页。
② 李士祥：《有清以来清水江流域农村家庭问题探微——以清水江文书为中心的考察》，《贵州大学学报》2018年第5期。
③ 严奇岩：《清水江流域林业碑刻的生态文化》，科学出版社，2020年，第60页。
④ 王守恩：《社会史视野中的民间信仰与传统乡村社会》，《史学理论研究》2009年第3期。
⑤ 锦屏县地方志编纂委员会编：《锦屏县志》下册，方志出版社，2011年，第1517页。
⑥ 黎平县县志编纂委员会办公室校注：《黎平府志》（点校本），方志出版社，2014年，第2133页。

藉公入私，屡屡妄砍，蓄禁难成。因约我三公人等，每公出钱三百文，全行再议，凭此修理蓄禁，以后不准内外人等妄破。若有妄砍挪获得□，众罚钱三千三百文。俏或三公内人势情有股妄砍者，挪获抗□，我等三公内一体同行秉公法究。此议之后，各自父谕子，而子征孙，愿我等蓄禁山，丰林而坟滢洁，人文蔚启，后裔昌隆，永远发达。此合同为据。①

契文看出，姜氏坟林的培育过程。信息点如下：（1）姜氏叔侄共有坟山一处，地名阜冉依，其形状、四至俱明。（2）坟山虽成林，屡屡妄砍，蓄禁难成。（3）三公人等，每公出资三百文，修理蓄禁。（4）惩罚措施。三公外人，罚钱三千三百文；三公内人，秉公法究。（5）美好期望。蓄禁山丰林而坟滢洁，人文蔚启，后裔昌隆，永远发达。

生境理念实践，有时并非平坦如川，而是充满了乡民间纠纷。《大清律例》规定："凡盗园陵内树木者，皆（不分首、从）杖一百，徒三年。若盗他人坟茔内树木者，（首）杖八十（从减一等）。若计赃重于（徒杖）本罪者，各加盗罪一等（各加监守、常人、窃盗罪一等。若为驮载，仍以毁论）。"② 可见，从当时成文法看，对破坏陵林的行为，政府是严厉惩罚的。

护林过程是以立合同形式形成的。每公出资三百文，并详载了违反合同的惩罚措施。全过程都是建立在经济基础之上——出资与惩罚。学界将类似契约称为分合同契约。其契文从与环境生态习惯法紧密联系的维度看，虽不是习惯法，却又普遍间接体现了环境生态习惯法，或曰是适用环境生态习惯法的结果。③

生态伦理观的社会指导作用还表现民间诉讼中。巴县档案中，有嘉庆二十五年（1820）十二月十七日，四川省按察使司发布的告示中提道，"川民惑于风水，听堪舆之哄骗，受墓佃之串唆，见人穴吉，即生觊觎；川民本系好讼，讼棍从中拨弄；争山，则状开发冢抛骸；雀角，则词列持械抄抢"。④ 清水江中下游区域亦有类似情况，如天柱县所存"遵批立碑万代不朽"碑中所载：

集案研讯：其树乃先年所蓄，并无干碍杨姓，质之乡保人等，各供如绘，其不宜擅砍明矣。乃杨裕远妄信堪舆狂言，将树强行砍伐，反敢行凶，肆横已极，本应详究，按律惩治，姑念乡愚无知，量予枷责。⑤

该碑立于乾隆五十八年（1793 年），是一块谕示碑，碑文为官府裁决的内容，抬头为"贵州镇远府天柱县巡厅张"及结尾所书"贵州镇远府摄理天柱县正堂博大老爷，既经勘明，讯断如详，立案批缴"。记载袁、杨两姓争讼虽不为丧葬之类，但亦关乎坟林之事。其中"妄信堪舆狂言"，则展示出官方对民间所

---

① 张应强、王宗勋：《清水江文书》，第 1 辑，第 10 册，广西师范大学出版社，2007 年，第 452 页。该件文书原件因时间落款部分文字损毁，故文书时间不详，也未有凭中、书写人等信息。但从文书内人物姜克顺叔侄、姜凤灵恩瑞叔看，应是道光、咸丰间锦屏县加池寨人物。参见杨军昌、杨宇浩：《清水江文书中的"风水观"与生态环境保护以苗族、侗族"择吉冢"文书为例》，《中南民族大学学报》2019 年第 3 期。
② 田涛郑秦点校：《大清律例》，卷 23《刑律·盗园陵树木》，法律出版社，1999 年，第 372 页。
③ 刘雁翎：《清水江文书中的苗族、侗族环境生态习惯法》，《贵州民族研究》2017 年第 5 期。
④ 四川省档案馆四川大学历史系编：《清代乾嘉道巴县档案选编》下，四川大学出版社，1996 年，第 350 页。
⑤ 姚敦屏主编：《天柱碑刻集》（内部资料），天柱县文体广电旅游局，2013 年，第 146 页。

谓坟林的态度。案件关键人物——地师，即乡民称为地理先生。① 坟山纠纷，一部分是听信地理先生话语引起诉讼，其实质为民间秩序的重新建构。

除了解决纠纷外，生态伦理也起到了维护社会公平的重要作用。看一份契文：

黄冈寨众人卖阴地契②

　　立卖阴地壹穴字人黄冈寨三林首士王再标、连森，王步青，王发泰，王荣，王映贤、吉瑞、厚福、承槐、□□、海螺、玉堂、长隆、福泰、氶旺、玉石、安槐、秀发、王安然、清德、承秉，吴清茂、映木、龙元合，王明珠等，情因有□祖遗之地一所，地名坐落□阳大河，四方岩路坎上有隆地壹穴，今有文斗寨姜登泮请中上门买到黄冈寨我众等之阴地壹穴，其界上下左右抵我众等之纲山为界，□□□口横正陆丈陆尺，正当凭中人宵氶吉议定阴地价银拾陆两捌钱整……

凭中　黄冈宵氶吉
亲笔　王吉瑞
光绪三十三年丁未岁十一月七日永远发达　立

契文中，姜登泮请中上门买到黄冈寨众等之墓地一穴，价钱为拾陆两捌钱整。"阴地"一穴的所有权为共有性，契文共罗列出王再标、王连森、王步青等二十五位所有人，既有同姓王氏，亦有异姓吴姓、龙姓。清代墓地占有权分法之一为单独占有与共同占有。③ "单独占有说明在墓主行使占有等权能时，有更大的行动空间。共同占有则说明部分墓主在行使权能上受到其他墓主的制约"。④ 即墓地公有性决定了环境选择中的排异性。

墓地选择具体到个人又具有随机性。首先看两份黎平县档案馆所藏文书。

　　立合同字人张本树、张进敏、张佑亨、杨承洪四人共在土名□山杨胜文田坎下寻得阴地。四人言定四□□分，日后各执合同抽签安葬，倘有异言天不佑，立此发达合同存照。

　　外批：合同共四张，□张存在本树手。杨承洪笔

　　光绪二年九月二十二日　立⑤

　　立分合同阴地字人杨起道、龙起文，今因得买扒受谨故便山阴地一副，上下五丈，左右四丈，此地做四股均（分），今将一股谢师袁登高，起道占二股，起文占一股，拈阄进葬，照阄管业，日后

---

① 地理先生，清水江风水文书中多次出现，引起学界关注。参看王振忠：《清水江文书所见清、民国时期的风水先生——兼与徽州文书的比较》，《贵州大学学报》2013年第6期。
② 陈金全、梁聪主编：《贵州文斗寨苗族契约法律文书契约——姜启贵等家藏契约文书》，人民出版社，2015年，第448页。
③ 何小平在《清代习惯法：墓地所有权研究》中指出：墓主占有的准确术语应该是墓主的占有权能，而非指在事实上对坟墓与墓地的控制力（占有）。并对墓主占有的类型分为全业墓主的占有、坟墓墓主的占有与墓地墓主的占有；直接占有与间接占有；自主占有与他主占有；单独占有与共同占有；积极占有与消极占有。
④ 何小平：《清代习惯法：墓地所有权研究》，人民出版社，2012年，第99页。
⑤ 黎平县罗里乡樟溪村五组张泽用家藏文书，黎平县档案馆，档案号：LPWS-54-121。

子孙不得争论，其有脚下除与起道，以作用费之地，二姓不得异言番（反）悔。今欲有凭，立合同分关字，各收一字为据。

凭中：罗财方，杨文治

文契存杨起道收，外批公举得买财方一棺。

同治二年五月廿四日杨起道亲笔①

两份契文中关键语句，即"抽签安葬""拈阄进葬，照阄管业"。拈阄明显具有了随机性，所拈之地有可能与自己所谓的"生辰八字"相克。但拈阄行为更加细化了墓地环境选择的内容。契文实为墓地分配方案的规范化，并以合同形式存照，避免时久引起纠纷。

三、"石上历史"的生态伦理实践——林业碑刻与社会约束

清水江流域林业碑刻资料极为丰富，作为传统生态知识体系的载体，可弥补契约文书之不足。严奇岩指出，清水江流域林业碑刻，从立碑主体看，包括官立林业碑、民立林业碑及官民合立林业碑三大类。其中，民立林业碑刻有140通，占林业碑刻总数的70%，说明清水江流域林业碑刻是以民立为主，乡规民约类碑刻占多数。② 可知，林业碑刻民立为主，更加体现出乡民社会动态，也是我们窥视出乡民传统生境理念的重要史料。

笔者依据严奇岩所关注的140通民立林业碑刻，辑录典型清代碑刻，特列表1如下。

表1 清代清水江流域林业碑刻举例③

碑刻地址	碑刻时间	碑刻名称	备注
天柱县石洞镇	嘉庆十四年	水口封禁碑	风水山
锦屏县敦寨镇	咸丰二年	永远封禁碑	风水山
天柱县坌处镇	光绪六年	永远封禁	风水山
天柱县蓝田镇	光绪十八年	延伸禁犯止伤碑	风水山
天柱竹林乡	光绪十八年	众族封禁碑	风水山
天柱县蓝田镇	乾隆五十三年	永封禁碑	坟山保护
天柱县蓝田镇	道光六年	遵前禁后碑	坟山保护
剑河县久仰乡	咸丰四年	坟山保护碑	坟山保护
天柱县白市镇	光绪十八年	乐姓禁碑	坟山保护
锦屏县大同乡	光绪二十三年	万古碑记	育林护林
锦屏县河口乡	乾隆三十八年	六禁碑	育林护林
天柱县瓮洞镇	嘉庆二年	风水攸关碑	育林护林
黎平县中潮镇	同治八年	后龙封禁碑	育林护林
天柱县坌处镇	宣统三年	禁砍风水树碑	育林护林

---

① 黎平县罗里乡八卦村五组袁通宇家藏文书黎平县档案馆，档案号：LPWS-59-02。
② 严奇岩：《清水江流域林业碑刻的主体属性及其民族特色》，《贵州大学学报》2018年第5期。
③ 本表依据严奇岩的《清水江流域林业碑刻的主体属性及其民族特色》，《贵州大学学报》2018年第5期中民立林业碑刻所列。

表1中可见，民立林业碑刻中，涉及生态保护的高频字为"禁"，高频词为"封禁"。为更好探讨"风水林"在乡民传统观念中的地位，特载录三通详细碑刻内容，如下所示：

《永远禁止碑》[1]

马坪屋背，命脉重地。宋姓开垦，请凭乡保，公议封禁。不许进葬，不许挂扫。

《阖团封禁碑》[2]

宅龙古木，并护阴阳。地灵人杰，俾炽而昌。先人卜吉，经营允藏。只宜培植，不可残戕。爰逮今日，多有毁伤。削枝拔本，起土掘塘。神祇震动，人物惊惶。间阎耆宿，公立成章。勿伤草木，勿凿牧场。勿运刀斧，勿牧牛羊。大伸封禁，克复前光。恪守尔典，受神无疆。

《承先永禁碑》

我先祖人爰随此溪两岸立禁阴阳风水者也。已会议各禁，但今历年久远，碑记载涂，我后人则体前人之遗愿，而继立新碑。

详细分析三通碑刻，可看出信息点如下：（1）对林业碑的确定，是经过公私确定的。"宋姓开垦，请凭乡保，公议封禁。"宋氏林业碑所提封禁一事是经家族、乡保确认来完成的。并运用四言韵文来表达，易于在乡民中流传，达到广而告之的目的。进葬和挂扫，是破坏生态环境的行为，被明令禁止。（2）对"风水林"的保护行为，"只宜培植，不可残戕。"并经过公立成章，形成所谓的"民间习惯法"，如碑文中所说，勿运刀斧，勿牧牛羊。（3）生境观念的传承性。《承先永禁碑》为道光三年（1823）所立，碑文载明旧碑"碑记载涂"，此为新碑。天柱县蓝田镇贡溪村侗族坟山上有诸多不同时期的林业碑。进而确定传统生命观念的传承性。民国年间亦多有林业碑，如民国六年锦屏县《高增禁碑》所载："拟定至新正月，每户载风水木二十株，勒石禁砍……凡关于此方风水，无论何种木料，不得砍伐损伤。倘敢不遵，一经指禀，定即提究。切切勿违。"[3]

进而看出，乡民为保护森林而立的碑刻体现了人们对生态理念的认识与实践。所倡行的群体性、主动性植树培林行为已经成为苗、侗等民族生态观与价值观的组成部分，不可或缺；客观上形成了对生态环境的有效保护、人与自然的和谐共生，以及生态系统内的良性制衡，无疑使后人对清江流域乡民的生态行为有了深一层的认识。

四、过渡仪式的生态伦理实践——敬祖收族与精神寄托

民间生态伦理观念在许多过渡仪式中都扮演了重要作用，各种典礼的公众化特征周期性地明确社会关系，实现权利和义务分配，生态伦理观的介入则让这种社会关系分配始终处于一个合适的环境框架当中。在所有过渡仪式当中，生命状态向另一种生命状态的转变一般是最为严肃与隆重的。笔者据天柱县

---

[1] 政协天柱县第十三届委员会：《清水江文书·天柱古碑刻考释》，贵州大学出版社，2016年，第338、402页。
[2] 参阅天柱县林业志编纂领导小组：《天柱县林业志》，1995年，第315页。
[3] 锦屏县林业志编纂委员会：《锦屏县林业志》，贵州人民出版社，2002年，第463页。

蓝田镇都甫寨所修之《杨氏族谱》① 进行释读，所载丧礼仪式极为详细，事无巨细。笔者选取治丧中择地来阐释。

治 丧②

　　择地：预择地之可葬者，地之美者，土色光润，草木茂盛，乃其验也。世之拘忌者；必择地之方位，必选日之吉凶，则惑矣！惟惟有五患不得不谨。须使他日不为通路，不为城郭，不为沟池，不为贵势所夺，不为犁耕所及，则美矣。按今地师所谓龙穴沙水可致富贵之说，先儒详之悉矣。然观世家巨族子孙，代代荣盛者，必有极美祖坟，则其说未可尽非也。

　　生命转换的严肃性与仪式性能够从墓地选择中体现出来，在这一过程中，环境哲学的指导作用显露无遗。清水江文书中多有说明，学界也多关注。③ 具体要求含土地色、形、势多个层次。其重点考虑墓地今后五患，即患通路，患城郭，患沟池，患贵势所夺，患犁耕所及。故墓地所择已深根于乡民思维之中。杨氏看来，丧葬择地对子孙后辈影响较大，其祸福程度是现实中人无法预控，故寄托于逝者。才有"观世家巨族子孙，代代荣盛者，必有极美祖坟，则其说未可尽非也"之感慨！

　　墓地择地，其形状诸多，如琵琶形、虎爪形、莲花形、蛇形等。④ 地理先生依据亡者的八字，推择出亡者的最佳葬位（阴地）及进葬时间，名曰"立课佳城"⑤"安葬吉单"或"吉地课单"⑥，交织了利于家庭的时空经纬。其行为作为乡民的社会记忆或文化基因，平衡着后人功利性选择。

　　族谱上关于重葬的记载，如"禁乱葬。葬之为言，藏也，所以藏先人之遗体也。为子孙者，必须尽其□谨慎重之心，使其形体全而神灵守，则子孙昌盛而阴阳两利焉。倘若择之不精、葬未协吉，过后追悔，移尸迁葬，不仅糜（靡）费，亦且难妥先灵矣"⑦。再如"祖宗坟茔，子孙必共相保获（护），如切冢牵脚骑头，彼此乱葬，不惟祖宗不安，即在己亦不利于父母。父母既已不利，安望子孙之荻（获）利乎？违者，合族公同处置"。⑧

---

① 所载录《杨氏族谱》，是贵州省天柱县蓝田镇都甫寨和湖南省芷江县碧涌乡十甲杨于清末民初协同续修的族谱。由本族谱所载杨氏始祖泰吉公的二十一代裔孙，是族谱编修人之一的杨宗锡的孙子杨明兰等人所整理。天柱蓝田镇都甫寨是一个古老的侗寨。杨氏家族在此居始于元朝末年，至今已有600多年历史。本寨寨名就是以侗语命名，是侗语音释。侗语称长老、尊者或官人曰"都老""都猛"，称父曰"甫"。都甫，按侗语的语意即祖一辈或父一辈的官的意思。现在都甫寨的嫡系子孙，尚有100多户，700多人。芷江碧涌等地的十甲杨是由都甫迁出的泰吉公的后裔。清末民初，其人口繁衍已达1万多人。目前，碧涌及其附近乡村十甲杨的人口发展到五六万人，他们历来与都甫老家交往密切，两地又地域相近，山水相连，风土人情与生活习惯大体相同。这种情况在族谱中多有记载。参见杨学军、杨明兰：《〈杨氏族谱〉初览》，贵州省志民族志编委会：《民族志资料汇编（侗族）》，第三集，内部出版，1987年，第18—81页。
② 杨学军、杨明兰：《〈杨氏族谱〉初览》，载贵州省志民族志编委会：《民族志资料汇编（侗族）》，第三集，内部出版，1987年，第48页。
③ 程泽时利用锦屏契约阴地文书，探析阴地契约文书类型，如阴地分窖合同、阴地买卖合同、阴地拨换合同、水田调换阴地合同、讨阴地文书、阴地纠纷处理合同等。参见程泽时：《清水江文书之法意初探》，中国政法大学出版社，2011年，第77—86页。
④ 清水江文书中及族谱中，对墓地形状多有明确描绘《道光十五年九月二十一日杨体和、杨国标、杨廷重共葬虎爪山阴地合同》，黎平县罗里乡八卦村一组杨森忠等家藏文书，档案号：LPWS-64-23。
⑤ 1-3-3-004择吉地课单（乾隆三十五年三月初三日）、1-3-3-008择吉地课单（乾隆四十二年六月初八日），张应强、王宗勋主编：《清水江文书》，第1辑第7册，广西师范大学，2007年，第133、137页。
⑥ 1-3-3-215党周吉地课单（时间不详），《清水江文书》，第1辑第7册，第350页。
⑦ 由天柱县坌处镇三门塘《王氏族谱》，第1册，第7页整理而得。
⑧ 天柱县高酿镇地良村《龙氏族谱·江公卷》，第1册，第127页。

利用族谱文本,来释读社会成员传统生境理念实践,对凝聚家庭、家族向心力、落实赡老的社会义务具有积极作用,体现了家庭"伦理本位"的社会关系。梁漱溟在《中国文化要义》中提到,伦理有宗教之用,意谓中国缺乏宗教,以家庭伦理生活来填补它。假如说中国亦有宗教的话,那就是祭祖祀天之类。① 其生态理念实践,以伦理本位为基点,弥补了宗教之作用,即为敬祖收族精神寄托。既为一种家庭集体的心理活动和外在行为表现,构成家庭生活中"道德语境"的重要组成部分。

五、余论

清水江流域历史上一直存在着族群流动、文化传播及木材、茶油等贸易往来活动。从生态民族学与历史人类学来看,清水江的人与物流动脉络清晰地展示出地理生态结构与民众价值观、世界观的交互影响关系。正如费孝通先生所言,民族的复杂性与生态的复杂性是紧密关联的,清水江独特的"人—地"关系提供了中华民族构成的复杂性研究的一种方法论。从这一清水江人文—生态整体性方法论视角出发,可以发现清水江生态伦理观念是通过民族文化在特定生态环境中按照特定的运行机制来实现的,这一机制的形成离不开清水江流域居民生态选择与传统规约的双重影响,体现在日常生活多个层面,凸显出本区域社会的文化生态结构。正如本文所讨论的,传统环境选择的观念早已渗入民间文化网络之中,是种"深耕化"的社会记忆形式,深刻地影响着乡民的文化心理结构、价值认同和行为模式等。古树崇拜、墓林维护、林业碑刻、敬祖收族,都印刻着民族生态伦理的实践。

通过生态伦理视角下清水江文书的解读,大致可以看出人们对其自身历史的记忆和表述中,生态要素影响着人们对自身家园历史的记忆和表述,也影响对自身文化的理解和解释。中国文化中将古典生态伦理视为影响天地规律运作、氏族血脉传承的符号体系,充分地渗透到精神信仰、血缘亲族、民族习俗等不同社会行事当中,形成了文化网络中的节点。② 仅就贵州而言,其"六山六水"的自然环境为诸多人口较少的民族生存提供了环境,山川分布在村寨分布、民族关系、人口流动中发挥了重要作用。群众社会实践活动总是反映着地理的生态结构,了解这一点,是进一步剖析清水江流域乡村社会文化史的密码,它影响了村落城镇规划,以一种类似现代技术规范的形式指引并约束着地方社会活动。正如学界指出,中国传统生态哲学理念"成为中华民族的、未经反思的社会记忆和民俗信仰,成为中华民族一个爱恨交加的'文化幽灵',成为日常的文化与生活世界的一部分"。③ 这一过程包含了空间和时间双重维度,正如本文所揭示的,一方面来看,生态理念延续到经济、婚姻、家庭、社会秩序等网络关系中,指导并约束着个体与社会实践活动发展,实现了文明与地理界限的有序构建;另一方面,也在长时段视角下体现在国家制度与地方传统多方纠缠与交错变化过程中。

现在清水江研究的路径更倾向于国家力量对这一流域所发挥的作用,以此来讨论"国家化"与"内地化"进程的密切关系。④ 本文认为,这一过程中还需关注地方文化在大传统影响下"继中有序"的一

---

① 梁漱溟:《中国文化要义》,上海人民出版社,2005年,第79页。
② 典型的是祭拜古树仪式和择吉地课单。
③ 陈进国:《信仰、仪式与乡土社会:风水的历史人类学探索》,中国社会科学出版社,2005年,第2页。
④ 麻国庆、蒙祥忠:《作为方法的云贵高原——从费孝通的区域板块研究看中华民族共同体》,《开放时代》2022年第4期。

面，而生态文化理念的演变与传承就很好地反映出这一现象，这对于探讨各流域群体认同意识的多层次性在铸牢中华民族共同体意识中的意义是大有裨益的。因此，对清水江文书研究应当立足于传统生态观的正当性、合理性，由此探索生态与人的能动性复杂互动。本文虽从家族分关、社会契约、过渡仪式等切入对生态观念进行探讨，这当然不足以完整地还原清水江当地居民的生态理念，但笔者意图已非常清楚：只有正确释读当地社会实践行为，避免因偏见而简单归类于"风水迷信"才能更好地窥视清水江流域传统社会，甚至对中国传统乡村社会的解读，亦有裨益。

Impact of Folk Ecological Ethics Practice and Traditional Stipulations in Qing Dynasty: Centered on Qingshuijiang Documents

Liang Yao

Keywords: Qing Dynasty; Qingshui River Basin; Ecological Ethics; Practices

In Qing Dynasty, the daily living practice of villagers in the middle and lower reaches of Qingshui River reflected the regional traditional ecological culture concept, especially in worship for ancient trees, heaven and earth observation, forestry inscription, worship for ancestors and the management of clan cohesion. A mass of social practices formed rural society's traditional habitat concept in Qingshui River valley. Properly interpreting these environmental practices helps to understand the socio-cultural connotations of rural society in the Qingshui River basin during the Qing Dynasty, providing a better glimpse into its traditional society, which contributes to the interpretation of traditional rural society in China.

Key words: Qing Dynasty; Qingshui River Basin; Ecological Ethics; Practice

远去的传统与地方性知识的流变：曼腊傣族竜林文化变迁的人类学研究

张 辉 吴 柔[**]

摘 要 西双版纳傣族竜林文化起源于当地的民间信仰，后在不断适应当地生态环境过程中，与其他文化事项一起衍生出一套与整个傣族村落文化空间相关联的地方性知识体系。其可以划分成三个维度，分别是竜林信仰、技术实践以及组织与管理机制，分别对应着当地傣族人如何认识自然、如何进行地方知识实践以及管理自然及其资源。在傣族传统社会，竜林的存在对于当地构建自然景观格局、开展农事、文化认同、生态保护等方面发挥着重要作用。近年来，在现代化的冲击和影响下，傣族竜林正在经历着难以避免的流失和衰败。造成这一结果的原因是多元共存与内外交织的因素共同推动，定量分析显示性别差异、代际区隔和教育冲击成为其中几个核心的要素。曼腊竜林地方性知识的变迁揭示出，在经济现代化和社会激烈变革的影响下，作为具有时空约束的地方性知识如何适应，将是地方社会在融入现代国家的政治经济进程中必须直面的议题。

关键词 竜林文化；曼腊傣族；地方性知识；文化变迁；人类学

DOI：10.13835/b.eayn.31.23

一、问题的提出

地方性知识被认为是一个既定社会或者族群所独有的，它是针对特定地区的自然与社会背景，通过世代积累而建构起来的知识体系。这样的知识体系主要服务于特定的民族或地域社群，具有明显的民族归属性和地缘性。[①]在传统社会中，地方性知识为当地农业、医疗、食物准备、教育、自然资源管理以及一系列其他的社会活动的提供决策，在很多社会这种知识由上一代传到下一代的过程中，主要是依靠群体内部的口耳相传。[②]而这种传递方式就表明地方性知识是有别于现代科学技术实验室里专家们所产生的

---

[*] 本文系中国社会科学院学科建设登峰战略重点学科"中国边疆安全学"资助计划、中国社会科学院青年人文社会科学研究中心 2024 年度社会调研项目（项目编号：2024QNZX018）的阶段性成果。感谢云南大学西南边疆少数民族研究中心何俊教授对本文田野调查的支持。

[**] 张辉，中国社会科学院中国边疆研究所助理研究员，研究方向：中国边疆治理研究。吴柔，云南艺术学院文华学院影视传媒学院教师，研究方向：西南民族文化研究。

[①] 杨庭硕、田红：《本土生态知识引论》，民族出版社，2010 年，第 2 页。

[②] Warren, D. M., Using Indigenous Knowledge in Agricultural Development, *World Bank Discussion Paper* (Washington, D. C.: World Bank, 1991), p. 127.

知识体系,同时,由于是人们长期的经验总结,它也是某个社区内人们进行日常生产生活的决策基础。①

近年来,地方性知识研究成为人类学界(特别是生态人类学分支领域)研究的热点议题,吸引了很多的学者投入其中并开展不同层次、不同面向的学术研究。地方性知识研究的兴起被认为与时代背景和研究范式转变有着很密切的关联。如 Agrawal 所言:"地方性知识正是伴随着一些宏观发展理论的失败而兴起,社会科学领域的一些学者逐渐开始摒弃了那种放之四海而皆准的大理论从而转向中度范围的理论,即他们更强调明确的地点和时间。"② 也如同斯科特在其《国家的视角》中所指出的,国家主导的现代化与全球化一定程度上忽视了地方社会之间的区域差异性,所以往往导致那些"试图改变人类命运的大项目"不可避免地失败,而斯科特所提出医治现代化弊端的"药方"就是他书中所说的挖掘属于地方社会的"米提斯"。③ 地方性知识的研究也旨在改变人们对传统社会及其知识体系的轻视与污名化的态度,比如尹绍亭就凭借其深入的研究改变了人们一直对西南少数民族重要生产方式"刀耕火种"的偏见。④ 相应的也有杨庭硕、裴盛基等学者的著作。⑤ 他们的著作向外界传达了一个重要观点,即认为少数民族的刀耕火种等传统生计与生态文化并不是破坏生态环境的行为,而是当地民族适应当地生态环境的一种生存智慧,并提出应该为西南少数民族丰富的地方性知识"正名"。在"正名"的基础上,研究者也大多认可这种具有地域局限性、强烈依赖本土生态文化背景的地方性知识将在地方社会的现代化转型与社会治理中扮演重要角色。⑥

中国西南地区少数民族数量众多,生态系统复杂多样,当地民众为适应其生态环境而发展出了内容丰富而多元的地方性知识,这些地方性知识被认为在西南地区具有人格培养、文化传承、生态保护、医学、环境与资源管理、发展农业、调解民间纠纷等多重价值。⑦ 比如郭家骥全面总结了傣族在水资源管理方面的一系列地方性知识,其内容包括建立一套垂直的管理系统、定期地维护水利设施、合理公平地分水、用水等,作者指出这套水资源利用和管理的地方性知识具有保护森林生态系统、避免水源枯竭等特点。⑧ 地方性知识是某个地域范围内的人类群体通过与周边的生态环境长时间的互动适应,形成的具有地方性特征的一类文化现象,且在不同的代际之间进行传递与延续。这种地方性知识具有极强的地域性、特殊性、针对性等特点,离开了其产生的生态环境与社会文化,地方性知识也难以发挥出相应的作用和意义。⑨ 因而如果西南地区的生态环境和社会文化发生改变,这些地区的地方性知识也将随之面临灭顶之灾。20 世纪 80 年代开始,中国社会开始实行史无前例的改革开放,在相关政策的激励下依靠国内的廉价劳动力和国外的巨额资本投入来助推中国社会实现经济的迅速发展,并最终实现中国的现代化。中国社会在推动现代化进程的过程中,大量的自然资源被开发出来以供给经济发展之需要,同时也将丰富多元

---

① 何丕坤、何俊、吴训锋主编:《乡土知识的实践与发掘》,云南民族出版社,2004 年。
② Agrawal A, Dismantling the Divide Between Indigenous and Scientific Knowledge, *Development and Change*, 1995, 413—439.
③ 詹姆士·C. 斯科特:《国家的视角:那些试图改善人类状况的项目是如何失败的》,王晓毅译,社会科学文献出版社,2004 年,第 423—470 页。
④ 尹绍亭:《人与森林——生态人类学视野中的刀耕火种》,云南教育出版社,2000 年。
⑤ 参见杨庭硕、吕永锋:《人类的根基》,云南大学出版社,2004 年;裴盛基、龙春林:《民族文化与生物多样性保护》,中国林业出版社,2008 年。
⑥ 袁同凯:《地方性知识中的生态关怀生态人类学的视角》,《思想战线》2008 年第 1 期。
⑦ 安富海:《地方性知识与民族地区地方课程开发研究:以甘南藏族为例》,中国社会科学出版社,2016 年。
⑧ 郭家骥:《西双版纳傣族的水文化传统与变迁——景洪市勐罕镇曼远村案例研究》,《民族研究》2006 年第 2 期。
⑨ 蒋培:《区域生态环境保护中地方性知识的作用及转型——以嘉绒藏区林业资源保护为例》,《云南社会科学》2015 年第 2 期。

的民族文化置于同质化、单一化的阴影之下。现代化对西南少数民族地区社会与环境产生了非常大的冲击，一些学者指出现代化和科学知识的所向披靡，使得中国少数民族地区的地方性知识遭遇严重破坏，地方性知识的丰富内涵不断缩减甚至消亡，年青一代少数民族群体更向往村寨以外的世界，使得地方知识无法继续按照原来的路径传承下去。

同时，随着政府和科研机构推广现代科学知识，中国的少数民族村落在开展农业生产、渔业养殖和林业保护中开始逐渐减少使用本民族的传统地方知识，一些村落社会甚至完全丢弃了对地方性知识的传承和利用。如贾若男等调查了鄂伦春族半个世纪以来文化景观的变迁状况，结论表明鄂伦春族住房、生产方式、生活方式、文化形式的变迁对当地的地方性知识造成了巨大的影响，随着时间的推移人们对传统医药的认知度、使用频次在逐渐降低，导致其面临消亡的严重威胁。[1] 但是也有学者指出，传统文化人类学的研究方法存在诸多的缺陷，未能完全客观和准确测定少数民族地方性知识的保存和利用情况，过去的研究并没有得到确凿的证据或关于知识侵蚀的种类、程度、速度和原因的精确信息。[2] 为了更加准确地检测地方性知识的群体差异，在研究方法上许多学者已经开始把年龄、性别、教育水平等因素纳入地方性知识的研究中。例如，在一些研究中，女性（尤其是老年女性）被发现拥有更多的草药知识，因为她们倾向于对家庭尤其是儿童保健负责，Caniago 和 Siebert 的研究指出，在加里曼丹的 Ransa Dayak 中，印度尼西亚妇女更熟悉耕地和早期演替地区的药用植物。[3] 两种看似截然不同的观点显示了在现代化的背景下，地方性知识研究的复杂性和多元性。

云南省的西双版纳地区是一个生态系统多样性和文化多样性高度聚集的地方，世代生活在这里的傣族人民在利用和管理其所赖以为生的生态环境过程中，发展出一整套地方知识体系，竜林地方性知识是其中非常重要的一个组成部分。西双版纳傣族的竜林地方性知识起源于当地的原始宗教与祖先崇拜，当地人认为竜林是寨神生活之地，而寨神由本村落中逝去的祖先转变而来，因此寨神所在的地方是神圣的，容不得俗人的半点侵犯，竜林作为一种自然与文化圣境而存在。竜林地方性知识在整个西双版纳傣族文化中占有重要地位，对当地傣族的农业生产、生态保护、文化传承等方面产生了重要影响。竜林地方性知识起源于傣族传统社会及其对当地生态环境的适应，自有其时间与空间的特殊性。

近代以来，随着傣族社会逐步融入中国现代化的发展大局，当地村落发展方式以及村民的思维观念均发生了显著的改变，地方民众以一种不惜进行自我文化割裂的态度全面拥抱现代社会；同时，在更加具体的实践层面，随着地方政府和社会为谋求区域内经济发展而大规模开发利用自然资源，曾经的原始森林纷纷被开采，木材销售、开荒造田、经济作物种植等，使得当地的森林生态系统以肉眼可见的速度迅速"衰退"。这些内外交织的因素都将对当地傣族竜林地方性知识带来一种看似不可逆转的变革趋向。在这场剧烈的时代变革中，西双版纳傣族的竜林地方知识现在保存情况、流失程度以及传承情况到底是一种什么状态，是笔者本次研究的主要内容。同时，传统生态人类学对地方性知识变迁的研究多以定性的描述为主，主观性太强、阐释过多且增加太多的感性道德评判，而相应的基于现实情形的客观分析和

---

[1] 贾若男、杨京彪、薛达元：《鄂伦春族文化景观变迁及其对生物多样性相关传统知识的影响》，《中央民族大学学报（自然科学版）》2017年第4期。

[2] Linden, E., Lost Tribes, Lost Knowledge Time, 1991, pp. 32—40.

[3] Caniago, I. and S. F. Siebert, Medicinal plant economy, knowledge and conservation in Kalimantan, Indonesia, Economic Botany, 1998, pp. 229—250.

理性论述比较缺乏,这种现象造成人们对于傣族竜林文化变迁研究呈现出一种人云亦云的现状。而本文基于定性与定量的结合,用数据来呈现当地傣族对于竜林地方性知识掌握程度,进而分析其变迁及其未来发展趋势。

二、田野点概况与研究方法

(一) 田野点概况

曼腊自然村隶属于西双版纳傣族自治州勐海县勐海镇曼短村委会。其地处东经 100°17′42″—100°32′、北纬 21°52′—22°9′之间。其境内最高海拔 1987.2 米;最低海拔 1090 米。境内河流属澜沧江水系。地区年平均气温 18.50℃(最热月均温 22℃,最冷月均温 12℃),年降水量 1340.00 毫米。气候干湿分明,每年 5 月到 10 月为雨季,雨量占全年雨量 80% 以上。[①] 曼腊村作为曼短村委会的一个下辖村,村寨距离村委会 5.00 千米,距离镇 13.00 千米,面积 5.42 平方千米,有耕地 1292.00 亩,其中人均耕地 2.25 亩;有林地 5839.50 亩。全村辖 1 个村民小组,截至 2017 年底,曼腊村共 100 户(新寨 48 户,老寨 52 户),总人口为 562(男性 298 人,女性 264 人)皆为农业人口。其中,劳动力 417 人,2017 年全村农民人均纯收 6531.00 元。[②]

(二) 定性资料采集

本论文的田野调查全部在曼腊村进行,调查时间共计 4 个月,分别是 2017 年 7 月至 8 月、2018 年 1 月至 2018 年 2 月、2018 年 10 月至 2018 年 11 月、2019 年 1 月至 2019 年 2 月。定性材料的收集主要依靠文献收集、参与观察、个案访谈、问卷调查等形式。文献收集主要是通过对傣族相关历史的梳理,理解傣族竜林产生的历史根源;梳理不同时代背景下可能引发西双版纳傣族竜林整体变迁的宏观政策,例如 50 年代西双版纳引入橡胶种植、80 年代以来勐海政府推广茶叶、甘蔗种植等。访谈法主要对曼腊的祭司、老人、村民等进行访谈,通过半结构访谈首先了解村寨竜林的历史、鬼神崇拜、祭竜林仪式、竜林的社会与生态功能等;了解竜林动植物资源的概况;了解竜林的管理制度。其次,访谈随着时代的发展村民生活发生的主要变化以及村寨生计方式的变迁情况。参与观察法主要针对的是通过长时段地参与当地的日常生活,对曼腊的村落布局作详细的观察与绘图,观察村民与周围生态环境之间的关系,观察村寨日常生活的性别分工及不同年龄阶段的村民的生活状态。调查问卷中的一些半结构是问题收集了一部分定性材料。

---

① 云南数字乡村 http://ynszxc.gov.cn/S1/,访问日期:2018 年 7 月 10 日。
② 数据来源于 2018 年 6 月 3 日曼短村委会监督主任岩 Z 提供。

（三） 定量数据收集

本章节的数据全部来源于笔者 2019 年 1 月在曼腊收集的 100 份问卷，该问卷调查过程历经三个阶段：第一阶段笔者在曼腊村进行田野调查，了解竜林地方性知识的基本内容；第二阶段在参考相关文献的基础上初步制定调查问卷，并进行试调查，在其结果上进行问卷的修改和完善；第三阶段才正式入户问卷调查。

为了便于统计分析，笔者把受访对象分成了年轻人、中年人、老年人三个不同的年龄群体。年轻人的年龄区间是 20—40 岁，中年人的年龄区间为 41—60 岁，60 岁以上则为老年人。关于年龄的设置，笔者一定程度上参照了国际年龄层划分标准，并考虑到不同时期的时代环境可能会对个人思想观念造成重大影响；性别群体只设置了男性群体与女性群体。教育背景设置参考中国正式教育制度的设定，以文盲、小学、初中、高中及以上为组别。①

100 份问卷中，年轻人 34 个，中年人 35 个，老年人 31 个；男性 53 个，女性 47 个（见表 1）。五个样本个数均大于统计学所要求的最低样本 30，因此它们都具有统计意义。

表 1　问卷调查受访者基本信息

年龄群体		20—40 岁	41—60 岁	60 岁以上	总数
性别	男	19	16	18	53
	女	15	19	13	47
教育背景	无教育	1	17	23	41
	小学	22	18	8	48
	初中	11	0	0	11
	高中以上	0	0	0	0
总数		34	35	31	100

三、竜林地方性知识的内涵

竜林是傣族村寨中的一片特殊的神林，有严格的文化边界与生态空间，它跟傣族的寨神崇拜相关，西双版纳地区的寨神在当地傣语中称之"丢拉曼"（寨神），同时又可以称为"披曼"（寨鬼），在当地傣族的文化语境里，神鬼在许多时候是没有差别的。② 寨神作为村寨的保护者，在村民的日常生活中发挥着重要作用，竜林作为寨神的依附之地，自然而然成了傣族的禁忌之地，竜林中的一切动植物严禁私自砍

---

① 曼腊村的文化程度整体上偏低，到 2019 年为止，尚未出现一个正式教育体系意义上的大学生。
② 张振伟：《傣族三村的宗教生活：嵌入与个人信仰》，知识产权出版社，2014 年，第 52 页。

伐和猎杀等。文化禁忌的存在，将竜林塑造成为当地一个重要的自然圣境。① 1984年裴盛基等对西双版纳竜林进行了调查发现该地区保留有400多处竜林，面积3万—5万公顷，在一系列文章中作者及其研究团队就关于对圣境的起源、分类、在云南的分布和数目、生态价值和其他特征进行了描述和举例分析。② 提出了以竜林为代表的傣族地方性知识体系对于傣族农村生态恢复和生物多样性管理的潜在价值，以及将其纳入西双版纳地区现代保护和开发项目的必要性。③ 依附于竜林而形成的竜林地方性知识是西双版纳傣族民族文化中的重要组成部分，它是当地傣族为适应自然所采取的各种各样生产和生活方式的经验结晶和积累，它充分反映了傣族自然崇拜和生态适应的文化特点。国内学者高立士等指出，表面上看竜林是原始宗教祖先崇拜的产物，实质是傣族人民淳朴的自然生态观的具体体现，他们提出傣族竜林文化的五个特征分别是源于祖先崇拜、在信仰范围上凸显寨与寨、勐与勐之间的界限具有明显的地域性、具有浓厚的农业性、具有强烈的宗法性。④

　　本文在借鉴前人成果的同时结合田野点的实际情况，将曼腊竜林地方性知识划分为信仰、技术实践以及竜林组织与管理三个维度。竜林信仰对应的是地方性知识的认知论层面反映人类如何认识自然、如何认识自我、如何认识人与自然的关系，并通过这些认识产生对自然现象、社会现象、人与自然互动现象的解释。本文中，竜林信仰知识主要体现在曼腊祭竜林仪式和鬼神观念上。竜林地方性知识的技术实践是指当地人如何将包含传统中人与自然相处之道的理念与认知付诸社会生活与实际行动之中，包括诸如自然资源的识别与分类以及生态景观的划分等内容。竜林组织与管理机制主要阐述当地老百姓在面对竜林及其自然资源时会通过哪些本土的方式来管理它，表面上看竜林管理知识也是处理人与自然之间的关系，实质上它协调的是人与人、人与社区、社区与社区之间的关系。

（一） 竜林信仰

　　有国内学者把传统社会民众的信仰归为民间信仰，认为民间信仰是指"普通百姓所具有的神灵信仰，包括围绕这些信仰而建立的各种仪式活动"。⑤ 傣族竜林信仰亦属于民间信仰的范畴，它同样包括信仰主体、具体的信仰对象以及围绕信仰对象所展开的各种仪式活动。在曼腊，竜林信仰的主体是全体村民，具体的信仰对象是竜林中的寨神（其背后是一整套鬼神观念），仪式活动主要是每年两次的祭竜林仪式。

1. 竜林与傣族的鬼神观念

　　在傣族的观念里，鬼神之间没有实质上的差异，且都生活在森林之中。曼腊的村民不仅惧怕森林、坟山中的鬼，同时也畏惧竜林中的"寨鬼"（寨神）。曼腊村民一边称呼寨神为"丢拉曼"的同时，又把在竜林中举行的祭祀活动说成是"灵披"，即"养寨鬼"。当地一般将与日常生活有关的鬼神划分为三类，

---

① 罗鹏、裴盛基、许建初：《云南的圣境及其在环境和生物多样性保护中的意义》，《山地学报》2001年第4期。
② 刘宏茂、许再富、陶国达：《西双版纳傣族"龙山"的生态学意义》，《生态学杂志》1992年第2期。
③ 裴盛基：《自然圣境与生物多样性保护》，《科学》2006年第6期。
④ 高立士：《傣族竜林文化研究》，云南民族出版社，2010年。
⑤ 赵世瑜：《狂欢与日常明清以来的庙会与民间社会》，北京大学出版社，2017年。

分别是家神、寨神和勐神，当地傣族有句话叫作"召很歹兵丢拉很，召曼歹兵丢拉曼，召勐歹兵丢拉勐"，意思是"家主死后当家神，寨主死后当寨神，勐主死后当勐神"。森林作为人死后的归处，显示出傣族人民对祖先生活过的森林表以怀念与纪念之情。傣族寨神、勐神生前也是凡人，因某些贡献，死后才被尊为神，他们的归处也是森林。

2. 祭祀竜林的仪式

曼腊的祭竜林仪式是全村参与的一项重要祭祀活动，每年举行两次，分别为傣历的八月和傣历的一月。祭竜的主要参与者有作为领头者的召曼和其他村民，寨里每家需要派一个代表参加，而且只限男性，祭祀的场所就位于竜林所在的位置。竜林祭祀与村寨的农业生产、村民平安等事项关联起来，所以傣族寨子必须每年都要举行祭祀。其中，保佑稻谷丰收是非常重要的一个因素，曼腊一年两度的祭竜林仪式的重要目的分别为"求雨""求晴"，傣历八月大致对应公历的五六月，到了插秧的时节，这时祭祀是为了"求雨"；傣历一月大致对应公历的十一月，这时谷子刚收割完，急需要晴天晒谷子。因此，这次的祭祀目的是"求晴"。

（二） 竜林地方性知识的技术实践

曼腊寨傣族村民生活的地区森林生态系统丰富和完备，人们的日常生活必须与森林打交道，因而当地社会在漫长的适应过程中形成了一种独特的生态文化观念，其中就包含人与森林的相处之道，亦造就了一套对森林的认知分类和利用的技术体系。[①] 竜林地方性知识的技术实践即指村民如何对自然资源的进行识别与分类以及生态景观的划分等内容，它同时也阐释了当地人如何将人与自然相处之道的理念与认知付诸社会生活与实际行动之中。

1. 竜林与曼腊村的景观格局

曼腊村景观格局与当地的生态环境和地理方位有着紧密的关联。首先，从地理方位上来说，竜林在东向，坟山在西向，佛寺在中间。从生态环境上来说，高地上主要以森林为主，河谷低洼处以水塘和水稻田为主。其中，竜林是村寨最早确定的一处神林，且占据的地理位置极佳，方位是村民们崇尚的东方、海拔较高位于村寨的上方，与竜林的其他景观在空间上大致呈"竜林—坟林—佛寺园林—薪炭林—水塘—水稻田"的立体分布格局。

2. 村民对竜林中自然资源的识别与分类

根据村民的反馈，他们认为竜林的自然资源主要有以下三类：哺乳动物类、鸟类和植物。因为竜林面积的缩减直接影响了以森林为栖息地的鸟兽，加之竜林十分靠近村寨，人迹活动频繁，曼腊村民说现在竜林中的动物就只有松鼠和田鼠，鸟大概还有四五种，常见的有麻雀、啄木鸟、猫头鹰等。植物因为

---

① 许再富：《西双版纳傣族热带雨林生态文化》，云南科技出版社，2011年，第1页。

类型多样既有木本植物又有草本、蕨类等，因此，曼腊村民对它们便没有统一的称呼，但对于不同类别的植物依旧是有固定的叫法，如曼腊村民把树木称为"迈"，草叫"吖"，藤叫"亥"等。

（三）曼腊竜林地方性知识中的组织与管理

1. 管理竜林的组织形式

曼腊先民早已制定了一套与之相对应的管理制度：召曼管理制。召曼管理制的实际负责人是"召曼"。"召"在傣语中具有"主人、领头"的意思，如以前的封建领主，傣族人称之"召片领"，意即广大土地的主人。所以"召曼"也可以说成是传统傣族寨子的主人。经过神选确定的召曼，首先是终身任期制，被选定的召曼将终身为召曼。召曼没有退出机制，不能说哪一任不适合当就随便给换掉。其次其传承方式必须是一种男性直系血缘的世袭制，旁支和家庭女性都没有继承权力。

在召曼之外，最重要的传统组织形式就是老人会，是由村落中年纪较大、德高望重的老年人组成的一个组织，他们全面管理傣族村落中的所有宗教事务，竜林的管理组织形式应该是老年会监督下的召曼负责制。中华人民共和国成立以后，随着基层政权的建立，以村民委员会为核心的现代管理组织开始介入傣族村落的管理，原先由老年会负责的公共事务很大一部分便开始由村委会来负责。在曼腊寨，大部分时候，竜林的管理便是召曼、老年人和村委会三者协商共同管理。

2. 竜林管理制度

曼腊竜林的管理制度以村落盛行的村规民约和文化禁忌为主，基本内容包括禁止砍伐寨神树、禁止在寨神林大小便、禁止踩踏寨神的祭祀台、祭祀时期禁止外人进入村落，违者罚款、禁止祭祀期间女性进入竜林区域、禁止随便挖掘竜林区域的土地、禁止在竜林范围内说脏话、禁止随便占用竜林土地、禁止猎杀竜林中的动物等。

四、曼腊不同村民竜林地方性知识掌握差异呈现

本文利用问卷调查的形式，收集了曼腊村不同村民群体对竜林地方性知识的了解状况。因而这部分的内容主要包括关于竜林地方性知识年龄群体、性别群体和不同教育背景群体所显示出的总体差异，同时也关注了该村寨不同群体对于竜林地方性知识三个不同层面，即在竜林信仰、竜林技术实践、竜林组织与管理中所体现出的各自差异。

（一）不同年龄群体对竜林地方知识的认知

统计结果显示，曼腊村村民年龄群体对于竜林地方性知识的认知总体平均分为18.94，年轻群体的平均分为16.41，中年群体的平均分为19.31，老年群体的平均分为21.29。年轻群体的平均分不仅最低，

且低于总体平均分。与此相比，中年群体和老年群体的平均分皆在总体平均分之上。在所有受访者中得分最低者（8分）出现在年轻群体，最高得分者（34分）则出现在老年群体中。年轻群体的最高分也低于中年人、老年人的最高分。从不同年龄群体的标准差来看，每一组的数值都不算太大，这说明除了个别极端值，每个年龄群体的个体得分都比较靠近各自组的均值（见表2）。

表 2 不同年龄群体的整体得分情况

年龄群体	极小值	极大值	均值	标准差
20—40 岁	8	23	16.41	3.076
41—60 岁	14	28	19.31	4.606
60 岁以上	12	34	21.29	4.606
总体	8	34	18.93	4.049

从上面年轻群体的均值小于中年群体，中年群体的均值又小于老年群体的结果中我们可以猜测年龄与村民对竜林地方性知识的了解程度是有关联的，为了检测两者之间是否真实存在相关性，笔者使用SPSS统计软件进行了验证，验证结果表明村民对竜林地方性知识的掌握程度确实与年龄有关联，且具有显著的正相关性，它们的相关系数为0.479。

从表3中仍然可以看出，不同年龄群体关于竜林地方性知识各个部分的认知情况仍存在差异。其中，在竜林技术知识这部分三个年龄群体间的差异表现得最明显，60岁以上的老年人的平均值比40岁以下的年轻人的平均值高出2.79分。其次是竜林信仰知识，不同年龄群体间也表现出较大的差异。差异最小的当属竜林管理层面的地方性知识，每个年龄层之间的均值差异不超过1分。总体上看，还是年轻群体掌握得较少，老年群体和中年群体掌握程度差不多。

表 3 不同年龄群体关于竜林地方性知识问卷的得分情况

竜林地方性知识的内容	总体均值	年龄群体	均值	标准差
竜林信仰	9.41	20—40 岁	8.44	1.941
		41—60 岁	9.63	1.537
		60 岁以上	10.23	2.232
竜林技术实践	3.07	20—40 岁	1.74	1.333
		41—60 岁	3.06	1.714
		60 岁以上	4.55	2.392
竜林组织与管理	6.46	20—40 岁	6.24	0.855
		41—60 岁	6.63	0.731
		60 岁以上	6.52	0.811

从竜林信仰部分的总体平均值9.41、竜林技术实践部分的总体平均值3.07、竜林组织与管理部分的总体平均值6.46，可以看出在竜林地方性知识的三个组成部分里，竜林管理知识在曼腊传承情况最好，其次是竜林信仰知识，竜林技术实践知识丧失得最快。

（二） 不同性别群体对竜林地方知识的认知差异

如表4所示，男性的总体平均分为20.75，明显高于女性的总体平均分16.89，使用t检验后，P值为0.000小于0.05，表明男性与女性在竜林地方性知识的掌握程度上具有显著性差异。

表4 不同性别群体总体差异

性别	均值	标准差	T值	P值
男	20.75	4.071	5.457	0.000
女	16.89	2.973		

表5反映出的是性别群体在竜林地方性知识三个不同层面所体现出的具体差异。总体来看，不管是竜林信仰知识，还是竜林技术知识和竜林管理知识，女性的平均数都要低于男性的平均数。也就是说，关于竜林地方性知识的三个层面，女性的了解程度都不如男性高。尤其在竜林技术知识这一块，男性的平均值高出女性的平均值2.06分，其次是在竜林信仰这一部分，两者之间的均值差1.46分，差距最小的是竜林管理知识部分，男性与女性之间的平均值只相差0.26分。这表明曼腊男性村民的竜林技术知识比女性的竜林技术知识丰富，男性所掌握的竜林信仰知识也多于女性所掌握的信仰知识，但在竜林管理层面，男性和女性的知识量差不多。

表5 不同性别群体对竜林地方性知识各部分的认知差异

竜林地方性知识的内容	性别差异	
	女	男
竜林信仰知识	8.63	10.09
竜林技术知识	1.98	4.04
竜林管理知识	6.36	6.62

（三） 不同教育背景群体对竜林地方知识的认知差异

统计结果显示100位受访者的受正式教育程度主要分为无教育（41人）、小学（48人）和初中（11人）三个层级，其中没有受过正式教育的这一组村民在竜林地方性知识问卷调查中平均得分最高，分值为19.73，而受过小学教育的村民的平均得分为18.94，受过初中教育的村民的平均得分则为16。从这组数据可以推测村民的受教育水平会影响他们对竜林地方性知识的认知。经过方差检验后结果（方差为3.857，p值为0.024小于0.05）表明两者之间确实存在显著性影响。村民对竜林地方性知识的了解程度与村民的受教育水平成反比。也就是说，村民的受教育水平越高，他们的竜林地方性知识越欠缺。前文的受访者基本信息显示，教育程度的分布与年龄也有关联，老年人主要以文盲（没接受过正式教育）为主，而年轻人则集中在小学和初中文化程度上。

表 6 不同受教育程度的村民群体对竜林地方性知识的认知差异

受教育程度	均值	标准差	方差	p值	样本量
无正式教育	19.73	3.788			41
小学	18.94	4.255	3.857	0.024	48
初中	16.00	3.066			11

五、曼腊村民对竜林地方性知识认知差异的社会文化分析

进入21世纪以后，随着傣族社会逐步融入中国现代化的发展大局，以及为谋求发展而大规模破坏当地的生态环境，竜林地方性知识注定将会迎来一种不可逆转的变革趋向。为讨论这种变化，笔者选择性别、年龄和教育水平三个变量来进行量化分析，考察不同群体对于竜林地方性知识的认知差异。调查结果显示这些地方性知识与实践在代际之间出现了明显的衰退，上年纪的老一辈傣族人对于竜林知识的认知与实践远远较年青一代傣族人更为丰富。而年龄、性别分化和正式教育体制对学习和参与这些地方性知识有很大的影响。曼腊村的不同群体村民众对竜林地方性知识存在认知差异，其影响因素复杂而多元，必须将其置于更大的社会文化与生态变迁的时代大背景中讨论。

总体来说，外在的生态环境与社会文化环境的剧变，以及傣族社会内部对于融入当下政治经济体系的积极追求，这个内外相关联的双重因素推动了曼腊寨竜林地方性知识体系的时代变革。

首先，在进入到20世纪下半叶以后，随着中国政府日渐重视科技农业，并通过在乡村地区开设农科站、培养乡村基层科技人才等措施大力在乡村地区推广相关科学技术知识。由于科技知识确实能够使农业增收并且抵抗一些风险，广大村民便积极开始吸收现代科学知识并将其应用于农事生产。而传统上就是依靠地方性知识，例如祭竜林的主要目的是祈求竜林中的寨神保佑水稻生产，人们在水稻生产过程中"种稻求雨""收稻求晴"，就是依靠祭祀与崇拜寨神，保佑寨子的农业生产风调雨顺、稻谷满仓。寨神为什么是保佑稻谷生长，而不是小麦或其他的农作物，这当然与傣族自古以来以水稻种植为主的农业生产方式有密切的关联。傣族社会传统水稻种植，基本属于靠天吃饭的模式，故而村民特别敬畏与水稻生产相关的神灵鬼怪，除小心与他们相处外，还必须做一些仪式活动来进行祭拜，祈求神灵保佑他们的水稻生产能够丰收，也请求鬼怪不要破坏他们的谷物，祭拜寨神事实上只是有关水稻种植祭祀体系中的一个部分。有学者就指出，傣族稻作文化中的鬼神崇拜是一种原始的万物有灵论，其基本动机就是"为了达到丰收的目的，依靠礼仪所产生的效果去祈求丰收，去影响自然进程的原始宗教行为"[1]。然而，在历经数百年间社会文化的变革，特别是随着科学技术在中国乡村农业生产发挥越来越重要的作用，传统那一套蕴含仪式、祭拜等内容的稻作生产被日渐视为落伍的"封建迷信"而被人们加以排斥。曼腊村一位中年人调侃笔者："你问的这些现在都是迷信，我们寨子里的水稻种植有乡里的农科站来帮忙，现在的社会

---

[1] 王文光、方利敏：《傣族稻作文化中的宗教因素初探》，《云南师范大学学报（哲学社会科学版）》2006年第3期。

要讲究科学，原来的那一套已经不管用了。"① 我们看到，科学的风靡和"迷信"的退却同时发生着，随着科学技术在中国乡村基层农业生产中的大获全胜，传统稻作文化与生产实践在经历着不可逆转的流失，而稻作生产背后的传统傣族社会一整套农业生产的地方性知识也遭遇同样的境况。

其次，以竜林地方性知识为代表的傣族社会地方性知识体系，其在代际之间的传承有一套特殊体制，但是中国在全国范围内实行的统一正式教育体制，对于地方性知识传承造成了非常明显的影响。前辈学者研究发现，民族文化与地方传统教育体系之间是一种相互关联的状态，民族文化内容磅礴复杂，并且有很强的地域性特点，因此它的传承也就非常独特，在代际之间传承民族文化，却必须借助传统教育体系。② 地方性知识起源于独特的生态与社会环境之中，因而传承必须依赖于地方教育体系，其传承过程必须扎根于地方，且着眼于地方。在过去的百千年间，西双版纳地区的传统地方性知识通过独特的地方教育体系而在代际之间绵延传承，其传承方式包括"口授叙述"式的讲述神话故事、参加祭祀活动、正规寺院教育等途径。

再次，前人研究显示，随着村寨里的男性外出务工、经商等，留守村寨的女性将具有更多优势来吸收和发扬传统的地方性知识。然而曼腊村个案却显示出，传统傣族社会性别分工一定程度限制了相关知识在性别之间的扩散，男性拥有更多的传统知识，但是随着男性不断地走出村寨，这些知识亦将随之流失。在曼腊，男性女性之间对竜林地方性知识的了解程度存在差异，整体上女性相关的知识储备低于男性，造成这种差异局面的是多种因素交织的结果，一方面在于神圣空间中性别地位的差异，在曼腊村，有关竜林的文化禁止中涉及性别最为显著的就是竜林祭祀仪式严禁女性村民参与，只有成年男性才可以参与，这种宗教上不平等事实上成为限制女性获得更多竜林地方性知识的重要原因；另一方面在于世俗空间中村落社会中的性别分工，在曼腊村，傣族在日常生产生活过程中存在可以观察到的性别分工。传统傣族社会认为男性应该负责犁田耙田、修理水沟、盖房子、砍柴火等体力重活，女性负责插秧、操持家务、采摘茶叶、种菜、找野菜野果等轻活。同样的在曼腊男性可以参与村寨治理，但作为女性尤其是结婚了的女性如果时常出现在其他男性较多的公共场合是普遍不被接受的，正是这种对女性严苛的性别规范约束了女性无法较多地参与社区治理。

最后，竜林地方性知识也属于当地傣族社会森林知识体系中的一个重要内容，当地傣族世代生活在森林生态系统非常发达的地方，创造出了一套内涵丰富的森林利用和管理知识。但是随着木材开采、土地开垦和大量经济作物的种植，大量原始森林被砍伐殆尽；纵观整个西双版纳，20世纪50年代开始大规模森林开采，对于当地的森林资源的破坏是世所罕见的，使得当地的原始森林仅仅存留在各种级别的林业保护区。而在砍伐后的林地上，西版纳州低海拔的地区又开始大量种植橡胶，使得当地的生态环境遭到了近乎毁灭性的打击。曼腊村子里的老人给笔者描述：当初曼腊村被原始森林所包围，两人张开臂膀接在一起才能抱住的参天大树比比皆是，森林里面大型动物太多了，熊、豹子、老虎都有，大象更是常见，现在不行了，都被砍没了，现在动物也都没有了。③ 就曼腊村的情况来说，连成为神圣区域的竜林也没有逃掉被砍伐的命运。当地老人说，竜林的面积在之前非常大，树种非常多，动物也常见，但是不断地砍伐，人口在不断地增长，土地亦不断地扩增，竜林就成了现在的这样一个小地方。面对日益恶化的

---

① 访谈对象：岩YK，男，52岁，曼腊村民，访谈地点：曼腊村，访谈时间：2018年10月11日。
② 樊秀丽：《文化的中断·断裂——中国少数民族多元文化教育的现状》，《西南民族大学学报》2010年第9期。
③ 访谈对象：岩W，男，65岁，曼腊村民。访谈地点：曼腊村，访谈时间：2018年11月9日。

生态环境，国家开始制定严厉的环境保护政策，其中一个重要内容就是将曾经隶属于村民管理和利用的森林收归不同政府来进行国家管理，森林的破坏和村民无权继续管理森林，导致了傣族传统社会中盛行的那一套森林知识体系遭到严重破坏。而西双版纳近代以来的生态环境与社会文化变迁表明，由于商业开采、乱砍滥伐导致当地的森林遭受数千年以来最严重的破坏，同时后期由于国家实施森林保护政策，将林业管理与保护变成政府的职能，进而打破了传统社会中傣族人民与森林共生共存的关系，并将两者剥离开来并置于一种对立的关系上。"远去的山林"表现在：一是当地森林生态系统的破坏，二是将人从人与自然共生关系中抽离出来，所以曼腊傣族社会森林知识体系不可避免地遭遇了近乎颠覆式的改变。

六、结论

本文以西双版纳州的一个典型的小村落曼腊寨为田野点，通过定性的田野调查和定量的问卷调查方法，考察了竜林地方性知识的基本内容以及当地不同群体对它的认知差异，并在随后对这种差异进行了人类学视野下的社会文化分析。笔者在曼腊寨的田野调查显示，作为整体性的竜林地方性知识在整个村落文化空间与知识体系中扮演着举足轻重的角色，当地构建景观格局、开展农事、文化认同等都离不开它，进而竜林地方性知识如同一根链条一样，通过它将当地傣族社会的整个政治、经济、文化都串联起来，形成一个内外交织、关系复杂的地方性知识网络。虽然竜林地方性知识属于传统原始宗教信仰的遗留，但是它包含适应自然、与自然和谐相处的生态文化观念以及"林—水—田—人"可持续发展理念等，都对当下中国社会的发展仍有重要启示。

我们也注意到，外在的生态环境与社会环境的剧变，以及傣族社会内部对于融入当下政治经济体系的积极追求，双重因素推动了曼腊寨竜林地方性知识体系的时代变革。结果显示，这些地方性知识与实践在代际之间出现了明显的衰退，上年纪的老一辈傣族人对于竜林地方性知识的认知与实践远远较年青一代傣族人更为丰富。而年龄、性别分化和正式教育体制对学习和参与这些地方性知识有很大的影响。传统留存下来的傣族社会性别分工一定程度限制了相关知识在性别之间的扩散，而正是教育体制冲击了傣族社会传统地方性知识的传承。研究表明，在以全国之力推动实现现代化的背景下，中国疆域内的所有地方社会都将不可避免地或被动纳入或主动融入这股史无前例的时代洪流之中。在科学知识继续风靡于人类社会的生产与生活之时，作为具有时空约束的地方性知识将如何适应，将是地方社会在融入现代国家的政治经济进程中必须直面的议题。

The Vanishing Traditions and the Transformation of Local Knowledge: An Anthropological Study of the Cultural Change of "Long Forest" among the Manla Dai

Zhang Hui   Wu Rou

Abstract: Dai " Long Forest" culture originated from local primitive religion and ancestor worship. In the process of adapting to the local ecological environment, together with other cultural matters, a set of local knowledge system related to the cultural space of the whole Dai village was derived. It can be divided into three dimensions, namely, Dai belief, technological practice and organization and management mechanism, which correspond to how local Dai people understand nature, how to carry out local knowledge practice and how to manage nature and its resources. In the traditional Dai society, the existence of Dai forest plays an important role in the construction of natural landscape pattern, the development of agriculture, cultural identity, ecological protection and so on. In recent years, under the impact and influence of modernization, the Dai "Long Forest" is undergoing an inevitable process of loss and decline. This outcome is driven by a combination of diverse coexisting and intertwined internal and external factors. Quantitative analysis reveals that gender differences, generational divides, and the impact of education are among the core elements. The transformation of Manla "Long Forest" local knowledge reveals that under the impact of economic modernization and rapid social change, how local knowledge with spatial—temporal constraints adapts will be a crucial issue that local societies must confront in the process of integrating into the political and economic processes of a modern state.

Key words: "Long Forest"; culture; local knowledge; cultural change

民族文化研究

香格里拉市藏文语言景观调查研究*

聂 鹏 姚加州 鄢 卓**

摘 要 香格里拉市为典型的少数民族聚居区，通过对当地语言景观调查研究发现：当地以多语景观为主，汉语、藏语、英语在标牌中的使用率位列前三，其他民族语言很少出现。不同区域、类型的标牌在语言选择和布局上差异较大。整体来看，汉语属于当地优势语言，藏语、英语只在某些特定条件下具有相对优势。语言政策、旅游开发等因素加速了当地藏文语言景观的兴起，行业定位、预期受众、文化认同等因素则会影响藏文在语言景观中的实际地位。此外，藏文语言景观还具有一定特殊性，在设计、使用及商品化过程中必须尊重当地藏族同胞习俗，服务于当地语言生态建设。

关键词 香格里拉；藏文语言景观；城市区位功能；主导因素；现存问题

DOI：10.13835/b.eayn.31.24

引言

作为近20年来社会语言学和应用语言学领域的热门话题，语言景观研究吸引了越来越多的学者参与其中。仅2022年，国内刊发的相关研究论文就多达百篇，一些刊物还增设专栏，以介绍、探讨国内外语言景观研究的新方法、新理论。"语言景观"（linguistic landscape）最早由 Landry 和 Bourhis 提出，他们认为"出现在公共路牌、广告牌、街名、地名、商铺招牌以及政府楼宇的公共标牌之上的语言共同构成某个属地、地区或城市群的语言景观"。[1] 随着研究的不断深入，Shohamy 和 Waksman 拓展了语言景观研究范围，认为语言景观应包括"不断变化的公共空间中出现或陈列的文字"。[2] 根据这一定义，游行标语、墙壁涂鸦、车身广告、灯箱海报乃至文化衫、纪念品也涵盖其中。

语言景观研究不仅考察现实环境中语言使用的特点和规律，更重要的是探究语言选择背后所蕴含的

---

* 本文系国家社科基金青年项目"藏羌彝走廊语言景观比较研究"（项目编号：23CYY032）、国家语委中青班项目"铸牢中华民族共同体意识下的藏羌彝走廊城市语言景观规划研究"（项目编号：YB145-103）的阶段性成果。
** 聂鹏，江西财经大学人文学院副教授。研究方向：西南少数民族语言历史、语言规划。姚加州，西南交通大学外国语学院讲师。研究方向：少数民族地区双语教育、语言景观。鄢卓，南开大学文学院讲师。研究方向：地理语言学、历史比较语言学。

[1] R. Landry and R. Y. Bourhis, Linguistic Landscape and Ethnolinguistic Vitality: An Empirical Study, *Journal of Language and Social Psychology*, Vol. 16, No. 1 (1997): 23-49.

[2] Shohamy, E. and S. Waksman, Linguistic Landscape as an Ecological Arena: Modalities, Meanings, Negotiations, Education, in *Linguistic Landscape: Expanding the Scenery*, eds. E. Shohamy and D. Gorter (London: Routledge, 2009), pp. 313-331.

深层次的政策取向、权势关系、身份认同等问题，这是其与传统公示语研究的最大不同。① 目前，国内语言景观研究方兴未艾，然而，就调查区域来看，重点仍停留在长三角、大湾区等东部、南部沿海区域，西部民族地区中小城市深度调查不足，相关研究数据仅有新疆维吾尔族聚居区②、西昌彝族聚居区③及丽江纳西族聚居区④，其他区域仍缺少有深度的系统调查。我国宪法规定："各民族都有使用和发展自己的语言文字的自由。"《中国的民族政策与各民族共同繁荣发展》白皮书提出：我国西部12个省、自治区、直辖市居住着全国近70%的少数民族人口，其中约有6000万人使用本民族语言，3000万人使用本民族文字，分别占少数民族总人口的60%和30%。⑤ 调查民族地区城市语言景观现状，特别是其中少数民族语言文字的使用情况，对于我们了解当地语言生态环境、维护民族同胞正当权益意义重大，同时也可为当地政府语言规划及后期评估提供参考数据。

一、调查对象及取样情况

本文主要调查香格里拉市藏文语言景观的使用现状及问题，并尝试分析民族地区城市语言景观设计布局的主导因素。香格里拉市位于云南省西北部，属于滇、川、藏三省区接合处，是云南唯一的藏族自治州——迪庆藏族自治州州府所在地。⑥ 据迪庆藏族自治州2018年国民经济和社会发展统计公报显示，迪庆州共有户籍人口369198人，其中藏族人口最多，共有133199人，约占总人口的36.08%。人口上万的民族还有：傈僳族111837人，占比为30.29%；纳西族46586人，占比为12.62%；汉族40299人，占比为10.92%；彝族16332人，占比为4.42%；白族15162人，占比为4.10%。2016年9月，当地政府颁布了《香格里拉市城市管理办法实施细则》⑦（以下简称《细则》），其中明确规定户外招牌及广告须增加藏文翻译，并由综合行政执法部门审核签字后才可使用，藏文语言景观的全面推广由此开始。如今，《细则》落地已有一段时间，当地语言景观使用现状如何，藏文语言景观是否得到民众认可，《细则》实施中又存在哪些问题，这些都是我们此次调研关注的重点。

调查地点集中在香格里拉市较为繁华的四个区域：建塘社区、长征大道、独克宗古城（以下简称古城区）、和平路。按照城市功能分区，建塘社区属于居民生活区，当地藏族同胞多居于此，区域内建有大型农贸市场（向阳路农贸综合市场），早晚集市非常热闹；长征大道属于行政区，当地政府机关和公共服务部门集中分布于道路两侧；古城区属于旅游区，城内有我国最大的藏民居群和世界最大转经筒，每年吸引近千万国内外游客参观游览；和平路属于商业区，道路两侧专卖店、连锁店林立，主要经营中高端

---

① 尚国文、赵守辉：《语言景观研究的视角、理论与方法》，《外语教学与研究》2014年第2期。
② 杨金龙、梅德明：《新疆双语教育模式的理性选择与过渡——一项基于语言景观的实证研究》，《语言文字应用》2016年第4期。
③ 聂鹏木、乃热哈：《西昌市彝文语言景观调查研究》，《语言文字应用》2017年第1期。
④ 聂鹏、木乃热哈：《少数民族地区城市语言景观中的语言使用状况——以丽江市古城区为例》，《语言战略研究》2017年第2期。
⑤ 国务院新闻办公室：《中国的民族政策与各民族共同繁荣发展》，https：//www. gov. cn/zhengce/2009－09/ 27/content_ 2615773. htm，访问时间：2020年7月19日。
⑥ "香格里拉"（Shangri－La）本是美国作家詹姆斯·希尔顿（James Hilton）在《消失的地平线》中虚构的一处世外桃源，位置大约在今云南省西北部藏族聚居区。2001年经国务院批准，原云南省中甸县改名为香格里拉县；2014年香格里拉撤县设市。
⑦ 香格里拉市人民政府：《香格里拉市城市管理办法实施细则》，http：//zf. xgll. gov. cn/html/2016/zf_ zwdt_ gg_ 0903/ 17617. html，访问时间：2019年12月15日。

时尚用品。上述四区域涵盖了香格里拉市所有人流密集区,具有很强的代表性,也方便我们开展调查。

调查方式主要有影像记录、深度访谈、快速隐匿三种。2020年1月,我们对上述区域可视范围内的语言景观(包括商铺招牌、墙壁涂鸦、碑文石刻、户外广告、灯箱海报、道路名牌、公交站牌、单位门牌、警示牌、指示牌、宣传栏等)进行了穷尽式拍摄,共搜集照片756张。根据Backhaus"每一个语言实体无论其大小,在统计时都应算作一个标牌"的观点,[①] 最终分析得出有效标牌1064块,其中建塘社区214块,长征大道276块,古城区329块,和平路245块。在对标牌进行统计分析后,我们根据其中发现的问题,对标牌管理者和设立者进行了有针对性的访谈,访谈共计53人,其中政府部门工作人员2人,分别隶属于综合行政执法部门(Z_1)和旅游发展委员会(Z_2);商铺业主51人,其中建塘社区9人(S_1—S_9),长征大道12人(S_{10}—S_{21}),古城区17人(S_{22}—S_{38}),和平路13人(S_{39}—S_{51})。通过访谈,提高了我们分析和解读数据的准确性。此外,我们还向独克宗古城管委会咨询了相关情况,以辅助研究。

二、调查结果与分析

(一)标牌语言数量

根据标牌上的语言数量,可将其划分为三类:单语标牌、双语标牌和多语标牌(指含有3种及3种以上语言的标牌)。我们统计了四区域各类标牌数量及所占比例(见表1),以便从宏观角度观察当地语言景观现状及不同区域之间的差异。

表1 2020年四区域标牌语言使用情况

区域	标牌数量	语言数量及占比					
		单语	占比/%	双语	占比/%	多语	占比/%
建塘社区	214	84	39.3	71	33.2	59	27.6
长征大道	276	31	11.2	61	22.1	184	66.7
古城区	329	57	17.3	48	14.6	224	68.1
和平路	245	42	17.1	60	24.5	143	58.4
总计	1064	214	20.1	240	22.6	610	57.3

从整体上看,多语标牌占当地标牌总数的57.3%,双语标牌占22.6%,单语标牌占20.1%,可以说,多语言使用是香格里拉市语言景观的一个显著特征。不过,这一特征也存在一定区域差异,长征大道、古城区多语标牌约占总数的2/3,和平路也在1/2以上,但在建塘社区,多语标牌仅占总数的27.6%,反而是单语标牌数量最多,占总数的39.3%。可见,香格里拉市整体上虽以多语景观为主,但各区域分布并不均衡。

---

① Backhaus, P., Multilingualism in Tokyo: A Linguistic Landscape Approach, *International Journal of Multilingualism*, Vol. 3, No. 1 (2006): 52—66.

（二）标牌语言选择

语言选择是语言景观研究的重点，标牌设立主体的语言选择倾向往往可以较为直观地反映当地语言生态及语言政策。我们根据标牌上的语言组合形式对四区域标牌进行了分类统计（见表2）。

表 2　标牌上的语言组合状况

区域 语言	建塘社区		长征大道		古城区		和平路		合计	
	数量	占比/%	数量	占比/%	数量	占比/%	数量	占比/%	数量	占比/%
汉	78	36.4	25	9.1	17	5.2	10	4.1	130	12.2
藏	6	2.8	1	0.4	28	8.5	/	/	35	3.3
英	—	—	5	1.8	12	3.6	32	13.1	49	4.6
汉＋藏	56	26.2	37	13.4	19	5.8	11	4.5	123	11.6
汉＋傣	3	1.4	—	—	—	—	—	—	3	0.3
汉＋英	12	5.6	21	7.6	23	7.0	47	19.2	103	9.7
藏＋英	—	—	3	1.1	6	1.8	2	0.8	11	1.0
汉＋藏＋英	59	27.6	184	66.7	216	65.7	143	58.4	602	56.6
汉＋纳西＋英	—	—	—	—	3	0.9	—	—	3	0.3
汉＋藏＋英＋韩	—	—	—	—	4	1.2	—	—	4	0.4
其他	—	—	—	—	1	0.3	—	—	1	0.1
合计	214	100	276	100	329	100	245	100	1064	100

从语言组合来看：单语标牌中，汉语单语占比最高的是建塘社区（36.4%），藏语单语占比最高的是古城区（8.5%），英语单语占比最高的是和平路（13.1%）；古城区藏语单语景观包括招牌、灯饰、石刻及经幡、对联等印刷品，和平路英语单语景观主要是招牌、广告、涂鸦等（见图1，上为古城区标牌，下为和平路标牌）。双语标牌中，汉藏双语占比最高的是建塘社区（26.2%），汉傣双语仅出现在建塘社区，汉英双语占比最高的是和平路（19.2%），藏英双语占比最高的是古城区（1.8%）。多语标牌中，汉藏英多语占比最高的是长征大道（66.7%），汉纳西英和汉藏英韩多语仅出现在古城区（"其他"为汉英法泰日韩多语，仅在古城区出现一例）。综合来看，在1064块标牌中，汉藏英组合数量最多，占比为56.6%；汉语单语其次，占比为12.2%；汉藏和汉英组合分列第三、第四位，占比分别为11.8%和9.7%。从语言组合的灵活度来看，古城区有10种形式，灵活度最高，长征大道有7种，建塘社区与和平路均有6种，灵活度略差。

图 1　古城区（上）与和平路（下）单语景观举例

从语言使用率来看：建塘社区出现汉语的标牌有208块，占比为97.2%；出现藏语的有121块，占比为56.5%；出现英语的有71块，占比为33.2%。长征大道出现汉语的标牌有267块，占比为96.7%；出现藏语的有225块，占比为81.5%；出现英语的有213块，占比为77.2%。古城区出现汉语的标牌有283块，占比为86.0%；出现藏语的有273块，占比为83.0%；出现英语的有265块，占比为80.5%。和平路出现汉语的标牌有

211块,占比为86.1%;出现藏语的有156块,占比为63.7%;出现英语的有224块,占比为91.4%。汉语使用率最高的是建塘社区,藏语使用率最高的是古城区,英语使用率最高的是和平路。综合来看,在1064块标牌中,出现汉语的有969块,占比为91.1%;出现藏语的有775块,占比为72.8%;出现英语的有773块,占比为72.7%。汉语在当地标牌中使用率最高,英语作为国际通用语言已逼近本土藏语使用率。

(三) 标牌优势语言

Scollon, R. 和 Scollon, S. W. 研究发现,在双语或多语标牌中,一般总会有一种语言处于优势地位。[①] 在官方标牌中,优势语言往往反映国家语言政策和政府语言规划意图;而在私人标牌中,优势语言可较为真实地反映出设立者的个人喜好和需求。我们根据标牌上文字的位置、大小、风格、色彩及材质等要素统计了汉藏、汉英、藏英双语标牌和汉藏英多语标牌上的优势语言(见表3),并重点关注了官方标牌与私人标牌中藏文的地位问题。

表3 双语和多语标牌上的优势语言

语言组合形式	区域	总数(私人/官方)	优势语言/%			
			汉语	藏语	英语	难以界定
汉+藏	建塘社区	56 (53/3)	96.4	3.6	—	0
	长征大道	37 (30/7)	91.9	2.7	—	5.4
	古城区	19 (15/4)	73.7	15.8	—	10.5
	和平路	11 (10/1)	100	0	—	0
汉+英	建塘社区	12 (11/0)	100	—	0	0
	长征大道	21 (18/2)	76.2	—	14.3	9.5
	古城区	23 (21/3)	52.2	—	34.8	13.0
	和平路	47 (46/1)	55.3	—	31.9	12.8
藏+英	建塘社区	0 (0/0)	—	0	0	0
	长征大道	3 (3/0)	—	0	100	0
	古城区	6 (6/0)	—	33.3	66.7	0
	和平路	2 (2/0)	—	0	100	0
汉+藏+英	建塘社区	59 (57/2)	98.3	1.7	0	0
	长征大道	184 (171/13)	83.2	1.1	10.3	5.4
	古城区	216 (207/9)	63.4	21.3	11.1	3.7
	和平路	143 (138/5)	52.4	0	41.3	6.3
总计	建塘社区	127 (122/5)	97.6	2.4	0	0
	长征大道	245 (223/22)	82.9	1.2	11.2	5.7
	古城区	264 (248/16)	61.7	19.3	13.6	5.3
	和平路	203 (196/7)	55.2	0	37.4	7.4

---

① Scollon, R. and S. W. Scollon, *Discourses in Place: Language in the Material World* (London: Routledge, 2003), pp. 116–128.

总体来看，在双语和多语标牌中，以汉语为优势语言的标牌在各区域占比均超过了50%，其中建塘社区最高，为97.6%，和平路最低，为55.2%，汉语在当地的优势地位比较明显；以藏语为优势语言的标牌集中出现在古城区，其他区域很少出现；以英语为优势语言的标牌主要出现在和平路，但在长征大道和古城区也有少量分布，建塘社区则未曾出现。

当地官方标牌主要有五种语言组合形式，分别为汉语单语、藏语单语、汉藏双语、汉英双语和汉藏英多语。汉语单语主要用于公交站牌、信息栏、宣传栏等；藏语单语仅出现在旅游景点内，如香巴拉藏文化博物馆、大龟山公园、迪庆红军长征博物馆等，数量相对较少；汉藏双语主要用于政府机关门牌、道路名牌、提示牌等；汉英双语主要用于临时性警示牌，如"施工请绕行""注意安全"等；汉藏英多语主要用于医院、邮局及银行等公共服务部门门牌、街道指示牌、建筑名牌、景点介绍牌等。在大多数情况下，双语或多语标牌均以汉语为优势语言，这是由国家语言政策决定的。不过在古城区，官方标牌的设计布局与其他区域存在一定差异，这主要体现在藏语的地位上（见图2，左下角标"◎"的为古城区标牌，未标注的为其他区域标牌）。

图2　古城区与其他区域语言景观对比

从图2看，竖向标牌在古城区存在"藏左汉右"的情况，按照我们从左向右的阅读习惯，藏语地位得到凸显，而在其他区域，情况恰好相反。横向标牌在古城区出现了仿藏体汉字，藏式风格浓郁，这在其他区域官方标牌中未曾出现；在多语街道指示牌中，古城区也有不同之处，从排列顺序看，藏语设置在第一位，居汉语、英语之上，按照我们从上到下的阅读习惯，藏语地位得到凸显，但在其他区域，藏语却位于最下方，凸显程度下降，甚至不及英语。此外，我们还注意到，在不同功能的官方标牌中藏语的凸显程度也有所不同（见图3）。

图3　不同功能的官方标牌中藏语地位差异

跟随图3箭头所指方向不难发现，越是贴近当地百姓日常生活的标牌，藏语的凸显程度就越低，而汉语的凸显程度却不断提升，例如左上第一张"香巴拉藏文化博物馆"使用了藏语单语标牌，而排在后面的"广告栏""公交车线路牌"中藏语消失，成了汉语单语标牌。这一方面表明官方对汉语传递信息时效性的认可，另一方面也表明当地政府推广藏文语言景观具有一定倾向性，旅游场所、行政部门标牌中的藏语凸显程度明显要高于其他区域。

当地私人标牌的语言组合主要采用汉藏英多语形式，大多数标牌将汉语作为优势语言。但我们也注意到，在某些特定情况下，汉语的优势地位会被削弱甚至丧失，英语或藏语却得到凸显。长征大道与和平路均有部分私人标牌以英语为优势语言,通过观察,我们发现使用这类标牌的商铺主要有两类:一类经营电子产品,如手机、电脑、数码相机等;另一类经营时尚用品,如品牌鞋帽、高档服饰、进口化妆品等。除上述两类商铺外,其他多以汉语为优势语言。古城区以藏语为优势语言的标牌占比为19.3%,远高于其他区域,藏语优势地位除了通过放大藏文字体得以凸显外,还可借助仿藏体汉字来表现(见图4)。少量标牌中甚至不出现藏语,但却用仿藏体汉字来营造藏式风格。从经营范围看,使用这类标牌的商铺大多经营藏族特产。由此不难看出,行业定位对私人标牌的设计布局影响很大。

图4 古城区仿藏体汉字标牌举例

(四) 相关问题访谈

根据调查,香格里拉市不同区域、类型的语言景观在语言选择和设计布局上差异较大,我们希望通过访谈来了解其中原因,以便对数据做出合理、准确的分析。

四区域语言景观中藏语使用率由高到低排序依次为:古城区(83.0%)＞长征大道(81.5%)＞和平路(63.7%)＞建塘社区(56.5%)。建塘社区作为居民区,生活的主要是当地藏族同胞,但社区藏语使用率却排在末位。我们约访了9位社区商铺业主,了解其对藏文语言景观的使用态度。在谈及"为何社区藏文招牌较少"时,有6位业主表示,自己不懂藏文,当地藏族也很少懂,所以没有使用。另有3位(S_4、S_5、S_9)使用了藏文招牌,S_4是外地人,刚来社区做生意,"听说以后都得用(藏文),广告公司就直接印上了";S_5、S_9是当地藏族,两人均表示不认识藏文,但还是觉得"应该用","很好看、有特色","政府也提倡"。我们采用"问路"的方式来测试当地藏族同胞的藏文识读能力,将街道指示牌"ཡང་ཐང་ལམ།"(阳塘路)抄下,向路过的藏族同胞询问(以是否着藏服来判断被测试者是否为藏族),在2小时内,共询问46人,其中30人直接告诉笔者不懂藏文,帮不上忙。这样看来,当地认识藏文的藏族占比应不超过34.8%;另一方面,当被询问人表示不懂藏文时,笔者会将汉字写出,30人中反而有25人认识汉字。也就是说,当地认识汉字的藏族占比应超过54.3%。这正是建塘社区藏文语言景观远少于汉文语言景观的主要原因,可见预期受众及其文字识读能力会在很大程度上影响标牌语言选择。

长征大道的标牌中藏语使用率虽高,但以藏语为优势语言的标牌仅占总量的1.2%。调查中,我们还发现了一些特殊情况,即在大多数含有两块或多块招牌的商铺中,只有临街招牌中使用藏语,而在拐角或其他区域则省去;另有一些招牌中藏语的制作材质与汉语、英语明显不同,特别是在夜间,藏语几乎可以忽略(见图5)。

图 5　藏文语言景观中的两类特殊现象举例

通过访谈我们得知,这些招牌中的藏文多是后期增补的,因此无法做到与原材质统一。S_{12} 表示,"以前没有藏语,后来说必须用,要搞统一,就补上了";S_{21} 表示,"正面要求有(藏语、英语),侧面没规定,(所以)没用"。在接受访谈的 12 位业主中,只有 2 位原本就使用了藏语,其中一家经营佛教用品,另一家为藏式主题酒店。Z_1 作为主管部门工作人员表示,"根据上级要求,道路两侧招牌、广告和类似牌子都要用汉藏英三种语言,我们会不定期检查,不合格的要限期整改"。但 Z_1 也表示,由于任务量较大,截至我们调研时,只有长征大道、香巴拉大道、格咱路等主干道完成整改,其他区域多是通知业主,但尚未做强制要求。由此可以判断,长征大道及主干道上藏语、英语使用率较高主要是语言政策所致,其次也受商铺行业定位影响。

古城区藏语使用率高达 83.0%,藏语单语标牌占到总数的 8.5%,以藏语为优势语言的标牌占比为 19.3%,均高于其他区域。我们从独克宗古城管委会了解到,自从古城旅游业发展起来后,城内原有的藏族同胞多已外迁,现在的商家、业主多是外地人,还有部分来自美国、德国、奥地利等国的游客长期居住。古城内经营的主要是藏族特色产品,印有藏文的挂件、饰品、车贴、哈达、对联、经幡等随处可见(见图 6)。

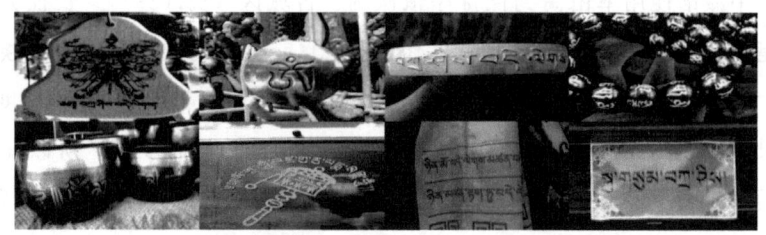

图 6　旅游纪念品及日用品上的藏文

在接受访谈的 17 位业主中有 3 位藏族(S_{26}、S_{31}、S_{34}),三人均只在招牌中使用了藏语,并未悬挂经幡、张贴对联。与其他商铺相比,藏式风格反而不够突出。S_{26} 表示,"招牌是请人做的","现在都用汉文,藏文倒是认识,(但)写不出来"。S_{31} 表示,"我不卖那些(印有藏文的纪念品),外地人卖的多,上面(藏文)错的不少"。S_{34} 表示,"经幡、对联都是汉人用,我们(平时)不用,节日才用"。S_{22}、S_{27} 是外地人,S_{22} 表示,"藏文车贴、挂件卖得很好,自驾的喜欢"。S_{27} 更是在自家酒吧内外挂满了经幡,认为这样"像彩旗,看着喜庆,有特色"。通过访谈我们了解到,在不少外地人看来,藏文语言景观只是一种装饰,用以营造异域风情,满足游客好奇心;而在多数藏族同胞看来,藏文带有一种神圣感,承载的是藏传佛教文化,藏文语言景观的使用不应泛化,也不应被商品化。

和平路英文语言景观具有一定优势,特别是名店街路段,英语在标牌中的使用率达到 100%。在双语或多语标牌中,品牌知名度越高,英语的优势地位就越凸显;部分国际品牌甚至只用英语。S_{51} 表示,"英语(商标)上档次,顾客认这个(牌子),汉语、藏语就差远了",S_{40}、S_{41}、S_{45} 等多位业主也表达了类似看法。可见,即使在民族地区,英语也是国际化的标志,而汉语、藏语则是本土化的标志。在接受访谈的 13 位业主中，有 5 位（S_{39}、S_{43}、S_{44}、S_{49}、S_{50}）在招牌中使用了藏语，S_{44} 表示，"用藏语可以帮助我们公司尽快融入当地"；S_{39} 则表示，"近几年开业的（政府）都让用（藏语），其实也没人认识"，S_{39}、S_{43}、S_{49}、S_{50} 也是近期入驻的高端品牌，按照规定，在英语标牌角落处加注了藏语。

三、总结与讨论

（一）民族地区语言景观设计布局的影响因素

根据调研数据及访谈可知，香格里拉市四个不同区域语言景观设计布局的主导因素各有不同。语言政策对语言景观的影响往往是最直接、最有效的，可在短期内重塑一个区域的语言景观外貌，长征大道汉藏英多语景观便是政策催生，而另外三区域也在一定程度上受到了政策影响。语言政策对标牌语言选择影响较大，一般是政策规定标牌中要使用哪些语言，实际就会出现哪些语言，但政策对标牌中优势语言的确立影响十分有限，尽管藏语、英语在长征大道的使用率高达 81.5%、77.2%，但以藏语、英语为优势语言的标牌仅占 1.2%、11.2%，除了部分特殊行业外，大多数业主只是在招牌中使用汉语、藏语、英语多语，而店铺内仍以汉语单语为主，应付检查的倾向较为明显。

旅游开发对当地藏文语言景观的发展起到推动作用，即使官方标牌的设计布局也会受其影响。独克宗古城作为香格里拉市著名旅游景点，城内藏语使用率、凸显程度及藏文单语景观占比均高于其他区域。官方标牌通过调整语言排列顺序和字体大小及风格来凸显藏语，私人标牌则利用仿藏体汉字来强化藏式风格，达到吸引游客的目的。藏文语言景观对旅游业的促进作用也得到了官方认可，Z_2 作为旅游发展委员会工作人员表示，"香格里拉支柱产业就是旅游，年游客接待量上千万，《细则》规定用藏文肯定考虑了旅游因素，这是客观需求"。从访谈来看，古城区业主对藏文语言景观的认可度最高，但这种认可多建立在经济获益基础之上，离开旅游商业，多数业主表示不会主动使用。

行业定位、预期受众、文化认同等因素同样会影响标牌语言选择和优势语言的确立，需要指出的是，这些影响因素并非同等重要，哪一因素起主导作用要视具体情况而定。建塘社区属于居民生活区，社区内多小型杂货铺，主要经营日常生活用品，顾客以藏族同胞为主，使用汉语、藏语标牌比较接地气，可拉近与顾客的距离，也符合自身行业定位；尽管当地藏族同胞说不出具体原因，甚至不认识自家招牌上的藏文，但仍表示"应该用"，类似回答恰表明了藏族同胞对本民族文化的认同与热爱。与此不同，和平路地处繁华商业区，路旁多大型连锁店，主要经营高端时尚用品，顾客以当地年轻白领为主，使用英语标牌显得更为国际化，可提升商品档次感，因此不少业主会将英语作为标牌中的优势语言来布局。

语言景观的主要功能是向预期受众传递有效信息，受众只有认识标牌上的文字才能顺利接收信息，进而参与或执行标牌上的活动及指示。当然，也有一些标牌有意使用陌生化语言以达到"标新立异"的目的，但毕竟只是少数。在接受访谈的 51 位商铺业主中，有 16 人未使用藏文，其中存在的共同原因便是"没有人认识（藏文）"（S_2），藏文普及率较低不仅削弱了业主使用藏文的积极性、主动性，也使得藏文逐渐沦为一种象征性符号，或应付检查，或装点门面，信息功能趋于弱化，离开政策支持，生存空间有限。类似情况并非个案，西昌彝族聚居区、丽江纳西族聚居区也存在相同问题，民族传统文字的传承发岌可危，应当引起重视。"观念"是阻碍藏文语言景观推广使用的另一个重要因素，从访谈中我们感受到，英语在大多数业主心中是"洋气"的代表，标志着现代化、全球化，而藏语则是"土气"的代表，意味着原始、落后，这种刻板观念在商业区表现尤为突出。在全球化的今天，英语作为国际通用语言，已渗透到偏远的少数民族城市，并深刻影响着当地人的语言观念，如何在顺应全球化潮流的同时保持少数民族语言活力及民族文化认同感是我们亟待解决的问题。

（二）藏文语言景观的设计、使用及商品化问题

从访谈来看，藏族同胞对藏文充满敬畏，这种敬畏可能源于宗教信仰。藏文早期多用于抄写记述佛教经文教义；久而久之，藏文便成了藏传佛教的象征，而绝大多数藏族同胞都是虔诚的佛教信徒，对佛教的敬畏之心也就自然而然地延伸到了藏文。藏族业主大多只是在招牌中使用藏文，很少会出售藏文商品。S_{31}表示，"小的时候学藏文，（需要）举行仪式、念经，很神圣"；S_{26}表示，"钱包、钥匙链上不能有藏文，靠近臀部（对藏文）不敬"，"家里的（藏）书籍、报纸，不能乱丢，要整理好放到高处"。藏族同胞对藏文的敬畏可见一斑。悬挂经幡是藏族同胞用来祈福的一种方式，经幡上印有经文，一般要选择良辰吉日悬挂在山顶、湖泊或寺庙等有灵性的地方，风每吹动一次经幡代表诵经一次。S_{34}表示，"经幡是圣物，用的时候很多讲究，脏了、破了就要换"。然而在古城区，经幡的悬挂较为随意，一些娱乐场所为打造民族特色，肆意使用，破损经幡也无人更换（见图7）。

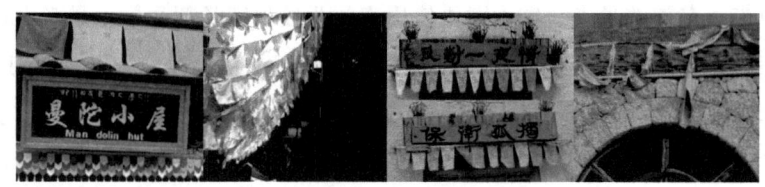

图7　古城区经幡使用乱象

利用少数民族语言文字或其他象征性、符号性资源发展特色旅游业已不是什么新鲜途径，随着旅游开发的推进，少数民族语言文字的商品化不可避免。[①] 民族多语景观作为"异域风情"构建的一部分，也承受着快速商业化带来的冲击。政府部门为了回应市场需求、商铺业主为了吸引游客目光，都会在语言景观中加入少数民族元素，丽江纳西东巴文在束河古镇的广泛使用便是典型案例，这种过度商品化的做法不仅削弱了东巴文的信息功能，使其日益成为一种商业符号，也破坏了东巴文化的原真性，加剧了传承危机。[②] 香格里拉与丽江情况颇为相似，藏文语言景观的推广使用不应走丽江东巴文的老路，反应以此为戒，在开发利用少数民族语言景观的同时也要学会保护当地文化的原真性，尊重当地少数民族习俗，避免过度商品化。

[①] 谭秀梅：《民族旅游文化商品化与民族传统文化的发展》，《文化产业》2021年第7期。
[②] 徐红罡、任燕：《旅游对纳西东巴文语言景观的影响》，《旅游学刊》2015年第1期。

（三） 语言景观的教育、引导功能

过往研究发现，如果某个族群的语言出现在标牌上，人们便会认为该族群所使用的语言是有价值、有地位的；反之亦然。[1] 语言景观并非简单的、静态的语言展示，而是管理者、设立者、阅读者多方互动的话语过程，是一种特殊的语言实践，更是一笔宝贵的教学资源。[2] 语言景观中少数族群语言文字的出现，对于该族群乃至全体社会成员而言都是一种强有力的心理暗示，促使人们认识到这一语言文字的价值、地位，从而主动学习、使用。访谈中我们发现，藏文语言景观正在潜移默化中影响当地藏族同胞的语言观念及言语行为。S_9表示，"以前大家学汉话，这几年，藏文到处都用，身边不少人主动学藏语了"；S_{31}表示，"我的小孩子就会问，这个（标牌上的藏文）怎么读、那个怎么读，我们家长也要自学（藏语文）了"。藏文语言景观的推广使用激发了当地藏族同胞特别是藏族青年学习藏语文的热情，为民族语言文字的传承与发展注入了新的活力，这是值得肯定的。不过，我们也注意到，香格里拉辖区内生活的少数民族不止藏族一个，拥有传统民族文字的除藏族外，还有傣族、彝族、纳西族、傈僳族等。作为藏族自治州州府，《细则》中强制要求使用藏文，在凸显藏语地位的同时也极易压缩其他民族语言文字的生存空间，加速其他民族语言的边缘化。我们看到，建塘社区出现了傣语，古城区出现了纳西语，但在长征大道，由于政策要求，除了汉藏英之外没有其他民族语言文字出现。访谈中，一位傣族业主（S_{20}）表示，"我们做傣味小吃，也要求用藏文招牌，我们自己的特色体现不了"。民族地区语言规划要充分照顾各少数民族利益，不能"一刀切"。某个民族语言文字在标牌特别是官方标牌中的出现，不仅能激发该民族学习、使用本民族语言文字的热情，也会提高该民族的社会地位、增强民族自豪感与凝聚力；同样，当失去这一权利，不仅学习热情会大打折扣，也会影响该地区的民族团结与社会稳定，这是语言政策制定者不应忽视的一点。

---

[1] Marten, Heiko F., Luk Van Mensel and D. Gorter, Studying Minority Languages in the Linguistic Landscape, in *Minority Languages in the Linguistic Landscape*, eds. D. Gorter, Heiko F. Marten and Luk Van Mensel (London: Palgrave Macmillan, 2012), pp. 1—18.

[2] 尚国文：《语言景观与语言教学：从资源到工具》，《语言战略研究》2017年第2期。

A Field Research of the Linguistic Landscapes of Tibetan in Shangri—La

Nie Peng Yao Jiazhou Yan Zhuo

Abstract: Through field research of the linguistic landscapes of Shangri—La in Yunnan Province, a typical city inhabited by ethnic minorities, it is discovered that the local linguistic landscapes are mainly multilingual, with Chinese, Tibetan and English being used as the top three languages while other ethnic languages rarely appear. Shangri—La is a typical area inhabited by ethnic minorities. Significant variations in language choice and layout exist across different areas and types of signs. Overall, Chinese is the dominant language, with Tibetan and English holding relative advantages only under certain specific conditions. Factors such as language policies and tourism development have accelerated the emergence of the local Tibetan linguistic landscape, while factors such as industry positioning, intended audience, and cultural identity influence the actual status of Tibetan within this landscape. Furthermore, the Tibetan linguistic landscape has certain unique characteristics, and it is essential to respect local Tibetan customs and serve the construction of the local linguistic ecology in design, use, and commercialization related to the Tibetan language.

Key words: Shangri—La; linguistic landscape of Tibetan; urban location function; dominant factor; current issue

南诏密教的中国化研究

——以对南诏密教僧赞陀崛多的考察为例

尹 恒[*]

摘 要 中古时期印度密教的中国化现象并非仅仅发生在中原长安地区,西南地区也别发新枝,以南诏密教的出现为代表。从印度来南诏传教的僧人之中,以赞陀崛多最为重要且文献最为丰富,因而赞陀崛多就成为理解南诏密教乃至中古时期密教西南维度至关重要的人物。本文通过全面系统梳理有关赞陀崛多的知识与文献,重现赞陀崛多这一中古时期密教僧人形象,并进而探究其如何将印度密教中国化这一过程。借此可为梳理中古时期密教在南诏地区的传播提供坚实之历史证据,从而对唐宋时期密教在中土、西南及印度三地之互动关系的研究提供新的切入点,也对梳理整个中古时代密教信仰的传布及与其他宗教、地方信仰的互动提供更为开阔的学术视野。

关键词 赞陀崛多;密教;《金刚道场大灌顶仪》

DOI:10.13835/b.eayn.31.25

对中古中国密教兴起的传统理解大致以长安开元三大士之传法为核心,而对中国其他区域密教之传入鲜有涉足。几乎在唐代同时期,在西南地区也有一支密教从印度传入当时南诏政权的洱海地区。这支密教在南诏地区逐渐发展壮大,对后世影响深远,可以称之为南诏密教。南诏密教中最为重要的来华传法僧人为赞陀崛多。至今对赞陀崛多之研究并不清晰,或有涉足者而完全相信所有史料之记载之真实而对所存在之疑点不予怀疑[①],或轻易否定赞陀崛多之存在而不予深入辨析讨论[②],因此有必要重新考察有关赞陀崛多的知识与文献,方可厘清南诏密教的起源,重现当时南诏密教的形态与特征。

赞陀崛多(Candragupta),生卒不详,唐开成年间摩伽陀国僧人,其名又译作赞那曲多、摩竭陀、摩伽陀、牟伽陀等,概多以其国名代称其姓名。[③]其为中古时期从印度地区摩伽陀国(又译摩伽国、摩竭提国)赴南诏传播密教的重要僧人,成为南诏地区密教其中一支的开创者,也是南诏大理国及元明时期云南地区密教教法的祖师之一。其人之图像存在于传世大理方国盛德五年(1180)绘本《张胜温画卷》中[④],中原史书最早记载者为元代《大元混一方舆胜览》。另外,明代史书、碑刻、神话传说对其多有记

---

[*] 尹恒,西华师范大学文学院讲师。研究方向:云南文献。本文为西华师范大学校级基本科研业务项目"8—16世纪西南写本文献搜集整理研究"(项目号:465072)的阶段性成果。

[①] 张泽洪、廖玲:《南方丝绸之路上的梵僧——以南诏梵僧赞陀崛多为中心》,《思想战线》2015年第3期。

[②] 杨延福:《南诏大理白族史论集》,云南民族出版社,2004年,第257页。

[③] 王海涛:《云南佛教史》,云南美术出版社,2001年,第115—122页。

[④] 《张胜温画卷》中赞陀崛多的图像先后出现过3次之多,这在整卷《张胜温画卷》中的其他人物是绝无仅有的。

载。赞陀崛多翻译密教典籍《金刚道场大灌顶仪》存有明初建文年间大理密教僧董贤写本残卷。印度密教传入中国的流派，学界素来认为有唐密（后世分支有东密及台密）与藏密，但南诏大理国密教的研究则明显不足。赞陀崛多作为有史所载之明确印度来华密教传法僧人，在此研究中占据之位置绝为关键，因此有必要考察清楚其来华之时间、其所经历之事件及其所译经典，并借此为确定南诏密教发生之可能及发展状况提供坚实依据，也可为中国乃至亚洲之密教史提供富有启发的思考视角。

一、赞陀崛多史事考

（一）赞陀崛多来南诏之具体时间

赞陀崛多来南诏之具体时间，史籍中有具体记载者有二书：一为明李元阳主纂之万历《云南通志》。其书卷十三《鹤庆军民府·仙释》记载云："赞陀崛多。神僧。蒙氏保和十六年，自西域摩伽国来，为蒙氏崇信，于郡东峰顶山结茅入定，慧通而神。天启二年，僧悯郡地大半为湖，即下山以锡杖穿象眠山麓石穴十余孔泄之，湖水遂消，民始获耕种之利。后莫知所终。"① 二为史书《白古通记》。其云："神僧赞陀崛多以蒙氏保和十六年，自西域摩伽国来，结节峰顶。悯郡地大半为湖，以锡杖穿象眠山麓，为百余孔，泄之。湖水既消，民始获平土以居。"② 因此其来华时间，基本可以确定为南诏蒙氏保和十六年（839）即唐开成四年。

（二）赞陀崛多开辟鹤庆治水事为真实考

万历《云南通志》之前的中原官方文献中，有关赞陀崛多在南诏的史事的记载中重复率最高者，就是赞陀崛多治水。重要文献有三：

1. 明天顺时期李贤等编纂《明一统志》卷87剑川州"寺观玄化寺"注称："在府城西南，昔蒙氏因梵僧赞陀崛多卓锡通水，遂建此寺。"③

2. 明景泰陈文等修撰之《云南图经志书》卷5载鹤庆龙珠山："在府南二十里，山后有石穴。土人传云：'昔鹤川水涨，民不奠居，有异僧赞陀崛多者，卓锡成穴，其水远泄。'……今郡民每岁四月，择日诣穴前祭祀，以祈弭水患。"④

3. 明正德《云南志》卷35《外志·仙释传》："赞陀崛多，自摩伽国来。诛茅结庵于鹤庆府治东峰顶山上。悟禅□□妙。初漾共江流为群山环合所阻，水无泄道□□成湖，数为民患。崛多用锡杖卓穿龙珠

---

① （明）邹应龙修，李元阳纂：《万历云南通志》，中国文联出版社，2013年，第1217页。
② 王叔武：《云南古佚书钞合集》，云南人民出版社，2016年，第59页。
③ 方国瑜主编：《云南史料丛刊》第七卷，云南大学出版社，2000年，第203页。
④ （明）陈文等修，李春龙、刘景毛校注：《景泰云南图经志书校注》，云南民族出版社，2002年，第303页。

山麓以泄，湖水遂漏入石穴，至三庄复出，入金沙江，水患遂息。居人德之，为建祠祀焉。"①

明代官方史书继承了中国史学传统，对史料来源多会谨慎对待，特别是出于中央对于云南边疆地区的治理而言，不会妄增有利于地方与外界过多接触的史料，更不可能偏信云南地方史志记录。因此，我们认为以上三种明代官修志书中关于赞陀崛多的记录，文字虽然不多，但都基本是谨慎可靠的。就以上三种史料的来源而言，我们认为天顺时期李贤等所编纂的《明一统志》这一则史料可能来源于《大元大一统志》（今散佚）。《明一统志》的编纂史官不太可能会亲自到云南考察民风，即使获得了云南地区的文献也不太可能使用"梵僧"赞陀崛多这一条。《明一统志》的编纂目的，明英宗已经说得很明白："继成文祖之初志，用昭我朝一统之盛。"② 既然要昭示"一统之盛"，自然不可能偏信云南地方文字记录的一面之词而轻易增加"梵僧"入云南治水一事。将赞陀崛多此条录入，必然是经过《明一统志》的编纂史官们反复推敲而认可确凿了的。另外，所有参与《明一统志》修纂的29人（包括催纂官）中并无一人来自云南③，因而不太可能有地方史书或口传史书轻易被采入《明一统志》的可能。陈文等修纂之《云南图经志书》中关涉赞陀崛多的记录，其云是来自当地土人所叙述，陈文曾为云南布政使，其书当可靠。明正德《云南志》所述较前二者为详细，其来源当也是之前史志及当时考察寻访的口传文献所得。

从《明一统志》到景泰《云南图经志书》，再到正德《云南志》，都记录了赞陀崛多治水一事，鉴于以上分析，几代官方史书皆认可赞陀崛多治水事，此事当确真无疑。

关于赞陀崛多鹤庆治水的民间传说，1949年以后搜集整理之文本，共有十多个④，其名多叫《牟伽陀开辟鹤庆》《赞陀崛多开辟鹤庆》等。但在清乾隆时期，赞陀崛多的治水史料有一次汇集，由当时鹤庆举人赵士圫将他所搜集到的传说经过"考证于古迹"编辑成书，名叫《掷珠记》，又名《牟伽陀祖师开辟鹤庆掷珠记》。此书传世目前所知有六种，其中云南省社会科学院藏有四种⑤、云南大理彩云堂藏民国西昌李秾钞本一种、民国八年云南官印局蓝廷举印赠之铅印本一种。有可能云南省社科院民国蓝廷举抄印本与民国八年云南官印局蓝廷举印赠之铅印本为同一版本。无论是1949年后的搜集整理本，还是乾隆时期赵士圫的搜集整理本，都是口传文学与书面文本互动的结果。在历史演变中，口传总会影响书面，而书面也会影响口传，二者经常呈现出互动状态，在有些情境中难以区分其孰前孰后。也许在追求历史真相的过程中，有时探讨各种过去可能的状况和流动形态会比给出一个不可撼动的结论更有宽阔的骋思空间与逻辑回旋的余地。1950—1954年中国民族识别第一阶段完成之后，白族在传统戏曲大本曲和吹吹腔的基础上发展出了新剧种白剧，其中有《牟伽陀开辟鹤庆》一剧，可见20世纪中期赞陀崛多治水神话传说在大理地区民间社会的流行。

（三） 赞陀崛多其他史事

1. 赞陀崛多创寺史事。其在腾冲宝峰山修行事，载元代《大元混一方舆胜览》卷中"云南等处行中

---

① 毛志明、杨捷编：《天一阁藏明代方志选刊续编》第71册，上海书店出版社，1990年，第605页。
② （明）佚名：《明英宗实录》，"中央研究院"历史语言研究所，1962年，第6281页。
③ 周天爽：《〈大明一统志〉编纂人员及"大明一统志表"分析》，《湖南人文科技学院学报》2017年第4期。
④ 鹤庆县民间文学集成办公室编：《鹤庆民间故事集成》，云南人民出版社，1989年，第58页。
⑤ 田青：《云南省社会科学院馆藏古籍特藏地方文献目录提要》，中国书籍出版社，2013年，第67页。

书省"之"腾冲府"条,其云:"宝峰山,在府西,高僧摩竭陀修行所。"①

建宜良法明寺事。李元阳万历《云南通志》卷1、清乾隆《云南通志》卷15、清乾隆《宜良县志》卷3皆载之,今人考之甚详。②

建鹤庆玄化寺事。事见明李贤《明一统志》卷87剑川州"寺观玄化寺"注称:"在府城西南,昔蒙氏因梵僧赞陀崛多卓锡通水,遂建此寺。"③ 清倪蜕《滇云历年传》卷4亦说:"僧赞陀建元化寺于鹤庆。"④

2. 赞陀崛多古迹史事。清康熙《鹤庆府志》卷23《古迹》载菩提井、赞陀洞、水洞、崛哆尊者愈疴石、银河、元化寺、观音寺等七处,都是赞陀崛多传教灵迹。

3. 赞陀崛多婚配史事。见《僰古通记浅述》。

4. 赞陀崛多神通史事(治水除外)。见《南诏野史》《僰古通记浅述》《滇释记》等。

5. 赞陀崛多之师室利达多事。见《僰古通记浅述》。

其中1、4、5条文献皆是与《僰古通记浅述》有关。《僰古通记浅述》是口传史料与文学的复合型文本,当脱胎于白族元明古史书《白古通记》,即使《僰》一书有不少传说夹杂其中,但其保留了宋元时期关于南诏大理国古史的不少记录,可作为史料斟酌使用。

二、作为密教僧的赞陀崛多——以大理地区明代墓志为中心

赞陀崛多的记载,从文字文献上,最早见于元代《大元混一方舆胜览》;从图像上,最早见于大理国盛德五年(1180)《张胜温画卷》。而四川凉山州博什瓦黑的"赞陀崛多"石刻造像,并没有确凿文字记载,是研究者推导猜测出来的结果,其身份并未能获得充分的证明。但以上并没有赞陀崛多跟密教直接发生关系的证据,其与密教发生关系的文献主要有晚明曹学佺之《大明一统名胜志·云南名胜志·永昌府志胜》中之记载与明代正统时期两通由杨森撰写的墓志碑刻及明弘治八年(1495)由杨聪撰写的一通墓志。

《大明一统名胜志·云南名胜志·永昌府志胜》云:"摩伽佗,天竺人,蒙诏时卓锡于长洞山,阐瑜伽教,演秘密法甚灵应。至今云南土僧名阿叱力者皆宗其教。"⑤

正统三年(1438)杨森《故宝瓶长老墓志铭》云"当蒙氏孝桓王迁都喜睑,尊大容为灌顶国师,赐金襕法衣。迨至生,能达赞陀崛多源流四业之阃奥,为世所重。"⑥

正统四年(1439)杨森《老人赵公寿藏铭》云:"厥后复有赞陀崛多从摩伽陀国至此,大阐瑜伽秘典,著述降伏、资益、爱敬、息灾四术,以资显化。"⑦

弘治八年(1495)杨聪撰《大师陈公寿藏碑》云:"当则大唐己丑,大摩揭陀始从中印土至苍洱之

---

① (元)刘应李编,詹有谅改编,郭声波整理:《大元混一方舆胜览》,四川大学出版社,2003年,第477页。
② 张泽洪、廖玲:《南方丝绸之路上的梵僧——以南诏梵僧赞陀崛多为中心》,《思想战线》2015年第3期。
③ 方国瑜主编:《云南史料丛刊》第七卷,云南大学出版社,2000年,第203页。
④ (清)倪蜕著,李埏校点:《滇云历年传》,云南大学出版社,1992年,第132页。
⑤ (明)曹学佺:《大明一统名胜志》卷十六,明崇祯三年(1630)刻本。
⑥ 大理市文化丛书编辑委员会:《大理市古碑存文录》,云南民族出版社,1996年,第124、242页。
⑦ 云南省社会科学院图书馆藏档案白族部分第192号。

中，传此五秘密，名为教外别传。"

以上四则资料的叙述将赞陀崛多所传之法与密教术语"瑜伽教""秘密法""四业""瑜伽秘典""降伏、资益、爱敬、息灾四术""五秘密""教外别传"发生联系。

学者杨延福、侯冲对以上材料持怀疑态度，认为以上赞陀崛多叙述乃是大理地区密教者杜撰或是因碑刻使用了中原汉传佛教的术语来概括赞陀崛多而否定其可靠程度。①

本文认为，对以上材料之分析需要从其叙述的大文化背景与具体术语分析相结合来进行综合判断。

以上四则文献中，《大明一统名胜志》出现较晚，暂不论述。我们主要讨论三通出现在明中早期的墓志。在分析之前，我们需要简单提一下云南的"元明之变"这一历史背景。

"元明之变"乃是云南地区一大事，此变之重要影响乃是，汉文化（中原文化）全面进入云南地区，逐渐成为云南文化的主体，与之伴随着的是政治渗透力与管控力的进入。在未收复云南之前的洪武八年（1375），朱元璋就感叹道"今天下混一，四方宾服，独云南一隅未奉正朔"②，由此可观，朱元璋对云南一地之重视与内心纠结之状态。因此，在洪武十五年（1382）收复云南大理地区以后，明政府开始在云南地区大力推行汉化政策（或谓之"中原化"），从而使得汉文化与明代政治控制权全面深入云南地区，此为明政府控制与治理云南边疆之重要举措，也可谓是云南地区千年文化未有之大变。因此明政府"中原化"之政策通过移民政策将大理乃至云南地区大幅度汉化。明初通过政府移民的人数就高达300万，而到了明末，汉人数超过少数民族③；永乐时期也通过科举选拔大理地区少数民族人才入仕，"永乐六年夏四月丙申，始命云南乡试。"④

明洪武十五年（1382）征服大理后，明政府考虑到的并非仅仅是军事上对云南的控制，更为重要的是政治实际统治权与文化领导权的获取。而这两种权力都根植在贵族（密教僧人阶层）对佛教治国体系及独立宗教意识这一信仰文化心理之上。⑤因此，从朱元璋政府到朱棣政府，在经营云南上，最为关注的除了军事占领与政治建制外，就是文化的中原化。如果不能将云南地区固有之信仰体系进行瓦解，那么文化领导权便无处落实。因此，信仰体系所依赖的佛教及僧伽领袖就成为明初政府所需要重点重构的对象。

沈卫荣在分析明初中央政府与西藏关系的时候认为，明初朝廷为了"树立明朝作为'华夏之治'的资格与认同"，于是"重拾汉族王朝传统的'怀柔远夷'政策，并以此为其与周边民族交往的基本原则"⑥。其实这一原则不仅适用于明政府与西藏之关系，也适合用于明政府与云南之关系。朱元璋在洪武十五年（1382）给云南布政使司左参政张紞的圣谕中说道"然云南诸夷杂处，威则易以怨，宽则易以纵，

---

① 杨延福：《南诏大理白族史论集》，云南民族出版社，2004年，第257页；杨世钰、赵寅松主编：《大理丛书/考古文物篇》卷九，云南民族出版社，2009年，第4681－4682页。
② （清）谷应泰：《明史纪事本末》，中华书局，2015年，第165页。
③ 陆韧：《变迁与交融——明代云南汉族移民研究》，云南教育出版社，2001年，第36页。
④ 方国瑜主编：《云南史料丛刊》第三卷，云南大学出版社，2000年，第361页。
⑤ 古正美：《从天王传统到佛王传统——中国中世佛教治国意识形态研究》，商周出版社，2003年，第224－274页。该文指出了武则天用《华严经》信仰治国，但同书中也指出南诏大理国所使用的是南天金刚顶莲花部的观音佛王信仰（第426－456页），在其另书《〈张胜温梵画卷〉研究——云南后理国段智兴时代的佛教画像》（民族出版社，2018年）中指出大理国段智兴所使用的来自四川杨岐派汉传僧人所传的支提佛教建国信仰。南诏及大理国佛教治国意识形态的问题，其中复杂情况有待学界进一步研究，但可见明代以前云南地区之佛教与意识形态之间的紧密关系确实是不可忽视的。
⑥ 沈卫荣：《想象西藏：跨文化视野中的和尚、活佛、喇嘛和密教》，北京师范大学出版社，2015年，第118页。

卿往其务威德并行"①，从此中已可看出明初中央政府对云南"怀柔远夷"之政策。这一政策在对云南"地方密教"之具体实施，便是在中央与当时地方密教领袖董贤及其家族充分沟通、达成共识的前提下，通过官方对其信仰合法性进行界定，并在大理建立阿吒力僧纲司以管理、规范当地土著密教僧人言行，让董贤及其后人在大理地区推行"地方密教"之汉化政策。

在清楚这一大背景之下，我们再来看正统与弘治时期这三方墓志就很清楚了。

（一）三方墓志都提到赞陀崛多与密教有关，至少可以知道明中早期大理地区已经存在赞陀崛多传布密教的记录。但目前我们并没有其他历史证据证明这些是"密宗儒释辈造假"②及"把古代来华的西僧阇那崛多搬到云南"③。《大正藏》所收译经僧中有阇那崛多、耶舍崛多、昙摩崛多等与赞陀崛多汉译名字相近之译经师存在，但并未有证据指向大理地区密宗儒释曾将这些僧人搬到云南造假成赞陀崛多。根据墓志文本，我们认为这里仅仅是墓志书写者为去世的大理密教徒追述其密法修持的法脉传承而已。

（二）《老人赵公寿藏铭》中所涉及的"降伏、资益、爱敬、息灾四术"之术语，在唐代不空之译述《七俱胝准提陀罗尼念诵仪轨》《都部陀罗尼目》《圣迦抳忿怒金刚童子菩萨成就仪轨经》《速疾立验魔醯首罗天说阿尾奢法》《七俱胝佛母所说准提陀罗尼经》五部经书中都有涉及，也就是密教常谓之"息、增、怀、诛"四术。侯冲据此做出"所谓四业法，虽称赞陀崛多所传，实际上所有名词概念都来自汉地，根本看不出是赞陀崛多所传"④之判断，此虽能道出赞陀崛多所传四业法之命名与汉传佛教之关系，但却并不能凭借此来否定赞陀崛多来南诏传此法之可能。首先从仪轨角度来看。仪轨的核心是以法事为主体，是一种活动形态，而文本的存在仅仅在于方便法事的开展与传承。因此，我们认为赞陀崛多是否曾使用过"降伏、资益、爱敬、息灾四术"这样的语词来传播密法并不重要，因为即使其没有使用过"四术"语汇也不代表赞陀崛多就不会操作"降伏、资益、爱敬、息灾四术"的具体应用流程。明代使用汉传密教术语来指称赞陀崛多所传印度密法是可以理解的。其次，从汉文在南诏的地位来看。南诏本深受汉文影响，其政权所用之官方文字为汉文，因此使用汉传佛教术语是极为正常之事。第三从南诏深受汉传佛教之影响这一前提来看。早在唐代开元二年（714）南诏王盛罗皮就派史臣张建成入长安求得佛书而归，此时云南地域就已经开始学习汉传佛教典籍，这也证实汉传密教确实也传播到了南诏政权地区。到了唐开成四年（839）赞陀崛多来南诏时，已经经历过100多年，此时南诏地域应该已经深受汉传佛教典籍文献之影响。因此赞陀崛多使用当时在南诏盛行的汉传密教术语来讲述其密法也是正常之事。另外，再加之唐代汉传密教中的修持方法与赞陀崛多所传密法本当存在相似处，毕竟都共同起源于印度地区，因此术语上本来就存在着天然的互通性，即使赞陀崛多借用其汉传佛教术语来讲述其所传之印度密法也是正常不过之事。基于以上之分析，可以确定赞陀崛多来南诏传播密教当确有其事，即使其翻译及传播过程都大量使用了当时南诏通行的汉传佛教之术语，但并不影响理解其来传播印度密教这一事实。

赞陀崛多翻译的背景问题还可以再延伸一下。南诏本来就是一个以汉字为全国通行文字之国度，其汉化程度并不低，加之南诏在宗教上采取兼收并蓄的信仰态度使得其具备丰富的汉传佛经传播体系。在

---

① 方国瑜主编：《云南史料丛刊》第四卷，云南大学出版社，2000年，第23页。
② 杨延福：《南诏大理白族史论集》，云南民族出版社，2004年，第257页。
③ 杨延福：《南诏大理白族史论集》，云南民族出版社，2004年，第257页。
④ 侯冲：《剑川石钟山石窟及其造像特色》，载杨世钰，赵寅松主编：《大理丛书/考古文物篇》卷九，云南民族出版社，2009年，第4682页。

赞陀崛多来南诏翻译此仪轨时，至少会面临丰富之汉传佛教典籍，自然也包括汉传密教文献。而且南诏翻译佛经亦有其传统：在南诏国主劝利晟（816—823）在位期间，其就曾"请张软义大师译经书于长寿寺"①。劝利晟之弟劝丰祐（823—859）继位后，延请赞陀崛多译述佛典就更符合历史之展开脉络。赞陀崛多之前的张软义大师翻译了哪些佛经，如今不得而知，但至少南诏译经在劝利晟时代就已经发生。到了赞陀崛多时候，其使用了汉传佛教（汉传密教）语言文字来翻译、理解他从印度传来之密教仪轨，也当是情理之中的事情。

作为墓志撰写者杨森的佛教知识背景也需要略有述及。明中早期云南经历过"中原化"佛教政策的推广与落实后，杨森这位汉化程度极高的大理本地文化人（明初其撰写碑刻《重理圣元西山碑记》中自称为"辛卯科进士、直隶真定府赵州高邑县承事郎、政仕、知县、叶榆杨森"②）的汉文佛学知识水平应该并会太低。而到明正统时代，在云南地区至少已经从中原请印了近十部汉文刻本大藏经的这种汉文佛经普遍传播大文化背景下，杨森自觉或不自觉的使用汉传佛教密宗术语"四术"去阐释、追忆南诏时赞陀崛多传播过的佛教仪轨，也是在情理之中的。杨森除撰写有《重理圣元西山碑记》外还有天顺二年（1458）《故儒生杨武圹志铭》，足见其可能是其所处时代的地方社会所推崇的文化人士及当地碑志的重要撰写者。

（三）关于杨聪撰《大师陈公寿藏碑》中说赞陀崛多来南诏时间"当则大唐己丑"，与万历《云南通志》所记"蒙氏保和十六年"即己未年（839）不合的问题。首先，此则墓志文本是民间文献，杨聪这里所写的是墓志铭，自然不是做精确之考证文章与史书撰写。要求他将一位南诏传法僧人的到来时间精确无误书写入碑志，应该并非他当时书写情境之所需，亦可能非他所能。但他既然敢于记下精确时间，在其记忆中必然认为又当确实有此事实。其次，纪年精确的观念在明代西南边陲的民间生活中可能并不是非常重要，因此对于墓志撰写人杨聪而言也不需要为"当则大唐己丑"是否准确而担心，而只是需要明确发生过这件事情。因此，赞陀崛多入南诏时间更有可能是万历《云南通志》所记载的蒙氏保和十六年（839）即己未年，只是杨聪撰写此碑刻时，将己未年误记成了己丑年。记错地支一字这一情况对于这位并非史官，也没有经过中原史学训练的地方墓志撰写者而言，也实在情理之中。当然，也有可能是前人误记，口耳相传到杨聪时候也就自然不可能准确了。总之，这种误记的发生是可以理解为正常情况。在使用碑刻作为史料的时候，应当要清楚碑刻使用之限度。在一个史书书写及史学传统并不发达的西南边陲，要求一位普通墓志撰写者以极为严谨的正史要求来完成墓志撰写，可能未免太过苛刻。墓志书写的功能主要还是为逝者表彰德性，追述可荣耀之家世及传统，为生者寄托哀思之情。既然三方墓志都要将逝者与赞陀崛多发生联系，我们至少可以推定，赞陀崛多作为一个文化符号与信仰祖师在明中早期的大理社会已经具备了非常广泛的认可度与重要性，这也并非仅凭明代以来地方密教僧人的虚构可以完成的。

鉴于以上对三方明代正统与弘治碑刻之考察，我们认为其中所记述赞陀崛多与密教之间的关系应当是真实的：赞陀崛多确实在南诏时代从印度地区来大理地区弘传过密教。其来南诏弘法之时间可能为公元839年。

---

① 尤中校注：《僰古通纪浅述校注》，云南人民出版社，1989年，第61页。
② 巴胡母木主编：《西南少数民族人物志》第2辑，四川民族出版社，1990年，第288页。

三、赞陀崛多译述《金刚道场大灌顶仪》及其相关注本

费孝通等学者 1956 年在大理凤仪北汤天董氏宗祠法藏寺发现了一批文献，共有 3000 多册，其中多是佛经。其文献年代最早者可以上述到南诏与大理国之间的大长和国时期（897—902），也有不少明代写本文献，《金刚大灌顶道场仪》及其相关注本就是其中的一批。

《金刚大灌顶道场仪》及其相关注本保存不全，《大理丛书/大藏经篇》全文影印收录，共将其分成 7 个文本，我们将其编号为下：

1. 《大灌顶仪》卷第七（此名为《金刚大灌顶道场仪》简称）；
2. 《金刚大灌顶道场仪》第九卷、第十卷；
3. 《受金刚大灌顶洁净坛内守护圣上》卷十一；
4. 《金刚萨埵火甕坛受灌顶仪式》；
5. 《金刚大灌顶五坛仪注》（原文为"註"，为"注"之异体字，今改作为"注"）；
6. 《圣上受金刚大灌顶五坛仪注次第》十三（同上）；
7. 《金刚大灌顶道场所用支给次第》。

其中 1 文本内开篇为"大灌顶仪卷第七 大理摩伽国三藏赞那屈多译"，赞那屈多即是赞陀崛多。大理地区本重口传而不盛行文字，故常有音近文异的指称，譬如"白姐"作"柏洁"，此处故将《金刚大灌顶道场仪》译者定为赞陀崛多是恰当的。

通过对文本题名及内容分类，这 7 个文本应该分为两类文本：第一类为原文本，第二类为注本。注本是对原文本在实际运用过程中之具体说明。因此，1、2、3、4 文本皆是《金刚大灌顶道场仪》文本，而 5、6、7 三个文本则是对原文本的注解与具体实施说明，因此可称为《金刚大灌顶道场仪注》。

下面略述《金刚道场大灌顶仪》及其注本之具体问题：

（一）原本与注本的区别标准

这 7 个文本区别出原本与注本的原因，除了 5、6 文本均在文本标题有"注"字可作为注本标志外，还有在 5 文本中发现有"布燮""坦绰"等只有南诏大理地方政权时期所用之官名，6 文本中出现了"白居易门"。这些词汇当不会是《金刚道场大灌顶仪》原本所有，而是原本传入后，知悉南诏专用官职名及使用地点之密教僧所用来注解原本仪轨之具体场景及实施过程的。但注本的形成时期不会太晚，也可能在南诏到大理国时期。因为"白居易门"的称呼必然与对白居易的重视有关。白居易曾经写过《蛮子朝》《新丰折臂翁》等诗来描述唐朝与南诏之战并对唐政府发动战争有所批评，这些诗必然极可能在南诏宫廷流传，鉴于白居易之诗名、身份及此诗之立场等缘由，在南诏宫廷中设立一座"白居易门"是完全有可能的。

（二） 赞陀崛多译本中"汉传佛教化"的问题

赞陀崛多所译《大灌顶仪》及其注本所涉及灌顶仪轨在汉传密教典籍中并没有保存，我们认为此文本有可能是赞陀崛多根据开展法事的具体情境结合印度密教仪轨而译作的。因此，如果对仪轨本身的意义了解不清楚，很容易将仪轨译作文本误以为是一定要与原文本相一致或者预设了一个完整的原文本的存在。同时还可以存有一种大胆假设，有可能就不存在一个完整的原印度密教文本，而只存在具体法事活动的操作流程的声像记忆。因此，赞陀崛多可能根据一个印度密教文本翻译了这部《大灌顶仪》，还有可能根本就不存在一部叫《大灌顶仪》的印度密教文本，而只存在这样一种名为"大灌顶"的秘密口耳相传的仪轨活动流程，而赞陀崛多根据自己对流程的声像记忆来完成了这部《大灌顶仪》的传译。

《金刚道场大灌顶仪》译本文字通畅，语义清晰，作为仪式底本，能清晰表达出具体使用方法，可以熟练使用汉传佛教中的词语与句法，属于汉文佛教译本。南诏大理国地区使用的文字属于汉文，其地属于汉文区，但在民族构成与文化习俗上皆非汉族，其所接受的印度佛教不能简单称之为纯粹汉传，但是其又广泛使用了中原汉传佛教的汉文佛经句式、词汇、经本去理解、翻译从印度地区传来的佛教文本，因此这些翻译文本也属于印传的"汉文佛教译本"系统。南诏及大理国少数民族政权在军事上虽然可以和唐宋抗衡，但在信仰与文化上对唐宋文化则非常依赖，以至于即使在接受另外一支文化（印度佛教）时也必须要凭借其通用文字即汉传佛教语言文字来进行理解、表达，因而一般简单比附汉传密教译本与南诏大理地区汉文密教译本时，会简单认为南诏大理国的密教传统当是汉传密教。[①] 但仅仅凭借文字的相似来断定佛教传承的相同却有武断之嫌。南诏固然深受汉传佛教的影响，也大量传承了汉传佛教经本，但却并不代表就需要排斥其他佛教传承。南诏密教中一些仪轨文本极可能只是借助汉传佛教（包括汉传密教）的语词来理解、重构印度所传到大理地区的密教传承。尽管在词语、句式、文本上大理写本与汉传密教文本有诸多雷同相似之处，但目前云南所独有的唐宋时期的密教仪轨典籍（《诸佛菩萨金刚等启请》《金刚道场大灌顶仪》等）并没有和汉传密教典籍完全一样，其中之差异存在于大段的文本、相关的句式、特定的语词、梵咒的梵字字体及汉译文字等。比如《金刚道场大灌顶仪》2 文本中之"五如来灌顶道场指授"中使用"明师"此语来指灌顶师。"明师"此词乃汉传佛教中出，意思是指能给弟子带来重要佛法启发的高明的老师。一直到汉传密教典籍出现的时候，我们发现"明师"依然是指能给予启发的老师而没有特别的密教色彩。善无畏（637—735）在所译《苏婆呼童子请问经》中及一行（673—727）在所译《大日经义释》《大毗卢遮那成佛经疏》中皆使用了"明师"概念，但都是指高明之老师，而与《金刚道场大灌顶仪》译本中主持灌顶仪式的灌顶师的"明师"的含义是不同的。《金刚道场大灌顶仪》译本中的"明师"，有可能是"持明灌顶师"的简称。

另外，使用汉文来翻译梵文本来就存在极大之差异，正如德国学者洪堡特（W. von Humboldt）所言："在所有已知的语言中，汉语与梵语的对立最为尖锐，因为汉语排斥所有语法形式，把它们推诿给精

---

① 黄璜：《大理国写经〈诸佛菩萨金刚等启请〉与唐代不空所传经轨的比较研究》，《古籍整理研究学刊》2007 年第 6 期。

神劳动来完成,梵语则力图使语法形式的种种细微的差别在语音中得到体现。"[1] 因此基于南诏劝丰祐保和年间(824—839)的汉语水平而言,以《南诏德化碑》、阁罗凤与异牟寻书信、点苍会盟誓词、《南诏图传》等汉字水平测之,足以对梵文类文献进行汉文翻译。[2] 但是即使以汉文展开翻译,必然与梵本原文差距不小,并且本土化理解在翻译过程中也必然会渗入译文之中。朱庆之提到佛典翻译过程中的"佛教混合汉语"(Buddhist hybrid Chinese)现象[3],已经注意到佛典翻译汉语与本土汉语之差异。姜南认为:"汉译佛典语言作为汉语历史文献语言的一个非自然的独特变体,混杂了原典语言、汉语的文言、口语以及方言俗语等诸多语言成分,要比传统中土汉语具有更加复杂多元的性质。"[4] 因此,南诏地区根据印度文本翻译过来之汉文典籍不仅具备以上语言特征,而且还需满足地方民族语言习惯及具体语境之需求,与中原译经当有区别,不能简单以中原翻译观念套用之。在赞陀崛多翻译的《金刚大灌顶道场仪》中呈现出以汉文为基础,地方特殊语汇组合介入之情况。比如在2文本中之"灌顶根本坛内四晕散食次第"中,主要涉及对"晕神"之启请及"晕咒"之使用。"晕"为太阳或月亮之光圈,此处"晕神"信仰及"晕咒"之出现,可以认为可能源自于印度密教中对太阳或月亮光圈的崇拜,并且在翻译到南诏时,可能还吸收了地方对太阳或月亮光晕之崇拜及道教信仰因素,从而出现了文本中对"天尊晕神"与"菩萨晕神"并请的情况。"晕神"信仰、"晕神"称呼、"晕神"之启请仪轨在现存中原汉传佛教典籍中并不存在,这也正可以成为《金刚大灌顶道场仪》具备南诏密教信仰中的有别于汉传密教的独特密教特征及地方信仰特殊性之例证。

(三) 原本与注本之书写者为董贤

根据3文本末尾题记"习密阿左梨不动金刚"、4文本末尾题记"习密阿左梨董贤"、5文本末尾题记"习密不动",可确定抄写者为明初云南大理地区重要密教僧人董贤。

董贤是明初云南地区密教领袖,为明太祖、成祖认可,其法号之一便是不动金刚。在其于北元宣光庚申年(1380)镌刻的《华严经》第3卷末尾有其亲笔手书介绍自己为"习密僧不动"的题记。再者,根据《金刚大灌顶道场仪》及其相关注本总体书法风格而言,可以确定为同一书写者所书。因此可以确定此系列写本书写者为董贤。根据题记所记时间,都是建文二年与三年,因此书写时间大致定为明建文二年到三年左右。

(四)"大理摩伽国三藏赞那崛多译"中"大理"二字的理解

"大理"此词始于五代后晋天福二年(937)段思平据南诏地建国,号大理国,并非赞陀崛多在世时

---

[1] [德]洪堡特:《论人类语言结构的差异及其对人类精神发展的影响》,姚小平译,商务印书馆,1999年,第314页。
[2] 方国瑜认为"南诏、大理时期用的文字是汉文,并且应用得很广泛"(《汉晋至唐宋时期在云南传播的汉文学》,《方国瑜文集》第一辑,云南教育出版社,2001年,第515—546页)。
[3] 朱庆之:《语言接触和语言变异——佛教汉语研究的新视角》,《北京论坛(2007)文明的和谐与共同繁荣——人类文明的多元发展模式:"多元文明冲突与融合中语言的认同与流变"外国语分论坛论文或摘要集(下)》,2007年,第414—427页。
[4] 姜南:《基于梵汉对勘的〈法华经〉语法研究》,商务印书馆,2001年,第226页。

候（南诏时代）所能使用，因此不存在赞陀崛多在世或者南诏时代就在其介绍文字中署上"大理"二字。《大灌顶仪》（1 文本）译者赞陀崛多署名前落上"大理"二字必定是在赞陀崛多之后的一段时间（大理国一直到明初）形成。或者可以推测可能董贤在建文时期所抄写的这部《金刚大灌顶道场仪》及其相关注本的底本是南诏时期形成的写本。此部南诏写本流传到后世时，即使后世僧人有意造假作伪也不至于写成"大理摩伽国"，造假者直接署名"摩伽国"不是更有说服力吗？不至于画蛇添足把"大理"二字加在"摩伽国"前面。

如果"大理摩伽国"文字并非造假，那"大理"二字当作何解？如果"大理"指的是大理国，那怎么会把两个国家并列起来称呼赞陀崛多？这样理解如果有误的话，那么"摩伽国"不是指一个国家，仅仅是指大理下辖的地区的话，是否又讲得通呢？

根据《新唐书》《资治通鉴》的记载与方国瑜的考证，连瑞枝指出在唐代中叶，南诏就已经使用"鹤拓"来指称其国名为"乾陀罗"，也就是妙香佛国。① 到了大理国时期以现在大理地区为妙香国的佛教信仰系统基本成熟：其以大理地区为妙香佛国，苍山为灵鹫山，宾川之九曲山为鸡足山。② 这种发展出来的佛教信仰系统可以称之为佛教中心本土化系统，这是由非印度地区佛教信徒因其"边地情结"（Borderland Complex）③ 催生出来的一套将本土建构为佛教中心的话语系统。"边地情结"是意大利佛教学者福安敦（Antonino Forte）提出，并被后世学者广泛关注的话题。这一情结所导致的后果是，"在大乘佛教的宇宙论或者怛特罗佛教的诠释中，通过对世界去历史化（de-historicized）的诠释——不再关注与释迦牟尼佛与他所居的疆域——以及积极地将佛教圣地与'神祇'本土化"④。譬如，在中国的五台山如何与文殊信仰紧密结合，最后成为世界佛教文殊信仰的圣地，这无疑是佛教中心本土化的成功事例。另外，连瑞枝认为"在印度宇宙观的脉络下，'乾陀罗'与'妙香国'的概念，是可以移植到其他代表着有宗教神圣性质的地方，并非指涉一份现代地理概念下的某一个固定的地方，而是指具有同样神圣的地方皆可为佛国的化地"⑤。大理国这一信仰系统在之后白族史书《白古通记》及明代《滇载记》、万历《云南通志》、清代《白国因由》、高奣映《鸡足山志》里都有记载。最为明确的是在高奣映《鸡足山志》中认为"若摩竭提国，即今之鹤、丽、大理矣"⑥。而且此书还认为大理旁边的喜洲城就是摩伽陀国下面的巴连弗邑："其国南下，有巴连弗邑焉，巴连云者，喜近水也；弗之云者，洲之谓也，则译明明是为喜洲，惟邑字乃汉语添设。大理诚为妙香国，今喜洲虽无阿育王所治城，而城址犹存焉，阿育王之遗迹甚众。"因此，在大理国及稍后时期的佛教信仰体系中，有可能已经形成摩伽陀国就是大理下面一个地区的佛教化理解方式。当这种理解方式遭遇到南诏时期形成的写本《大灌顶仪》原文中的"摩伽国三藏赞那屈多译"时，在"摩伽国"前加上"大理"二字就顺理成章符合这套理解系统了。因此可以认为，"大理摩伽国三藏赞那屈多译"现象应该发生在大理国或者稍后时期，这一时期存在着以大理为佛陀说法中心、以大理周边如鹤庆等地为摩揭陀国的这种佛教中心本土化之理解，更何况赞陀崛多与鹤庆地区的关系又

---

① 连瑞枝：《隐藏的祖先——妙香国的传说与社会》，生活·读书·新知三联书店，2007 年，第 110 页。
② （明）李元阳：《大理府志》卷二，大理州文化局铅印本，1983 年，第 67—69 页。
③ 陈金华：《佛教与中外交流》，中西书局，2016 年，第 10 页。
④ [英] 宁梵夫（Max Deeg）：《重估"边地情结"：汉传佛教中对印度的逐渐容受》，载纪赟译，沈丹森、孙英刚编：《中印关系研究的视野与前景》，复旦大学出版社，2016 年，第 75 页。
⑤ 连瑞枝：《隐藏的祖先——妙香国的传说与社会》，生活·读书·新知三联书店，2007 年，第 111 页。
⑥ （清）高奣映著，芮增瑞校注：《鸡足山志》，云南人民出版社，2003 年，第 292、302 页。

是如此之紧密，至今仍有大量传说保存着赞陀崛多开辟鹤庆的故事。

四、结语：对南诏密教中国化的思考

南诏密教为大理密教之起源，其后发展成为兴盛于大理国时期的大理密教，成为整个西南密教的中心之一。大理密教以汉传密教为主体杂糅了印传密教、藏传密教，为密教传承在西南地区的一次大规模汇集，可以称为中古时期在西南地区发生的"三密汇集"盛况。这自然还与大理地方政权上层的政治灵活策略与对佛教的兼收并蓄政策相关。还需要指出的是，南诏密教在与地方知识结合以后，统治者对其改造并建构出了观音建国等一系列密教神话与历史叙事，这无疑是密教中国化与地方化同步展开的结果。观音建国神话及相关大理地区密教神话与中国主流佛教紧密相关又别有地方特征，这些都是南诏密教主动中国化与在地化的产物。

与南诏赞陀崛多同时期西南四川的唐密与吐蕃地区的藏密虽然有零星传播，却还尚未兴起。[①] 根据目前所出土密教文献及文献判断，唐朝时期的四川密教应该属于汉传密教传承。而南诏后期的密教则在汉传密教基础上积极吸收周边密教传承并逐渐发展，为日后大理密教成为西南地区密教中心之一提供了前期准备。

虽然探讨南诏密教对研究佛教的中国化具有非常重要的启示，并且也已经取得了许多重要成果，但在研究过程仍然需要注意一些问题。

（一）避免唯文字比较论倾向

这一倾向是旨在研究过程中，过于注重或夸大大理地区密教文献与中土汉传佛教相似的一面，而忽略两者之间的差异性。这一研究倾向于比较大理地区密教文献中的文字与汉传佛教中，特别是唐时代开元三大士翻译文献中文字之相似乃至相同处，进而急于据此得出大理密教完全都是唐时汉传佛教密教支派的结论。但是没有注意到，南诏大理地方政权是汉化程度极高的国家这一前提，在其接受印度密教传来之前，已经经过汉文化特别是汉传佛教的洗礼，其据汉传佛教特别是密教的知识及术语来理解、接受、阐释印度地区传来的密教仪轨就是很为自然平常之事。另外，印度传来的密教仪轨也可能与大理地区接受的汉传密教多有雷同处，并不能排除同源异传的可能，因此唯文字比较这一研究取向有过于将历史时空简单化之嫌。

（二）中原文献与云南地方民族文献关系的处理

在历史过程中，从来就存在典范历史与非典范历史之争[②]的状况。古代中原关于云南民族地区历史的

---

① 吕建福：《密宗传入四川考》，《宗教学研究》1991年第2期。
② 王明珂：《反思史学与史学反思——文本与表征分析》，上海人民出版社，2016年，第37页。

记载有其重要性，但同时又需注意到其也存在一定的遮蔽性。中原史书长期作为典范历史，一定程度上会对云南地方民族历史叙述构成压迫，进而重构了云南地方历史叙述与记忆。历史文献之发生与发展都要受到具体时空、历史场景以及多元文化力量的影响。在使用中原史料时需要清楚这些中原史料是因何种缘由而被记录下来并以何种方式传播到了我们视野之中，也需要知道哪些民族史料在历史上被典范历史压抑掉而以口传或是碑刻的形式流传下来，并以虚实结合的状态展现到我们的面前。典范历史与非典范历史之间，应该保持一种开放、公正的研究心态，不能简单以典范历史来否定非典范历史的价值。同时还需要指出的是，南诏大理密教文献中还广泛存在着梵字咒语，这些9—13世纪的梵字咒语书写规范、使用清晰，与之前及同时期的印度密教关系甚密，而与8世纪开始流行在中原的汉传密教悉昙体梵字也可能存在前后相继及发展的关系，因此不能因为南诏大理国时期的梵字及梵咒汉文翻译与中原汉传密教所传梵字咒语相异就将之简单贬低为地方密僧不谙梵字，更不应该将元明以后大理密教梵字教育断层时期出现的梵字错讹现象套用到南诏大理国时期的梵字情况上来。①

（三）口传文献与文字文献之关系

在边远民族地区之历史记忆与中原地区最大之区别在于，民族地区之口传表演文化极为发达，这也构成了其历史记忆更多凭口传方式而非文字记忆来保存。其中可取以正史者不少。因此有必要将口传文献与传世文字记录相发明认证，这样才能将口传文献之史料功能发挥出来，而不是凭借文字文献记录来简单处理乃至否定口传文献的历史价值。

（四）文献与器物之关系

云南地处边陲，文献传统古来并不发达，凭借传世文献不足以建构南诏、大理国时期佛教发展状况，应该注重在传世文献之外的碑刻、遗迹、器物等文物材料之研究使用。② 因此考古学、金石学、艺术图像学应该与文献学、宗教学相结合使用，方能为大理地区信仰状态之研究提供更为广阔之空间。

总之，通过对赞陀崛多的研究，我们发现南诏密教的中国化过程是漫长又曲折的，其中既充满着对中国中原本土知识与语言文化的积极吸收与发展，又处处彰显着小心维持稀薄的域外密教传承的努力，这与早期佛教传入中国的过程何其相似，可以说这正是佛教中国化的典范，也是西南地区中国文化内化外来文化的成功案例。这不仅为研究唐宋以来佛教的中国化提供一个西南观察切入点，而且可以借此来探讨中国佛教在东南亚及东亚各地区本土化过程中所表现出来的丰富形态与发展可能性。

---

① 黄璜：《大理国写经〈通用启请仪轨〉钩稽》，《大理大学学报》2022年第11期。
② 李东红：《从阿吒力教派出发：问题与范式的讨论》，《世界宗教文化》2016年第4期。

A study on the Sinicization of Nanzhao Esoteric Religion
——A case study of Nanzhao esoteric buddhism monk Zantuojueduo

Yin Heng

Abstract: The Sinicization of Indian esotericism in the Middle Ages not only occurred in Chang 'an, Central Plains, but also in Southwest China, represented by the emergence of Nanzhao Esotericism. Among the monks from India who came to Nanzhao to preach, Zantuojueduo was the most important with the most abundant documents. Therefore, Zantuojueduo became a crucial figure in understanding the Nanzhao esoteric religion and even the southwest dimension of esoteric religion in the Middle Ages. This paper comprehensively and systematically combs the knowledge and literature about Zantuojueduo, reproduces the image of Zantuojueduo, a Buddhist monk in the Middle Ages, and further explores the process of how he Sinicized Indian Buddhism. This study provides solid historical evidence for the dissemination of esoteric religion in Nanzhao in the Middle Ages, thus providing a new approach to the study of the interaction between esoteric religion in Chinese heartland, Southwest China and India in the Tang and Song dynasties. It also provides a broader academic perspective for understanding the spread of esoteric religion and its interaction with other religions and local beliefs throughout the Middle Ages.

Key words: Zantuojueduo (Candragupta); Esoteric Buddhism; *Jingangdaochangdaguandingyi*